浙江省普通本科高校"十四五"教学改革项目"卓越幼儿教师视角下学前教育本科人才培养模式的改革与实践探索"（编号：jg20220567）的阶段性研究成果

2022年台州学院一般教材建设项目资助成果

幼儿园课程与教学论纲

王声平 著

中国社会科学出版社

图书在版编目（CIP）数据

幼儿园课程与教学论纲／王声平著 .—北京：中国社会科学出版社，2023.3
ISBN 978－7－5227－1336－6

Ⅰ.①幼…　Ⅱ.①王…　Ⅲ.①幼儿园—课程—教学研究　Ⅳ.①G612

中国国家版本馆 CIP 数据核字（2023）第 022414 号

出 版 人	赵剑英
责任编辑	周晓慧
责任校对	刘　念
责任印制	戴　宽

出　　版	中国社会科学出版社
社　　址	北京鼓楼西大街甲 158 号
邮　　编	100720
网　　址	http：//www.csspw.cn
发 行 部	010－84083685
门 市 部	010－84029450
经　　销	新华书店及其他书店

印　　刷	北京明恒达印务有限公司
装　　订	廊坊市广阳区广增装订厂
版　　次	2023 年 3 月第 1 版
印　　次	2023 年 3 月第 1 次印刷

开　　本	710×1000　1/16
印　　张	24.75
插　　页	2
字　　数	409 千字
定　　价	128.00 元

凡购买中国社会科学出版社图书，如有质量问题请与本社营销中心联系调换
电话：010－84083683
版权所有　侵权必究

自　　序

幼儿园课程与教学是学前教育领域中十分重要，也是极复杂的论题之一，它对促进幼儿身心和谐发展，提高幼儿园教师对幼儿园课程与教学的理解，规范幼儿教师课程与教学行为等至关重要。自 2001 年颁布《幼儿园教育指导纲要（试行）》以来，我国幼儿园课程与教学改革进入了一个新的历史发展阶段。学者们从不同视角出发，在结合我国学前教育发展与改革实际的基础上，积极借鉴和汲取世界发达国家和地区有关学前教育的前沿研究成果，对幼儿园课程与教学的理念、目标、内容、组织与实施、评价等议题进行了深入探讨和分析，这在很大程度上推动了我国幼儿园课程与教学理念的更新，促进了幼儿园课程与教学的发展和进步。

然而，幼儿园课程与教学本身的复杂性又决定了要想对此领域进行"刨根问底"式的理解和把握是不容易的。及至现在，工作在一线的幼儿园教师对诸如幼儿园课程的概念、幼儿园课程的目标、幼儿园课程的编制、幼儿园课程与教学之间的关系、幼儿园教学内容的选择与实施、幼儿园教学评价，以及幼儿到底应教什么，怎么教，幼儿应该学什么，怎么学等问题，仍存在很大困惑。因此，对幼儿园课程与教学中核心概念的澄清，幼儿园课程与教学中发展理念与趋势的把握，幼儿园教学内容的组织与实施价值取向的理解等内容进行梳理和分析是很重要且必要的。

本书基于以儿童发展为本的理念，强调儿童个体在幼儿园课程与教学中的主体地位，将幼儿园课程理解为幼儿的学习经验，这是本书在内容构建上的逻辑起点。为更好地将理论知识与教学实践紧密地结合起来，以更深入地理解幼儿园课程与教学设计的理念、目标、原则、方法等，本书以案例设计为导向，以幼儿园课程与教学领域中的核心议题为主线，对幼儿园课程与教学设计的内容进行整体架构。

全书共分八章：

第一章：幼儿园课程与教学概论。本章在理解课程与教学两个基本概念的基础上，对幼儿园课程与幼儿园教学两个核心概念进行了全面、深入探讨。在对课程与教学关系理解和把握的基础上，对幼儿园课程与教学之间的关系进行了分析。

第二章：幼儿园课程编制与实施管理。幼儿园课程编制与实施是根据幼儿园课程目标，采取具体的方法和手段使其具体化的过程。本章对幼儿园课程目标的内涵进行了分析，从哲学、社会学、心理学三个方面对幼儿园课程目标设立的依据做出学理阐释，并探讨制定幼儿园教育目标应注意的问题。以此为基础，对幼儿园课程资源的来源、选择的原则与方法，幼儿园课程资源的组织原则、要素、形式、途径进行了分析；讨论了幼儿园课程管理的内涵与意义、内容、策略；对园本课程开发的概念与特点、理论基础及应注意的问题加以阐释。

第三章：幼儿园教学计划的制订。本章在理解幼儿园教学计划制订的含义和意义的基础上，依据指导范围分类标准、时间分类标准、具体内容分类标准三个维度，对幼儿园教学计划制订的具体方法进行了分解。分析了幼儿园教学方案的含义及制定的意义，幼儿园教学方案制定的内容与要求。

第四章：幼儿园教学目标。在全面理解和把握教学目标内涵的基础上，本章对幼儿园教学目标的内涵、功能、特点进行了分析；分析了幼儿园教学目标中的三种取向，即行为目标取向、生成性目标取向、表现性目标取向的含义、发展及应用、评价，认为幼儿园教学目标的确立要综合考虑幼儿的需要、学科发展的需要和社会的需要，幼儿园教学目标的确立要遵循全面性、系统性、可行性、时代性、补偿性四大基本原则。最后讨论了幼儿园教学目标表述的基本要素、角度、形式、基本要求。

第五章：幼儿园教学内容。本章对幼儿园教学内容的内涵、形态、特点进行了分析。本书认为，与教学目标一致、幼儿发展的适宜性、贴近幼儿的实际生活、促进幼儿的全面发展是幼儿园教学内容选择的依据。在此基础上分析了幼儿园教学内容组织的内涵与幼儿园教学内容的组织形式。

第六章：幼儿园教学方法。本章在理解教学方法发展历程的基础上，探讨了幼儿园教学方法的含义、选择的依据。在理解国内外教学方法分类的基础上，讨论、分析了幼儿园常用的教学方法，即讲授法、讨论法、读书指导法、演示法、参观法、练习法、实验法、发现法、欣赏体验法、游戏法、以合作学习为主的方法的内涵及在应用中需注意的问题。最后结合幼儿园的五大教学领域，以案例呈现的方式，对其中部分教学方法在幼儿园教学实践中的应用进行了分析。

第七章：幼儿园教学评价。本章对幼儿园教学评价的内涵与特征、价值取向、目的、功能进行了分析；讨论了幼儿园教学评价的主体、发展趋势，并对幼儿园教学评价的三种常用的方法，即测验法、观察法、档案袋评价法的内涵及实施过程进行了分析。最后从对人的评价、对事的评价、对物的评价、对评价本身的评价、对教学活动的具体评价五个维度，阐释了幼儿园教学评价的内容。

第八章：中外幼儿园课程与教学改革。本章从儿童观、知识观、教育观、教育目的、教师角色、课程实施、教学方法等方面，对国外几种典型的早期教育课程模式和教学方案，即蒙台梭利早期教育方案、瑞吉欧课程模式、海斯科普课程模式、华德福幼教课程模式、银行街早期教育方案进行了全面分析，讨论了国外幼儿园课程与教学改革的走向。同时，梳理了20世纪20年代至今中国幼儿园课程与教学改革的历史沿革，对国内幼儿园课程与教学改革的关注点进行了讨论，从课程目标、课程内容、教学方法、课程评价等方面，对陈鹤琴的"五指活动"课程和张雪门的"行为课程"进行了分析，探讨了中国未来幼儿园课程与教学改革的走向。

本书在写作过程中得到了专家学者、高校教师、幼儿园园长，以及一线幼儿园教师们的大力支持和帮助，在此一并向他们表示感谢！尤其值得一提的是，部分幼儿园教师和园长为本书提供了较好的案例分析资料，这对更好地理解幼儿园课程与教学的设计是大有裨益的。另外，本书参考、引用了国内外学者的许多研究成果，书中对此作了明确标注，在此亦向他们表示感谢！书中如有疏漏或不当之处，敬请广大读者、同仁批评指正！

王声平
2022年7月于浙江

目 录

第一章　幼儿园课程与教学概论 ……………………………………（1）
　第一节　幼儿园课程的内涵与特点 ………………………………（1）
　第二节　幼儿园教学的内涵与特点 ………………………………（25）
　第三节　幼儿园课程与教学的关系 ………………………………（48）

第二章　幼儿园课程编制与实施管理 ………………………………（53）
　第一节　幼儿园课程目标 …………………………………………（53）
　第二节　幼儿园课程资源 …………………………………………（59）
　第三节　幼儿园课程管理 …………………………………………（83）
　第四节　园本课程开发 ……………………………………………（101）

第三章　幼儿园教学计划的制订 ……………………………………（109）
　第一节　幼儿园教学计划制订概述 ………………………………（109）
　第二节　各类幼儿园教学计划的制订 ……………………………（114）
　第三节　幼儿园教学方案的制定 …………………………………（137）

第四章　幼儿园教学目标 ……………………………………………（143）
　第一节　幼儿园教学目标的内涵 …………………………………（143）
　第二节　幼儿园教学目标的制定 …………………………………（153）
　第三节　幼儿园教学目标的表述 …………………………………（164）

1

第五章　幼儿园教学内容 …………………………………………（177）
 第一节　幼儿园教学内容的内涵与特点 ……………………（177）
 第二节　幼儿园教学内容的选择 ……………………………（191）
 第三节　幼儿园教学内容的组织 ……………………………（200）

第六章　幼儿园教学方法 …………………………………………（210）
 第一节　幼儿园教学方法的内涵 ……………………………（210）
 第二节　幼儿园教学方法的种类 ……………………………（222）
 第三节　幼儿园教学方法的应用 ……………………………（233）

第七章　幼儿园教学评价 …………………………………………（263）
 第一节　幼儿园教学评价概述 ………………………………（263）
 第二节　幼儿园教学评价的主体 ……………………………（269）
 第三节　幼儿园教学评价的方法 ……………………………（278）
 第四节　幼儿园教学评价的内容 ……………………………（292）

第八章　中外幼儿园课程与教学改革 ……………………………（302）
 第一节　国外幼儿园课程与教学改革 ………………………（302）
 第二节　我国幼儿园课程与教学改革 ………………………（347）

参考文献 …………………………………………………………（376）

第一章　幼儿园课程与教学概论

　　幼儿园课程与教学是学前教育领域研究的核心议题，对幼儿园课程和幼儿园教学两个基本概念的理解，对幼儿园课程与教学两者相互关系进行全面、深入剖析，是学习和研究幼儿园课程与教学的逻辑起点。

第一节　幼儿园课程的内涵与特点

一　课程的概念

　　课程是一切教育和教学活动的核心，是教育理论与教育实践相联系的桥梁，是教育目标、教育内容、教育方法、教育评价等教育现象最本质的体现。作为幼儿园课程的上位概念，对课程概念的全面、深入理解对幼儿园课程内涵及特点的理性认识至关重要。

　　（一）课程的词源

　　"课程"一词是个复合词，是由"课"和"程"组成的，并且在我国很早就被使用。许慎在《说文解字》中认为："课，试也。""程，品也，十发为程，十程为分，十分为寸。"我国唐代学者孔颖达为《诗经·小雅·巧言》中"奕奕寝庙，君子作之"句作疏："以教护课程，必君子监之，乃得依法制也。"[①] 其喻义为：伟大的事业，需要有德者来维持。"课程"即指"伟业"，其含义与现在所用之意相去甚远。一般认为，宋代朱熹所言"课程"与今天使用的"课程"的意思比较接近，他在《朱子全

---

① 宋元人注：《四书五经》（中册）（诗经卷五），中国书店1987年版，第96页。

书·论学》中多次提及课程，如"宽着期限，紧着课程""小立课程，大作工夫"等。虽然他对"课程"没有做出明确界定，但含义是很清楚的，即指功课及其进程。①

在西方，夸美纽斯首次使用了"课程"一词。② 1657 年，他为泛智学校设计了三类课程，期望在泛智学校，学生"可以学习当前和将来生活上所需要的一切学科"。可见，夸美纽斯是把课程看作一切学科的。英国著名哲学家、教育家斯宾塞（H. Spencer）在 1859 年发表的一篇著名文章《什么知识最有价值》中最早提出"curriculum"（课程）一词，意指"教学内容的系统组织"。该词源自古罗马战车竞赛中的"跑道"一词，拉丁语的"跑"（currere）是其词源。原意为"跑道"的这个词，其后又衍生出"人生阅历"这一含义。即使在今天，英语中的"curriculum vitae"也不是指学校的课程而是指"履历书"。可以说，这种用法保留了作为人生阅历这一语义的使用痕迹。③

西方最常见的关于课程的定义是"学习的进程"，简称"学程"。这一解释在各种英文词典中出现得十分普遍，例如，英国牛津字典、美国韦伯字典、国际教育字典都是这样解释的。但斯宾塞所用"curriculum"一词原意是指静态的跑道，在教育中侧重强调课程作为静态的、外在于学习者的层面。他强调以系统化的知识为中心，以学科（科目）为构成形式，注重教学的范围与进程，但相对地忽略了学习者与教育者的动态经验和体验的层面。

（二）课程定义的维度

尽管人们经常使用课程这一概念，但因课程本身的复杂性及不同学者理解视角的差异，对课程的界定由此也呈现出众说纷纭、莫衷一是的状态。《简明国际百科全书·课程》列出了 9 种关于课程的不同定义，美国学者彼得·奥利佛（Peter Olira）曾归纳出 13 种课程定义。④ 美国课程论专家理查德·斯考特（Richard Sotter）曾经评价道："课程是一个用得最普

---

① 施良方：《课程理论：课程的基础、原理与问题》，教育科学出版社 1996 年版，第 2 页。
② 廖哲勋、田慧生主编：《课程论新论》，教育科学出版社 2003 年版，第 30 页。
③ ［日］佐藤学：《教育方法学》，于莉莉译，教育科学出版社 2021 年版，第 125 页。
④ Arieh Lewy, The International Encyclopedia of Curriculum, Oxford, New York: Pergamon Press, 1991, p. 15。

遍，但定义最差的教育术语。"① 美国著名课程专家古德莱德（J. I. Goodlad）认为，从课程规划设计到实施，从课程的决策者、编织者到教师和学生经历着不同层次转换的现象为根据，区分了五种不同的课程②：第一，理想的课程。主要是由一些研究机构、学术团体和课程专家提出的应该开设的课程，是专家头脑中的课程，是一种尚处于观念之中的课程。第二，正式的课程。由教育行政部门规定的课程计划、课程标准和教材，也就是列入学校课程表中的课程。第三，领悟的课程。指学校有关人员根据学校的特色和需要进行选择和修改形成的课程。第四，运作的课程。指教师规划并在课堂上实际实施的课程。第五，经验的课程。即学生实际体验到的课程。

事实上，"每一种课程定义都隐含着某种哲学假设和价值取向，隐含着某种意识形态以及对教育的某种信念，从而标明了这种课程最关注哪些方面"。③ 虽然各种定义的出发点不同，但分别代表了课程认识中的某些价值取向，部分地揭示了课程的本质，这些定义之间相互交叉、相互重叠。

1. 学科维度

在学科维度将课程视为所教的科目，注重知识系统化，以形成一定的科目或学科。通常具体化为课程标准、课程（教学）计划、教学大纲和教科书，等等。例如，《辞海》将课程定义为，课程即教学的科目，这里所谓的科目既可以是一个教学科目，也可以指学校的或一个专业的全部教学科目，或指一组教学科目。④ 有学者认为，课程是关于"为实现学校教育目标而选择的教育内容的称谓"⑤，其最一般的含义就是有组织的教育内容⑥，是教学内容和进程的总和 。⑦ 课程即学科，把课程视为外在于学习者的静态的知识或知识体系，教育的目的就是把经过选择并系统化的知识传递给学生，学生的任务是掌握系统的学科知识，发展自身的认识能力。

---

① 郝德永：《关于课程本质内涵的探讨》，《课程·教材·教法》1997年第8期，第5—10页。
② 张华：《课程与教学论》，上海教育出版社2000年版，第300页。
③ 施良方：《课程理论：课程的基础、原理与问题》，教育科学出版社1996年版，第1页。
④ 辞海编写组：《辞海·教育心理分册》，上海辞书出版社1980年版，第5页。
⑤ 顾明远主编：《教育大辞典》，上海教育出版社2002年版，第892页。
⑥ 吴也显主编：《教学论新编》，教育科学出版社1991年版，第269页。
⑦ 王策三：《教学论稿》，人民教育出版社1985年版，第202页。

特别是一般人往往将教师准备于课堂中教学的学科单元主题与内容纲要视为"课程"的同义词，或将学校开授的学科表或学生的功课表视为"课程"的全部，甚至将教科书当成唯一的"课程"。这种"课程即学科"的课程意义之基本假设，主张课程设计人员或学校教师可以选取每一个学科的精粹作为学习内容，而且最好的学习内容与最重要的学科观念，出现在人类的伟大著作当中。[1]

从学科（领域）维度界定课程是一种较早、比较传统，但影响却较为深远的观点。我国古代的礼、乐、射、御、书、数六艺，就是将这些科目当作课程的含义。[2] 西方中世纪学校的文法、修辞、辩证法、算术、几何、音乐、天文学七艺，就是七门课程。西方现代学校就是在此学科基础上增加其他学科，形成完整的课程体系的。

"课程即学科"强调学科知识，而使教学内容具体化的教科用书与器物用品也经常被当作课程，这是一种偏向学科本位的课程理论取向。这种课程定义将学科、学习内容或学科知识内容视为课程的同义词，认为可以对学科之间、学习领域之间做清楚的区分，其课程评价，强调课程必须忠实地反映学科知识的本质，对学习内容的选择与组织比较容易进行系统的安排与设计。但这种课程定义存在不鼓励学生主动地建构知识和参与学习活动，忽略了教学过程的动态因素，容易使课程沦为学科本位、教材本位等弊端。[3] 因此，"我们需要超越传统上将课程视为一系列学校科目的课程观，而从一个跨学科和跨文化的视角对其进行重新构想，使学生能够从人类的知识共享中学习并为其做出贡献"。[4]

2. 计划维度

"课程即计划"，是从事前规划的角度来探究课程设计与课程发展的工作，并将课程视为一种教学计划。例如，有学者认为，课程是旨在保障青

---

[1] 黄光雄、蔡清田：《核心素养：课程发展与设计新论》，华东师范大学出版社2021年版，第29页。
[2] 朱家雄：《幼儿园课程的理论与实践》，华东师范大学出版社2010年版，第3页。
[3] 黄光雄、蔡清田：《核心素养：课程发展与设计新论》，第31页。
[4] 联合国教科文组织编：《一起重新构想我们的未来：为教育打造新的社会契约》，教育科学出版社2022年版，第148—149页。

少年一代的健全发展，由学校所实施的施加教育影响的计划①，"课程是课堂学习、课外学习以及自学活动的内容纲要和目标体系，是教学和学生各种学习活动的总体规划及其过程"。②"课程即计划"的观念，强调"事前规划"与"预先计划"："主张课程是预期的，而且其程序是可以事前加以规划的，其中包含了学习目标、内容、活动以及评价的工具和程序等周密的思考，作为教育工作的准则，以便于控制掌握学习结果。换言之，该定义以课程为计划，特别是将课程视同在教学之前出现的事前课程计划或规划工作。"③把课程看作"教育计划"或"学习计划"，即从"教"或"学"的角度强调课程的计划性和目的性，是一种静态的课程观。区别于科目、经验、活动及目标维度的单一规定性或描述性方式对课程的界定，计划维度试图以综合性的倾向来界定课程。

自20世纪50年代以来，人们逐渐把课程视为"教育计划"或"学习计划"。这里所言及的计划往往包括目标、内容、活动和评价等方面。正如塔巴（H. Taba）所言："所有的课程，不管是什么样的特殊设计，都是由一定的元素组成的，课程通常包括对目的和特定目标的阐述；对内容的选择和组织；它或者是暗含着或者是显示一定的学和教的类型，不管是因为目标的需要还是内容组织的需要；最后还包括对结果的评价方案。"因此，塔巴将课程定义为"一种学习计划"。④ 奥利瓦（P. F. Oliva）也将课程定义为"学习者在学校指导下所获得全部经验的计划和方案"。⑤

3. 目标维度

"课程即目标"，它"将课程视为一种一系列目标的组合，不论是教育目的、宗旨、一般目标、具体目标、行为目标或表现目标等等，皆由学生行为的改变呈现其教育效果"。⑥ 从目标维度界定课程，起源于博比特（F. Bobbitt）、查特斯（W. W. Charters）的课程工学，后经泰勒（R. W.

---

① 钟启泉编著：《现代课程论》，上海教育出版社1989年版，第177页。
② 李秉德主编：《教学论》，人民教育出版社1992年版，第129页。
③ 黄光雄、蔡清田：《核心素养：课程发展与设计新论》，华东师范大学出版社2021年版，第35页。
④ H. Taba, *Curriculum Development：Theory and Practice*, New York：Harcourt, Brace, Jovano Vich, 1962, pp. 10 – 11.
⑤ P. F. Oliva, *The Secondary School Today*, New York：Harper and Row, 1972, p. 81.
⑥ 黄光雄、蔡清田：《核心素养：课程发展与设计新论》，第37—38页。

Tyler）等人的发展，这种把预期的学习结果和目标看作课程的观念渐趋完善。① 目标课程强调教育的目的性、可操作性，其核心任务是选择和确定教育教学的目标。目标既是教育追求的方向和目的，也是评价的标准。"课程即目标"的观点往往将课程视同工厂中的生产线，因此，目标的拟定必须具体、明确而清楚。在课程选择方面，"课程即目标"的观点，首先"重视课程目标的引导作用，依据目标选择材料，以社会需求为主，其次顾及学生兴趣、能力及合适的学科知识。在课程组织方面，课程要素一方面包括实质上的活动或经验，另一方面则注重形式上顺序的逻辑安排，强调目标与手段的连锁，由最终目标分析其先备条件，转化为阶段目标，再安排学习阶层。在课程评价方面，初步的评价在诊断学生的先备能力，最后的评价在判断目标的达成程度。"②

"课程即目标"具有统一的教育目标，而且容易进行课程评价。"这种课程意义，重视课程目标的明确性与可观察性，采取可观察或可测量的形式的课程评价，指出学生学习的终点，以引导教学活动之进行，所以相当强调绩效与科技主义取向。"③ "课程即目标"的课程观点由于便于教育绩效管理与行政运作控制，往往受到政府的青睐。政府经常主张教育应以明确的目标为引导，学校课程要有目标导向，以设计学习方法与教学内容，并达成预定的教育政策与教育理想。④ 课程目标可以用来判断整个课程方案达成目标的程度，作为课程修订的参考依据。

4. 经验维度

"课程即经验"倾向于将课程视为一种"学习经验""是学习者、学习内容与教学环境之间的交互作用，以及交互作用之后所产生的经验过程与实际结果，亦即课程是指学生从实际学校生活中所获得的学习经验"。⑤ 有学者提出，课程是"学生通过学校教育环境获得的旨在促进其身心发展的教育性经验"。⑥ "课程是受教育者在教育者的引导下所获得的经验，这

---

① 朱家雄：《幼儿园课程的理论与实践》，华东师范大学出版社 2010 年版，第 5 页。
② 黄光雄、蔡清田：《核心素养：课程发展与设计新论》，华东师范大学出版社 2021 年版，第 38 页。
③ 黄光雄、蔡清田：《核心素养：课程发展与设计新论》，第 39—40 页。
④ 黄光雄、蔡清田：《核心素养：课程发展与设计新论》，第 39 页。
⑤ 黄光雄、蔡清田：《核心素养：课程发展与设计新论》，第 32 页。
⑥ 靳玉乐：《现代课程论》，西南师范大学出版社 1995 年版，第 65 页。

些经验是教育者按照一定社会需求和受教育者的身心发展水平,有计划、有目的地组织安排的。"① 这种观点主张学校课程应适应个别学生的需要,强调学生个人的学习经验之意义理解,以学生兴趣、需求等,作为学校教育课程设计之依据。② 教育的目的是挖掘培养学习者内在的、内发的价值,培养具有丰富个性的主体。学习者的任务是从自身的兴趣、需要、个性出发,与环境互动建构形成不同的经验。"课程即经验",其所关心或质疑的课程设计问题便是:"课程是事先规定的吗?学生可以从学习活动中学到什么?学生自己认为自己的学习如何?以及如何获得更佳的学习?"③ "课程即经验","重视正式课程、非正式课程与潜在课程,以及其他经过指导或未经过指导的学生学习经验,使得这种定义成为一种比较多元的学习经验,有利于学习者的均衡发展。"

20世纪初期,受进步主义思潮的影响,一批西方课程学者开始从经验的维度界定课程。杜威是这种观点的集大成者。

> 杜威在批评了仅仅重视儿童或仅重视科目的极端主张以后指出,儿童有自己的经验,而科目实质是成人的经验,在儿童与科目之间维系有机联系的公分母就是"经验"。这样的经验不局限于课本里的成人过去的经验,而且包括儿童现在的经验,甚至萌芽着未来的经验。教学不能再以"课本为中心",必须走出课本,以经验为中心。④ 他认为:"教育是在经验中,由于经验、为着经验的一种发展过程。"⑤

儿童的经验应该是课程的起点和基础,儿童需要在经验中学习,而由成人和专家编制的教材是比较抽象的,就需要把各科教材转化为儿童的直接经验,才容易被儿童理解和掌握。他主张:"把各门学科的教材中各个

---

① 丛立新:《课程论问题》,教育科学出版社2000年版,第89页。
② 黄光雄、蔡清田:《核心素养:课程发展与设计新论》,华东师范大学出版社2021年版,第32页。
③ 黄光雄、蔡清田:《核心素养:课程发展与设计新论》,第33页。
④ 黄甫全、王本陆主编:《现代教学论学程》(修订版),教育科学出版社2003年版,第113页。
⑤ 赵祥麟主编:《杜威教育论著选》,王承绪编译,华东师范大学出版社1981年版,第351页。

部分的知识恢复到原来的经验。它必须恢复到它所被抽象出来的原来的经验。它必须合理化。"①

5. 活动维度

活动课程强调学习者通过自身的活动获得发展。教育的目的、学习的任务都依赖活动得以实现。以科目为维度容易导致"见物不见人"，以经验为维度容易因为经验的抽象性而导致教学实践中一线教师难以理解把握，各自难以克服的局限迫使人们试图从活动维度审视课程。欧用生认为："课程是指有计划的学科或其他活动。"王策三认为："课程自然不等于学科……课程不仅包括学科，还有其他内容如劳动和其他各种活动。"《中国大百科全书（教育）》在定义课程时，在从学科维度界定的同时，也从活动维度作了阐述："课程广义上是指所有学科（教学科目）的总和，或指学生在教师指导下各种活动的总和。"这种观点在当前广受关注和认同。

综上所述，课程的定义维度广泛、种类繁多，彰显着研究者各自的见解和思路。任何一种对课程的界定，都是在特定的历史时期、特定的政治经济背景下出现的，都隐含着某些课程论的假设和理性思维的倾向。从不同的角度和层次理解课程，就形成了对课程概念的不同认识。课程作为学校教育系统的重要组成部分，作为实现教育目标的主要手段和媒介，根据当前教育思想和教育实践的发展变化，其本质内涵是指，在学校教育环境中使学生获得的、促进其身心全面发展的教育性经验体系。②

二 关于幼儿园课程的多维理解

幼儿园课程是幼儿教育中最重要的研究领域和内容。幼儿园课程研究的逻辑起点是幼儿园课程的本质问题，即什么是幼儿园课程？20世纪早期，我国幼教界便普遍使用"幼儿园课程"一词。20世纪50年代至80年代初期，国家对课程采取中央集中管理的模式，即统一决策、统一规划和统一编制。地方和一般研究人员只需把专家制订的课程计划（大纲）付诸实施。由于课程的制定只需少数人来研究，因此，包括幼儿园课程在内的

---

① 赵祥麟主编：《杜威教育论著选》，王承绪编译，华东师范大学出版社1981年版，第89页。
② 靳玉乐：《现代课程论》，西南师范大学出版社1995年版，第65页。

课程问题逐渐从人们的视野中消失。改革开放以来,国家对课程的管理模式发生了转变,中央集中和地方分权相结合的新型管理模式赋予了各级教育部门较大的自主权,研究者和教师有了不同程度地参与课程决策的权利和机会。课程问题又逐渐进入人们的视野。在我国,关于"幼儿园课程"的内涵,主要有三种定义维度。

（一）幼儿园课程即教学科目

幼儿园课程即教学科目是对我国幼儿园课程影响时间最长、范围最广的一种定义。例如,《幼儿教育百科辞典》将幼儿园课程定义为:"为实现幼儿园教育目标而组织安排的全部教育活动,或指规定的全部教学科目及其目的、内容、范围和进程的总和。狭义指某一门学科课程。主要包括教育目标、教育内容、教育方法、教育评价等内容。"王静珠认为:"幼稚教育课程就是指幼儿在幼稚园有目的、有计划的安排下,及教师的辅导下,为达成幼稚园教育目标而依循一定程序所进行的各种学习活动。"①

"学科说"强调系统的知识体系和教学,有利于课程内容的系统化选择及组织,但它人为地割裂了知识的联系。而且仅把课程理解为学科,只描述了一部分课程现象,易忽视幼儿的情感陶冶、创造性表现、个性培养等一些对幼儿成长具有重大影响的因素。"在幼儿园,幼儿能够获得的学习经验远远超出了传统学科的范围,而且这些学习经验对于幼儿的身心发展来说又是十分重要的。学科是我们确定应当'教什么'的依据或来源之一,但因此把幼儿园课程定义为学科科目,则失之于过窄。"② 同时,过于强调课程的学科化,容易忽视幼儿的经验和兴趣需要,把学科知识与儿童生活经验割裂开来。在"学科说"背景下,教师通过各种手段把外部的知识内化,并且对幼儿有整齐划一的教育目标与要求,易导致把教学活动看成是一种训练。但"事实上,我们应该注意的是教学活动对学生学习过程和个性品质的影响,而不是教学活动本身"。③

（二）幼儿园课程即教育活动

这种课程观认为幼儿园课程是幼儿园教育活动的总和,"将幼儿园教

---

① 王静珠:《幼稚教育》,台湾五南出版社1991年版,第58页。
② 刘焱:《幼儿园游戏教学论》,中国社会出版社2006年版,第268页。
③ 施良方:《课程理论:课程的基础、原理与问题》,教育科学出版社1996年版,第5页。

育活动的内容看成是学习活动的取向,关注的是幼儿做些什么,强调教育活动与社会生活的联系,强调幼儿在学习中的主动性。"① 其代表性学者如张宗麟认为:"幼稚园课程者,由广义的说之,乃幼稚生在幼稚园一切之活动也。它包括一切教材,科目,幼稚生之活动。"② 有研究者认为:"幼儿园课程是幼儿在幼儿园教育环境中进行的、旨在促进其身心全面和谐发展的各种活动的总和。或者换一个角度,简单明快地表述,即幼儿园课程,是幼儿园教育活动的总和。"③ 幼儿园课程,指的是"幼儿园以特定的社会文化背景为基础,根据儿童身心发展的特点,有目的、有计划地为儿童提供学习经验、选择教学内容、组织教育活动(既包括各个领域的教育教学活动,也包括综合教育活动、主题教育活动),以促进儿童身心的和谐发展。"④

"教育活动说",把幼儿园课程从狭义的教学科目进行了拓展,泛化为对幼儿进行的一切教育活动。幼儿园课程不仅仅局限于学科教学,还包括其他任何类型的教育活动。课程研究者和教师可以通过活动了解儿童的兴趣、需要、已有经验和发展水平,也可以通过创设活动情境、提供活动材料、引发活动主题、指导活动方式等策略来指导儿童的活动,进而影响他们的学习经验。幼儿园课程不仅仅是"上课"或集体教学活动,也应包括儿童的生活活动、交往活动和游戏活动等各种活动。不管是教师组织的集体教学活动,还是通过创设环境诱发儿童的游戏、交往及生活活动,只要能帮助儿童获得有益的学习经验,有助于达到我们所期望的目标,都是幼儿园课程的有机组成部分。

(三) 幼儿园课程即学习经验

这一维度的幼儿园课程定义认为,幼儿园课程是儿童在幼儿园环境中获得的旨在促进其身心全面发展的教育性经验。有学者就提出:"幼儿园课程是为幼儿精心选择和组织的学习经验。"⑤ 陈鹤琴强调:"幼儿园应该给

---

① 朱家雄:《幼儿园教育活动设计与实施》,高等教育出版社2008年版,第32页。
② 张沪编:《张宗麟幼儿教育论集》,湖南教育出版社1985年版,第31页。
③ 冯晓霞:《以活动理论为基础建构幼儿园课程》,《学前教育研究》1997年第4期,第22—26页。
④ 李生兰等:《幼儿园课程新论》,北京大学出版社2018年版,第2页。
⑤ 唐淑主编:《幼儿园课程实施指导·总论》,南京师范大学出版社1997年版,第3页。

儿童一种充分的经验，这种经验的来源有二：一是与实物的接触，二是与人的接触。应该把儿童能够学而且应该学的东西有选择地组织成系统，应该以儿童的两个环境——自然环境和社会环境——为中心组织幼儿园的课程。"张雪门在《幼儿园的课程》一书中指出："课程是什么，课程是经验……幼儿园课程是什么？就是给三足岁到六足岁的孩子所能够做而且喜欢做的经验的预备。"① "人们最初的认识，最根深蒂固地保持的知识，是关于怎样做的知识，例如怎样走路、怎样谈话、怎样读书、怎样写字、怎样溜冰、怎样骑自行车、怎样操纵机器、怎样运算、怎样赶马、怎样售货、怎样对待人，等等。"② "做"的过程及通过"做"获得的认识是最初的经验，儿童生长表现为经验的生长，课程的任务是在已有经验的基础上扩充和扩展儿童的经验。③ 杜威认为，一切学习来自经验④，"经验首先是做的事情。有机体决不徒然站着，一事不做"⑤，"经验的'真资料'应该是动作、习惯、主动的机能。行为和遭受结合等适应途径，感官运动的相互协调"⑥。经验"是学习者与环境相互作用的产物，既包括客观存在于学习者之外的知识，也包括学习者自身对这些客观知识的主观认识与理解，是主客观相互作用的结果"⑦。

"经验说"把课程从学科、教育活动转到重视学生的学习经验，是一种人文主义的努力。"幼儿园教育活动的内容即幼儿的学习经验，这一取向认定幼儿是主动的学习者，决定学习的质和量的主要方面是幼儿而不是教材，换言之，幼儿是否能够真正理解和获得活动的内容，主要取决于幼儿已有的心理结构，取决于幼儿与环境之间有意义的交互作用。"⑧ 这种课程观把出发点放到了学习者身上，实现了课程本质由"物"向"人"的转变，由"教育者"到"学习者"的转变，反映了一种教育哲学的变革，更

---

① 戴自俺主编：《张雪门幼儿教育文集》（上卷），北京少年儿童出版社1994年版，第24页。
② [美]杜威：《民主主义与教育》，王承绪译，人民教育出版社2001年版，第201页。
③ 蒋雅俊：《课程哲学：儿童、经验与课程》，人民教育出版社2015年版，第84页。
④ 赵祥麟主编：《杜威教育论著选》，王承绪编译，华东师范大学出版社1981年版，第331页。
⑤ [美]杜威：《哲学的改造》，许崇清译，商务印书馆1997年版，第46页。
⑥ [美]杜威：《哲学的改造》，许崇清译，第48页。
⑦ 刘焱：《幼儿园游戏教学论》，中国社会出版社2006年版，第264页。
⑧ 朱家雄：《幼儿园教育活动设计与实施》，高等教育出版社2008年版，第33页。

好地体现了教育的本质。课程即经验，扩大了课程内容的范围，将课程由"静态"变为"动态"，考虑到了幼儿的兴趣、需要和体验。但正如一些研究者所指出的，"经验说"在理论上吸引人，在实践中却很难实行，难就难在学习经验是主观的东西，而教师容易把握的是客观的东西。

以上三种对幼儿园课程的定义和解释表明，我国幼教理论界从一开始就将幼儿的经验、幼儿的活动、幼儿的生活视为课程关注的重点。相对于"教学科目""教育活动"这些抽象的概念，"学习经验"一词更能反映幼儿学习的本质和特点，揭示了幼儿园课程概念的内涵，同时也反映了教与学双方在课程中的相互作用。

> 把经验引入课程设计之中具有重要意义。过去课程设计主要涉及教育内容的编排，而采用经验这一概念势必把方法包括进去，因为经验的获得直接与学习者的学习方式方法以及师生相互作用的关系的性质相联系。比如对同样的教育内容一个教师采取直接讲述的方法，一个教师采用让幼儿动手操作的方法，在这两种情景下幼儿获得的实际经验就有所不同。经验是达到目标的必要条件，把经验概念引入课程设计，将把教师与幼儿的相互作用的方法包含进去，更有利于课程目标的达成。[1]

因此，本书赞同北京师范大学刘焱教授对幼儿园课程所作的定义，她将幼儿园课程界定为："根据幼儿园教育目标为幼儿设计和组织的、有益于其身心健康和谐发展的全部学习经验。"[2]

把课程理解为"学习经验"符合世界学前教育课程发展的趋势和特点。"幼儿园课程强调经验，意味着强调幼儿是活动的主体，意味着强调幼儿在活动中的作用，意味着强调活动过程。经验是最符合幼儿学习的特点和规律的，也是最适合幼儿需要的。"[3] 我国《幼儿园教育指导纲要（试行）》也明确指出："幼儿园教育应尊重幼儿身心发展的规律和学习特点，充分关注幼儿的经验，引导幼儿在生活和活动中生动、活泼、主动地学

---

[1] 黄人颂主编：《学前教育参考资料》，人民教育出版社1991年版，第354页。
[2] 刘焱：《幼儿园游戏教学论》，中国社会出版社2006年版，第264页。
[3] 虞永平：《学前课程与幸福童年》，教育科学出版社2012年版，第12页。

习。""在教育过程中应依据幼儿已有经验和学习的兴趣与特点,灵活、综合地组织和安排各方面的教育内容,使幼儿获得相对完整的经验。"将幼儿园课程理解为"学习经验",幼儿园就"必然不仅仅注重教什么,而且注重幼儿怎么学以及学到什么,不仅注重学习过程,而且同样注重学习的结果。课程被看作师生双方共同参与的动态建构与发展过程。教师不再仅仅是课程的媒介,幼儿也不再仅仅是课程的受体,教师与幼儿都成为课程的建设者。人的活动成为决定课程质量的关键因素。"[1]

同时,需要注意的是,幼儿园课程是期望幼儿获得的,能使他们获得应有的发展经验。

> 幼儿园课程是对幼儿学习经验的规范,是"有益的学习经验"而不是无益的或有害的学习经验。这种课程定义突出了教育影响对幼儿学习经验的规范作用。从这种课程定义出发,一方面在课程决策的较高层次上可以制定一个面向全体幼儿的相对统一的最低限度或最切实可行的课程标准;另一方面在课程实施的层面上,可以根据每个幼儿的特点,引导他们按照自己的学习速度和方式来学习与掌握他们应该掌握的那些有益的学习经验。[2]

（四）幼儿园课程的构成要素

不管幼儿园课程概念如何发展变化,它始终存在一些共性的基本要素。从静态上看,幼儿园课程通常由课程目标、课程内容、课程实施和课程评价四个基本要素构成。

课程目标是指课程最终要达到的标准,是人们对课程产生效果的预期。课程目标是前提和基础,在课程系统中起着统帅的作用,课程内容、课程实施、课程评价都是围绕课程目标进行的。课程目标既决定课程内容的选择与组织,也是课程实施的依据,其实现程度和水平更是课程评价的标准。课程目标一方面反映了教育的总目标,是一定理论和价值观念的体现;另一方面它又是教育目标在实践中的具体化,是一种可操作的目标,

---

[1] 刘焱:《幼儿园游戏教学论》,中国社会出版社2006年版,第270页。
[2] 刘焱:《幼儿园游戏教学论》,第269页。

幼儿园课程与教学论纲

在课程系统中发挥着以下功能：指导课程内容和经验的选择；协调各部分内容之间的平衡；规范课程的实施和学习活动的开展；提供课程评价的标准；构成进一步改变课程的基础。①

课程目标在课程系统中虽然具有灵魂地位，但它不一定就是课程设计的起点。"现在有人过于强调目标，认为目标的设计应该明确、具体、可操作，课程的设计、实施和评价都要严格地从目标出发，这实际上是一种'唯目标论'。"② 它强调目标的中心地位，把教育过程看成是生产工业产品的过程，而目标则是产品的质量标准。这种观点实际上是西方工业社会追求逻辑和理性的思维方式在教育中的体现。它强调课程设计的标准化与科学性，对于克服教育中存在的无目的性具有现实的意义，但同时它也忽视了人的独特性和创造性，它割裂了目标和过程之间的联系，对目标采取的是一种机械的和绝对的理解态度，它过于强调目标所反映的一致性和具体性，这在实践上是不现实的。③ 因此，"我们在坚持课程目标的中心地位的同时，也应该认识到，目标并不是一个简单的、固定不变的框架，它具有很大的不确定性。这就需要我们同样地关注过程，在开放的教育过程中寻找新的目标生长点和落实点，而不是在限制性的目标框架中展开教育过程"。④

幼儿园课程内容是"教师根据课程目标的要求而为儿童选择和设计的学习内容"。⑤ 幼儿园课程内容尽管也涉及一些相关学科的知识，但又不同于学科知识。因为幼儿园课程"所选择的教育内容，不是出于学科知识传递的需要，而是出于促进儿童全面发展的需要，因此并不十分注重学科知识自身的逻辑性、系统性"。⑥ 幼儿园课程内容的选择既要考虑到幼儿身心的和谐发展，也要考虑到幼儿的学习特点。幼儿园课程是幼儿在生活中体验到的内容，体现在幼儿的各种生活活动中。"这就需要教师打破学科知识原有的逻辑系统，而将所需学习的知识内容和材料，以适合儿童学习的'心理顺序'而不是学科固有的'逻辑顺序'重新加以组织，并以符合学

---

① 刘晓东、卢乐珍等：《学前教育学》，江苏教育出版社 2011 年版，第 294—295 页。
② 刘晓东、卢乐珍等：《学前教育学》，第 295 页。
③ 刘晓东、卢乐珍等：《学前教育学》，第 295—296 页。
④ 刘晓东、卢乐珍等：《学前教育学》，第 296 页。
⑤ 刘晓东、卢乐珍等：《学前教育学》，第 296 页。
⑥ 刘晓东、卢乐珍等：《学前教育学》，第 296 页。

习者心理发展的原则加以编订,才能发挥教学效果,达到教育目标。"①

课程实施是把一项课程计划付诸实践的过程,是达到预期的课程目标的基本途径。在整个课程系统的运作中,课程实施担负着将课程的计划付诸实践的职责,是达到预期的课程目标的基本途径。课程实施虽然是对课程计划的执行,但并不是机械地执行。

> 课程目标能否实现,并不在于它能否得到"精确"地实施,因为课程实施不仅是一种技术,更是一种艺术。在课程实施的过程中,既存在着一些技术性的因素,也存在人的因素,而最终要取决于人的因素。这是因为,一个课程计划通常蕴含着对原有课程的一种变革,而它的实施就是力图在实践中实现这种变革,或者说,是将变革引入实践。②

课程评价是课程作为评价对象的特殊的认识活动,是针对课程的特点和组成要素,收集相关信息,对课程的价值、适宜性、效益做出判断的过程。课程评价有利于了解课程目标的实现程度以及课程本身的适宜性。但是,"我们应该明确的是,课程评价的对象不是儿童,而是课程本身。即使有的时候,我们需要对儿童进行测量,了解儿童的发展状况,但这也是为了间接地了解课程本身的计划和实施是否合适。然后再根据课程评价反馈的结果,对原有课程进行一定的修改,以便新的一轮课程设计和实施能取得更好的效果。"③

对幼儿园课程的不同理解,会导致对以上课程构成要素理解的差异。如学科维度的课程目标决定了课程是儿童对学科知识的掌握,而经验维度的课程目标则是幼儿获取经验的过程。可见,幼儿园课程概念的界定决定了幼儿园课程基本要素的内容。但是,幼儿园课程要素之间并不是孤立的存在,而是相互联系、相互作用的。幼儿园课程是从目标到内容,再到实施和评价的不断循环,是一个有机的动态系统。

---

① 刘晓东、卢乐珍等:《学前教育学》,江苏教育出版社 2011 年版,第 297 页。
② 刘晓东、卢乐珍等:《学前教育学》,第 299 页。
③ 刘晓东、卢乐珍等:《学前教育学》,第 300 页。

三 幼儿园课程的特点

幼儿园课程是根据幼儿园教育的特点从课程中独立出来的一门学科，是实现幼儿园教育目的的手段。相对于普通教育学中的课程，幼儿园课程更具针对性和操作性，它把幼儿园教育中的若干要素，按照幼儿教育的规律与原则，以及幼儿发展的需要，加以科学合理地组织，并转化为各种类型的教育活动，旨在帮助幼儿获得有益的学习经验，促进幼儿身心全面和谐发展。

幼儿园课程与中、小学课程相比，从内容到形式都有较大的区别，这是由不同教育阶段的教育任务、目标，以及不同年龄段儿童的身心发展规律与特点决定的。幼儿园课程应体现幼儿教育的特殊性，反映幼儿学习与发展的特点，让幼儿真正享有幸福、快乐的童年，并为其将来的发展奠定基础。幼儿园课程的有效实施，能锻炼儿童的身体，增强儿童的体质；能丰富儿童的知识，发展儿童的智能；能陶冶儿童的情感，塑造儿童的品行；能焕发儿童的审美意识，培养儿童的美感。具体而言，幼儿园课程具有以下几方面的特点。

（一）基础性

幼儿园课程是教育课程的基础，是对幼儿进行全面的、整体的教育的课程。幼儿园课程的基础性可从两个角度理解：一是从教育体制的角度；二是从人的发展的角度。从教育体制的角度上看，幼儿园教育是学制的最初环节。"幼儿园的课程则能启迪儿童的智慧，满足儿童的好奇心，培养儿童的好习惯，增长儿童的见识，丰富儿童的情感，发展儿童的身心，使儿童从一个自然的人转化为社会的人，为儿童进入小学打好基础。"[①]《幼儿园工作规程》（2016 年）总则第二条明确规定："幼儿园是对 3 周岁以上学龄前幼儿实施保育和教育的机构。幼儿园教育是基础教育的重要组成部分，是学校教育制度的基础阶段。"这非常清楚地指明了幼儿园教育在整个学校教育制度中的位置。如果说幼儿园和小学、初级中学一样同属于学制中的基础阶段的话，那么幼儿园是整个学制的基础，也是"基础"的"基础"。

---

① 李生兰等：《幼儿园课程新论》，北京大学出版社 2018 年版，第 5 页。

从人的发展的角度来看，幼儿园课程的对象是3—6岁的幼儿。幼儿正处于人生发展的起始阶段，他们的身体发育迅速，心智逐渐萌生，个性开始萌芽。他们的自然生命正在接受人类文化的熏陶，进行社会化过程。这一阶段所获得的学习经验不仅影响其当下的发展，更会影响其青少年阶段，甚至影响其一生的发展。为幼儿提供学习经验的幼儿园课程，也因此具有了基础性——为儿童一生的成长奠定根基。"幼儿园教育的基本任务是使幼儿获得基本的生活和学习经验，掌握与他们生活和学习相关的学科的基础知识；促进幼儿身心各方面得到充分而和谐的发展，以适应未来社会发展对人才的需要。""我们必须使幼儿掌握最基础的知识和技能，初步激发他们对知识本身、对知识学习的兴趣，让他们初步掌握学习知识和技能的方法等。"①

（二）经验性

经验通常指感觉经验，是人们在同客观事物直接接触的过程中，通过感觉器官而获得的关于客观事物的现象和外部联系的认识。② 经验是儿童主动与环境发生交互作用的过程与结果，它具有生活性、情境性、灵活性、开放性。③ 实施幼儿园课程要注意为幼儿提供丰富的实物材料，引导幼儿运用感官和动作进行学习。

杜威将教育定义为"经验的再构成"，但并不认为一切经验都是教育性的经验。"杜威指出，在学校所组织的经验中既有促进儿童成长的'教育性经验'，也有同儿童的成长无关的'非教育性经验'，还有不利于儿童成长的'反教育性经验'。杜威主张，学校所组织的经验，应当选择与学问性经验、校外的社会与产业、公共生活的伦理有连续性的经验。"④

幼儿园教育的一切活动都要围绕幼儿经验获取的方式进行，带有强烈的经验性特点。教师应提供一切直观事物，并积极鼓励幼儿通过五官感知世界，自己动手、参与各种活动获取经验。"自然发展的进程总是从包含

---

① 许卓娅主编：《幼儿园课程理论与实践》，南京师范大学出版社2008年版，第34页。
② 冯契主编：《哲学大辞典》，上海辞书出版社1992年版，第1127页。
③ 蒋雅俊：《课程哲学：儿童、经验与课程》，人民教育出版社2015年版，第109页。
④ ［日］佐藤学：《教育方法学》，于莉莉译，教育科学出版社2021年版，第126页。

着做中学的那些情境开始。"① 由于课程不再被看作一套需要去占有的具有客观真理性的知识体系或"已经固定'在那儿'等待发现的实在"②，而是学习者自己通过与环境的相互作用积极主动建构的、具有个人意义的经验，课程因此就"不再是跑道，而成为跑的过程。而学习则成为意义创造过程之中的探险"。③

（三）潜在性

"让环境说话"是幼儿园课程的一条重要途径，环境对儿童具有潜移默化的影响。《幼儿园教育指导纲要（试行）》明确提出："环境是重要的教育资源，应通过环境的创设和利用，有效地促进幼儿的发展。""幼儿园的空间、设施、活动材料和常规要求等应有利于引发、支持幼儿的游戏和各种探索活动，有利于引发、支持幼儿与周围环境之间积极的相互作用。""教师的态度和管理方式应有助于形成安全、温馨的心理环境；言行举止应成为幼儿学习的良好榜样。"医学等相关学科的研究成果表明，0—14岁儿童的大脑可360度地接受外界信息，但以无意注意为主。儿童接受信息是潜在性的，并不会立刻产生结果，而是由量变到质变的积累过程，周围的环境会对儿童产生潜移默化的影响。"幼儿园要为儿童创设丰富多彩的环境，提供亲近自然的材料，确保足够的时间和空间，鼓励儿童自由选择，大胆探索，自主成长。"④

因而，教师要注意自己的一言一行，采用榜样示范的教育方式，注重教育的潜在价值，充分发挥幼儿园环境的潜在教育功能。通过环境的影响不断潜移默化地引导幼儿和谐发展，不仅仅是外显知识经验的习得，也有隐性情感态度价值观的转变，还有知识经验的潜在价值性隐含。

（四）整合性

在英语中，"整合"一词的动词形式为integrate，原意是"结合、使成整体"；从知识论来说，整合是指具有相同知识结构和研究方法的知识之相互连接；从教育学角度而言，整合则指教学活动和学习内容的综合设

---

① ［美］杜威：《学校与社会·明日之学校》，赵祥麟、任钟印、吴志宏译，人民教育出版社1994年版，第206页。
② ［美］多尔：《后现代课程观》，王红宇译，教育科学出版社2000年版，第221页。
③ ［美］多尔：《后现代课程观》，王红宇译，第4页。
④ 李生兰等：《幼儿园课程新论》，北京大学出版社2018年版，第6页。

计；就心理学角度而言，整合是指孩童在活动中对成长和完整人格的一种发展或合一；就社会学角度而言，整合是指个人与他人、个人与组织，以及组织与组织（环境、脉络）之间的一种互动和联系；从哲学意义上来说，整合是指由系统的整体性及其系统核心的统摄、凝聚作用而导致的使若干相关部分或因素合成为一个新的统一整体的建构、序化过程，是从事物自身出发，着眼于自身及其各个因素、部分，最终落脚于事物自身的存在和发展变化。[①]

在幼儿期，幼儿身心各方面发展迅速并相互影响、相互促进，这就决定了幼儿园课程必须是高度整合的课程，"树立并努力实践整体教育的观念，努力整合多种教育内容、教育形式或方法，发挥各种教育因素的整体影响，努力提高教育质量，更好地促进幼儿的发展。"[②] 幼儿园教育中的五大发展目标都是"有机联系，相互渗透""你中有我，我中有你"的。[③] 在幼儿教育领域，课程与完整的儿童这两个概念通常是密不可分的，并且整合性的学习有利于知识、经验以及相应学习策略的迁移，有利于学习成效的提高。因此，幼儿园课程应涉及多个学科、多个领域，并使之相互联系、相互促进，从而构成一个有机的发展整体。也就是说，幼儿园课程必须充分关注并运用整合性来更好地促进儿童发展。

【案例1—1】

快乐创造 创造快乐[*]
——幼儿园"乐创"课程之中班项目活动《万疆》

一　项目来源——升旗仪式
临近国庆节之际，幼儿园请来了市里的国旗护卫队。当国旗护卫队员

[①] 李子建、杨晓萍、殷洁：《幼儿园园本课程开发的理论与实践》，人民教育出版社2009年版，第182—183页。

[②] 虞永平：《学前课程与幸福童年》，教育科学出版社2012年版，第30页。

[③] 刘健智：《科学素养：学前科学教育的课程目标》，《学前教育研究》2006年第9期，第12—14页。

[*] 本案例由浙江省临海市人民政府机关幼儿园大洋分园郑红波、黄梦佳两位老师提供。

在背景音乐的衬托下雄赳赳、气昂昂地迈着正步向孩子们走来的时候，孩子们都被征服了，个个流露出了崇拜的眼神。当鲜艳的红旗随风飘扬起来时，孩子们的脸上洋溢着满满的自豪感。

在之后的"T台秀"区域活动上，有的孩子会穿上警察制服模仿国旗护卫队叔叔踢正步，虽然走得没有他们那么标准，但是专注的表情却学得有模有样。同时我们发现，班里有好多小朋友和他们的爸爸妈妈一起去看了电影《长津湖》，他们让自己的爸爸妈妈把自己扮成解放军的模样，拍了好多照片发到群里和大家分享。

民族自豪感在一次次与社会活动的碰撞中加深，让孩子们萌生出制作一份特殊礼物——为祖国献礼的想法。经过激烈的讨论、投票，孩子们最后决定要表演一个自创节目。

解析：幼儿的学习就融汇在生活的点点滴滴中，好奇、好学、爱模仿学习的特点，让孩子们在升旗仪式后表现出对身为中国人的自豪，同时孩子们也用实际行动告诉我们，他们要用自己的方式向祖国妈妈表达他们的爱。

二　项目进行时——齐心协力

1. 选择歌曲——集体献策

幼儿园的"乐创课程"已经开设一年半了，孩子们对表演是有经验的，也有过集体创编节目的经历。孩子们的第一个想法是献唱红歌，歌曲是班里的兔兔提出来的《万疆》，孩子们在抖音、快手视频上看到过，也有个别幼儿能哼唱旋律，听多了，大家也觉得很喜欢，歌曲就这样被确定下来。

解析：言由心生，孩子们可能说不清楚怎么去爱祖国，但是他们的爱的确藏在了一首首的歌曲里，通过集体的力量选择出能表达他们心声的音乐，用他们力所能及的行动表达身为中国人的自豪感。

2. 表演形式——柳暗花明

之前，我们演出的《红星闪闪》是用合唱和表演的形式进行的，但是《万疆》也用这样的形式来呈现吗？孩子们在讨论这个问题的时候，第一反应就是唱歌。那就来试试吧。我们带着孩子们尝试演唱《万疆》，但是，在此过程中有孩子说："老师，这个歌词是什么意思呢？""老师，我们有点不明白……"

带着孩子们的疑问，我们开始了解歌词的含义。孩子们各抒己见，把自己认为的意义分享给小伙伴。还有的孩子一边讲述，一边用肢体动作做辅助说明。这个有趣的现象很快引起了孩子们的注意，均表示可以采用唱歌、跳舞、音乐表现的形式。老师、家长也纷纷献策，给孩子们找了很多的经典作品供借鉴。

大家观看了合唱曲目《黄河大合唱》《我和我的祖国》，发现这种混合的想法真不错，在这些优秀的作品里也是多种形式结合在一起的。

"我们能不能用这些方式呢？"
"谁来负责乐器？"
"可以有小指挥吗？"

带着这些问题，孩子们再一次热闹起来，最后经过激烈的讨论，决定用打击乐、歌伴舞等形式表演《万疆》。

　　解析：孩子们在完成目标的过程中，会遇到一个一个的问题，在发现问题—解决问题的过程中，他们的思维更加活跃，考虑更富有创意，同伴、师幼之间的互动让大家的行动更加快乐。在此过程中，孩子们会认真观察、仔细分辨、一起协商，为实现共同的目标而努力。这种学习、探究的氛围是在过程中自然产生的，而不是老师死板的教授所能及的。孩子们的行动兴趣是学习的催化剂，而老师的作用就是让这种催化剂发挥出最大的功效，所以，在孩子们需要的时候，老师适时地参与了献策。

　　3. 自制沙锤——统一 VS 自由

　　大合唱视频里的乐器都是需要在很长时间的学习之后才能运用的，我们调查了班里孩子学习乐器的情况，只有部分孩子在学钢琴，而且还是入门级别，所以要用和视频里一样的乐器太难了。那么怎么办呢？孩子们发现，打击乐坊里有很多乐器可以供他们使用，而且学起来也比较简单。一部分孩子支持这个想法，但是也有一部分孩子不同意，觉得这样太没有创意了。既然我们要创新，那就来自制乐器好了，要让大家眼前一亮。带着这个想法，孩子们开始发掘各种能利用的资源，一起出谋划策，找老师、找家长、上网找资料……在之后的决定会上，孩子们展示了自己的想法。有推荐鼓面墙的、有主张用酒瓶击打的，还有说用彩色沙锤的……

　　虽然也有少部分孩子持不同意见，但大家还是少数服从了多数：自制小鼓和五彩沙锤。孩子们的理由是，材料好找，自己能制作完成。

　　他们用矿泉水瓶当沙锤，在里面装上各种各样的豆子，摇起来就会发出不同的声音。第一次制作后，发现瓶子是各种各样的，贴满了包装纸，看起来实在很不美观。于是决定在确定样品后再做装饰，说干就干。将装饰完成的沙锤摆在一起，确实是一道靓丽的风景线！

解析：解决问题的过程就是孩子成长的过程，孩子们会主动地寻找各种办法，利用可以利用的资源，这不是今后社会生活最好的合作和学习方式吗？每个孩子都有自己的想法，老师也鼓励孩子们大胆地表达自己的想法，用实际行动去获得同伴的共鸣。在寻找资源、展示想法、决定结果的过程中，孩子们表现的是满满的集体意识，知道少数服从多数的原则，更是能为自己的选择提供足够的说服理由，积累的实践经验是实实在在的。

4. 设计动作——分工合作

道具制作完成了，孩子们分工设计表演队形、动作。画画、构思能力较强的孩子设计队形，把想要的队形画在纸上和大家介绍自己的想法，再一起讨论；比较活泼、喜欢跳舞、有想法的孩子设计动作，然后大家一起讨论学习。最后，孩子们把表演的人分为三组，两边是打击乐的孩子，中间是伴舞的孩子。借鉴了大合唱里的站位，孩子们的表演队形也确定下来了。

幼儿园课程与教学论纲

解析：为了完成同一个目标，孩子们有协商、会分析，很好地利用小组合作、集体分工的操作模式，让他们的项目活动进展得更加顺利。每个孩子在活动过程中既是小主人，也是小成员；既要发挥作用，又要服从分配，真正让孩子们在过程中学习集体生活的奥秘。

5. 排练节目——确定指挥

到了大家一起排练的时候了！根据《万疆》的歌词用乐器配不同的节奏，节奏记不住，孩子们就画图谱。刚开始排练的时候还有些不熟练，每个孩子的接受能力不一样，需要不断练习，不断帮助记忆。有些节奏感比较强、记忆力比较好的孩子很快就掌握了，于是大家又想出了分组表演的主意，还在每个组里选一个当指挥的小朋友，这样就能带着大家加快排练的进程。

解析："兵来将挡，水来土掩。"孩子们就很好地诠释了这个谚语，在排练过程中发现节奏记不住，孩子们就用图谱来帮忙。排练中有个体差异，孩子们又想出分组排练、领练的好办法，所有的困难都被他们一一攻克，在这其中他们的自豪感油然而生。

三　项目展示——元旦演出

随着孩子们排练次数的增加，他们越来越得心应手了，尤其是小指挥们，他们会帮助组里的孩子找到准确的站位，会在他们排练走神的时候予以及时提醒。

最后，在幼儿园的元旦演出活动中，和全园的老师、小伙伴分享了这个项目成果。孩子们个个神采奕奕，精神焕发。当台下响起热烈的掌声和赞赏声时，孩子们脸上洋溢的是自豪、满足的笑容。

解析：孩子们的努力，认真的排练是为了上台演出的时候有更好的节目效果，所谓台上一分钟，台下十年功，相信孩子们最终收获的不仅仅是表演节目的自豪与兴奋，更多的是和小伙伴一起努力合作练习，解决问题的成就感。

四 项目结语

这次项目活动来源于孩子们的兴趣，在以孩子为本位的活动进程中，充分体现出其自主性、创造性，孩子们能大胆地假设、验证，通过集体的力量达到完满的状态。这样的项目活动不仅增强了幼儿的团队协作意识，而且让幼儿萌发出身为中国人的自豪，产生满满的集体荣誉感！同时教师在此过程中，不仅增强了组织活动的能力，也锻炼了动手能力、创造能力和分析、小结的能力，让孩子们快乐创造，创造快乐！

第二节 幼儿园教学的内涵与特点

一 教学的内涵

（一）教学的词源

"教学"也是一个复合词，在我国，早在商朝即前 29 世纪前后，甲骨文中就已经出现了"教"字，即"🙵"。如"丁酉卜，其呼以多方小子小臣其教戒。"① 甲骨文中也有了"学"字，即"🙸"。如"壬子卜，弗酒小求，学。"②

从甲骨文来看，"教"字来源于"学"字，教的概念是在学的概念的规定性中加上了又一层规定性。许慎在《说文解字》中指出："教，上所施，下所效也。"

"教学"二字连用，最早见于《书·商书·说命下》："教学半。"③ 孔颖达的解释是："上学为教（音 xiao）；下学者，学习也。言教人乃是益已学之半也。"《学记》引用它作为"教学相长"的经典依据，指出"学然后知不足，教然后知困，知不足然后能自反，知困然后能自强也。故曰：教学相长"。宋朝的蔡沈对此作注："学，教也……使之自学，学也；终之，教人，亦学也。"说明其词义只是教者先学后教、教中有学的单方向活动。因此，这里所说的"教学"并不是现代意义上的教学，而是指教的人的教与学。④

在英语世界中，涉及教学的单词有 teach（教）、learn（学、学习）、instruct（教导）。其中，teach 和 learn 是由同一词源派生出来的，只不过 learn 与所教的内容相互联系，teach 与使教学得以进行的媒介相互联系。至于 teach 和 instruct 两个词确实存在分歧，teach 多与教师的行为相联系，作为一种活动；而 instruct 更多地与学习情景有关，作为一种过程。⑤ 因此在美国教育研究协会（AREA）的规定中，teaching 是与教师教育连在一起的，而 instruction 是与 learning 连在一起的。也有人认为，teaching 主要用于具体的、实际的训练，instruction 更偏重于理论的、指导的方面⑥，但在很多情况下，二者是同义词，可以互相代替。

（二）关于教学内涵理解的多样性

回顾历史上对教学概念的解释，对正确认识和理解教学的内涵具有重要意义。从目前已发表的论著来看，我国对教学的理解主要有以下四种代

---

① 孟宪承等编：《中国古代教育史资料》，人民教育出版社 1961 年版，第 15 页。
② 沈灌群：《中国古代教育和教育思想》，湖北人民出版社 1956 年版，第 5 页。
③ 阮元校刻：《十三经注疏》，中华书局 1980 年版，第 175 页。
④ 王嘉毅主编：《课程与教学设计》，高等教育出版社 2007 年版，第 4 页。
⑤ 施良方、崔永漷主编：《教学理论：课堂教学的原理、策略与研究》，华东师范大学出版社 1999 年版，第 8 页。
⑥ 吴立岗：《教学的原理、模式和活动》，广西教育出版社 1998 年版，第 6 页。

表性观点：

第一，教学即"教师的教"。这种观点从教师、教育者的角度理解、界定教学的含义，认为教学就是传授知识和技能，是向受教育者传递经验、文化等。①

在我国教育话语系统中约定俗成地认为，所谓"教学理论"实质上就是"教的理论"或"教论"，所以就应该把它们作为同义词来使用。

第二，强调教学的最基本方面，即教师的教和学生的学。"'教学'就是指教的人指导学的人进行学习的活动。进一步说，指的是教与学相结合或相统一的活动。"② 教学是"以课程内容为中介的师生双方教和学的共同活动"。③ "教学是教育目的规范下的，教师的教与学生的学共同组成的一种教育活动。"④ "教学是教师教和学生学，共同完成预定任务的双边统一活动。"⑤ 此外，还有相当多的教学论著作，在强调教学的双边活动的同时，较为全面地论述了教学的任务。

第三，教学活动的构成要素不仅由教师和学生两方面构成，除了教师和学生共同参与外，还应包括使教师的教和学生的学融为一体的中介因素。只有这样的教学定义才能反映教学的本质属性。教学是一种"由教师、学生相互作用，以教材为中介而专门组织起来的教育活动"。⑥

第四，另有学者对教学的含义提出了一种新颖的观点。认为教学的含义可以从操作层次、社会学层次以及哲学层次三个层面来理解。从操作层次来看，"教"和"学"都是个体独自的活动。教的理论是关于教师活动的原则与方法的理论，教是指教师如何展开自己的活动；而学的理论是关于学生学习过程的特征与方法的理论，学是指学生如何在时间的维度上开展活动。从社会学层次来看，教学只是描述了教师与学生之间的一种关系，表示一种有效的活动应该在一定的社会背景下进行，它指称的是一种互动的关系。从哲学层次来看，"教学"一词可以解释为一个包含师生两

---

① 王嘉毅主编：《课程与教学设计》，高等教育出版社2007年版，第6页。
② 李秉德主编：《教学论》（修订版），人民教育出版社2001年版，第2页。
③ 顾明远主编：《教育大辞典》，上海教育出版社2002年版，第711页。
④ 王道俊、王汉澜主编：《教育学》，人民教育出版社1989年版，第181页。
⑤ 刘克兰主编：《现代教学论》，西南师范大学出版社1993年版，第46页。
⑥ 吴也显主编：《教学论新编》，教育科学出版社1992年版，第6页。

个侧面的矛盾运动过程，它表示了教师与学生在一种特定背景下彼此充分参与的形式。①

此外，芝加哥大学教育学教授菲利普·杰克逊（P. Jackson）在《教学这一实践》（1986年）中，根据不同特征，将教学界定为"模仿模式"与"变化模式"两种概念。所谓"模仿模式"，指起源于古希腊的"模仿·再现"传统的教学概念，指的是以知识与技能的传授与习得为基本的教学方式。"变化模式"同样也起源于古希腊，以苏格拉底的"产婆术"为传统，将促进学习者思考态度及探究方法的形成作为基本理念的教学概念。苏格拉底认为，教学不是向学习者传递知识、技能，而是教授"无知之知"。通过对话使学习者感受自身的偏见与教条，教育他们热爱智慧。②

对教学的界定之所以会出现如此多样化的局面，是因为教学本身的复杂性，其直接原因是研究者不同的立场和出发点。综合上述分析，对教学概念的界定，基本上是围绕教学活动的要素在四个方面进行探讨的。一是在"教"的意义上使用并界定"教学"；二是在"学"的意义上使用并界定"教学"；三是在"教"与"学"协同活动的意义上界定"教学"；四是在"教学生学"意义上使用"教学。"

（三）教学的内涵

什么是教学？许多学者从不同的角度探讨了教学的本义。其中最有代表性的是 Smith（1987）对教学本义的阐释，他认为，教学的定义可以划分为五种：③ 一是传统义，即叙述义，认为教学是"传授知识技能"的活动；二是教学是"促使人成功学习的"活动；三是教学为"有意向的引导学习"的活动；四是规范义，认为教学是"符合伦理规范"的活动；五是科学义，认为教学是依据研究的目的、对象及内涵等形成的操作性定义。这种划分特别适合于采用"量化"的方式来研究教学的学者，即可以把教学的概念转化为可以测量和统计的变量，有利于运算、分析和统计。然而，这种对教学定义的划分并没有给教学做出一个明确的定义，而是让研究者根据自己的研究重点下操作性定义，容易混淆教学的本义，看不清教

---

① 周浩波：《从教学概念的分析谈教学论》，《教育研究与实验》1990年第1期，第6—10页。
② ［日］佐藤学：《教育方法学》，王莉莉译，教育科学出版社2021年版，第79页。
③ 单文经编著：《教学引论》，上海科技教育出版社2003年版，第3页。

学的本质。

正确界定教学的内涵,需要多层次、多方面地了解教学现象,透过教学现象揭示教学的本质。教学是根据一定社会的需要,按照确定的教育目的,通过教师传授和学生学习,完成教学任务的双边活动。① 简言之,教学就是教师"教"和学生"学"的双边教育活动。这种对"教学"的界定明确指出教学过程中的两种关系,即"教"与"学"的关系。在教学过程中,教与学之间存在着密切的联系,只有教师教而没有学生的学不能称之为教学。同样,只有学生学而没有教师教也不能称之为教学。

    教师在教学中的主要任务,就是要用最科学的方法,把人类积累起来的科学知识转化为学生的真知和能力,并从思想上和行为上去影响学生,在实现这种转化的过程中,必须发挥教师的主导作用。但教师教好,还是为了学生学好。"师傅领进门,修行在个人",单有教师的教,还不能构成教学活动,还必须有学生主动和积极的学。②

首先,教不同于学。在课堂教学情境中,教主要是教师的行为,是一种外化过程,学主要是学生的行为,是一种内化过程。教师与学生之间存在差异,教与学之间也存在差异。正因为这种差异,教与学之间的交往才有价值。

其次,教与学互相依赖。教与学互为基础、互为方向。教师的教意味着学生的学,学生的学体现着教师的教,教与学实质上是同一个过程。在教学情境中不存在没有教的学,也不存在没有学的教。"教师的任务,不仅是教学生'学会',更重要的是教学生'会学'。只有把教师的主导作用体现在学生学习的主体作用上,才能完满地完成教学任务。"③

最后,教学过程是师生间的交往过程。学生有其独立人格,独特的精神世界,独特的认知、情感、态度和价值观念,学生是教学过程的主体。教师是教学交往关系的另一方,担负着教学过程的组织者、引导者、咨询者、促进者的职责,教师自然也是教学过程的主体。教师与学生之间的关系是本体与主体之间的关系。教师与学生之间的交往过程构成了教学。

---

① 罗明基主编:《教学论教程》,黑龙江人民出版社1987年版,第1页。
② 黄济:《教育哲学通论》,山西教育出版社2006年版,第496页。
③ 黄济:《教育哲学通论》,第496—497页。

二 幼儿园教学的内涵

"教学是师生双边的共同活动,构成这种活动的基本成分是教师的传授、儿童的学习和教学所运用的材料。教学承担着向儿童传递人类和民族文化遗产的任务。"① 然而,我国"幼儿园教学"这一概念,在早期受苏联学前教育学的影响比较深刻。教学被看作智育的主要手段,被定义为发展儿童的认识能力,用系统的基本知识武装他们,教学被视为培养学生的技能和技巧的有系统、有计划和有目的的过程。② 学习被认为是接受由教师预先架构好的知识体系的过程。上课或全班集体教学是传授这种预先架构好的知识体系的"捷径"。教学过程只是由外向内的"迁移"过程。

2001年《幼儿园教育指导纲要（试行）》的颁布与实施,对幼儿园教学的发展起到了重大的推动作用。我国教育部在2021年颁布的《幼儿园与小学科学衔接的指导意见》中也明确提出：要"遵循儿童身心发展规律和教育规律,深化基础教育课程改革,建立幼儿园与小学科学衔接的长效机制,全面提高教育质量,促进儿童德智体美劳全面发展和身心健康成长。""改变过度重视知识准备,超标教学、超前学习的状况,规范学校和校外培训机构的教育教学行为,合理做好入学准备和入学适应,做好科学衔接。"然而,在幼儿园教学中仍存在一些问题。例如,在教学内容方面,当前的幼教改革倡导的是一种来源于生活、融于生活、回归生活的幼儿园教育,要求教育内容与幼儿生活密切联系。但在现实的教学过程中却仍围绕着教学计划、教材内容来设计、组织、实施教学,教学与生活仍然是两条平行线。在教学形式方面,游戏应是幼儿园教学的基本形式。但在教学过程中,游戏仅在形式上被采用,只是教学的辅助工具,而没有与教学真正融合在一起。这些实践中存在的问题实质上是一种小学化倾向,把幼儿园教学等同于小学教学。例如,开设各种各样的特色班、兴趣班；要求幼儿提前学习小学的知识,学习读写算；重视教师的权威地位和集体教学,忽视幼儿的主体地位和个别差异,等等。

幼儿园教学实践与幼教改革理论之间存在以上问题的主要原因,在于对"幼儿园教学"内涵认识不清,界定不明确。关于幼儿园教学的内涵,

---

① 朱家雄：《幼儿园教育活动设计与实施》,高等教育出版社2008年版,第6页。
② ［苏］亚德什科、索欣主编：《学前教育学》,北京师范大学外国教育研究所译,人民教育出版社1981年版,第213—214页。

不同学者对其有不同的理解。例如，有学者认为，幼儿园教学是"教师对幼儿学习活动有目的、有计划的组织与指导。这种组织与指导的基本任务是为幼儿创设符合教育目的要求的'有社会文化内容'的学习环境，以引发、支持和促进幼儿与环境的相互作用，帮助幼儿获得有益的学习经验。"① 幼儿园的教学活动，"主要是一种有目的、有计划的由教师对幼儿施加教育影响的活动。教学由教师立足于教学目标、教学任务和教学内容来组织和实施教学活动，就教学本身而言，它更多强调的是教师的作用，强调的是教学的'结果'"。② 在幼儿园，教学被称为教学活动，"是教师根据教育目的、教育纲要，有计划、有目的地指导儿童的学习活动。它主要指集体（全班或分组）的正规教学活动（上课）以及教师对个别儿童的专门指导，与儿童的日常生活、游戏、区域活动和自发活动等多种多样的学习活动有机结合、相互联系，促进儿童身心和谐发展。"③

但是，从"教"与"学"的关系来看，教和学不应只是传授和接受。"教"更应是一种组织、支持、帮助和引导；"学"则是一种经验的习得和自主建构过程。

幼儿园教学是由教师的教和幼儿的学组成的共同活动，是教师与幼儿的交往和相互作用的过程。④ 教与学不仅仅是师幼关系，还包括幼儿与幼儿的关系，幼儿群体和幼儿群体的关系，教师与幼儿群体的关系。教与学也并不是一一对应的关系，这种不对称的关系，"要求我们把幼儿看作主动的学习者，他们根据自己的需要与兴趣，从周围环境中选择学习内容，主动地建构自己对于周围环境的认识与理解，教学作为一种外部的社会性活动，其基本功能是为幼儿的学习活动创造良好的条件，支持与引导幼儿的学习活动。"⑤

三　幼儿园教学的特点

（一）游戏性

游戏是幼儿积极主动地与周围环境相互作用的基本活动形式。幼儿在

---

① 刘焱：《幼儿园游戏教学论》，中国社会出版社2006年版，第241页。
② 朱家雄：《幼儿园教育活动设计与实施》，高等教育出版社2008年版，第6页。
③ 黄人颂主编：《学前教育学》，人民教育出版社2012年版，第241页。
④ 路娟、王鉴：《论幼儿园教学的本质》，《当代教育与文化》2017年第5期，第1—8页。
⑤ 刘焱：《幼儿园游戏教学论》，第235页。

游戏中探索、发现、计划、思考，积极主动地建构自己的经验、意义和实在。① 游戏"是个体自发地对自身潜能的开发活动，是个体处于游离状态的潜意识的活动的外化。"② 对幼儿来说，"游戏的真正价值在于：游戏是儿童理解他人、自己以及他所处的生活世界的手段"。③ "在游戏中，幼儿或假装，或虚构，或模仿，或创造，一切看似非平常、非真实的幻化在这里却给人以天然去雕饰之感，在浑然天成中愿望与要求得到满足，自然、社会和生活中的'他人'得到联络，自我得到认识与升华。"④ 游戏是儿童的基本活动，这不仅是因为儿童最喜欢它，它占有儿童的时间最多，更重要的是游戏最适合儿童的发展，最能满足儿童的需要，能最好地促进儿童的成长。"把游戏这种幼儿主动学习的活动作为幼儿园教学活动的基础，建构以幼儿的主动学习为特征的幼儿园教学活动体系，避免学习活动的异化，促进学习活动的主体化，是对教学活动理想境界的追求。"⑤ 由于学前儿童在游戏中生活、在游戏中成长的特点，而将幼儿教育与小学教育区别开来，以游戏为基本活动成为幼儿教学的特色。

【案例1—2】

中班社会《职业大猜想》*

一 设计意图

幼儿园以"乐行"为特色课程，以"社会角色体验"为特色切入来丰富幼儿的生活经验。中班幼儿爱模仿，模仿一些他人的行动和语言，喜欢扮演一些角色，对于职业处于懵懂初探的阶段。他们知道爸爸妈妈、爷爷奶奶等周围人的职业，但对相关职业的特点内容等了解得不够

---

① 刘焱：《儿童游戏通论》，北京师范大学出版社2013年版，第365页。
② 刘晓东：《儿童精神哲学》，南京师范大学出版社2011年版，第7页。
③ 郭元祥：《生活与教育——回归生活世界的基础教育论纲》，华中师范大学出版社2005年版，第178页。
④ 李子建、杨晓萍、殷洁：《幼儿园园本课程开发的理论与实践》，人民教育出版社2009年版，第99页。
⑤ 刘焱：《幼儿园游戏教学论》，中国社会出版社2006年版，第237—258页。
* 本案例由浙江省临海市人民政府机关幼儿园伟星城分园李颖姿老师提供。

透彻，也无法用较完整、恰当的词汇向同伴介绍。本活动将通过不同的形式引发幼儿对职业进行猜想，让孩子们在游戏化的活动环节中了解相关职业的特点与内容，引导幼儿用准确、恰当的词汇来介绍与讲述，体会各职业的艰辛。

二　活动目标

（一）了解相关职业的特点及工作内容，能用较清晰、准确的语言描述职业的典型特征。

（二）积极参与职业大猜想活动，在猜想中体会各职业的艰辛。

三　活动重难点

重点：了解相关职业的特点及工作内容，在猜想中体会各职业的艰辛。

难点：能用清晰、准确的语言对相关职业的典型特征进行描述。

四　活动准备

物质准备：PPT《职业大猜想》、职业卡片、记分牌。

经验准备：知道常见职业的名称。

五　活动过程

（一）从不同角度猜测职业，了解描述职业的要素

1. 观察图片猜测职业。

（1）根据服装、工具猜测职业。

（出示医生局部图——服装）师：这是什么职业？你是怎么发现的？（医院里的医生确实穿着白衣服，嗯，有可能。难道穿白色服装的就是医生吗？）

（出示医生局部图——工具）师：现在你们能确定是什么职业了吗？（这是听诊器，是干吗用的？哦！是用来听病人心跳的，判断他们的身体情况）

小结：原来我们可以从一个人的服装和工具猜出他从事什么职业。

师：除了听诊器，医生还会用到什么工具？（注射器、电脑、压舌板、血压仪）

小结：医生的工具可以帮助他们了解病人的情况。

（2）根据环境图猜测职业。

（出示火场环境）这里怎么了？什么职业会在火场工作？

（消防队要在火场救火）

师：原来我们可以从一个人工作的环境猜出他的职业。

（出示马路环境）谁可能在这儿工作？

（交通警察经常要在十字路口维护交通秩序。环卫工人和交警都可能在这里工作）

（出示工地环境）什么职业？

（建筑工地上建筑工人在辛苦地工作，城市因为他们而变得更漂亮）

师：还有谁也在这儿工作？

小结：我们都是从他们的工作环境里看出来的。

2. 听声音猜想职业。

师：接下来没有图片线索了，我们听听工作时的声音来猜职业。

（1）播放扫码收款音效。

师：这是谁在工作？什么职业和钱有关？（银行的职员、收银员、商人）

（2）播放情境对话。

师：我们再来听第二条线索。为什么要说欢迎下次光临？（有礼貌，他们希望顾客下次还来）

小结：这个职业是收银员，我们可以从他们正在做的工作中猜出这是什么职业，工作的时候他们会说一些特别的话。

（二）尝试用职业的典型要素描述职业

1. 集体游戏：职业猜猜猜。

（1）回顾猜测职业的要素。

师：刚才我们猜职业的时候是怎么猜出来的？

小结：我们可以从服装、工具、工作环境、工作时做的事情、要说的话知道是哪种职业。（出示包含各种要素的图片）

（2）交代游戏规则。

师：（如果我们要玩这个游戏，你们能行吗？）接下来我们就一起来玩职业猜猜猜的游戏，红队和蓝队要根据给出的线索猜一猜这是什么职业，猜对的那队得一分。

师：我们的规则是抢答。什么叫抢答？（抢答就是知道马上说出来）

师：听完描述后知道答案的马上举手，先举手的先回答。如果没有答对，机会就会给另一组。

（3）示范抢答游戏。

师：我们先来试试看，这次不计分。

师：听仔细了：①这个工作需要开车；②每天要搬很多纸箱纸盒；③东西交给顾客要签收。

师：你是怎么猜出来的？为什么你觉得是快递员？（快递员每天要送快递，要开车）

小结：刚才我描述的时候把快递员最关键的信息都说出来了，这样大家才能准确地猜出来是什么职业。

（4）教师描述幼儿猜。

师：现在比赛正式开始，像刚才一样知道答案的马上站起来。第一题，①这份职业常跟书本打交道；②要在黑板上写写画画；③要教会孩子本领。

（什么职业和书本有关？图书管理员、书店老板。没错，就是老师）

（5）红蓝两队请代表出题。

师：谁想代替我当出题人？请一位代表来出题。哪队先抢答且回答正确的加分。

（向出题幼儿出示职业图片——厨师）红队代表幼儿开始描述，其他幼儿猜测。

（向出题幼儿出示职业图片——环卫工人）蓝队代表幼儿开始描述，其他幼儿猜测。

（6）公布比赛结果。

师：恭喜红/蓝队获得了最后的胜利！

2. 小组游戏：你说我猜。

（1）介绍两人一组的游戏规则。

师：你们想和好朋友玩你说我猜的游戏吗？

师：这次我们两个孩子合作，一个描述一个猜，请你们面对面坐（将一个孩子的板凳搬到好朋友的对面），轮流出题。拿到卡片之后不要让好朋友看到哦，请开始描述。

（2）幼儿游戏，教师巡回指导。

（3）结束：我们回去和其他好朋友玩这个游戏吧。

（二）生活性

生活就是我们所做的以及发生在我们身上的事情——从思想、梦想或情绪激动到玩股票或打胜仗都包括在内。生活是一种奇妙的、独特的和神奇的实在，具有为本身而存在的特权。一切生活都是某人自己的生活，感觉自己活着、知道自己存在着。生活的根源和重心是认识和了解自己，是观察自己及周围的环境，是自觉。[1] 生活对于儿童的成长与发展具有重要的意义和价值，"生活是教育的源泉，源源不断地滋养和孕育着教育的萌动与发展；教育是生活意义的展现，生生不息地传递和建构着人的生命价值。生活之于教育，教育之于生活如同鱼儿与水一样，无法分离。"[2]

幼儿处于人生发展的早期，各方面的知识和能力都比较缺乏，幼儿学习是基于生活情景的学习，学习与生活密不可分。对于幼儿来说，专门组织的教学活动、自由的游戏玩耍，甚至如进餐、午睡、盥洗等，都是重要的学习活动。

> 从生活相对于儿童课程的优先性视角来看，教师和儿童首先面对的是生活，特别对于幼儿园课程来讲，生活的优先性更为突出，因而教师要抱着对生活负责的态度开展师幼互动，教育活动中的任何要素包括课程内容、组织形式、师生关系、评价体系都要朝有利于发掘生活意义、建设幸福生活的目标努力。[3]

幼儿园教学必须包括幼儿在园内的所有活动，融合于幼儿园的一日活动中，让幼儿在生活中学习，在生活中发展。"幼儿园一日生活的各个环节与活动，都应当是被纳入幼儿园教学工作的范围之中，并按照教育目的的要求对各种潜在的教育因素加以有目的的组织与安排，以构成幼儿良好的学习环境与条件。"[4] 与此相反的是，如果幼儿园"利用封闭而单调的、

---

[1] ［西］奥德嘉·贾塞特：《生活与命运——奥德嘉·贾塞特讲演录》，陈升、胡继伟译，广西人民出版社2008年版，第225—228页。

[2] 李子建、杨晓萍、殷洁：《幼儿园园本课程开发的理论与实践》，人民教育出版社2009年版，第98页。

[3] 田燕：《德性课程管理论——基于教师专业发展的幼儿园课程管理研究》，中山大学出版社2016年版，第167页。

[4] 刘焱：《幼儿园游戏教学论》，中国社会出版社2006年版，第236页。

脱离生活世界的技术化、功利性知识来教育，只能培养出同样单调而乏味、机械的急功近利的人，这样的人可能凭借掌握的知识表现出很强的控制力、执行力，但却迷失了生活的根本用意，在连锁式的'掌握知识—应用知识—补充知识'的循环链条中根本无法体验生活的意义。"[①]

【案例1—3】

大班语言《天台美食》[*]

设计意图

《幼儿园教育指导纲要（试行）》指出："教育活动内容的选择要既贴近幼儿的生活来选择幼儿感兴趣的事物和问题，又有助于拓展幼儿的经验和视野"。同时指出"充分利用社会资源，引导幼儿实际感受祖国文化的丰富与优秀，感受家乡的变化和发展，激发幼儿爱家乡、爱祖国的情感"。

我们的家乡天台，其物产丰富，美食甚多，各种美食营养丰富，是幼儿健康成长的保证；味道鲜美，能带给幼儿味觉享受。在乡土悦读课程的熏陶下，我园幼儿对于天台美食已有初步的认知和体验，基于孩子们的生活经验，我设计了《天台美食》这一活动。希望通过游戏的方式，引导幼儿用较完整和较准确的词句去描述天台美食，进一步了解天台美食文化的博大精深，同时也对自己的家乡有更多了解，萌发热爱家乡的情感。

活动目标

1. 在游戏中学会认真观察和倾听，能够捕捉到事物最关键的特点。
2. 能用简洁、恰当的词汇对所观察到的图片进行讲述。
3. 萌发热爱家乡的情感，有初步的归属感。

活动重点

能够捕捉事物最关键的特点，并用简洁、恰当的词汇对事物进行相对准确的描述。

---

① 田燕：《德性课程管理论——基于教师专业发展的幼儿园课程管理研究》，中山大学出版社2016年版，第166—167页。
* 本案例由浙江省天台县机关幼儿园教育集团劳动路园区许雪莲老师提供。

活动难点

萌发热爱家乡的情感，有初步的归属感。

活动准备

1. 前期知识经验的准备。

2. 教具的准备：PPT课件、眼罩、红黄蓝绿四色小旗子各一面、装有"秘密"的信封、皇冠、自制视频一段。

时间	活动流程	幼儿表现及观察评价
	一　谈谈家乡的美食 ——你知道我们的家乡叫什么名字吗？你对我们家乡的美食了解多少呢？选取一两样美食引导幼儿从名称、特定日子食用等方面用较完整的语句进行表述。 　　设计策略：引导幼儿通过回忆和讲述，对相关的美食经验碎片进行简单梳理、串联并重整，为本次活动重点做好铺垫。 二　游戏：说说我看到的美食 ——天台有着深厚的美食文化，今天，许老师要和你们一起通过游戏的方式再一次走进我们天台，了解更多关于天台美食的秘密。 （一）集体游戏 1. 教师说出一样美食，幼儿来猜。 　　小结：在描述的时候要抓住美食的主要特点，为猜的人提供最关键和有效的信息。 2. 一名幼儿猜，其余幼儿描述。 ——播放图片，幼儿描述物品的关键特征，蒙眼的孩子进行大胆猜测。 　　小结：孩子们，你们发现游戏成功的秘诀了吗？（引导描述幼儿抓住所出示物品的关键特征，引导猜测幼儿捕捉最有用的信息进行分析） 　　小组游戏 ——刚才我们在游戏中了解了天台更多的美食，接下来还有更多好吃的美食藏在我带来的信封里呢！	

续表

时间	活动流程	幼儿表现及观察评价
	——幼儿分组游戏，每组一个装有美食秘密的信封，由一名幼儿担任信封保管员，其余幼儿轮流蒙眼猜测。 ——教师巡回观察指导，及时发现问题。 小结梳理，采访：大家把所有图片都猜完了吗？（发现比较难猜的图片） ——哪一张图片是最难猜出来的？为什么？请猜出这张图片的幼儿说说是由哪些关键的信息猜出来的？ 分组竞赛 ——红黄蓝绿四组，每组派一名幼儿代表作为猜测者进行抢答，其余幼儿提供关键信息。答对的那队加一分，以此累计分数，得出"猜题王"。 设计策略：通过多种游戏形式，引导幼儿认真观察和倾听，并学习用恰当的、关键的信息去表述食物的显著特点。进一步了解天台美食的相关文化。 **三 夸夸我的家乡** ——结合视频，教师深情讲述，赞美家乡美。 （我的家乡在天台，那是一个美丽幽静的地方。我的家乡有千年古刹国清寺，赤城山上的梁妃塔赫然耸立于紫荆花海中，有闻名遐迩的石梁飞瀑和气势恢宏的天台山大瀑布。秋日里，带你领略那泳溪千亩鎏金梯田的盛景，冬日里晶莹剔透的华顶雾凇仿佛带你进入童话般的冰雪世界。我的家乡有数不胜数的美景和美食。后岸的民宿、张思的古民居，底蕴深厚，别具匠心。街头年糕，三合油泡，南山麻糍，北山笋茄，一地一个味儿，浓浓的家乡味儿！大美天台，我爱天台！） 设计策略：在视听氛围的感受下，多维度了解家乡的地域文化，激发幼儿对后续主题活动的兴趣。	

续表

时间	活动流程	幼儿表现及观察评价
	四　延伸活动 　　孩子们，我们的家乡美吗？天台除了有数不尽的美食，还有很多美丽的传说、有名的景点，天台特产的中草药，像乌药、白术、铁皮也是非常有名。许老师请你们在周末休息时间，带上你们的爸爸妈妈，顺便带上好心情，去踏寻美丽天台更多的秘密！	

（三）主体性

主体性是"人作为主体在与客体相互作用的对象性活动中表现和发展起来的功能特性，它直观地表现为人的主动性、独立性和创造性，表现为主体对外部世界以及自己与外部世界关系的积极主动的掌握"。① 幼儿园教学的主体性，是指幼儿园教学活动的设计和组织要充分考虑幼儿的主体性并肯定幼儿的主体地位。幼儿作为独立的个体，享有和成人一样的权利与地位，在其发展中产生着积极的能动作用。幼儿园教学是"幼儿在'教育情景中的学习'，是学习的特殊形式。这种学习同样应当体现出人的主体性本质，表现出学习者的主动性、独立性与创造性。只有在这种性质的学习活动中，才能实现主体性发展的教学目标，使幼儿在各方面获得生动活泼、主动和谐的发展。"②

幼儿是需要身心全面和谐发展的人，"在智慧的老师眼里，教育的对象不是容器，而是教育的主体，是一个个鲜活的生命体。教育，就是成年人与孩子相处的一门学问。教育就是一种影响，是一种影响施加到另外一种影响上，让影响产生影响的过程"。③ 幼儿在其发展中所表现出来的选择性、能动性及创造性都是幼儿园教学过程中不可忽视的积极因素。"教育要使人成为完整的人；教育要追求儿童的解放，使人成为有主体性的人；

---

① 刘焱：《幼儿园游戏教学论》，中国社会出版社2006年版，第149页。
② 刘焱：《幼儿园游戏教学论》，第256页。
③ ［加］马克斯·范梅南：《教育的情调》，李树英译，教育科学出版社2022年版，第149页。

教育要使人的潜能都得到充分的发展，使人成为有个性的人；教育要使人与自然、人与社会实现和谐统一，成为类的存在物。"[1] 由此，在教学过程中要尊重和重视幼儿的需要、兴趣、个性、尊严、价值、自主性和自由等，将幼儿的视野从学科和教材引向宽广的生活世界，把幼儿有限的幼儿园学习时间引向无限的生活学习和终身学习，使幼儿园教学成为师幼共同探究、情感相互交融、心灵沟通、激励欣赏、不断体验生命的美好的过程。

【案例1—4】

大班科学活动《神秘来信》*

一 设计意图

《幼儿园教育指导纲要（试行）》指出，"要尽量创造条件让幼儿实际参加探究活动，使他们感受科学探究的过程和方法，体验发现的乐趣。"本次活动结合幼儿年龄特点，通过创设神秘的侦查破案背景，鼓励幼儿探索神秘信背后所隐藏的秘密，激发幼儿的探究欲望，让幼儿在多次试验中发现淀粉所隐藏的秘密，体验科学所带来的乐趣。

二 活动目标

1. 在实际操作过程中能感知淀粉在遇到碘伏时会变成蓝紫色这一神奇现象，知道可以用碘伏检测食物中的淀粉并积极探索。

2. 能够用语言大胆表达自己所观察到的现象，与同伴合作进行记录。

3. 感受淀粉的神奇，体验科学活动所带来的乐趣。

三 活动重难点

1. 活动重点：在实际操作中感知淀粉在遇到碘伏时会变成蓝紫色这一神奇的现象，积极探索发现食物中的淀粉。

2. 活动难点：能够用语言大胆表达自己所观察到的现象，与同伴合作进行记录。

---

[1] 冯建军：《当代主体教育论》，江苏教育出版社2001年版，第328—330页。

* 本案例由浙江省临海市人民政府机关幼儿园东方苑分园蒋斯璐老师提供。

四　活动准备

1. 物质准备：神秘来信（淀粉水绘画出的作品），试剂（水、醋、碘伏）、记录表、勾线笔；投票大记录表、贴纸、食物（黄瓜、米饭、土豆、山药、洋葱、金针菇）滤纸、桌布、黑板、淀粉水。

2. 经验准备：记录实验过程的已有经验。

五　活动过程

（一）发现神秘来信

孩子们，黑猫警长正在查一个走私假钞的案件，但是一直没有线索。这时，它收到了一封神秘来信，线索就在这封信里。咦？这封信上什么内容都没有。

小结：原来这是一封神秘来信，为了不被坏人发现，所以信上的内容做了隐形处理。

（二）探索"神秘来信"的秘密

1. 神秘来信的秘密。

看，信封里有一张小纸条，上面写着："这封信只有经过特殊处理才能显现出内容。"瞧，神秘人给我们留下了一张提示卡片，卡片上有三种不同的液体。

2. 感知淀粉在遇碘伏时会变蓝紫色的现象。

（1）认识三种试剂。

——你们认识这些液体吗？分别是醋、水和碘伏，碘伏的颜色是浅棕色。

——哪种液体能让信上的内容显现出来？请你们来帮帮黑猫警长，把装在喷壶里的液体喷在这封信上，一封信上只能喷一种液体，换另外一种液体要记得换一封新的信。

——（教师出示大记录单）我这里还有一张大的记录单，请你在实验过后给能使信内容显现的液体贴上贴纸。小侦探们，快去寻找藏在信里的线索吧。

（2）幼儿分组进行探索，教师巡回指导。

（3）集体分享交流实验结果，并进行验证。

——小侦探们，你们发现信上的内容了吗？你们是用哪种液体发现信上的秘密的？（碘伏）谁上来试一试。

——那当你们把水和白醋喷到纸上的时候，有没有发生变化呢？

(教师操作验证)

(4) 幼儿再次操作，发现颜色的变化。

——当把碘伏喷到信纸上时，信的颜色有什么变化呢？小侦探们再去试一试，观察一下吧！

小结：原来当把碘伏喷在信纸上时，信上的内容就显现出来了，而且是蓝紫色的。

(5) 知道淀粉在遇到碘伏时会变成蓝紫色。

——这封信到底是用什么特殊材料写的呢？铃铃铃，电话铃声响了，是神秘人打来的电话。(这封信我是用淀粉水写的)

——瞧，这就是淀粉。(请个别幼儿来闻一闻、摸一摸) 我们往淀粉里加点水，当我把碘伏滴到淀粉水里时，发生了什么事情？(淀粉水变成蓝紫色)

小结：原来，淀粉和碘伏会发生反应，变成蓝紫色，可真神奇啊！

(三) 揭秘神秘来信

1. 寻找食物中的淀粉。

——现在我们已经知道了临海大桥是假币交易的地点，时间知道吗？我们需要用淀粉水写一封信问问假币交易的时间，现在我们要寻找淀粉来制作淀粉水。

——神秘人给我们留下了一条语音，听（黄瓜、山药、金针菇、米饭、土豆中的有些食物是含有淀粉的，可以拿来制作淀粉水)

2. 发现食物中的淀粉，并记录。

——怎么才能知道哪些食物有淀粉呢？(用碘伏去检测) 如果食物中有淀粉，那么它的颜色会变成什么颜色？(蓝紫色)

——我这里还有一张记录表。(教师讲解记录表) 请在含有淀粉的食物下面打上"√"。

3. 用碘伏检测食物中的淀粉。

——幼儿分组操作，教师巡回指导。

4. 集中讨论交流，验证试验结果。

——哪些食物中含有淀粉？(教师依次进行操作验证)。

——小结：农作物、植物的根茎、豆类和一些水果中是含有淀粉的。瘦肉和奶制品中不含有淀粉，各种蔬菜中淀粉的含量很少。

幼儿园课程与教学论纲

(四) 回教室制作神秘回信

——我在教室为你们准备好了信纸,我们赶快回去用淀粉水给神秘人写信吧!

六 活动反思

在本次活动中,孩子们探究的兴趣非常浓厚,能够通过实际操作来感知淀粉和碘伏发生的神奇反应,体会淀粉的神奇。个人在执教过程中也存在一些不足之处:

1. 在前期准备时,没有考虑到不同孩子的已有经验,没有对信纸上的临海大桥图案做更改,只有个别孩子能够看出信纸所指向的是地点。

2. 环节和环节之间的衔接比较紧密,节奏过快,没有给孩子们留下更多的表达空间。

3. 在最后一个环节里再依次对食物进行验证则比较多余,可以让孩子们将探究后的记录表贴在黑板上,对存在疑问的食物再次进行验证。

4. 探案的情境性可以更加完整。

(四) 生成性

所谓生成,即产生、形成、变成某物之意,它强调的是事物发展变化的过程本身。由于教学的开放性、多变性、丰富性和复杂性,幼儿园教学过程充满了创造色彩。

> 生成的过程既是课程跟随具体情境不断调整、发展、完善的过程,也是教师与幼儿共同成长、共同发展的过程:幼儿在自身兴趣中自由探索、奋力发展;教师则通过参与幼儿的活动,在对幼儿每一次的观察和发现中,在对教育契机的每一次把握和感悟中,在对幼儿真实的认识和理解中,使自己获得真正的发展。[①]

幼儿园教学的生成性要求幼儿教师根据幼儿园教学时空的变化、幼儿的变化以及影响幼儿园教学的其他因素的不同,运用教学智慧,灵活

[①] 李子建、杨晓萍、殷洁:《幼儿园园本课程开发的理论与实践》,人民教育出版社 2009 年版,第 43 页。

应对与处理教学中的实际情况，创造性地进行教学设计，使幼儿园教学既有预设性目标，也有生成性目标。正如有学者所言："在学前教育中，课程并非兴趣的中心，儿童是我们关注的重点。教师很容易把注意力放在课程上面，因为课程远远比儿童容易处理。但课程是一个在教育环境中实际发生的事情——不是理性上计划了要发生的事，而是真正发生的事情"。①

【案例1—5】

大班趣拓：水上彩之幻*

设计意图

在一次雨中乐中，孩子发现路边残存的汽油痕迹在小水坑中慢慢变化，呈现出五颜六色，非常好奇。后来发现吃饭时漂浮在汤上面的油在光线下也呈现出五彩色。孩子们对这种水油分离现象非常感兴趣，于是我结合我园的"生活创意"美术课程之趣拓，设计了"水上彩之幻"。利用湿拓画的作画方式，让孩子们感知水油不相容原理，轻轻滴落在水间的颜料渐渐随水波晕开，舒展形状，这时控制水的流动从而得到想要的图案这一神奇现象，让他们在玩中感受水上作画的乐趣，从中体验成功的快乐和自豪感。

活动目标

1. 感知湿拓画的神奇现象，初步尝试湿拓画的作画方法。
2. 体验湿拓画所带来的乐趣。

活动重点

初步掌握湿拓画的作画方法。

活动难点

怎样使画面更漂亮。

---

① 田燕：《德性课程管理论——基于教师专业发展的幼儿园课程管理研究》，中山大学出版社2016年版，第165页。

* 本案例由浙江省天台县机关幼儿园陈义平老师提供。

活动准备

1. 课件：湿拓画作品、视频、步骤图、音乐。

2. 物质准备：颜料、水、画针、画梳、毛巾、纸袋、白纸、作品展示架。

活动过程

一　看一看，了解湿拓画的作画方法

1. 图片导入，引出课题。

引导语：孩子们，今天老师给大家带来了几幅画。（出示图片）

提问：你们见过这样的画吗？知道它是怎么画出来的吗？

小结：其实，这种画就是用水和颜料玩的一个神奇的游戏，你们想不想知道？一起来看看视频吧。

2. 观看视频，学习方法。

提问：请你们说说刚才视频里是怎么玩的？（引导幼儿讲述湿拓画的方法）你们觉得哪里最好玩？最有趣？

3. 回顾步骤，理清要点。

第一步——倒入画液，第二步——滴颜料，第三步——等颜色停止扩散再滴其他颜色，第四步——划动水面（左右、上下），第五步——得到自己想要的图案，第六步——拓画（轻轻放入纸袋不要移动与水面完全贴合），第七步——五秒钟后拿起纸袋，第八步——晾干，作品呈现。

设计策略：运用多媒体课件，激发幼儿兴趣，学习湿拓画的方法。

小结：这么好玩、有趣的油水分离的作画方法，有一个好听的名字叫湿拓画，你们想不想玩一下？

二　试一试，发现湿拓画的神奇

1. 指导要点：选择自己喜欢的颜色和水做游戏，观察轻轻滴落在水间的颜料渐渐随水波晕开、舒展形状的神奇现象。

2. 幼儿尝试，教师指导。

指导要点：工具使用，划动技巧。

设计策略：通过尝试，掌握湿拓画的工具使用方法，发现不同工具的使用会出现不同画面，水与颜料之间产生的神奇变化。

三　说一说，画面中的故事

1. 作品展示。

2. 说一说作画中所遇到的困难及有趣好玩的事。

3. 说一说画中的故事。

设计策略：评价环节为幼儿提供了分享交流的机会，鼓励幼儿大胆表述自己的作品及所遇到的困难及有趣好玩的事。

四　秀一秀，体验成功的喜悦

幼儿随音乐走秀出场结束活动，体验成就感。

五　活动延伸

湿拓画真神奇，把我们的纸袋、木头、石头装饰得这么漂亮，我们回到教室再试试能否变出更漂亮的画来。怎么做才能让画面更漂亮，更有故事。

作品呈现（附作品故事）

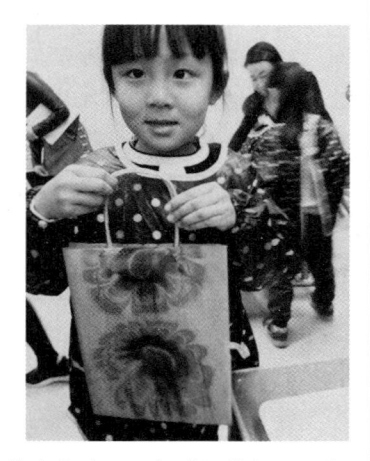

在水上画花，真是太神奇了！　　　　将水上的画，拓到纸袋上，好美！以后就提它去购物啦！

活动反思

《3—6岁儿童学习与发展指南》的艺术部分要求从感受与欣赏、表现与创造两个方面，让幼儿学会发现和感受自然界与生活中美的事物，让幼儿欣赏多种艺术形式和作品，萌发对美的感受和体验；鼓励和支持幼儿自发地进行艺术表现和创造，培养初步的艺术表现能力与创造能力。

我园园本特色课程——"生活创意"美术课程，旨在以幼儿生活和

> 美术活动经验为中心,通过幼儿独特、新颖的多种艺术表现形式,来创造新颖独特的艺术形象。将艺术、生活融为一体,使艺术源于生活、回归生活。让幼儿在生活中发现美,用创意表现美。
>
> 当幼儿在生活中发现了水油分离的现象时,我就思考:怎样通过艺术形式来体现与创作?在寻找合适作画材料时,发现湿拓画这种浮水染色技法能够很好地解决我的思考点。再进一步了解,原来湿拓画最早是源于中国的,早在唐朝就有了,是在14世纪经丝绸之路流传到了奥斯曼土耳其,后来这种绘画技艺就在中国失传了,而在土耳其得到了发扬光大,成了世界非遗产物。根据湿拓画的特性,我园把它放进"生活创意"美术课程"趣拓"板块进行重点尝试与研究。
>
> 此次活动利用水油分离的原理,针对大班孩子,初次尝试用湿拓画材料使其体验水上作画的乐趣,这是一次精心设计的"水上彩之幻"活动。利用湿拓画的作画方式,让孩子们感知水油不相容原理,感受那轻轻滴落在水间的颜料渐渐随水波晕开,舒展形状,这时控制水的流动从而得到想要的图案这一神奇现象,让他们在玩中感受水上作画的乐趣,从中体验成功的快乐和自豪感。活动重点放在好玩与有趣两个层面,让幼儿在"玩中学,学中玩",提高观察力、想象力、创造力与审美能力。活动来源于生活,来源于课程,而且是中国文化的传承。

第三节　幼儿园课程与教学的关系

一　关于课程与教学关系的几种认识

课程与教学的关系是困扰教育理论与实践的重大问题,但二者的关系至今仍处在争论之中,没有统一的看法。而明确二者的关系对教师创造性地开展教学具有重要意义。目前,对于课程与教学关系问题的认识,学者们一般将其归纳为以下四种类型。

（一）二元模式

这种观点认为,课程与教学之间是相对独立,各执一端,互不交叉的,而且这种观点在教育理论界的支持者颇多。例如,美国著名的课程理论专家坦纳认为，课程与教学是两个独立的领域。另有学者指出，从制度上看，教学与课程应该是两个不同的领域，两者之间的关系是线性的。因为课程实际上是制度化的，是特定社会在特定历史时期规定并实现的合法化的学校教育内容，具体体现为官方的课程文件（课程标准、课程指南、教科书等）。课程与教学是教育实践的两个领域，课程理论和教学理论是教育学科中两个不同的分支。① "把课程与教学并列，可以解决'难以划分课程与教学的界限'的问题，被大多数学者所接受。"②

（二）包含模式

这种观点将课程与教学视为一个整体，两者间相互关联、相互影响，彼此不可分离，主要有以下两种情形：一是教学包含课程，即认为教学是上位概念，教学包含课程，称之为"大教学观"，即"把课程视为教学内容，或者专指教学科目或教材，强调学科知识的边界，让学生掌握体系化知识，强调教师本位、学科知识至上与课堂中心"。③ 从夸美纽斯的"大教学论"到赫尔巴特的教学思想，都明确地体现了这样的观念。在凯洛夫《教育学》中，更是以"教学内容"取代"课程"，把课程当作教学的一个组成部分来处理。我国有学者也认为"课程是教学的基本组成部分之一，所谓课程实质上就是教学的内容及其组织，课程是教学的方案，而教学则是课程的实施"。④ 二是课程包含教学，即把课程理解为上位概念，课程的内涵和外延都相对扩大，课程包含教学，称之为"大课程观"。"在一些欧美课程文件看来，课程几乎囊括了教育的所有问题，课程即教育，教育即课程。"⑤ 我国有学者认为："课程本质上是一种教育进程，课程作为教育进程包含了教学进程。"⑥ 课程论专家奥恩斯坦与哈金、马什与威利斯、米勒与塞勒等人均持这种观念。他们认为，课程是一项系统工程，由

---

① 王嘉毅主编：《课程与教学设计》，高等教育出版社2007年版，第7页。
② 陈侠：《课程论》，人民教育出版社1989年版，序言第10页。
③ 熊和平：《课程与教学的关系：七十年的回顾与展望》，《高等教育研究》2019年第6期，第40—51页。
④ 王嘉毅主编：《课程与教学设计》，第7页。
⑤ 蔡铁权、姜旭英：《我国课程与教学概念的演化及两者关系的转变》，《教育科学研究》2008年第5期，第45—49页。
⑥ 黄甫全：《大课程论初探——兼论课程（论）与教学（论）的关系》，《课程·教材·教法》2000年第5期，第1—7页。

课程设计、课程开发、课程实施及课程评价等几个阶段组成。其中的课程实施即教学，因此教学是课程系统的一个部分或一个环节。我国部分学者对此也持相似观点，认为"相对而言，课程的范围要宽广一些，因此应树立大课程论的观念，并认为课程论体系包括课程论、教学论、学科教学论和教育技术学四个分支学科。在课程中，课程的实施就是教学。"①"大课程论"既包括课程论、教学论及各种学科课程与教学论，也包括教育技术学。简言之，只要存在对学生的成长与发展有影响的教育因素，都可以归纳为"大课程论"的研究范畴。②

（三）相互交叉模式

这种观点认为，教学和教学论包含了课程与课程论的一部分，课程与课程论也包含了教学和教学论的一部分。③ 目前，很多学者都持这种论点，认为"课程与教学是互相交叉的，课程为教学提供了基本内容，教学是课程在课堂层面的实施"。④

（四）循环模式

这种观点认为，教学决定在课程决定之后，并且在教学决定付诸实施与评价之后，根据成效，修正课程决定。这一过程周而复始，永不终止。在这种循环模式中，课程与教学两种系统虽然相对独立，但也存在互为反馈的延续关系，课程不断地对教学产生影响，反之亦然。"课程与教学虽然是分开的，但它们是相互循环的，二者之间相互调适与改良。"⑤

二　幼儿园课程与教学的关系

根据以上对课程与教学关系的理解，幼儿园课程与教学的关系在历史发展中主要存在以下四种模式。⑥

（一）独立关系

在传统的幼儿园课程与教学理念中，受"大教学观"的影响，幼儿园

---

① 王嘉毅主编：《课程与教学设计》，高等教育出版社2007年版，第7页。
② 熊和平：《课程与教学的关系：七十年的回顾与展望》，《高等教育研究》2019年第6期，第40—51页。
③ 黄甫全、王本陆主编：《现代教学论学程》，教育科学出版社1998年版，第14页。
④ 王嘉毅主编：《课程与教学设计》，第8页。
⑤ 王嘉毅主编：《课程与教学设计》，第8页。
⑥ 邵小佩主编：《幼儿园课程与教学》，北京师范大学出版社2021年版，第23—24页。

教学的根本任务是传授知识经验，游戏、生活经常被排除在教学之外，教学的基本途径是教师讲授。幼儿园课程被理解为规范性的教学内容，甚至等同于"学科""教材""教学计划""教学大纲"。"课程"被理解为"学科""教材""教学计划"或"教学大纲"等。这种把课程与教学截然分开、使一方控制另一方的做法，从本质上讲是"工具理性"的产物。

（二）包含关系

20世纪80年代以来，在西方，尤其是受美国教育体系中"课程"强势和主流概念的影响，"大课程观"普遍为人们所接受。有学者认为，幼儿园课程是一个宏大的系统，包括课程设计、课程实施、课程评价诸多环节，即将幼儿园教学视为课程实施的环节，甚至有人认为"幼儿园教学"的说法都已经过时，应由"教育活动"代之。当游戏在幼儿园课程中的地位越来越受到重视，有人更是将教学与游戏混为一谈，认为幼儿园教育不用提教学，只提游戏。教学只是课程实施的环节，幼儿园教学成为受冷落的领域并将逐渐消失。但另有一些学者则认为"幼儿园教学"是上位概念，幼儿园课程是包含于幼儿园教学之中的，是"教学内容"的代名词，是教学的一个组成部分。

（三）并行关系

持这种关系论的学者认为，幼儿园课程与幼儿园教学作为一对存在于幼儿园教育中紧密联系、相辅相成的概念，不宜用包含和被包含的逻辑关系来进行规范。幼儿园教学作为一个根深蒂固的概念体系，不应因为幼儿园课程改革的发展而逐渐消失，即建立幼儿园课程的概念不能以幼儿园教学概念的消失为前提。关于幼儿园课程与教学的研究应并行不悖、共同促进。因为只有当幼儿园课程与教学在"实践理性"的基础上整合起来的时候，幼儿园教育才会呈现出前所未有的生机。

（四）整合关系

当前，人们普遍认为，幼儿园课程与教学的关系应视为一个为促进幼儿身心健康发展的整体，二者是相互融合、统一的整体，而不是相互独立、分离的个体。"没有教学的教育是不存在的，没有教学的课程是无法实施的，幼儿园课程与教学无法在理论与实践中进行分割，也无法独立地发挥作用。"① 首先，教学作为一种客观存在，是教师与学生的统一活动，是由教师的教、学生的学，以及教学所运用到的各种材料共同构成的活动。课程内容无疑是教学的构成要素之一。假若二者分离，没有了课程内容，教学怎能成为教学。教师和儿童本身就是课程资源、课程开发、课程评价的主体，教学绝不只是实施课程计划的过程，更是课程资源挖掘、课程建设和开发以及课程评价的过程。其次，从课程与教学的目的、性质以及过程等方面来看，无一不是让儿童获得促进身心发展有益经验的过程，只是在范畴、方式等方面有所不同而已。因此，幼儿园课程与教学作为一对存在于幼儿教育中交互作用的概念，二者融为一体。但是，幼儿园课程是由一系列紧密相关的活动构成的，教学只是其基本活动之一。

---

① 路娟、王鉴：《论幼儿园教学的本质》，《当代教育与文化》2017 年第 5 期，第 1—8 页。

第二章 幼儿园课程编制与实施管理

幼儿园课程编制是根据幼儿园课程目标，采取具体的方法和手段使其具体化的过程。幼儿园课程目标是幼儿园课程编制的导向，在对幼儿园课程目标的内涵，设置依据进行分析的基础上，对幼儿园课程实施管理的几种形式，即幼儿园课程资源组织的原则及实施途径，幼儿园课程管理的内容与策略，园本课程的功能及开发进行了探讨。

第一节 幼儿园课程目标

幼儿园课程目标是实现幼儿园教育目的的手段。它把幼儿园教育中的若干要素，按照幼儿教育的规律与原则，以及幼儿发展的规律与需要，加以科学合理地组织，并转化为各种类型的教育活动，旨在帮助幼儿获得有益的学习经验，促进幼儿身心全面和谐发展。正确认识幼儿园课程目标对正确把握幼儿园教育规律、做好幼儿园教育工作、提升幼儿园教育质量等具有重要的理论意义和实践价值。

一 幼儿园课程目标的内涵

课程目标是课程最终要达到的标准，是人们对教育活动之效果的预期。在整个教育活动设计中，课程目标决定着课程设计工作的方向与性质、课程内容的选择与组织，它既是课程实施的依据，也是课程评价的准则。课程目标是教育目的的具体化，幼儿园教育目标就是教育目的在幼儿园阶段的具体化。而教育目的是"一定社会培养人的总要求。是根据不同社会的政治、经济、文化、科学、技术发展的要求和受教育者身心发展的状况确定的。它反映一定社会对受教育者的要求，是教育工作的出发点和最终目标，也是制定教育目标、确定教育内容、选择教育方法、评价教育效果的根本依据"。① 教育是因"人"而生的社会活动，教育目的应该围绕"人"来确立，应该指向人与人的发展，而且这种发展是在当时人类认知发展水平的背景下具有积极、健康、进步意义的正向发展。教育目的应该秉承、坚持社会正向发展的"值"，尽最大可能、最大限度地追求、促进教育对象的发展，即"增值"，而不管教育的最终结果怎样。② 我国1995年3月颁布的《中华人民共和国教育法》，对教育目的的规定是"教育必须为社会主义现代化建设服务，必须与生产劳动相结合，培养德、智、体等方面全面发展的社会主义事业的建设者和接班人"。

幼儿园课程目标是教育者对幼儿在一定时期内学习效果的预期，即指在幼儿教育阶段，幼儿园课程力图促进幼儿基本素质最终可达到社会所期望的标准。所谓预期，是指在课程没有实施之前，我们希望通过课程的学习幼儿能达到一种什么样的发展。③ "幼儿园课程目标决定着幼儿园课程的发展方向，是幼儿园课程的起点和终点。"④ 幼儿园课程目标包含三个要点：一是时限，即幼儿阶段，包括从3岁到6岁的年龄期限以及幼儿参加各类活动的时间限度。二是幼儿在这一阶段最终的发展状态和发展水平，发展状态表明幼儿的整体素质是否得到全面、主动、和谐的发展，发展水平则是指幼儿基本素质的发展所达到的高度。三是社会的期望，即课程要符合社会和时代发展的要求，它是决定幼儿发展状态与发展水平的根本依据。⑤

幼儿园课程目标在幼儿园课程中处于核心位置。课程目标的确定，指明了幼儿园课程编制的方向，并使课程内容的选择和组织以及课程的实施和评价等方面与课程目标成为一个有机的整体。"在课程领域，无论是一

---

① 夏征农主编：《辞海（教育学·心理学分册）》，上海辞书出版社1987年版，第1页。
② 赵南：《儿童教育发生学》，中央编译出版社2016年版，第136页。
③ 侯莉敏主编：《幼儿园课程与教学理论》，高等教育出版社2019年版，第50页。
④ 叶平枝等：《幼儿深度学习课程设计与实施》，教育科学出版社2022年版，第44页。
⑤ 王丽荣、刘晓明：《幼儿园课程目标的结构模式浅论》，《学前教育研究》2000年第6期，第36—38页。

般的课程目标还是具体操作层面的目标，都需服从促进儿童生长这个课程总目的。"① 我国幼儿园课程的目标是"对幼儿实施体、智、德、美等方面全面发展的教育，促进其身心和谐发展"。"全面"是指体、智、德、美发展的整体性，缺一不可；"和谐"是指体、智、德、美的有机性，不可分割。"全面和谐发展"是幼儿园教育目标的核心要求，既是出发点，也是归宿。幼儿园教育只有全面实施素质教育，才能满足幼儿终身学习和未来发展的需要。

这一目标体现了国家对新一代要求的总方向，是确定幼儿园教育任务，评估幼儿园教育质量的根本依据，国家通过这一目标对全国幼儿园教育进行领导和调控。我国幼儿园教育目标的具体内容在《幼儿园工作规程》（2016年版）第一章第三条、第五条中作了较为详细的说明，具体规定了体、智、德、美各育的具体目标。幼儿园课程目标是"一定教育目标在幼儿园课程领域的具体化，具体体现在年龄阶段目标、学科目标、单元目标及各个活动之中。可以说，教育目的、幼儿园教育目标和幼儿园课程目标三者之间是一个从一般到具体、从宏观到微观的关系"。②

二 设立幼儿园课程目标的依据

（一）哲学依据

哲学是追求智慧、追求关于"世界的理想状态"和"人类的生活方式"的知识，是各门科学的前提和基础。"哲学思想是课程的起点和支柱，人们以一定的哲学的思想和观点为基础，建立起课程的整个框架结构。哲学的认识论和有关知识的本质、来源、知识的建构等理论，都直接或间接地影响着课程和教学。"③

事实上，"任何一个课程，都体现了课程设计者的某些哲学观点，反过来，任何课程设计者都会遇到哲学价值观方面的抉择，包括：'我怎样看待儿童？''我想教育出什么样的儿童？'等。"④ 与其他教育阶段的课程

---

① 蒋雅俊：《课程哲学：儿童、经验与课程》，人民教育出版社2015年版，第100页。
② 侯莉敏主编：《幼儿园课程与教学理论》，高等教育出版社2019年版，第50页。
③ 黄人颂主编：《学前教育学》，人民教育出版社2012年版，第256页。
④ 刘晓东、卢乐珍等：《学前教育学》，江苏教育出版社2011年版，第304页。

相比，幼儿园课程的各个领域，都无法回避哲学价值观的问题。① 例如"幼儿教育之父"福禄贝尔，他的幼儿教育思想主要以费希特、谢林和黑格尔的唯心主义哲学为基础。他认为，整个宇宙是一个球体，其中心是神，神是永恒的、无所不在的，它能主宰一切。因此，他主张幼儿教育就是培养人原有的神性。又如美国哲学家、教育家杜威，他是西方实用主义的集大成者。他从实用主义哲学出发，重视儿童的"经验"，因此，他认为，教育就是经验的持续不断地改组或改造。我国幼儿园课程目标的哲学基础，是促进幼儿的个性全面和谐发展，"以马克思主义的哲学观点来洞察、分析、思考编制课程和教学方案过程中的问题，树立正确的教育观、儿童观和发展观，对学前教育的理论与实践、改革与继承、创新与稳定、借鉴与扬弃等关系进行理性思考，反思我国学前教育百年历程中的成败得失，以避免在教育改革中出现一窝蜂、一边倒、顾此失彼等现象，使课程和教学的改革少走弯路"。②

（二）社会学依据

教育本质上是一种社会现象，它必然要反映社会的要求。儿童的成长是一个不断社会化的过程，他们生长在不同的家庭里，所处的社会氛围无时无刻不在影响着他们的生活、学习、行为、习惯和个性，造成了个体的差异。研究证明，社会环境不仅对儿童的认知过程、思维方法产生影响，还可以改变儿童思维、解决问题的能力以及人际交往方式。③ 儿童个体的发展总是与社会发展交织在一起的，当代社会发展的要求必然在幼儿园课程目标中有所反映，"幼儿园课程并非孤立的存在，而是在一定的历史条件下和一定的社会背景中产生、发展和变迁的"。④

---

① 日本学者森昭从五个侧面分析了各种教育思潮的对立：第一，从教育目的说侧面，认为有个人目标与国家（社会）目标的对立；第二，从教育内容说侧面，认为有主张教授适应儿童发展内容的心理主义与主张教授注重文化遗产的体系的科学主义的对立；第三，从教学方法说侧面，认为有侧重儿童的主动性与侧重教师的文化传授的对立；第四，从儿童的发展观说侧面，认为有尊重儿童自发发展的自然主义与强调形成有价值的人格的理想主义的对立；第五，从学校论说侧面，认为有视学校为传授知识的场所与视学校为儿童生活、作业场所的对立。（参见钟启泉编著《现代课程论》，上海教育出版社1989年版，第76页。）

② 黄人颂主编：《学前教育学》，人民教育出版社2012年版，第256页。

③ 黄人颂主编：《学前教育学》，第256—257页。

④ 蒋雅俊：《新中国成立70年幼儿园课程的历史变迁》，《课程·教材·教法》2019年第6期，第48—55页。

在制定幼儿园教育目标时，需要研究社会对幼儿成长的期望和要求，这既直接反映在政府制定的教育政策和相关文件中，也反映在家庭生活中，并体现在社会政治、经济、文化中。理解各项方针政策、把握社会生活的各种变化、尊重家庭的合理需求，以此为基础制定课程目标，才能提高幼儿园课程的社会适宜性，培养更加适应社会、更加符合社会要求的人。①"幼儿教育目标总要反映社会的要求和愿望，并关注社会的变化，甚至还应该关注社会的未来，世界的未来。"② 但是，需要注意的是，关注社会的未来并不意味着要提升教育目标，只是引导幼儿了解现实及其发展趋势。幼儿园在制定教育目标时要理解各种政策法规，尊重家长的合理要求，把握社会生活的发展变化，以此为基础制定幼儿园课程目标，提高幼儿园教育对社会的适应性，这样才能培养出既能适应社会的要求，又能主动学习、和谐发展的人。③"课程的现代化是社会发展的必然要求，也是社会发展的必然结果。课程必然要反映社会的变化和社会发展的要求。课程设计者的任务就是从社会发展对人才培养的要求出发，设计符合社会发展需要的课程。"④

（三）心理学依据

社会政治、经济、文化等方面的发展，对幼儿园教育目标提出了总体要求，而心理学的基础则影响着幼儿教育所应达到的水平和应该培养的素质结构。离开了心理学的指导，幼儿教育目标可能会因不适应幼儿的身心发展水平而落空。而幼儿的发展价值是课程实践的核心价值，对幼儿的发展把握和贯彻得越好，幼儿发展需要实现的可能性就越大。⑤ 有关心理学对教育的影响，杜威曾深刻地指出："教育过程有两个方面：一个是心理学的，一个是社会学的。它们是平行并重的，两者不能偏废；否则，不良的后果将随之而来。"并且，他在其《儿童与课程》中对心理学在课程中的重要性进行了生动的描述："心理的考虑也许会遭到忽视或被推在一边，但它们不可能被排除出去。把它们从门里赶出去，它们又从

---

① 侯莉敏主编：《幼儿园课程与教学理论》，高等教育出版社2019年版，第52页。
② 虞永平主编：《幼儿教育观新论》，人民教育出版社2009年版，第57—58页。
③ 陈文华主编：《幼儿园课程论》，科学出版社2011年版，第24页。
④ 刘晓东、卢乐珍等：《学前教育学》，江苏教育出版社2011年版，第307页。
⑤ 虞永平：《学前课程价值论》，江苏教育出版社2002年版，第95页。

窗子里爬进来。"① 从心理学的角度上看，幼儿园课程目标的设置要充分考虑到儿童的身心发展特点和规律，顺应儿童发展的天性，"儿童教育活动过程应遵循人发展的一般规律以及儿童发展的特殊性，要适应其存在的外部环境条件，更应遵循人发展的内在机理。"② 我国的幼儿园课程目标应以科学的、唯物的心理学为其理论依据。

三 制定幼儿园课程目标应注意的问题

（一）课程目标分解的方法要适当

制定幼儿园具体课程目标，实际上是将国家的教育目的、幼儿园教育目标层层分解，逐步具体化，并落实在幼儿发展上。幼儿园可根据实际情况，采用不同的分解方法。

如果按时间的范围来划分，那么，幼儿园具体课程目标可分为四个层次：第一层次为每一学年的课程目标。第二层次为学期课程目标。第三层次为一个月或一周的课程目标，也可以是单元活动目标。"单元"可以是主题活动单元，也可以是教材单元。第四层次为幼儿园一日活动、一次活动或一节课的课程目标。

如果从教育目标指导的范围来划分，那么，幼儿园具体课程目标可以划分为这样四个层次：第一层次为指导本园的课程目标；第二层次为指导一个班级的课程目标；第三层次为指导不同活动组的课程目标；第四层次为指导每个个体的课程目标，即根据每个幼儿发展情况确定目标。这几个由抽象到具体，由统一到多样的层次组成了幼儿园课程目标的阶梯式结构。

（二）课程目标的涵盖要全面

《幼儿园教育指导纲要（试行）》指出，"可按照幼儿学习活动的范畴相对划分为健康、社会、科学、语言、艺术五个方面，也可以按其他方式划分"。幼儿的学习与发展是整体的、连续的，各领域之间是相互联系、相互支撑的。与此相应的是，各领域、各目标之间也应相互渗透和整合，

---

① ［美］约翰·杜威：《学校与社会·明日之学校》，赵祥麟、任钟印、吴志宏译，人民教育出版社1994年版，第130页。
② 赵南：《儿童教育发生学》，中央编译出版社2016年版，第268页。

以促进幼儿身心全面协调发展。将幼儿园的课程目标层层具体化的过程，实质上是将一个教育目标的内容逐步具体化的过程。但是，不论分解到哪一层次，都要保证课程目标的整体结构不受损害，其内容的涵盖一定要全面，即课程目标应尽量涵盖儿童未来发展的各个方面，指向幼儿的全面发展。幼儿园课程目标要包括体、智、德、美各个方面，对语言、社会、健康、科学、艺术各领域都要有所涉及，并在每个领域提出适合幼儿年龄特征和心理发展特点的子目标。这些目标不仅要注重儿童知识的获得，更要注重儿童良好的情绪、情感、健康的生活态度的培养。

（三）课程目标要有连续性和一致性

课程目标的实现是一个长期的过程，它由若干不同的阶段来完成。每个阶段性目标之间要互相衔接，体现出幼儿心理发展的渐进性和连续性。幼儿园课程目标应自下而上、从具体到抽象、从近期到远期逐层达成。最底层的教育活动目标是达成单元目标、年龄阶段目标、幼儿园总目标中最基础的目标；在多个教育活动目标达成后，促进了单元目标的达成，单元目标的达成又会促进年龄阶段目标的达成，最终达成幼儿园课程总目标。[①]"幼儿园课程不同层次的目标必须相互联系，层层推进。小目标相互串联，最终完成大目标。大目标统摄小目标，而小目标之间不能相互割裂。"[②] 因此，下层目标与上层目标之间、局部目标与整体目标之间要协调一致，保证每一个具体目标的实现都朝总目标前进一步，都成为实现上层目标的有效环节。

第二节　幼儿园课程资源

一　幼儿园课程资源及其选择

"资源"一词在《现代汉语词典》中被界定为"供满足需要的"或

[①] 侯莉敏主编：《幼儿园课程与教学理论》，高等教育出版社2019年版，第53页。
[②] 张娜：《生命价值取向下幼儿园课程目标的重构》，《教育研究与实验》2018年第1期，第78—82页。

"储存以备需要时提取",是"生产资料或生活资料的天然来源"。① 从词典的解释来看,"资源"既是事物的来源,也是满足别的事物所需要的条件。课程资源是"资源"的重要组成部分,课程资源是"课程从设计、实施到评价的整个过程中可利用的一切资源的总和,包含着影响学生发展和经验获得的所有因素"。② 课程资源是课程要素的重要来源,是课程运行必要而直接的条件。

幼儿园课程资源即"形成幼儿园课程的因素来源以及实施幼儿园课程必要而直接的条件。它是幼儿园课程的重要载体和实现条件,是幼儿园课程得以由构想变成现实的基石,也是幼儿园课程设计、实施的基本组成部分,它们可能被幼儿直接利用,也可能被成人利用进而对幼儿产生影响"。③ 幼儿园课程资源按不同的标准,其分类也不同。例如,幼儿园课程资源按功能可分为素材性资源和条件性资源;按性质可分为自然课程资源和社会课程资源;按存在方式可分为显性课程资源和隐性课程资源。无论是幼儿在园内的生活活动、教学活动还是游戏活动,都无一例外地在自然与社会中展开,都需要丰富的材料和设施设备来支撑。在课程与教学资源相对贫乏的环境下,课程资源的开发是十分困难的,甚至是难以实现的。因此,课程与教学资源建设显得非常重要。尤其是当面临课程改革时就必然要进行相应的课程与教学资源建设,以使课程与教学活动获得丰富的资源支持。

(一) 幼儿园课程资源的来源

1. 知识经验

"在教育问题中,最关键的概念就是'知识'。……不同的知识概念会导致对教育过程的不同理解。"④ "在整个20世纪中,对知识的不同看法成为隐藏在学习与教学理念后面的基础,制约、影响着人们对学习、教学的认识以及学校教育的发展。"⑤ 知识经验是学前教育课程的内容,也是课程

---

① 中国社会科学院语言研究所词典编辑室:《现代汉语词典》,商务印书馆2012年版,第1721页。
② 侯莉敏主编:《幼儿园课程与教学理论》,高等教育出版社2019年版,第86页。
③ 侯莉敏主编:《幼儿园课程与教学理论》,第87页。
④ [美]斯特弗、盖尔主编:《教育中的建构主义》,徐斌燕、程可拉等译,华东师范大学出版社2002年版,第14页。
⑤ 高文:《教育中的建构主义·总序》,[美]斯特弗、盖尔主编:《教育中的建构主义》,徐斌燕、程可拉等译,华东师范大学出版社2002年版,第8页。

资源的来源。杜威提出，要以儿童的经验为中心组织课程，要"抛弃把教材当作某些固定的和现成的东西，当作在儿童的经验之外的东西的见解；不再把儿童的经验当作一成不变的东西；而把它当作某些变化的、在形成中的、有生命力的东西"。① 教师应结合社会发展趋势和要求，根据儿童的知识经验和认知能力，从日益增长的知识总量中精选最符合现实社会要求的知识内容，同时还要不断更新，以适应变化。从已有"教材"和人类"知识宝库"中选取适合学前儿童的知识，以适当方式传递给儿童是必要的。由于学科知识是系统性、科学性、逻辑性较强的知识，对理性尚不发达的学前儿童是不适合的。学前课程体系中的知识概念与中小学课程的重要区别就是知识的非学科性。因此，不能像对待中小学生一样对待学前儿童，为学前儿童选编知识不要求学科化。

2. 幼儿身心发展特点

儿童的身心发展是指"个体成长过程中身体和心理有规律的量变和质变的过程，也是身体发展和心理发展两者相互作用、相互影响的统一过程，其发展规律是幼儿园课程和教学的重要依据"。② 学习者自身的发展是教育活动最基本的出发点。因而，在课程的开发和教学设计中，"要时时关注学习者身心发展的各种需求，尊重其个性、体现他们的意志，视他们为一个多样'完整的人'"。③ 教育不仅仅是传授知识、发展智力。教育更要立足于完整人的培养和发展，人是课程价值的最终来源。只有完整的人，才能涵盖课程的各个方面，只有人，才是课程资源的根本来源。"教育者面对的是一个个活生生的、整体的人，他们既具有生物性与社会性，还表现出个体的独特性。不从整体上把握对象的特征，就无法教育人。"④ 学前儿童作为幼儿园教育的对象，同样也是主动发展的人，他应成为幼儿园课程资源的根本性来源。在选择幼儿园课程资源的过程中，必须尊重幼儿的个性、体现幼儿的意志，把幼儿身心发展的特点作为幼儿园课程资源选择的直接的、重要的依据。

---

① 赵祥麟、王承绪编译：《杜威教育论著选》，华东师范大学出版社1981年版，第95页。
② 黄人颂主编：《学前教育学》，人民教育出版社2012年版，第258页。
③ 刘欣、孙泽文、严权：《课程与教学新论》，中国人民大学出版社2016年版，第99页。
④ 叶澜：《教育概论》，人民教育出版社2005年版，第183页。

3. 环境

环境是"人生活于其中，并能影响人的一切外部条件的综合。这个外部条件的综合，既包括人在社会中的条件和社会关系的综合，也包括人们赖以生存的自然条件的综合。"[①] 从根本上讲，"人是环境的产物。环境中每个成员的言行，都是融入一个人成长过程的'建材'，感染着这个人的思想感情与行为，左右着这个人的生活态度。可以说，环境给一个人的影响，除有形的模仿以外，更重要的是无形的塑造"。[②] 蒙台梭利认为，幼儿具有吸收性心智[③]，他们可以从与周围环境的互动中获得发展，因而环境既是重要的课程资源，又是重要的课程实施方式。[④]

> 环境如同教师一般，对幼儿的认知具有激发性，使幼儿处于积极的探究状态，在各种尝试中使用材料、发现问题和解决问题，从而获得对世界的认识；环境也是幼儿与幼儿之间、幼儿与成人之间、幼儿与物体之间互动的关键性因素，对幼儿的社会性发展具有潜在的深刻的影响。[⑤]

我国教育部在《幼儿园教育指导纲要（试行）》中也强调了环境对幼儿发展的价值，认为"环境是重要的教育资源，应通过环境的创设和利用，有效地促进幼儿发展"。课程是学习者与教育环境相互作用的教育性活动，要重视幼儿园课程的潜在影响。

环境对儿童的发展和成长至关重要，儿童在环境中所经历的多种选

---

① 黄瑾主编：《幼儿园教育活动设计与指导》，华东师范大学出版社2021年版，第53页。学者们从心理学、教育学等不同角度对环境进行了界定和分类。埃文斯和施密特将环境分为三种类别：（1）生理环境包括健康和有机组织的因素；（2）物质环境包括教室、桌子、纸张、温度、采光、功课表及其工作区等情境因素；（3）心理环境包括情感、情绪、价值和期望等因素，上述每一种系统环境，在分析时都与另外两种有关联。（参见汤志民《幼儿学习环境设计》，五南图书出版公司2001年版，第146页。）

② 余文森：《核心素养导向的课堂教学》，上海教育出版社2020年版，第6页。

③ 刘晓东：《儿童是什么：儿童"所是"之多维描述》，《湖南师范大学教育科学学报》2020年第4期，第20—34页。

④ 陈颖清：《幼儿园"童乐游戏"课程的建构与管理》，《学前教育研究》2021年第4期，第85—88页。

⑤ 黄瑾主编：《幼儿园教育活动设计与指导》，华东师范大学出版社2021年版，第57页。

择、家具和设施的摆放与使用、物品材料的质量，还有教师如何利用环境，这一切都会对儿童及其家庭产生重要的影响。正如有学者所言："如果幼儿在幼儿园里极目四望，到处都混乱不堪，了无生趣，那必然会影响到他们的行为，影响他们的学习，甚至影响他们长大后成为怎样的人。无论哪一种幼儿园课程，其根基都是环境。"① 在学前教育领域，适合学前儿童发展的环境是学前教育课程的重要来源，并且"不要简单地把环境视为儿童学习的场所，而应该把环境视为儿童学习的场所和对象。从场所到场所和对象的观念转变，能够确保你的教育改进方式是有助于提升教育质量的"。② 丽莲·凯兹（Lilian Katz）建议在评价环境时应采用多元、自下而上的视角，即儿童的视角。"儿童在这个地方是否感受到被接纳？环境能否启发儿童思考他们是谁以及希望他们成为什么样子？环境是否有趣、安全并且具有激励性？在这个地方，儿童是否会张开臂膀准备好迎接他们的生活？"③ 环境创设应能激发幼儿的好奇心，能给幼儿带来赏心悦目的美感。环境创设应对幼儿有吸引力，有助于培养幼儿的好奇心，激发幼儿探究的意愿和想象力。

【知识衔接】

利用环境改善教学的七个基本原则*

> **原则1：创设环境，给幼儿足够的参与时间**
>
> 将环境作为课程的基本内容，在空间布置和材料投放上，做到便于拿放、引人入胜，为幼儿提供多种选择的机会和可能性。允许幼儿至少每次有一小时的时间从事开放式的自选活动，而不受制于成人制订的时

---

① ［美］德布·柯蒂斯、玛吉·卡特：《关注儿童的生活：以儿童为中心的反思性课程设计》，郑福明、张博译，教育科学出版社2015年版，第30页。
② ［美］雷切尔·罗伯森、米莉安·德莱斯勒：《质量认证背景下的幼儿园自我评价——提升幼儿园教育质量的行动经验》，刘昊、陈敏倩、张东霞译，教育科学出版社2021年版，第96页。
③ ［美］雷切尔·罗伯森、米莉安·德莱斯勒：《质量认证背景下的幼儿园自我评价——提升幼儿园教育质量的行动经验》，刘昊、陈敏倩、张东霞译，第96页。
* ［美］德布·柯蒂斯、玛吉·卡特：《关注儿童的生活：以儿童为中心的反思性课程设计》，郑福明、张博译，第42—44页。

间计划表。

原则 2：有开放的空间

有些幼儿园总是要求游戏材料摆放在固定区域，这种陈规必须去除。教师应该允许幼儿把不同区域的材料整合起来使用。如果表演区的衣服不能穿出表演区，那么幼儿怎么可能在玩橡皮泥的区域中扮演一个穿制服的大厨呢？又怎么能在积木区扮演一位穿制服的消防员呢？在积木区和表演区，也需要一些笔做标志和记号，还可能需要一些绘本，让幼儿读给布娃娃听，或者在搭建积木的过程中做参考。所以，在教室的各个区角中，教师都要提供丰富多样的开放式材料和零部件，供幼儿搬运和转换。

原则 3：不要中断幼儿重要的游戏

教师设计活动的目的是让幼儿真正投入他们所选的感兴趣的游戏中，当幼儿自己经历游戏过程的不同阶段后，他们才能胜任复杂、合作性的游戏，才能在越来越长的游戏时间中进行相互沟通和表达。如果此时用成人的时间表或活动去打断幼儿的互动，那将不利于发展幼儿的注意力，也不利于增强幼儿的自我调节能力和独立性。

原则 4：结合游戏情况随机安排整理环节

用心良苦的教师或许希望幼儿学会保持环境整洁，因此在幼儿的表演过程中，会要求幼儿暂停一会儿，把不同的玩具收拾好。但是我们设想一下：一位幼儿扮演消防员，他接听了消防热线电话，这时他所想的是要表演完这个游戏，而不是停下来用几分钟时间去拾起丢在一旁的衣物。此时，教师完全可以静悄悄地将某个区域收拾好，或者先观察幼儿的游戏是否有自然停止的时刻，然后再让幼儿收拾。教师要尽可能将收拾物品的时间安排在专门的一个时间段里，避免安排在游戏活动期间。

原则 5：引导幼儿相互帮助

幼儿需要感受到自己是能干、有想法的。当教师意识到某位幼儿需要帮助时，可以引荐其认识另一位能为其提供帮助的幼儿。教师为幼儿的交往和互动提供示范、支持和辅导，培养幼儿形成相互帮助的态度和技能。教师对于幼儿之间的冲突，也可以采用类似的方法进行引导。尽量给幼儿提供一些至少需要两个人合作才能完成的规则、材料和活动。

原则 6：用心观察幼儿，寻求提供指导和拓展幼儿思维的机会

对幼儿的回应要仔细、有目的。教师通过为幼儿提供技能、材料或语言方面的帮助和辅导，让幼儿能借助成人的智慧和知识，进一步拓展自己的想法和目标。教师要参与到幼儿的学习过程中，善于赏识幼儿的想法，并将成人和幼儿的真实生活体验联系起来。

原则7：出手干预前要"三思而后行"

谨记，并非时时刻刻都需要教师去教。幼儿需要一些时间去验证自己的想法，解决同伴间的冲突，还要保护自己的小隐私，而这些对幼儿来说都很有益处。

（二）幼儿园课程资源选择的原则

为保证所选课程资源符合课程目标的方向与要求，使幼儿有效地进行学习，幼儿园课程资源的选择应遵循以下原则。

1. 目的性原则

课程目标是一定的教育目标在课程领域的具体化，课程是实现教育目标的桥梁，没有目标指引的教育活动是不存在的。[1]"在教学中，目标尤为重要，因为教学是一项有目的的理性行为。教学具有目的性，因为教师总是为了某一目的而教，从根本上说是为了帮助学生学习。教学是理性行为，因为教师教给学生的是他们认为值得教的。"[2] 课程资源是实现课程目标的手段，课程资源必须紧紧围绕课程目标来选择，否则，将会偏离方向，造成课程的无效。在选择幼儿园课程资源时必须牢牢把握幼儿园课程目标的要求，一方面要兼顾体、智、德、美诸方面的内容，另一方面也要考虑每一方面在基本知识、基本态度、基本行为上的内容，要全面、整体地考虑，不可偏废。

2. 兴趣性原则

"兴趣是一种基于人性的、源于人的内心的力量源，是一种无形的、激发人们的好奇、引发人们在某一特定的时间与空间对某一特定事件给予关注的内驱力。"[3] 对幼儿来说，只有与生活有关的事物，才能引起他们的

---

[1] 李季湄：《关于幼儿园课程的几个问题——幼儿园教育目标、课程目标及其课程模式》，《学前教育研究》2001年第1期，第27—30页。

[2] [美] 洛林·W. 安德森等编著：《布卢姆教育目标分类学：分类学视野下的学与教及其测评》，蒋小平、张琴美、罗晶晶译，外语教学与研究出版社2021年版，第3页。

[3] 赵南：《儿童教育发生学》，中央编译出版社2016年版，第269页。

联想，才有学习兴趣，才容易掌握。在课程资源选择时，如果幼儿的兴趣与所选择的课程资源一致时，兴趣就会有力地促进内容的学习。"教育的作用往往十分有限，这有限的作用最好放在引领每个学生去发现自己的兴趣、潜能与天赋，发展自己的根基品质与能力方面，放在引导每个学生找到自己的人生方向上。"① 因此，在选择幼儿园课程资源时，要从幼儿感兴趣的事物中寻找富含教育价值的内容。这就要求幼儿园教师对幼儿独特的认识世界、话语方式和表现形式进行理解，倾听并能读懂幼儿的"密码"，"蹲下去"倾听幼儿、观察幼儿，与幼儿对话，真正了解幼儿。"一切兴趣都是能够满足幼儿真正需要的，能让幼儿有充实感、愉悦感和满足感。幼儿教育内容的选择就是以幼儿的需要和兴趣为导向，教育工作者所做的工作，就是从专业的意义上辨认幼儿的需要和兴趣与其生命成长一致的程度。"②

兴趣固然是幼儿园课程资源选择非常好的、行之有效的切入点与着力点，但不是唯一的途径与开端，而且需要教育者在教育实践中及时而细心地观察与思考，合理而适当地引导与利用，客观而科学地解读与把握。"满足幼儿的兴趣和需要本身并不是幼儿园教育的终极目标，而只是实现终极目标所必需的。幼儿园教育的目标是让幼儿获得体、智、德、美诸方面全面、和谐的发展，而不仅仅限于他们兴趣、需要的满足。"③ 幼儿的兴趣和学习是互为因果的，不应视兴趣为幼儿园课程资源选择的绝对的先决条件。

3. 生活化原则

生活是什么？"它是琐碎的，是充满了细节的，而不是宏伟壮观的或激动人心的；它是自然的、随意的、没有经过精心设计的；生活是人们为了满足自己的基本需要而进行的种种活动；生活中的细节、活动，是日复一日重复的。"④ 课程资源选择的生活化，就是要使幼儿园课程具有生活化

---

① 赵南：《儿童教育发生学》，中央编译出版社2016年版，第158页。
② 虞永平：《学前课程与幸福童年》，教育科学出版社2012年版，第181页。
③ 李季湄：《关于幼儿园课程的几个问题——幼儿教育目标、课程目标及其课程模式》，《学前教育研究》2001年第1期，第27—30页。
④ 教育部基础教育司组织编写：《〈幼儿园教育指导纲要（试行）〉解读》，江苏凤凰教育出版社2020年版，第127页。

的色彩和意义，选择符合幼儿学习的生活经验，把富有教育价值的内容纳入幼儿园课程领域，增加教育的人文精神。杜威指出，儿童的本能生长总是在生活过程中展开的，或者说生活就是生长的社会性表现。他说："生活即发展；发展、生长，即生活。"① 在杜威看来，最好的教育就是"从生活中学习"，学校教育应该利用儿童现有的生活作为其学习的主要内容。他认为，教育就是儿童现在生活的过程，而不是未来生活的准备，因此要把教育与儿童眼前的生活结合起来，教儿童学会适应眼前的生活环境。②幼儿以无意学习为主，他们能通过无意的生活学到很多东西。可以说，有生活就有幼儿的学习。

幼儿园之于教师和幼儿应当是他们共同创造意义的生活世界。在这个共同的生活世界中，幼儿和教师通过具有社会文化意义的交往活动而获得共同的成长和发展。在"生活中学习"本来就是幼儿学习的重要特点。以幼儿的生活为中心组织幼儿园的教学活动应当是幼儿园教学活动不同于中小学教学的一个重要特点，具有适宜于幼儿身心发展特点的"发展适宜性"③

幼儿学习还有一个突出特点是直接学习，其认识依赖于他们亲身所获得的直接经验。幼儿通过动作以及与具体事物的接触，在生活中尽情地活动和思考。生活是幼儿获得直接经验的场所、最便捷的方式。在选择课程资源时，如果脱离幼儿的生活场景，远离他们的生活经验，幼儿的学习将是事倍功半的。幼儿园课程资源的选择"如果背离了幼儿生长发展的规律，只关注成人营造的抽象的、符号的世界，只倚重千百年来的口耳相传，无视幼儿的活动和经验，幼儿园课程就无法真正生活化，幼儿就无法真正回到自己的生活世界"。④ 反之，让幼儿在生活中学习，他们可以较容易地感知事物的特征、理解一些规律，进而在直接感知的基础上获得基本态度、基本行为方面的发展。

---

① 王天一等编著：《外国教育史》（下册），北京师范大学出版社1993年版，第207页。
② 唐淑主编：《学前教育思想史》，人民教育出版社2019年版，第371页。
③ 刘焱：《儿童游戏通论》，北京师范大学出版社2013年版，第371页。
④ 虞永平：《学前课程与幸福童年》，教育科学出版社2012年版，第36页。

4. 适宜性原则

"发展适宜性"是教学活动"有效性"的重要前提。"幼儿园教学活动之'所在'必须考虑作为学习活动主体的幼儿身心发展的水平与学习活动的特点，选择适宜于幼儿身心发展水平与学习特点的活动作为幼儿园教学活动的基本途径。"[①] 挖掘和筛选出的幼儿园课程资源必须重视与体现游戏和生活的独特价值，用易于为幼儿接纳的方式满足幼儿通过直接经验、实际操作获得经验的需要。幼儿园课程是在园幼儿的课程，幼儿的特点、心理发展水平决定了幼儿园课程资源不同于其他任何教育阶段。这就要求掌握不同年龄阶段孩子的发展特点，精心观察现实中的每位幼儿。虽然同一年龄段的幼儿会表现出一些相同的年龄特征，但由于每个幼儿所处的环境、自身特点的不同，幼儿间也表现出巨大的差异性，应针对不同幼儿的特点选择课程资源，保证课程内容的适宜性。然而，在遵循适宜性原则的同时，不能囿于幼儿已有的发展水平，而是要基于幼儿已有的水平、着眼于其发展的前提来确定课程资源。

（三）幼儿园课程资源选择的方法

首先，分科课程内容与综合课程内容相结合。课程内容基于两个原理编制。一个是以学科为单位编制，另一个以特定主题（课题）为中心综合地组织多学科内容来编制。[②] 学校的教育内容是"以学科的形式来组织的。学科将知识加以分类并系统、分阶段地组织，但教育不一定都是按学科为单位来组织的，即便在按学科单位组织的场合，也有融合多学科知识来组织教育内容的情况"。[③] 课程结构的整合性突出体现在如下方面：将传统的单一的学科知识传授课程向跨学科的多学科融合化的课程整合；将传统的单一的课堂教学向一日活动、家庭、社区多种范围的整合；将传统的以教材为蓝本的课程向从实际出发、因地制宜综合利用各种教育资源的整合。即各领域的内容要有机联系、相互渗透，注重综合性、趣味性、活动性，寓教育于生活、游戏之中。正如伯恩斯坦在论述"教育知识的分化与综合"问题时所指出的那样：

---

① 刘焱：《儿童游戏通论》，北京师范大学出版社2013年版，第370页。
② ［日］佐藤学：《教育方法学》，于莉莉译，教育科学出版社2021年版，第134页。
③ ［日］佐藤学：《教育方法学》，于莉莉译，第129页。

学问（学科）领域划分得越明确，集约作用越大；反之，越是跨越学问（学科）领域的界限，各种知识相互渗透融合，知识的权力性越是分散。相应地，这种现象也反映在学校教育中。越是强调单一学科中心主义的课堂，学生的学习越易沦为被动的、隶属性的学习，而在综合性学习的课堂上，学生的学习更容易形成能动的、主体性的学习。①

其次，趣味性内容和知识性内容相结合。"兴趣既是人的个体实现自我发展的着力点，也是教育活动促进人的个体发展的着力点。教育活动尤其是儿童教育活动，应坚持培养与发现学生角色的兴趣，由兴趣入手，从兴趣出发来展开教育活动，推动教育实践进程，进而促进教育目标与目的的实现。"② 幼儿园或学前教育机构应采取有效的手段将幼儿需要的学习知识，通过有趣的教学形式表现出来，激发他们的学习愿望，发挥其主体性，让幼儿体验到学习的乐趣，寓教于乐。这其实是由孩子的思维发展特点所决定的，孩子对形象、直观、具体、动感的事物感兴趣。因此，幼儿园课程资源的选择应充分照顾儿童的兴趣、需要和能力，贴近幼儿的现实生活，体现社会和时代的要求，促进幼儿在原有水平上获得更高层次的发展。"如果幼儿园课程有意义，符合幼儿的兴趣和发展需要，适合幼儿的文化环境，那么幼儿在此环境中就能茁壮成长。"③ 因此，幼儿园课程资源的选择需要充分考虑到幼儿的兴趣，从幼儿感兴趣的事物中选择教育价值大的内容，并将必要的课程内容"转化"为幼儿的兴趣。

再次，预设课程资源与生成课程资源相结合。预设课程资源是指教育者在教育活动之前制定的教学方案及教学手段，一般以文本教案为主要表现形式。预设课程的优点是目的性强，能够按步骤向幼儿传递固定知识和技能，教师容易把握，也易于落实。但由于预设课程的计划过于固定，活动流程始终以教师为核心，缺乏灵活变化的课程组织方式，不利于幼儿主体性的发挥和教师教学智慧的形成。这种课程对教师和幼儿的学习有一定

---

① ［日］佐藤学：《教育方法学》，于莉莉译，教育科学出版社2021年版，第130页。
② 赵南：《儿童教育发生学》，中央编译出版社2016年版，第269—270页。
③ ［美］德布·柯蒂斯、玛吉·卡特：《关注儿童的生活：以儿童为中心的反思性课程设计》，郑福明、张博译，教育科学出版社2015年版，第12页。

的限制，容易让幼儿产生厌倦心理。预设论者将课程视为技术性科学，"喜欢用科学的方式来对待和研究课程问题，将课程论思考视为专家的任务，认为课程建设实践就是忠实地执行原定计划，于是，课程建设不是为了人的发展，而是为了传达一套预设的课程方案，专家制定的理想课程方案凌驾于课程建设实践活动本身，成为课程建设实践活动的控制者"。[①] 生成课程资源则是指在教育活动过程中教师通过观察幼儿的需要、兴趣，不断调整课程计划，师生共同构建的课程。生成课程特别关注儿童的兴趣和需要，教师在与儿童的互动中发现儿童探究的兴趣，并利用专业的眼光去提炼那些对儿童发展有价值的因素，为儿童下一次探索寻找适宜的内容。生成课程的精髓在于依据师幼双方的共同需求而生成或调整课程。结合这两种课程的优点和不足，教师需要把握住预设和生成的关系，根据幼儿的发展需要，有针对性地平衡"预成"和"生成"的适宜比例。[②] "从促进幼儿发展的角度出发，根据园情和班情以及长期编制和实施幼儿园课程的经验，尽可能地平衡'预成'和'生成'的比重。"[③]

最后，必选课程资源与自选课程资源相结合。必选课程资源是幼儿园在国家颁布的《幼儿园教育指导纲要（试行）》下完成的上级教育部门同意制订的教学计划内容，这里包括国家课程与地方课程。自选课程是指幼儿教师在完成上述任务后，充分利用当地的社会文化教育资源，结合幼儿园及幼儿自我开发的课程或园本课程。例如，在大班语言活动与"三只小兔"的活动中，幼儿教师边叙述"三只小兔"的故事情节边启发孩子想象思考。孩子口述的小故事是孩子自编的，是在基础内容上生成的。此外，教师还为孩子准备了各种头饰放在活动区，让孩子将自编的小故事在游戏活动中表演出来，在教师的精心设计下，对必学内容"三只小兔"的故事孩子们已经了解了。孩子们在教师的指导下，自发生成了很多内容，即自选的内容，不仅包括自编故事，还包括在游戏区域的拓展活动。

---

① 田燕：《德性课程管理论——基于教师专业发展的幼儿园课程管理研究》，中山大学出版社 2016 年版，第 182 页。

② 朱家雄：《一个必须面对和解决的问题——对我国幼儿园课程改革的反思之九》，《幼儿教育》（教师版）2007 年第 19 期，第 4—6 页。

③ 鹿海云：《幼儿园课程开发中预成与生成的价值和关系》，《学前教育研究》2008 年第 12 期，第 62—63 页。

二　幼儿园课程资源的组织

《幼儿园教育指导纲要（试行）》"组织与实施"部分明确指出："教育活动内容的组织应充分考虑幼儿的学习特点和认识规律，各领域的内容要有机联系，相互渗透，注重综合性、趣味性、活动性，寓教育于生活、游戏之中。""教育活动的组织形式应根据需要合理安排，因时、因地、因内容、因材料灵活地运用。"在完成课程资源建设之后，接下来的任务是对课程资源进行组织，以产生适应幼儿学习特点与规律的课程资源呈现方式，保证高效地实现课程向幼儿的学习经验转化。

（一）幼儿园课程资源组织的含义

幼儿园课程资源的组织是指创设良好的课程环境，使幼儿园课程活动兴趣化、有序化、结构化，以产生适宜的学习经验和优化的教育效果，从而实现课程目标的过程。对这一含义的理解，可以从下述几个方面进行：

第一，课程组织是指将构成课程的各种要素科学地加以安排、联系和排列的方式。课程资源的组织属于课程组织的范畴。因此，在组织课程资源的时候必须分析课程资源的基本要素。

第二，不同的课程观具有不同的课程资源含义，也因此有不同的关于基本要素的认识。幼儿园课程观是基于经验说的一种课程概念，它是帮助幼儿获得有益的学习经验的过程。幼儿园课程资源基本要素涉及幼儿的学习环境、教师的目标与价值观、幼儿的学习经验等。

第三，组织可以使分散的事物系统化、整体化。课程资源的组织是对上述诸要素有序化、结构化的过程，从而使课程内容具有连续性、顺序性和整合性。

第四，幼儿园的课程资源应适合幼儿，是幼儿学习的载体。因此，在组织课程资源时要参照《幼儿园教育指导纲要（试行）》的要求，保证课程的综合性、趣味性、活动性。

第五，课程组织的优劣，最终要看幼儿是否产生了适宜的学习经验和优化的教育效果。无论形式多么新颖、气氛多么热烈，缺乏心灵震撼的课程，耗时费力、隐性地浪费幼儿时间的课程，不是好课程。

第六，幼儿园课程资源的组织不完全是预设的，静态的方案为课程实施提供基本的保证。但在实际情况下，却往往会有这样或那样的变化，需要教师细心观察，做出恰当的筛选，寻找教育契机，调整课程内容。所以，幼儿园课程资源的组织事实上应包括静态的组织和动态的组织两方面。

（二）幼儿园课程资源的组织原则

1. 目标定向原则

课程组织是幼儿园课程资源组织的基础要素和中心工作，提供了教师实施课程有效的指导和努力的方向，明确了幼儿园课程资源设计及实施最终要达到的预期效果。在组织幼儿园课程资源前需要明确课程目标的内涵和本质，把握其在教育系统中的位置，明确其确立的依据，才能使课程目标的制定清晰明确、科学有效。①"目标是选择材料、勾画内容、编制教学程序，以及制定测验和考试的准则。教育计划的各个方面，实际上只是达到基本教育目标的手段。因此，我们如果要系统地、理智地研究某一教育计划，首先必须确定所要达到的各种教育目标。"② 教育目标能否实现，实现的情况怎么样，能否达到理想的要求，都必须通过课程组织过程。课程组织者不能凭自己的兴趣、爱好随心所欲。课程组织的所有过程都必须紧紧围绕教育目标来进行，选择有利于教育目标实现的课程组织方式。③

2. 活动性原则

活动性原则就是"要让儿童在主动和真实的活动中，通过感知、操作、体验、交流来进行学习。儿童是在活动中学习，获取经验并发展的。活动是儿童认知发展的关键，是由学前儿童认知发展水平决定的"。④ 儿童在发展的早期阶段，其智力主要依赖于"某种外在的运动性质的操作"⑤。蒙台梭利也说过："儿童对活动的需要几乎比对食物的需要更为强烈"。⑥ 杜威所说的"从做中学"，实际上就是指从活动中学，重视幼儿直接经验的获得，主张通过一系列的实践活动，扩充和丰富儿童的经验。儿童在"做"的过程中获得新的经验，在做的过程中"知识既扩展到自我，也扩

---

① 侯莉敏主编：《幼儿园课程与教学理论》，高等教育出版社2019年版，第51页。
② ［美］泰勒：《课程与教学的基本原理》，施良方译，人民教育出版社1994年版，第1页。
③ 许卓娅主编：《幼儿园课程理论与实践》，南京师范大学出版社2008年版，第41页。
④ 黄人颂主编：《学前教育学》，人民教育出版社2012年版，第282—283页。
⑤ ［瑞士］让·皮亚杰：《皮亚杰教育论著选》，卢濬选译，人民教育出版社1990年版，第58页。
⑥ 卢乐山：《蒙台梭利的幼儿教育》，北京师范大学出版社1985年版，第32页。

展到世界；知识变成有用的东西和希望的对象"。① 幼儿的心理发展特点和学习特点决定了他们的学习一定要借助具体的情境、具体的事物，在参与、探索和交往的过程中获得直接经验。幼儿园课程资源的组织，关键在于教师要为幼儿创设丰富的活动情境，创设有利于幼儿自主活动的氛围，为幼儿提供各种互动的机会，以及与其发展相应的帮助。②

> 要真正做到尊重儿童，必须从儿童的经验、活动、生长情境出发，选择和组织课程，而不是事先设计安排好这部分的内容要按逻辑的顺序来组织，那部分的内容将按心理的顺序来组织。须知，脱离了儿童，脱离了儿童的活动，脱离了生长的情境来谈逻辑或心理的组织顺序，都是"没有"儿童的课程。③

课程组织活动化须依据儿童发展水平与需要，通过外部，使学前儿童活动起来，以达到活动化组织的目的。

3. 综合化原则

综合化是课程实现系统组织，产生整体教育功能的客观要求。系统科学原理认为，任何系统只有通过相互联系才能形成整体，才能发挥整体的功能。"幼儿的发展特点决定了幼儿教育不是严格分门别类的，而是综合的、整体的教育。"④ 所谓综合的、整体的教育，意指不同的教育内容之间是有机联系、相互关联的。在核心素养时代，不同学科领域和素养之间存在多重交叉相连的关系，单一学科很难实现对学生核心素养的培育，课程实践中某一种素养的培育很可能是多个学科的目标⑤，正如有学者所言："缺乏整合的分科课程所提炼和开发的知识体系往往是碎片化的、独立的、远离生活的，一些缺乏一致性和真实性的知识和技能不利于解决现实生活中可能遇到的困惑，撕裂学生的生活和知识的完整性，也不利于学生综合

---

① 赵祥麟、王承绪编译：《杜威教育论著选》，华东师范大学出版社1981年版，第333页。
② 虞永平主编：《幼儿教育观新论》，人民教育出版社2009年版，第107页。
③ 蒋雅俊：《课程哲学：儿童、经验与课程》，人民教育出版社2015年版，第123页。
④ 虞永平主编：《幼儿教育观新论》，第65页。
⑤ 安桂清：《共同走进素养时代的课程整合》，《中国教育报》2018年1月10日。

品质的培养。"①

一般而言，课程组织综合化包括课程目标、课程内容和教育方式三方面的综合化。学前教育目标应以综合形式陈述，不宜划分过细。要选取一些关键性的核心教育目标，使之形成教育观念。比如，培养儿童的主体意识，塑造儿童的人文精神，发展儿童的完整人格。② 教育目标的确立不要以具体知识技能为表现，而要以综合的观念或观念性问题为目标，以形成儿童的全局性观念、认识态度、情感问题、个性倾向，等等。幼儿园课程资源综合、创新需要幼儿园教师寻找资源与资源之间、新的资源与已有资源之间的相通之处，将资源进行有效整合，创造出更为有趣的形式或内容。整合幼儿园课程资源的核心目标旨在"结合幼儿的成长需要与认知、学习规律，精心挑选和组织幼儿感兴趣又对幼儿发展具有意义和价值的课程资源，使之成为一个有机联系、互相渗透、综合作用、优质高效的内容系统，更好地发挥家庭、幼儿园、社区的各种优势，帮助幼儿形成热爱生活、积极主动的良好个性，获得健康、语言、科学、艺术、社会五大领域的经验。"③

4. 师生同构原则

作为学习者的幼儿与教育者都是课程组织的主体，这对具有相对性的主体共同进行着课程组织过程，在各自发挥独特作用的同时，通过动态的相互作用，形成一致性的课程效应。

理想的幼儿园应当是幼儿和教师共同生活、游戏、做事的地方。在幼儿和教师共同生活、游戏、做事的过程中，教师可以了解幼儿学习的兴趣和需要，理解幼儿的"理解"和"逻辑"。在这种交往过程中，可以产生师幼双方都感兴趣的、富有社会文化意义的"问题"。师幼双方围绕着这种"有意义"的问题展开进一步的互动，师幼双方的不同观点、经验、困惑、看法、智慧、情感、态度在互动的过程中交流、碰撞，共同推动着对话"文本"的形成、发展和修改。在这种交往互动的过程中，实现着知识的主观属性和客观属性的统一，实现

---

① 李学书：《指向核心素养的课程整合》，福建教育出版社2021年版，第47页。
② 许卓娅主编：《幼儿园课程理论与实践》，南京师范大学出版社2008年版，第42页。
③ 侯莉敏主编：《幼儿园课程与教学理论》，高等教育出版社2019年版，第99页。

着经验建构和主体性发展的统一。在这种教学过程中,幼儿的认知和情感、个体的需要和社会的要求处于和谐的统一之中。这种教学过程不需要借助于任何外在的"权威"或形式的"有趣"去强迫或"吸引"幼儿"学习",让幼儿做他(她)所不愿意做的事情。幼儿愿意做的正是教师希望他(她)做的。师幼双方的身心经常地处于游戏的状态:自由、自愿、投入、愉悦。①

师生同构表现为共同的活动中的相互作用。教师具有主体性,在教育过程中发挥着主导作用。但是,不能将教师的主体性绝对化。同样,儿童的主体性也不是教育发展的唯一根据。

师幼关系是幼儿园教学活动中最基本的人际关系,其本质是一种教育关系。师生关系是因为教育的存在而存在,所以,教育的延续与持续发生是师生关系得以真正确立的前提条件,更是形成师生关系互动的关键。"互动的师生关系是教育行为得以延续、教育效应得以产生的根本保证,它体现的是人的个体间的权益平等、人格尊重与情感融和,体现的是在教育活动中责任与利益的统一以及价值信息交流的相促相容。"②"师生关系带有对话交往的个人特点——是双向的和交互作用的,而不仅仅是单向的和信息性的。这些变化要求教师成为好的倾听者和交往者,而不仅仅是好的讲解人。"③ 因此,在课程组织问题上采取"教师中心观"或"儿童中心观"都是不适当的。师生同构是教师和幼儿有机而动态地相互作用,但这并不是说两者在教育的一切方面都平分秋色,也并不表明他们的任务相同、作用一样。它强调师生行为与心理指向于促进儿童发展的目标一致性与共同性。教师的主体性经由儿童的主体性发挥作用。④

(三)幼儿园课程资源的组织要素

1. 学习者

由于学前儿童心理的感性因素强,情绪易受环境的影响,认知的动作性、具体性、形象性突出,活动性大,好奇心强,探索欲旺盛,兴趣是其

---

① 刘焱:《儿童游戏通论》,北京师范大学出版社 2013 年版,第 371—372 页。
② 赵南:《儿童教育发生学》,中央编译出版社 2016 年版,第 118 页。
③ [美]多尔:《后现代课程观》,王红宇译,教育科学出版社 2000 年版,第 181—182 页。
④ 许卓娅主编:《幼儿园课程理论与实践》,南京师范大学出版社 2008 年版,第 43 页。

行动的原则，所有这些都使学前儿童成为课程组织中特殊的要素。学前儿童是学前教育的对象，学前教育的价值最后要落实到他们身上，使外部的课程资源转化为他们自己的内部经验。

作为学习的主体，儿童已有的认知发展水平和知识经验，以及是否处于学习的最佳状态，如儿童的内部动机、对学习的兴趣、需要、主动性、积极性等是否可以调动起来，都关系到教学内容能否转化为儿童自己的知识经验、技能和能力，能否积极影响儿童的情感、品德和行为习惯，使个体得到相应的发展。[①]

因此，学前儿童既是幼儿园课程资源组织的出发点，又是幼儿园课程资源组织的归宿。

2. 教育者

以幼儿教师为主体的教育者控制着课程组织的过程及其方向。相对于学前儿童，幼儿教师代表着教育目的的方向性，是具有理性和强大力量的影响源。教师是幼儿园课程资源的组织者，儿童学习的指导者、帮助者、参与者，也是幼儿园课程资源组织过程中的主体。在幼儿园课程资源组织过程中教师扮演着重要的角色，自始至终都发挥着指导（直接和间接）的重要作用。教师的儿童观、知识观、教育观、情绪状态、专业能力与水平，对教育活动的价值判断与理解、教师与幼儿及其家庭的关系等，都会通过实际的教育方式对幼儿产生直接或间接的影响。

在幼儿园课程资源组织过程中，每位教师都必须遵循幼儿身心发展特点和规律，以人为本，把儿童作为一个独立的人，尊重学习者的权利、感情、意见和个性，根据学前教育的目的、任务等组织教育活动。幼儿教师的课程组织过程不仅仅发生在与幼儿相互作用时，而且发生在其他时间里，例如教育活动前的准备工作，之后的总结工作；不仅发生在幼儿教育机构之中，也发生在家庭、社区等处。所以，幼儿教师实际上是课程组织的指挥中枢或控制系统，是课程组织的主要承担者。

[①] 黄人颂主编：《学前教育学》，人民教育出版社2012年版，第296页。

3. 教育情境

教育情境是课程组织的重要物质媒体。它既是学前儿童作用的对象，又是师生共同建构的条件和结果。其中教育者使用的"教育方案"或"教材"具有特殊的价值。它不是主动的课程组织者，但却是教育者组织课程的基本依据。教学内容（教材）应是多方面的，可以促进儿童体、智、德、美的全面和谐发展。教师应根据《幼儿园教育指导纲要（试行）》规定的教育内容，采用适宜的教育教学方式，无论是分领域学习，还是把所有的内容整合起来进行，教学活动的内容都应既能引起儿童的兴趣，又能激发其内在的学习动机；是儿童发展所必需的，又是生活化的；既能使儿童适应现实生活，又为儿童入小学奠定基础；能够促进儿童身心和谐发展和独立性、创造性和自信心的形成。[1]

另外，"教育环境"是课程组织的大背景，应予以优化，并使之具有审美性、可操作性。因为"与幼儿园教育有关的各种环境因素，包括物质环境（如幼儿园的地理位置、空间密度、设施设备、活动材料，等等）和心理、社会环境（如幼儿园的文化传统和办园风格、幼儿园与社区的关系、幼儿园与幼儿家庭的关系、幼儿园内各种人员之间的关系，以及幼儿园所在地区的经济、政治、文化等状况，等等）也都会影响教育活动实施的有效性"。[2]

以上三个要素相互作用，共同构成幼儿园课程资源的组织系统。在这个系统中，教育者使课程组织具有特色。

（四）幼儿园课程资源的组织形式

以课程哲学观为基础对课程的组织形式进行分类，可以将所有的课程分为学科中心课程、儿童中心课程和社会中心课程。

1. 学科中心课程

学科中心说又称"科目中心说"，产生于20世纪五六十年代的美国课程改革运动之中。学科中心课程是"以文化遗产和科学知识为基础组织起来的各门学科的课程形态，其特点是各门学科并行排列，从学科体系出

---

[1] 黄人颂主编：《学前教育学》，人民教育出版社2012年版，第297页。
[2] 朱家雄：《幼儿园教育活动设计与实施》，高等教育出版社2008年版，第311页。

发、按照学科知识的逻辑来组织课程，使儿童获得一定数量的知识和技能"。① 学科中心说认为，培养儿童的智能是重要的，而培养智能的主要目的是创新文化。"教育必须使智能发挥作用，借助个人超越自身的社会世界的文化方式，去开辟哪怕是些微的新局面，创造出自身的文化来"。②

学科中心课程强调按知识内在性质及其内在结构组织课程内容，"从一定的儿童观和知识价值观出发，精心选择学科及学科知识作为课程内容，每一学科的知识根据从易到难的原则加以组织和排列，形成一个多学科并行、由易及难的课程内容结构体系"。③ 学科中心课程认为，学科是传递知识和技能的最为有效的方式，能以最为系统、最为经济和最为合理的方式为儿童提供社会文化遗产。在幼儿园课程中，"分科教育"就是一种典型的学科中心课程。有些课程将数门学科结合为一体，形成了带有综合性质的学科课程。

2. 儿童中心课程

20 世纪二三十年代，儿童中心课程设计在柯林斯和克伯屈等进步主义者的努力下达到全盛时期。儿童中心课程是"以儿童的主体性活动经验为中心组织的课程，也叫经验课程、活动课程"。④ 儿童中心课程强调课程设计建立在儿童的生活、需要、兴趣和能力之上，关注儿童在活动中与环境的交互作用所获得的直觉经验。因为"只有那种与积极的目的相联系并植根于经验之中的学识，才能转化成行动方面的改变"。⑤ 从课程的命名就可以看出，这种课程关注的不是学科，而是儿童。"以儿童为中心的课程必须为保护幼儿的童真开辟一片天地，激发幼儿对学习的热爱。因此，教师需要放慢脚步，给幼儿充分的机会和时间去探索，充分挖掘环境中能激发幼儿美感、好奇心、探索欲、快乐和同伴交往意识的各种元素。"⑥

儿童中心课程的基本要义在于"学校的课程根据儿童的本能进行设计，儿童的本能包括社会化本能、建构本能、探究本能、提问本能、实验

---

① 虞永平主编：《幼儿教育观新论》，人民教育出版社 2009 年版，第 96 页。
② 钟启泉编著：《现代课程论》，上海教育出版社 1989 年版，第 110 页。
③ 虞永平主编：《幼儿教育观新论》，人民教育出版社 2009 年版，第 96 页。
④ 虞永平主编：《幼儿教育观新论》，第 96 页。
⑤ 黄甫全主编：《现代课程与教学论学程》，人民教育出版社 2006 年版，第 401 页。
⑥ ［美］德布·柯蒂斯、玛吉·卡特：《关注儿童的生活：以儿童为中心的反思性课程设计》，郑福明、张博译，教育科学出版社 2015 年版，第 36 页。

本能、表达的本能和艺术创造的本能"。① 这种思想主要帮助学习者解决他们认为的重要问题，增强他们已有的兴趣和生活经验。这种课程设计的最大特色是采用作业单元的形式组织教材，而不是知识的分科。然而，需要注意的是，儿童中心课程并不是完全排斥教科书或教材，但这种教材不是按学科门类编写的，它只是为解决疑难问题或满足某种兴趣而使用的参考教材，所以教材知识庞杂而缺乏系统性。②

3. 社会中心课程

社会中心课程主张课程要围绕社会问题来组织内容，强调"以社会问题为中心，通过对社会问题的分析确定教育目标，以社会现实问题作为课程设计核心。"③ 社会中心课程的目的在于通过课程使幼儿获得完整的生活经验，增强幼儿对社会的适应性。社会中心课程者认为："人类社会的基本活动，是决定课程的内容范围和教材的逻辑顺序的主线。课程编制兼顾儿童的年龄特征，主张以社会生活需要决定课程。"④

当然，这里所谓的社会问题是指幼儿生活中的各种问题，包括认知的、情感的、态度的所有方面的问题。对于这些问题，一般由教师预先选定、计划好，事先设定好目标。但所选问题应该是幼儿感兴趣的，并且能够促进幼儿主动参与。社会中心课程打破了学科界限，使幼儿在运用已有知识解决问题的过程中主动学习，扩展新经验，并获得身心的和谐发展。

（五）幼儿园课程资源实施的途径

1. 集体活动

集体活动是"由教师有计划、有目的地组织全班或一部分儿童进行的教学活动。它面向全体儿童，保证每个儿童在同一时间内学习相同的知识和技能，使儿童在与同伴的互动过程中，相互交流、启发，共享学习成果，并能体验到集体情境中共同学习的快乐，培养儿童的自制力"。⑤ 在什么时间、什么场合采用集体教学活动的形式，应当根据目标、内容以及幼儿学习该内容的特点、水平、经验等确定。不是所有的教育活动都适合集

---

① 刘欣、孙泽文、严权：《课程与教学新论》，中国人民大学出版社2016年版，第61页。
② 虞永平主编：《幼儿教育观新论》，人民教育出版社2009年版，第97页。
③ 虞永平主编：《幼儿教育观新论》，第97页。
④ 虞永平主编：《幼儿教育观新论》，第97页。
⑤ 黄人颂主编：《学前教育学》，人民教育出版社2012年版，第301页。

体形式，关键在于能否"让幼儿进行有效的学习"和"有利于幼儿主动参与"。在幼儿园里过多地使用集体活动是不合适的，因为幼儿的个体差异大，这种形式难以照顾到每个幼儿的需要，难以让每个幼儿积极参与。

【案例2—1】

大班语言活动《爸爸，别怕》[*]

> **一 教材分析**
> 　　本次集体教学活动是在主题"成长的秘密"背景下生成的，主题"成长的秘密"分为"不一样的我""我在长大""长大真好"。活动《爸爸，别怕》是在亲子主题"我在长大"的中后期开展的，了解成长中的秘密，感知爱是相互的。
> 　　在孩子的国度里，爸爸从来都是勇气与力量的化身。爸爸是孩子心中最伟大、无所不能的超级英雄！然而，绘本《爸爸，别怕》中因为一个小小的爱的举动，柔弱的小熊和强大的熊爸爸发生了角色变换，爸爸成了一只柔弱的小兔子。故事里那只憨态可掬的小熊，正是在独自保护爸爸的过程中收获了宝贵的成长与担当，这就是成长中的秘密。大班的孩子，即将要上小学了，他们的主观意识不断增强，对于父母给予的爱常常会视而不见，觉得理所应当，借助绘本的"角色互换"，那种"反哺"般的状态能让孩子们懂得更多。
>
> **二 活动目标**
> 　　1. 通过观察绘本中的关键信息，理解小熊长大的真正含义。
> 　　2. 大胆猜测故事情节，尝试运用语言、神态、动作等表达主角不同时期的状态。
> 　　3. 感受故事中的浓浓父子之情。
>
> **三 活动重、难点**
> 　　1. 重点：理解故事内容，感受熊爸爸与小熊之间浓浓的父子之情，并感受小熊的真正长大。
> 　　2. 难点：大胆猜测故事情节，并敢于表达、表现自己的想法。

---

[*] 本案例由浙江省临海市人民政府机关幼儿园王梦丹老师提供。

四　活动准备

自制书《爸爸，别怕》、PPT。

五　活动过程

（一）出示封面，幼儿观察

1. 出示封面标题。

——认识"别怕"这两个字吗？生活中谁对你说过这两个字？

——"爸爸，别怕"又是谁对谁说的？

2. 观察封面图片，猜测人物关系。

——图片里都有谁？你觉得谁是爸爸谁是孩子？孩子和爸爸之间的秘密就藏在接下来的故事里，让我们来听一听吧。

（二）讲述故事第一段，感受熊爸爸满满的父爱

1. 被保护的小熊。

——故事中小熊说得最多的一句话是什么？在遇到什么事儿的时候说的？

——你觉得这是一只怎样的小熊？

2. 了不起的熊爸爸。

——爸爸又是怎么说、怎么做的呢？

——跟这样的爸爸在一起，你感觉怎么样？

小结：和这样的熊爸爸在一起可真幸福呀！

（三）变成兔子的熊爸爸

1. 讲述故事，爸爸变成了小兔子。

——爸爸变成了小兔子，小熊是怎样的心情？

——那爸爸呢？爸爸为什么哭？

2. 猜测故事情节。

——小熊抱着爸爸，接下来会发生什么事？

（四）自主阅读，了解故事情节

1. 播放背景音乐，幼儿自主阅读。

——小熊和爸爸遇到了什么事情呢？

——他是怎么做的？又会怎么说？

2. 仔细观察画面，感知小熊的变化。

——这次小熊说得最多的一句话是什么？

——发生了什么变化？是什么让他变得坚强和勇敢？

> （五）讲述故事最后一段
> 1. 熊爸爸变回来了。
> ——熊爸爸怎么样了？此刻你是什么样的心情？
> ——这本是一件高兴的事儿，但熊爸爸为什么流眼泪？
> 2. 小熊长大了。
> ——故事的结尾，爸爸觉得小熊长大了，你们觉得呢？
> ——小熊成长的秘密是什么？
> 3. 爸爸的泪水。
> ——爸爸变回来是一件值得开心的事情，为什么流下了眼泪？
> 小结：原来眼泪不仅仅代表伤心、难过，还代表着幸福与感动。
> （六）活动延伸
> ——随着时间的流逝，我们终究会长大，爸爸妈妈也会随之老去，那我们又应该用什么样的方式去爱他们呢？

2. 小组活动

幼儿园的小组活动可以是教师有计划安排的活动，也可以是教师组织指导的活动，可以是幼儿自发的活动。小组活动的最大特点是由于幼儿人数少，教师比较容易全面照顾，对儿童进行较为细致的指导。为幼儿提供了与同伴、教师交谈、讨论、合作和分享经验的机会，也更容易集中注意，更容易让幼儿主动积极地操作材料，并可以按其速度和方式去做要求做的事。小组活动可以作为集体教学活动的一个环节，进行相同的教学活动。例如，要对儿童进行某种科学或数学内容的教学，教师可以在集体教学中先做大致的引导、讲述或演示，激发起儿童的兴趣，提供多种材料让儿童以小组的形式进行操作体验或探索发现，然后再集中起来，彼此进行交流总结。小组活动也可以作为主要的教学活动形式，进行不同内容的教学。[①]

3. 个别活动

个别活动可以是由一个教师面对一两个幼儿进行指导，也可以是幼儿自发、自由的活动。教师的指导一般在幼儿自选活动时间里进行，教师作为同伴参与到幼儿的活动当中，与个别幼儿互动，或是针对个别幼儿的特

---

① 黄人颂主编：《学前教育学》，人民教育出版社2012年版，第302页。

殊情况，进行专门辅导。个别活动可以让教师充分考虑儿童的兴趣、能力、水平，进行有针对性的指导。"在集体活动和小组活动之余，教师应该在儿童游戏和自选活动的时间，有意识地选择一些在集体活动中表现稍差的儿童，对他们进行一些个别指导，着重了解孩子落后症结在何处，建立对教师的信任和亲近感。"① 教师可以基于不同儿童所面临的问题提供相应的练习和操作，帮助儿童丰富经验，建立自信和学习的兴趣。个别活动要允许儿童按照自己的意愿，从自己的水平出发，选择活动内容，自己决定活动的时间。

除以上组织形式外，幼儿园课程资源的实施还可渗透到幼儿园游戏、一日生活、劳动、散步等各种活动中。从儿童的学习与发展特点来看，这些活动都蕴含着重要的教育契机，适宜于每个儿童的发展水平和兴趣，且情境性更强。儿童主动操作、练习、探索机会多，学习气氛轻松，更能激发儿童的主动性和潜能。它与上述活动方式结合能更好地促进每个儿童在各自的水平上得到相应的发展。② 但是，不同的教育活动组织形式有不同的适用范围，其自身也有不同的教育价值。不能简单地认为哪一种形式就一定好，哪一种形式就一定差，而应根据课程目标、内容和材料等具体情况进行选择。

第三节　幼儿园课程管理

幼儿园课程管理是影响幼儿园课程成效的重要因素，从某种意义上说，幼儿园课程管理的成效决定了幼儿园课程的实际成效。课程的价值取向决定了课程管理的样式，"在课程的价值取向从强调教师传授学业知识和技能转化为强调儿童的发展和一般能力的获得后，课程管理也就必然从注重课程的标准化和统一性转化为注重幼儿园课程开发和发展的多元化和自主性"。③ 因此，应重视幼儿园课程管理的各方面，使幼儿园课程更有成

---

① 黄人颂主编：《学前教育学》，人民教育出版社 2012 年版，第 302 页。
② 黄人颂主编：《学前教育学》，第 302 页。
③ 朱家雄：《幼儿园课程管理转型过程中存在问题辨析》，《幼儿教育》2002 年第 11 期，第 4—5 页。

效，让儿童的身心得到更好的发展。

一　幼儿园课程管理的含义

在汉语中，"管"有"管辖""负责""照管""约束"之意，"理"有"整理""处理""协调""办理"之意。《现代汉语词典》对"管理"的解释通常有：负责某项工作，使之顺利进行；保管和料理；照管并约束（人或动物）。[1] 英文中"管理"一词为 management，它的词根来自意大利语 maneggiare，这个词在16世纪时的意思是驯马，到了18世纪早期，它的意思是诡计和骗术。[2] 根据《韦氏新国际词典》的解释，"管理"的拉丁文词是 manus，是"手"（hand）的意思，而主人的手在早期的管理历史上是重要的权力之源，因而也指处置方式，后来又引申为控制和指使，使人服从，小心处理及执行业务以达成目标等多种含义。[3]

关于管理的概念，不同学派对其有不同的理解[4]："古典管理理论"的代表人物之一、法国工程师法约尔认为，管理是一种具有特殊职能的活动。他以大企业的整体为研究对象，指出：管理是企业经营的六种活动（技术活动、商业活动、财务活动、安全活动、会计活动和管理活动）之一，它包括计划、组织、指挥、协调和控制五种职能。"行为科学"理论则把管理理解为协调人际关系，激发人的积极性，以求达成共同目标的一种活动。决策理论学派的代表人物、1978年度诺贝尔经济学奖获得者、美国卡内基—梅隆大学的西蒙认为，决策贯彻管理的全过程，管理就是决策。经验主义学派的代表人物、美国的德鲁克对管理作了比较全面的概述。他认为，管理是一种工作，因此它有其技能、有其工具、有其技术；管理是一门学术，是一门到处均可运用的系统化知识；管理也是一种文化，它包含在价值、风格、信仰与传统之中；管理还是一种任务，它不在于"知"，而在于"行"。作业学派的代表、美国加州大学管理学院院长孔

---

[1] 中国社会科学院语言研究所词典编辑室编：《现代汉语词典》，商务印书馆2012年版，第481页。
[2] 陈时见：《课堂管理论》，广西师范大学出版社2002年版，第3页。
[3] 田燕：《德性课程管理理论——基于教师专业发展的幼儿园课程管理研究》，中山大学出版社2016年版，第62页。
[4] 齐振海主编：《管理哲学》，中国社会科学出版社1988年版，第23—24页。

第二章　幼儿园课程编制与实施管理

茨把管理看作一种技能,是一种通过别人,并同别人一道完成工作的技能,是使集体成员互相协作完成工作的技能,是清除障碍和有效实现目标的技能。苏联科学院通讯院士阿法纳西耶夫则把管理看作一个过程。他认为,从一般意义上说,管理就是根据一个系统所固有的客观规律,施加影响于这个系统,从而使这个系统呈现出一种新状态的过程。

我国部分学者对管理的概念也进行了不同视角的分析。例如,齐振海等人从哲学的角度认为,所谓的管理实际上就是指人们在认识客观对象的基础上,通过决策、计划、组织、指导和控制,有效地利用人、财、物,以达到共同目标的一种社会活动过程。孙绵涛等人认为,管理是管理者运用一定的原理与方法,在特定的条件下,对资源进行合理配置,引导、组织被管理者实现组织目标的一种活动。① 管理的特点表现为：管理总是指向一定的目标,为实现一定的目标服务；管理都是对人、财、物、信息、时空的管理；管理是一个计划、实施、检查、总结的过程；每一种管理活动都是管理的主体和管理的客体相互影响、相互作用的过程。

尽管不同学派和学者对管理的解释各异,但从整体研究和发展趋势来看,管理不再仅指实现目标的结果描述,而是包括运用各种策略的过程；管理不仅要遵循一定的规则,而且在管理过程中管理者和被管理者要弹性化地把握规则才能达到良好的管理效果；管理的对象包括物和人等因素；管理目标不仅是指对时间、空间及相关活动做出相应的组织、协调,还包括对组织目标的达成和个人心理的满足。② "管理"一词早已超出了控制的含义,管理研究已从注重调控演变为注重组织和人员的成长。

课程管理是指有关部门（或机构）、人员对课程的各个运行环节所采取的规划、指导、决策、监督、协调等措施。它包括对课程生成的管理、课程实施的管理及课程评价的管理等。关于幼儿园课程管理的含义,不同学者持不同的观点。例如,有学者认为,幼儿园课程管理是"与幼儿园课程有关的利益主体在当前的课程改革背景下,以发展和建设为目标,对学前课程的设计、实施、评价等实践过程及其相关影响因素、条件等进行的

---

① 孙绵涛、康翠萍：《教育管理学——理论与范畴》,人民教育出版社 2021 年版,第 131—132 页。

② 陈时见：《课堂管理论》,广西师范大学出版社 2002 年版,第 5—6 页。

全面管理"。① 幼儿园课程管理，"从广义上讲，是指有关人员对幼儿园课程活动、课程文本、人员的管理；从狭义上讲，是指园长层面的幼儿园课程管理，即园长对幼儿园课程活动、课程文本、人员的管理"。② 有研究者从中观层面入手，将幼儿园课程管理界定为："幼儿园课程管理者——园长对教师参与的课程建设活动及其影响因素进行的全面管理，是管理者与教师之间以课程建设活动为中介而进行的具体互动过程，而具体的互动框架将因参与者课程观、管理观的不同而不同，由此呈现出不同的课程管理模式。"③ 另有研究者基于教育机构自身的管理职能的视角，从园级、班级、教师与保育员三个方面，对幼儿园课程管理进行了分层。④

结合上述对幼儿园课程管理的理解，本书认为，幼儿园课程管理是指在一定法规和政策的指导下，结合幼儿园自身的实际情况，由各级政府或幼儿园本身对其课程的建设和实践过程进行的规范、引导和帮助，是对幼儿园课程的设计、实施和评价的管理过程。理解该含义要注意以下两个方面的内容：

首先，幼儿园课程管理的背景：一定的法规和政策。虽然幼儿教育还未纳入义务教育，但是国家近几年来对幼儿教育的关注度已经上升到了一个相当高的层面。政策和法规是指导幼儿教育的有效手段，是幼儿园课程管理的基础。幼儿园课程管理中幼儿园课程的设置、实施等都要以一定的政策为导向。如《3—6岁儿童学习与发展指南》提出了健康、语言、社会、科学、艺术五个领域的一些教育目标和教育指导，这对幼儿园课程设

---

① 袁倩：《幼儿园传统文化教育中的课程管理研究——以济南市三所幼儿园为例》，硕士学位论文，济南大学，2021年，第17页。

② 田燕：《"自我接受性"管理——幼儿园课程管理的新理念》，《学前教育研究》2003年第6期，第52—53页。

③ 田燕：《德性课程管理论——基于教师专业发展的幼儿园课程管理研究》，中山大学出版社2016年版，第36页。

④ 幼儿园的课程管理可区分为三个层次。第一个是园级管理，就是幼儿园作为一个组织，整体上对课程进行的管理。这类管理涉及课程的理念、课程的架构、课程实施人员的配备、课程实施成效的评价等方面。第二个是班级层次的管理，这类管理往往与实施相交融，且是在实施过程中进行的管理。它涉及班级课程计划、一日活动的组织管理、具体的课程资源管理、家园联系工作的管理等。第三个是教师和保育员进行的自我管理，根据班级的工作计划和常规，教师和保育员管理自己的课程实施行为。在有的幼儿园，还存在年级组或学科组这一课程管理层次，其主要职能是课程的审议、课程的过程评价及课程实施理念和策略的分享等。（参见虞永平《学前课程与幸福童年》，教育科学出版社2012年版，第169页。）

置、评价标准等具有重要影响，这些都是幼儿园课程管理的重要标准。

其次，幼儿园课程管理的主体：各级政府或幼儿园本身。目前，由于幼儿教育的特殊性，我国并没有统一的幼儿园课程，都是在幼儿教育总目标下各地教育主管部门根据本地幼儿园的具体发展情况制定的一些幼儿园课程。这使得幼儿园课程的管理主体就由国家转向了地方，甚至幼儿园本身，这是幼儿园课程管理的特殊之处。

二　幼儿园课程管理的意义

（一）提高幼儿园课程的质量

幼儿园课程管理对实现幼儿园课程目标、促进教师与幼儿发展、提高幼儿园管理效能等具有重要的意义。"课程管理是决定课程成效的一个重要因素，甚至从一定意义上说，课程管理的成效决定了课程的实际成效。"[①]由于幼儿身心发展的特点，幼儿园课程有其基本特性：基础性、直观性、人文性、情境性、游戏性、整体性、发展性等。在实际的幼儿园课程实施过程中，必然会产生诸多方面的问题。对幼儿园课程进行深入全面管理，能更好地促进幼儿园课程各个环节的有效实施，使幼儿园课程质量得到提高，从而更好地促进幼儿身心的全面发展。

（二）优化幼儿教师的教育观念

幼儿园教师比其他阶段的教师多一分责任、多一分辛苦，因为他们面对的是一群没有多少生活和学习经验的幼儿。教师是课程实施的主体，教师对课程理念的把握以及课程教学中的方式方法等的运用都会直接影响幼儿课程学习的效果。幼儿园课程管理可以"通过无形的团体风气，有形的教育计划、课程目标、制度等促使教师进行思考，使教师主动地理解教育，站在一个实践者的角度体味教育，从内心培植起一种坚定的精神信念与力量，从而推动教师教育观念不断更新与发展"。[②]并且，幼儿教师拥有正确的教育观念是一切教育教学工作的起点。因此，对幼儿园课程的正确管理是优化幼儿教师正确教育观的有效途径，这有利于促进幼儿园课程更

[①] 虞永平：《在课程管理实践中提升幼儿园课程建设的质量——厦门市思明区幼儿园课程建设的启示》，《学前教育研究》2005 年第 10 期，第 22—25 页。

[②] 虞永平：《在课程管理实践中提升幼儿园课程建设的质量——厦门市思明区幼儿园课程建设的启示》，《学前教育研究》2005 年第 10 期，第 22—25 页。

好地实施。

（三）转变园长的管理意识

在课程管理中，园长担当着幼儿园课程领导者的角色，是课程建设的领军者和灵魂人物，其规划、决策、组织和实施课程能力的高低对幼儿园课程建设的成败具有决定性影响。① 在传统观念中，幼儿园园长对幼儿园课程的管理是直接的领导作用。而幼儿园课程的管理过程是管理者不断发现问题、处理问题和反思的过程，它也会反作用于幼儿园课程管理者的管理意识、管理手段以及管理方式等方面，从而优化幼儿园课程管理的各个方面。"作为一名幼教机构的管理者，你的角色不仅是一个老板或单纯的监督者，而是一个领袖和指导者。不管你的教职员是否明确地意识到，他们实际上都在期待你的引领。"② 园长作为幼儿园的管理者和组织者，要转变传统的以管制、控制、统治为主的管理模式，树立多元主体共同参与的幼儿园课程管理理念。"园长应将自己定位为促进者而不是控制者的角色，以开放的心态接受一切幼儿园重构可能带来的变数，并领导教师共同应对与解决。"③

（四）促进幼儿的全面发展

人的全面发展是人的综合素质与各方面能力的发展，这是内容指向的，是人类社会发展对人提出的要求，也是人的个体在社会环境竞争中求生存与发展的必然需求。④ 任何形式的教育、多样化的课程都是为了一个目标，即促进幼儿的全面发展，"幼儿的全面和谐发展对国家和民族来说也是无穷的财富。"⑤ 在信息时代，社会对人才培养的要求发生了巨大改变，我国需要的是全面发展的综合型人才以及专业知识过硬的技术型人才。这就要求教育从幼儿开始，逐渐培养他们的这些基本素质。当前的幼儿教育，主要是在幼儿园中进行的，要达到全面发展幼儿的目的，就需要

---

① 左瑞勇：《园本课程开发：流行背后的追问与反思》，《学前教育研究》2007 年第 12 期，第 17—19 页。

② ［美］雷切尔·罗伯森、米莉安·德莱斯勒：《质量认证背景下的幼儿园自我评价——提升幼儿园教育质量的行动经验》，刘昊、陈敏倩、张东霞译，教育科学出版社 2021 年版，第 43 页。

③ 周海银：《幼儿园课程管理的泛政治化及其批判》，《学前教育研究》2010 年第 11 期，第 27—31 页。

④ 赵南：《儿童教育发生学》，中央编译出版社 2016 年版，第 66 页。

⑤ 虞永平：《学前课程与幸福童年》，教育科学出版社 2012 年版，第 11 页。

设置合理的幼儿园课程,同时对幼儿园课程进行高水平的管理,发现其存在的问题与不足,找出好的解决策略,优化课程设置。"一个高质量的早期教育机构应该能够提供一种促进儿童身体、社会、情感以及认知发展的、安全的保育环境。"① 适宜的幼儿教育应以幼儿发展为中心,让幼儿在身心以及社会性方面得到应有的甚至更好的发展,这是幼儿教育最基本的出发点,也是最终的目标。

三 幼儿园课程管理的内容

幼儿园课程的内涵现已超越了课程仅仅是教学内容的范畴,逐渐形成了一种更宽广的认识,即幼儿园课程是幼儿在幼儿园中实际学习的内容。雷格(Wragg)提出了"立方体课程"(cubic curriculum)的概念。它以立方体的三根中线代表课程的三个维度,即学科、跨课程主题、教学与学习的形式。

为了更好地认识课程管理的途径,尼尔·伯顿和戴维·米德伍德提出了新的三维管理模式。该模式重点关注了在许多教育机构凸显出来的三个层面的管理问题:第一,设想层面:"学习的课程",指为中小学或学院学生提供相对独立的教育体验的技能、知识和态度。第二,策略层面:"教授的课程",指用于传授"学习的课程"的教学法、学科、学校组织文化和学习环境。第三,结构层面:"实施的课程",指对教师或教材、资源和组织系统进行认识、安排和管理,以便使教授的课程得以实施。基于尼尔·伯顿和戴维·米德伍德的三维管理模式,针对我国幼儿教育的实际情况,我国幼儿园课程管理有以下三方面的主要内容。

(一)幼儿园课程设计的管理

1. 幼儿园课程目标的制定

在教育中目标指向预期的学生学习结果,明确提出教育过程使学生发生的预期变化。② 《3—6 岁儿童学习与发展指南》(以下简称《指南》)指出:

---

① 李季湄:《面向新世纪的世界幼儿教育》,《学前教育研究》1999 年第 5 期,第 4—7 页。
② [美] 洛林·W·安德森等编著:《布卢姆教育目标分类学:分类学视野下的学与教及其测评》,蒋小平、张琴美、罗晶晶译,外语教学与研究出版社 2021 年版,第 3 页。

以为幼儿后继学习和终身发展奠定良好素质基础为目标，以促进幼儿体、智、德、美各方面的协调发展为核心，通过提出3—6岁各年龄段儿童学习与发展目标和相应的教育建议，帮助幼儿园教师和家长了解3—6岁幼儿学习与发展的基本规律和特点，建立对幼儿发展的合理期望，实施科学的保育和教育，让幼儿度过快乐而有意义的童年。

《指南》从健康、语言、社会、科学、艺术五个领域描述幼儿的学习与发展。幼儿园必须以促进幼儿的健康发展为基本课程目标，以幼儿德、智、体、美、劳的全面发展为终极课程目标，以健康、语言、社会、科学、艺术五个方面为具体的课程目标。

2. 幼儿园课程的设置

幼儿园课程设置要基于幼儿的知识经验及身心发展规律，在组织和选择幼儿园课程内容时遵循目的性、适宜性、生活化、兴趣性、基础性和逻辑性等基本原则。

幼儿园教育的主要形式是一日活动，一日活动的时间安排体现了保教结合的教育目标。一日生活具有整体性和复杂性，这一特性既符合幼儿的学习特点，同时也可为幼儿的发展提供更多的可能性。当幼儿以生活为支点探究课程时，他们在课程学习中的主体性便可得到进一步发挥。[1] 幼儿园课程实践的过程和一日生活是紧密联系在一起的，整个课程实践就是在幼儿同周围的人和事交互作用中进行的。[2] 幼儿园管理者想要管理有效，就需制定规范合理的一日活动，理解幼儿的学习方式与特点。幼儿园一日生活管理不仅会影响幼儿一日生活的质量，同时也反映着幼儿园课程的质量。[3] 幼儿园管理者要在充分了解本园幼儿的身心发展及幼儿园自身条件的基础上，制定出有指导规范意义的一日活动，其在内容制定中要涵盖幼儿园课程的五大领域，并注意时间分配的合理性，过渡环节的自然性等。

---

[1] 陈颖清：《幼儿园"童乐游戏"课程的建构与管理》，《学前教育研究》2021年第4期，第85—88页。

[2] 虞永平：《学前课程价值论》，江苏教育出版社2002年版，第213页。

[3] 戴璐、王春燕：《幼儿园一日生活管理现状分析——以杭州G区幼儿园为例》，《学前教育研究》2013年第11期，第54—59页。

第二章　幼儿园课程编制与实施管理

（二）幼儿园课程实施的管理

幼儿园课程实施是将幼儿园课程计划付诸教育实践的过程，以达到预期的教育目的和课程目标。对幼儿园课程实施过程的管理，有益于课程管理者了解、分析和评定课程计划与教育实际之间的契合度，深入分析原因，及时调整幼儿园课程计划，不断完善幼儿园课程。

对幼儿园课程实施的管理包括以下两方面的内容：第一，课程实施的组织、安排和控制的管理。主要包括教科书、教学参考资料的筛选和编写，教师的配备，教学活动的组织，教学工作常规的制定与检查，以及各类校内外实践活动的组织与指导，等等。第二，幼儿园课程实施条件的管理。主要包括教学设施、设备及图书资料的配备、添置、保管、维修和更新，及其管理制度的建立、健全和执行等。

（三）幼儿园课程评价的模式

幼儿园课程评价是针对幼儿园课程的特点和组成成分，分析和判断幼儿园课程价值的过程。幼儿园课程评价模式的选择是多样化的，主要有以下几种。

1. 行为目标评价模式

行为目标评价模式，又称泰勒模式，是 20 世纪 30 年代由美国教育学家拉尔夫·泰勒（Ralph W. Tyler）提出的。泰勒在长达 8 年的课程和评价研究的基础上，提出一套以教育目标为核心和依据的课程和测验的编制原则，试图将社会的要求，学生的需要都反映在课程和测验的编制中，第一次提出了"教育评价"的概念。泰勒按阶段与层次将课程与教学划分为四个组成部分，并运用行为科学的方法力求使研究方法合理化。课程与教学过程被划分为确定教育目标、选择教育经验（学习经验）、组织教育经验，评价教育经验四个阶段与环节，力求明确每个阶段的不同行动目标。[1] 泰勒认为："评价的过程实质上是一个确定课程与教学计划达到教育目标程度的过程。"[2] 教育评价就是衡量教育活动达到教育目标程度的活动，这一概念明确提出了教育评价的"泰勒原理"，形成了教育评价的"目标模

---

[1] ［日］佐藤学：《教育方法学》，于莉莉译，教育科学出版社 2021 年版，第 32 页。
[2] ［美］拉尔夫·泰勒：《课程与教学的基本原理》，施良方译，人民教育出版社 1994 年版，第 85 页。

式",泰勒也因此被称为"教育评价之父"。

考察儿童的学习和发展是评价课程效益和教师工作的最直接、最有效的手段,他主张针对课程的目标,采用标准参照测量来测查儿童的学习和发展结果,并强调针对不同儿童个体的发展,注重比较其起点与教育水平之间的差距,而不是注重将之与所有儿童做比较。依据他的课程与评价理论,评价需要以目标为出发点收集资料,判断教育活动达到目标的程度,以确定课程的成效。并且依据评价结果,对教育目标的适宜程度进行考察与修订。[①]

泰勒提出的"课程与教学的基本原则",实际上是设计一个教育方案的基本原则。这些原则是[②]:第一,确定教育目标,包括学生应该学习的思维、情感和行为方式;第二,确定达到教育目标所必备的学习条件;第三,合理地组织学习条件;第四,不断对教育方案的效果进行评价。根据这四条原则,泰勒主张评价应该包括八个主要步骤。[③] 行为目标评价模式的主要关注点是确定课程预设的目标与课程实施结果之间的契合程度,"是一个以目标为中心的评价模式,它把教育方案或计划的目标用个体的特殊成就来表示,并把这一目标当作教育过程和评价的主要依据。而评价的结果又不断地修正、改进着目标。从目标的确立到评价结果不是直线型的单向过程,而是周期性的循环过程。"[④]

泰勒的教育评价观简明清晰,评价的意图是促进学生的发展,"评价的视角集中于清晰的行为目标,并用前测来决定儿童发展水平基线,用后测考察教育的效益,在进行教学效果的鉴别、确证和检查等方面,具有很

[①] 虞永平主编:《幼儿教育观新论》,人民教育出版社2009年版,第261—262页。
[②] 霍力岩:《学前教育评价》,北京师范大学出版社2013年版,第282—283页。
[③] 这八个步骤分别为:第一,通过研究实际需要和征求专家意见,选出备选目标。第二,经过若干筛选过程(如哲学、心理学、教育学的分析和检验)后,确定可用目标。第三,将确定的教育目标用有关术语加以表述。第四,找出达成教育目标所需的行为表现以及这些行为表现的条件和背景。第五,确定满足客观性、可靠性、有效性三个标准的测量方法。第六,运用上述客观、可靠、有效的测量方法检查行为表现所发生的变化(通常是事前、事后测验)。第七,根据测量结果对教育方案或活动做出判断并进行解释。第八,修正或调整方案,重复循环过程。(参见霍力岩:《学前教育评价》,北京师范大学出版社2013年版,第283页。)
[④] 霍力岩:《学前教育评价》,北京师范大学出版社2013年版,第283页。

大的优越性。评价具有详细、具体的测量指标,对目标的达成程度的评价相对较易。"① 由于根据行为目标评价模式进行的教育评价活动能够获得关于目标完成情况的信息,能系统地考察既定目标与儿童实际发展之间的一致性,具有详细、具体的测量标准,因而相对易于对目标达成程度做出评价,进而促进教育教学工作的改进。② 正因为如此,行为目标评价模式在美国教育评价活动中占据统治地位达 30 年之久,以至于形成了教育评价史上的"泰勒时期"。但与此同时,这一评价模式也存在很多缺陷:它也没有提供评价目标本身的方法;它没有提供用来判断评价目标与评价结果之间差异(或矛盾)的标准;它重视"事前"和"事后"的测验设计,而不重视在方案实施过程中对方案的持续评价;它没有看到也无法评价方案所产生的非预期效果。③

2. CIPP 评价模式

CIPP 评价模式的创始人是美国教育评价专家斯塔弗尔比姆(D. L. Stufflebeam)。他认为:"评价最重要的意图不是为了证明,而是为了改进。"④ 为此,1969 年,他提出评价是"为决策提供有用信息的过程"。1985 年,他进一步将评价定义为:"评价是一种划定、获取和提供叙述性和判断性信息的过程。这些信息涉及研究对象的目标、设计、实施和影响的价值及优缺点,以便更好指导如何决策,满足教学效能的需要,并增加对研究对象的了解。"⑤

CIPP 评价模式不再是以目标为中心的评价模式,而是一种以决策为中心的评价模式,因此也被称为决策类型评价模式。一般而言,分别回答"需要做什么""应该如何做""是否完成""成功与否"的问题,并分别为四类决策服务:计划决策、构建决策、执行决策、循环决策。⑥ 它是在对泰勒理论的批评中最早出现的新的教育评价模式,其基本主张有两点:第一,教育评价不仅应该关心目标,还应关心目标是怎样筛选出来的,评

---

① 虞永平主编:《幼儿教育观新论》,人民教育出版社 2009 年版,第 261 页。
② 王坚红主编:《学前教育评价》,人民教育出版社 2010 年版,第 38 页。
③ 霍力岩:《学前教育评价》,北京师范大学出版社 2013 年版,第 284—285 页。
④ 陈玉琨:《教育评价学》,人民教育出版社 1999 年版,第 16 页。
⑤ 陈玉琨:《教育评价学》,第 16 页。
⑥ 王坚红主编:《学前教育评价》,人民教育出版社 2010 年版,第 38 页。

价应从以目标为中心转向以决策为中心。第二，评价不仅应该关心目标达成程度（行为结果），还应该关心目标是怎样达成的（行为过程），评价不仅是结果的评价，还应该包括过程的评价。因此，该模式认为，必须对某一教育方案从开始启动到方案的实施过程和结果做完整、全面的评价。①

CIPP 实际上是 Context（背景）、Input（投入）、Process（过程）和 Product（结果）四个英文单词第一个字母的组合，CIPP 评价模式就是把背景评价、输入评价、过程评价和结果评价结合起来的一种评价模式。背景评价是指评价形成目标的社会背景、环境条件，即评价为什么提出这些目标。也即根据社会需要对教育目标本身做出价值判断，发现教育目标与社会实际需要之间的差距。投入评价是在背景评价之后即在评价了教育目标之后，关于达到教育目标所需投入情况的评价，如实施一个计划或方案时投入的师资、生源、经费、设备等。"它涉及的问题主要有达到目标的可能性、各种方案的潜在成本、各种人员的利用，对外界资源的需要等。投入评价为组织决策服务。"② 过程评价是指在教育计划或方案实施过程中对教育计划或方案的评价，它主要用于发现计划或方案实施过程中存在的问题，并及时反馈给计划或方案的制定者，为计划或方案的制定者提供进一步修改计划或方案的反馈信息。结果评价是对计划或方案达到目标情况的评价。结果评价的重点在于教育计划或方案达到目标的程度，按照斯塔弗尔比姆的观点，在 CIPP 评价模式中，结果评价是控制教育质量的重要手段。③

CIPP 评价模式是一个以决策为中心的评价模式，其最终的评价设计与评价报告，一般有三点评价标准：其一，技术上适宜（具有效度、信度、信息的客观性）；其二，有实用价值（针对性强、范围适宜、及时、重要、有推广意义）；其三，费用效率高（所花费的人力、财力具有较高的效益）。④ 在这个完整的评价模式中，背景评价是一个不断循环往复的过程。而投入评价、过程评价和结果评价则是在背景评价提出需要、发现问题，并要求予以解决的时候进行。CIPP 评价模式比较全面，综合性强，重视背

---

① 霍力岩：《学前教育评价》，北京师范大学出版社 2013 年版，第 284—289 页。
② 虞永平主编：《幼儿教育观新论》，人民教育出版社 2009 年版，第 261—262 页。
③ 霍力岩：《学前教育评价》，北京师范大学出版社 2013 年版，第 290 页。
④ 王坚红主编：《学前教育评价》，人民教育出版社 2010 年版，第 41 页。

景评价和过程评价,尤其是充分重视对教育目标的合理性与可行性评价,对课程决策人员有广泛的服务性功能。但 CIPP 模式回避了评价者的价值判断,其重点在于提供信息,要求决策者提出判断,最终发挥的作用如何在很大程度上依赖于决策者的观念与水平。CIPP 如果全面实施,则费用较高,存在一定的困难。[1]

3. 差距评价模式

差距评价模式是由普罗佛斯(Provus)提出的,此模式旨在比较"标准"和"表现"之间的差距,从而作为改进教育教学方案的依据。差距评价模式可以分为五个阶段:第一,设计阶段,即界定标准阶段。普罗佛斯主张把评价教育教学方案的标准建立起来,作为评价教育教学方案的依据。他所谓的标准,就是方案的设计者所知觉的方案性质。[2] 第二,装置阶段即实施阶段。第三,过程评价阶段。第四,产出评价阶段。第五,成本效益分析阶段。

在差距评价模式的五个阶段中,差距评价模式中间的三个阶段都是要比较标准和表现之间的符合程度:实施阶段比较的是教师是否按标准行事,过程评价阶段比较的是过程中的表现和标准之间的距离,产出评价阶段比较的是最终的表现和标准之间的距离。进行这些比较的目的就是要找出标准和方案之间的距离。[3]

差距评价模式有很多优点,例如,有利于课程改革与发展,具有较高的运用价值;操作目标与标准均为自定,可相对容易地做出改变;各类评价者相对独立,与课程人员密切交往与配合,力求取得一致的意见,共同向决策者提供信息,等等。与此同时,差距评价模式也有其自身难以克服的局限性,由于差距评价模式参与人员较长,有时难以形成共同见解,且费用开支较大,评价花费时间较多;自由度大,易产生标准的易变性和不适宜性,影响说服力;评价者与课程执行者关系过于密切,可能会失去评价的客观性。[4]

---

[1] 虞永平主编:《幼儿教育观新论》,人民教育出版社 2009 年版,第 262 页。
[2] 其标准包括以下三个方面的内容:教育教学方案的目标(预期结果);实现目标所需的人员、媒介和设备(先在因素);在达成目标过程中师生需从事的活动(过程因素)。
[3] 霍力岩:《学前教育评价》,北京师范大学出版社 2013 年版,第 299—301 页。
[4] 王坚红主编:《学前教育评价》,人民教育出版社 2010 年版,第 66 页。

4. 应答式评价

斯塔克（R. Stake）是美国心理测量学家，他肯定评价是一种价值判断，提出了评价的应答模式。他认为："要使评价结果真正产生效应，评价者必须关注涉及评价活动的所有人的需要，通过信息反馈，使活动结果能满足各种人的需要。"[1] 斯塔克认为：

依据既定的目标或标准，判断教育结果是否达到预期要求，在确定一定的评价目标是有用的，但是当评价的主要目标是为实践者提供改革依据，诊断当前教育课程中的问题时，这种评价往往被听取人认为缺乏合理性和有用性。评价应该考虑各类人员的不同的价值观念，满足评价听取人的需求和兴趣。[2]

应答模式具有三方面特征：更直接地指向课程或方案的活动而非其内容；尽量满足评价听取人对信息的需求和兴趣；评价报告更能反映各类人员不同的价值观念。[3]

应答式评价坚持价值存异，充分尊重所有人的需要，听取评价对象的意见，重视和方案有关的人员的意见，可以向不同的人员提供有用的信息，对于改革有促进作用。应答式评价是在大量的现状观察过程中进行的，不受预定目标的限制，能观察到预期结果和非预期反应，更有可能获得真实、可靠的信息。但是，由于应答式评价缺乏详细的方法与程序，可能导致评价过程中的模糊性。另外，应答式评价因为具有很大的灵活性，评价者的主观意向也可能会影响评价结果的客观性和可靠性。[4]

四　幼儿园课程管理的策略

（一）提高幼儿园课程管理者的理论素养

首先，更新园长管理理念。园长不仅是课程管理的核心力量，也是幼儿园其他事务的重要管理者。只有园长在幼儿园课程管理理念上有所革

---

[1] 虞永平主编：《幼儿教育观新论》，人民教育出版社2009年版，第262页。
[2] 虞永平主编：《幼儿教育观新论》，第262—263页。
[3] 王坚红主编：《学前教育评价》，人民教育出版社2010年版，第67页。
[4] 虞永平主编：《幼儿教育观新论》，人民教育出版社2009年版，第263页。

新,才能充分调动教师对课程改革的积极性。园长作为幼儿园全面工作的组织者、领导者、参与者,其课程管理观念和行为直接决定了幼儿园课程的质量。[①] 由此,园长应转变自己的领导角色,不仅要充当行政的领导者、技术的领导者,还要充分体现其文化的领导者,教育的领导者角色。"园所管理者在管理实践中一定要端正自己和职工之间的关系,要认识到管理者是为职工服务的,依据现代管理'以人为本'的管理思想原则,注重发挥管理对象的主体作用,调动组织成员的积极性,鼓励其参与管理、关心组织的发展,而不是把组织成员仅看作被动接受管理的客体。"[②] 在幼儿园课程管理中,园长是理念倡导者、课程推动者、沟通协调者、资源提供者,他们是课程改革与发展的核心力量。园长应当坚持"以人为本"的管理理念,在课程管理中要引领教师发展一种指向儿童的价值取向,"这种价值取向随着对儿童生活经验的重要性及其教育学意义的不断反思,远比获得一套外在的行为技能要重要得多,因为这些行为技能只能使人短期地'改善学校的管理机制……但(仅此而已),而不能使人成为一名有灵魂与生命的教师、鼓舞者和引路人'"。[③]

人是任何一个社会系统最主要、最基本的要素,是实现组织目标的决定性力量。从某种意义上说,组织就是为发挥人的作用创造有利的条件,提供适宜的场所,是否有利于发挥人的才能,是衡量组织工作的重要尺度。关心、爱护、培养人,为人的才能的充分发挥创造条件,是组织工作的一个基本任务。[④] 幼儿园作为社会系统的一个构成部分,也是一种组织的存在。教育是为了人而不是为了教育[⑤],幼儿园不仅仅是一个单纯的组织,它是由人组成的,应当突显"人"在课程管理中的地位。[⑥] "管理工作是一种社会活动,管理的各个要素、管理过程的各个环节都要由人来实施

[①] 孟瑾:《促进幼儿园园本化课程建设的管理策略》,《学前教育研究》2011年第8期,第69—71页。
[②] 张燕:《学前教育管理学》,北京师范大学出版社2021年版,第219页。
[③] [加]马克斯·范梅南:《教学机智:教育智慧的意蕴》,李树英译,教育科学出版社2001年版,第15页。
[④] 齐振海主编:《管理哲学》,中国社会科学出版社1988年版,第236—237页。
[⑤] 袁宗金:《回归与拯救——儿童提问与早期教育》,高等教育出版社2008年版,第183页。
[⑥] 张莉、袁爱玲:《农村幼儿园园长课程管理观念现状及其改善建议》,《学前教育研究》2015年第2期,第8—14页。

或操作，都要靠人去掌握和推动；离开了人，任何工作都无法开展，管理的任务目标就不可能实现。"① 在课程管理过程中，园长要创设一种和谐的氛围（基于一定的规范），以幼儿和教师的发展为基本出发点，给予他们高度的自主权，充分发挥他们的潜能，以"人"为中心。"园长应使每个组织成员都能够充分表现自己，有机会表达自己对工作的意见和建议，从而创建起宽松民主的氛围，这有助于发掘职工的潜能，很好地确立并努力实现共同的目标。"② 具体而言，园长应树立以下三个方面的观念：公正观念，公平对待每一位幼儿和教师，以发展的眼光看待他们；公开观念，任何形式的活动都要坚持公开，让每个人都看到课程管理的民主性；反思观念，园长要不断反思课程管理中出现的问题，积极提出改进方案，不断提升自我和促进课程更好地实施。

其次，转变的教师角色。幼儿园课程管理不应是园长的专属权力，而是"众人之事"，通过管理伙伴的共同努力，有助于幼儿园在充分了解课程情境的基础上，深入了解和挖掘现有资源，同时增进社会大众对课程的了解与认同。③ 在新时代，教师不仅仅要教书育人，他们还有参与幼儿园课程管理的权利和义务。"特别是在保教工作第一线的教师，他们是托幼园所工作的主体，是促进幼儿全面发展的教育的实施者，对于托幼园所目标的实现以及园所的持久发展、走向成功起着关键作用。"④ 而且，在幼儿园管理中，"教师的专业生活更多地与幼儿园课程建设活动联系在一起，课程发展与教师专业发展是同构的，课程发展是教师的专业发展，没有教师的专业发展就没有课程发展。"⑤ 教师自身应转变教育观念，积极参与到幼儿园课程管理中去，更好地促进教育教学。并且，管理者要为教师提供一些服务和支持，例如，在课程设计中给予教师一定的课程决策权；在软件资源配置中给予教师支持；在教师的学习与成长过程中给予支持。⑥ 同

---

① 张燕：《学前教育管理学》，北京师范大学出版社2021年版，第216页。
② 张燕：《学前教育管理学》，第220页。
③ 高新建：《课程管理》，师大书苑有限公司2000年版，第159页。
④ 张燕：《学前教育管理学》，第216页。
⑤ 田燕：《德性课程管理论——基于教师专业发展的幼儿园课程管理研究》，中山大学出版社2016年版，第194页。
⑥ 田燕：《"自我接受性"管理——幼儿园课程管理的新理念》，《学前教育研究》2003年第6期，第52—53页。

时，在幼儿园课程管理中，应尽可能地把幼儿园的需要同教师个人的志趣、把实现幼儿园课程管理的目标和发挥个人的长处结合起来。这样的结合会产生一种内在的动力，激发教师的内驱力。"只有具体工作的人产生了主动工作的热情时，才能出效率。"① 幼儿园应为教师个人职责的履行和作用的发挥提供良好的环境和支持条件，"为每个人施展其才能，履行其职责，创造尽可能好的条件，是组织活动的客观要求同时也是组织工作的一个重要的任务"。②

最后，加强理论知识学习。无论是幼儿园园长，还是幼儿园的一线教师，都需要经常阅读有关幼儿园课程理论、管理学、教育学、心理学等方面的书籍，不断提升自己的理论水平，增强课程管理意识，坚定课程改革的态度。目前，教育部及各省正在推行各种各样的幼师职后培训，这有助于提升园长与幼儿教师的理论水平。园长和教师应积极、认真对待、提升自身的专业素养及管理素养，推进幼儿园课程的有效实施，促进幼儿各方面能力的发展。

（二）规范幼儿园课程管理机制

1. 规范幼儿园课程管理机构

首先，重构幼儿园组织结构。参照课程管理委员会的形式，其成员主要由以园长为首的幼儿园领导、教育科研人员，还有一些外聘的专家构成，部分教师和家长以及社区代表参加。因此，幼儿园课程管理者首先要改变科层制管理制度，重构幼儿园组织结构，从制度与结构上保证多元主体参与的权利，让不同利益相关者有机会参与到幼儿园重大事项的决策之中，并赋予他们基本的权威和责任。"教师应拥有解读课程、修正课程和重新设计课程的权利、时间和能力，能够引导儿童克服简单化思维，超越单一的平面思维，启发儿童发现同一问题的不同方面，并能从不同角度透析问题。"③ 调整园长作为管理者的角色认识，赋予不同利益相关者决策权和参与权，要求园长重新界定自己的角色，让渡一部分权力。例如，就增能来说，园长可以通过建构共同愿景、改善组织文化、组织合作性团队等

---

① 日本产业能力短期大学：《管理者》，企业管理出版社1984年版，第34页。
② 齐振海主编：《管理哲学》，中国社会科学出版社1988年版，第238页。
③ 周海银：《幼儿园课程管理的泛政治化及其批判》，《学前教育研究》2010年第11期，第27—31页。

措施，使教师意识到自己在课程建设方面的知识技能状况，促成教师对危机的自觉意识以及改变的自愿性，促进教师的个人效能、自主批判性和课程建设能力的增强。①

其次，落实课程管理执行机构的职责。一般为课程发展管理小组，包括一些教研组在内。其主要职责是把决策转化为具体行动，承担幼儿园课程研究和常规管理工作，并在实际实施中发现问题，及时反映情况。只有当这些机构的成员有效履行自己的职责，认真做好自身的工作，机构之间协调合作时，才能让幼儿园课程管理有条不紊，让课程实施更加顺利和有效。

2. 建立有序的管理监控制度

监控区别于评价。布赖恩·哈迪提出，监控是指"一项根据已设定的目标，在定期的、持续的、系统的检查过程中，有计划地搜集有用信息，已采取任何必要行动的常规工作"。它的主要作用是搜集信息。一个组织，一定要有监控，这样，组织才能更好地发展。监控其实是一种动态管理的方式。

对于幼儿园课程管理，可从以下几个方面实施监控：首先，课程管理者定期举办的课程教学观摩。当前的幼儿园课程管理过多地关注了纸质形式的材料，如教学计划、教案等。而事实上，不是每一次课程教学都会按照教案进行的，有其灵活性和多变性。所以，课程管理者应多深入实际的课程教学中，关注教师和幼儿对课程的侧重点和兴趣点，发现课程实施过程中的问题和难题，思考什么样的课程更适合幼儿的学和教师的教，更好地完善幼儿园课程内容。其次，课程管理者要认真听取幼儿园教师和幼儿的意见。教育管理者要积极搜集教师和幼儿对课程教学的意见，特别要关注一些比较特殊的孩子，发现他们身上的教育问题。管理者可以经验交流会的形式，把教师和幼儿的一些好的建议付诸实践，提高教师和幼儿参与的积极性。最后，规范管理者和教师的行为。幼儿园课程管理需要一定的规章制度作为保障，不然管理便无从谈起。在幼儿园课程实施中，必须要有规范的管理，监控要落到实处，对不符合规范的行为要给予严肃处理。

---

① 田燕：《德性课程管理论——基于教师专业发展的幼儿园课程管理研究》，中山大学出版社2016年版，第193页。

（三）建立完善的幼儿园课程管理评价体系

评价是为了发现课程实施中的成绩及不足。传统评价侧重于静态的评价，即一些教案、观摩课、幼儿成绩等。在新的教育理念的指导下，应采取多种评价相结合的形式，更好地评价幼儿园课程管理和实施中的各个方面。

第一，树立正确的幼儿园课程管理评价理念。幼儿园课程管理评价要突出评价的发展性功能及激励性功能，重视对幼儿和教师潜能的评价，坚持以"促进教师和幼儿全面发展"为出发点，创造有利于其发展的良好环境。第二，构建多元化的评价主体。幼儿园课程管理者应让幼儿教师、幼儿和幼儿家长都参加到评价中来，改变评价主体的单一性格局，实现评价主体多元化，建立由幼儿、家长、教师、社会和幼儿园等共同参与的评价机制。第三，转变评价方式。综合运用多种评价方式，更好地关注幼儿和教师在课程实施中的内容，并给予客观评价。把定量评价与定性评价相结合，侧重关注幼儿行为习惯、情感态度以及价值观的形成等。把形成性评价与终结性评价相结合，突出过程性评价。把相对评价和个体内差异评价相结合，既关注幼儿总体的发展情况，更要关注幼儿个体的纵向发展。

总之，幼儿园课程的管理是幼儿园发展的重点工作，是幼儿园课程实施的关键，直接决定着幼儿园课程实施的实际成效。课程管理者要将其提升到日常的管理日程上来，用科学的管理手段，对幼儿园课程的设计、实施和评价等各个环节进行有效管理，不断优化幼儿园课程，更好地促进幼儿教育的和谐发展，使幼儿能在轻松、自由、和谐、民主的环境中健康成长。

第四节 园本课程开发

一 园本课程开发概念

"园本"始于"校本"，英译为 Kindergarten-Based Curriculum Development。"本"是指幼儿园的基础、条件、现状，是对课程性质的限定，

幼儿园课程与教学论纲

"园本"表明是以幼儿园为基础而进行的课程开发过程。"园本"涉及园风、教师、园长、社区、家长状况等,其核心是本园幼儿发展的现状、现实的需要、生长的环境、发展的特点。园本课程是"以法律法规及相关政策为指导,以幼儿园现实的环境和条件为背景,以幼儿现实的需要为出发点,以幼儿园教师为主体构建的课程。园本课程不是可以无视法律法规的,尤其是法规中关于促进幼儿全面和谐发展的宗旨必须坚决地贯彻执行。"①

关于园本课程开发的概念,不同学者对其有不同的认识和理解。例如,有学者认为,园本课程开发是"一个以幼儿园为基地进行课程开发的开放民主的决策过程,即园长、教师、课程专家、幼儿及家长和社区人士共同参与幼儿园课程计划的制订、实施和评价等活动。"② 园本课程开发是"幼儿园组织及其成员,根据国家或地方政府关于幼儿园教育纲要的精神与幼儿园自身发展的实际需要,充分利用园内外的各种教育资源所进行的课程选择、课程生成、课程重组的相关研究与管理过程"。③ 还有学者认为,园本课程有广义和狭义之分。广义的园本课程具有宽泛性,指的是幼儿园实施的全部课程,既包括国家课程和地方统一的课程,也包括幼儿园自己开发的课程。狭义的园本课程则具有独特性,指的是幼儿园自行研发和实施的课程,它是幼儿园依据国家课程和地方课程,从本园的实际情况出发,利用本园的优势资源,借助课程专家、家长及幼儿、社区人士的力量而建构、实施及评价的课程。④

本书认同李子建、杨晓萍等学者对园本课程开发的界定:"幼儿园园本课程开发即根据幼儿园的教育目的,由幼儿园课程主体(园长、行政人员、幼儿教师、幼儿、家长、社区人士等)参与,在共同合作下,为改善幼儿园的教育质量,所计划并形成的一种有助于幼儿发展的课程实践活动。"⑤ 这一

---

① 虞永平:《学前课程与幸福童年》,教育科学出版社2012年版,第250—253页。
② 陈时见、严仲连:《论幼儿园的园本课程开发》,《学前教育研究》2001年第2期,第27—29页。
③ 上海市教委教研室编:《幼儿园课程园本化理论与实践的研究》,上海教育出版社2004年版,第27页。
④ 李生兰等:《幼儿园课程新论》,北京大学出版社2018年版,第74页。
⑤ 李子建、杨晓萍、殷洁:《幼儿园园本课程开发的理论与实践》,人民教育出版社2009年版,第32页。

定义主要包含以下几个重要的观点①：第一，幼儿园园本课程开发的目标是根据学校的教育目的，改进幼儿园的问题；第二，幼儿园园本课程开发的主体是幼儿园，是由各方面人员参与的改革，但是其参与成员与资源不一定局限于幼儿园，可结合校外的人士与机构，进行跨校的合作；第三，幼儿园园本课程开发既是一个过程又是一个结果，在幼儿园课程发展中诊断、反思、协商学校存在的问题，选择修订课程方案。

二　园本课程开发的主要特点

（一）以儿童发展为本

21世纪是以儿童发展为本的教育的世纪，儿童应是课程的主体，幼儿园课程的最终目的在于让儿童拥有核心素养。② 所谓儿童本位就是"以儿童为本"，就是以儿童为教育工作的出发点。③ 以儿童为本是园本课程开发中的儿童观，其不仅体现在开发的目标上，也始终贯彻在开发的过程中。园本课程开发的最高目标是促进儿童充分自由的发展，这种发展不仅是全面的体、德、智、美的和谐发展，也注意到每个儿童的独特性，注重个性的养成。同时，儿童参与到园本课程开发中去，能够更好地了解儿童的需要、兴趣和水平，这为课程开发提供了最基本的依据。"通过园本课程开发，幼儿的个体差异不仅能够得到尊重和满足，个别需要能够得到及时回应，而且儿童还能在具有生命意义与展现主体意识的氛围中学习和活动，即幼儿以自己的生命撷取客体知识，通过自我判断与抉择，扩展经验，建构知识，挖掘个性潜能，弥补传统课程之不足，促使个性在全面和谐中发展。"④

（二）民主决策性

在传统的课程开发中，课程专家往往是开发的唯一主体，独享开发的权利。而从园本课程的定义上看，园长、教师、课程专家、幼儿及家长和

---

① 李子建、杨晓萍、殷洁：《幼儿园园本课程开发的理论与实践》，人民教育出版社2009年版，第32页。
② 高翔、黄莉：《基于儿童核心素养的园本课程建设》，《教育科学论坛》2016年第8期，第59—62页。
③ 刘晓东：《发现伟大儿童：从童年哲学到儿童主义》，生活·读书·新知三联书店2021年版，第147页。
④ 李子建、杨晓萍、殷洁：《幼儿园园本课程开发的理论与实践》，第40页。

社区人员，都可以参与到园本课程开发中，因而园本课程开发其实是一种民主决策过程。在此过程中，参与者都有权提出自己的意见，并接受其他参与者的民主讨论和研究，最终在综合的基础上决策出最优化方案。

幼儿园课程作为一项公共资源，它并不应仅仅满足于国家的统筹与安排，而无视本地、本园的众多资源，无视课程相关人士的关注，它应该自然地走向社会、走向民众、走向自主开发、民主决策的道路，使幼儿园课程开发成为幼儿园系统内部与外部共同作用的结果，使课程开发的过程符合草根参与和民主决策的精神。[1]

（三）独特性

园本课程是"幼儿园自主开发的，它承载了幼儿园的办园理念、办园特色、校园文化、教育经验，反映了幼儿园的办园宗旨、师资水平、儿童现状、家庭条件、社区资源，说明了幼儿园的教育重点、发展方向"。[2] 首先，由于不同地区存在差异，幼儿园的条件设施、宗旨、办学理念等也存在差异，因而每所幼儿园都是独特的存在。园本课程开发的独特性首先体现在"园"字上，要打破"千园一面"的现象，尊重各个地区、各个幼儿园的具体差异。其次，每个儿童都是独特的存在，课程开发要从本质上尊重每个儿童的发展特点，培养儿童个性，发掘每个儿童的潜能。"这种个性化或者独特性主要是对本园幼儿、教师、本园物质条件、本园所处社区环境、本园文化以及办园理念等要素的反映。没有个性化的课程就不是真正意义上的园本课程。"[3]

（四）丰富性

人存在于世，就必然存在于生活中。教育和生活密不可分，一些专家学者举起"教育生活化，生活化教育"的大旗，主张课程要回归生活的真谛。而园本课程开发与幼儿生活同样密不可分，生活的丰富多彩奠定了课

---

[1] 李子建、杨晓萍、殷洁：《幼儿园园本课程开发的理论与实践》，人民教育出版社2009年版，第41页。
[2] 李生兰等：《幼儿园课程新论》，北京大学出版社2018年版，第75页。
[3] 李子建、杨晓萍、殷洁：《幼儿园园本课程开发的理论与实践》，人民教育出版社2009年版，第42页。

程开发的内容和形式的丰富多彩。具体而言，首先，从幼儿园来看，不同的幼儿园，园本课程的结构会有所不同，有多少所幼儿园，就可能有多少种园本课程。其次，从年级来看，在同一所幼儿园里的不同年级，园本课程的内容也会有所不同，即大班、中班、小班的教育内容与要求会有所不同。再次，从班级来看，同一年级中的不同班级，园本课程的组织与实施也会有所不同，即不同的带班教师，对教学活动形式的喜好可能会有所不同。最后，从幼儿来看，同一班级的不同幼儿，园本课程的参与程度会有所不同。[1]

三 园本课程开发的基础

园本课程在开发过程中，必然涉及与发展趋势相一致的一些学科，必然与各个学科间存在某种程度的复杂关系，由此产生了园本课程开发的基础。当前，我国的园本课程开发主要受到马克思主义哲学、当代心理学、学前教育学和社会文化学的影响。它们既为园本课程的开发提供了广阔的基础，同时也表明了园本课程开发的现实性、合理性与必然性。

第一，哲学基础。从哲学层面上看，园本课程开发的根本目的是满足幼儿发展的需要，充分内化人类基本的和优秀的人性，实现自然、社会、自我的和谐发展，使幼儿获得自由与幸福。现代幼儿园课程之所以陷入困境，是因为出现这样三重疏离，即课程与自然的疏离；课程与社会的疏离；课程与受教育者自我体验的疏离。园本课程的终极目的是人的"终极关怀"，指向自然性、社会性、自主性全面和谐发展的人。

第二，心理学基础。心理学理论不仅对课程目标的确定、课程内容的选择与组织提供理论依据，而且对课程的实施与评价提供了重要依据。从历史发展来看，有什么样的心理结构观，就有什么样的课程目标观和课程结构观。因此，当代心理学的研究结果对幼儿园园本课程的开发具有重要影响，园本课程的开发必须以儿童心理发展的规律和特点为基础。

第三，社会学基础。教育"作为一种人类社会所特有的社会现象，作为一种随着社会经济、政治、文化等不断发展变化而发展的具有社会公益性质的社会活动，作为一种因社会责任而生的社会行为，其发生与发展必

---

[1] 李生兰等：《幼儿园课程新论》，北京大学出版社2018年版，第75页。

然有其深刻的社会根源。这种社会根源就在于不断变化与发展着的社会对人的个体素质要求，就在于社会赋予教育行业和教师职业的明确的社会责任。"① 法国社会学家涂尔干认为："有系统、有目标地实现人的社会化"是教育的重要功能。教育作为培养人的活动必须植根于社会现实、着眼于社会理想。社会与教育之间密不可分的关系一直促使人们思考教育如何服务于社会，如何服务于个人。19世纪末20世纪初，在学科领域高度分化、高度综合的态势下，教育与社会的结合、互动表现得尤为明显，教育社会学在此背景下诞生了。社会学的介入，对教育与社会的问题从另外一个侧面和角度进行了更加深入的分析。园本课程在当今这样一个开放、多元、包容的社会环境下，无法逃离社会学的樊篱。

第四，教育学基础。学前教育学是教育学的一个分支学科，是专门研究学前教育规律的科学。不同的社会、不同的时期、不同的思想和观念直接影响着人们对学前教育的看法及产生相应的教育行为。自20世纪80年代以来，许多国家把教育学作为整个教育的基础。在学前教育领域，儿童的权益与地位、儿童和谐自由的发展、终身学习理论、适宜发展性教育，成为时代的主旋律，使人们的教育观念发生了转变，为园本课程的开发奠定了坚实基础。

四　园本课程开发应注意的问题

课程开发的最高目标是一种理想，但理想要面对现实，从理想转化成现实，这中间的过程是曲折的。我国的园本课程在开发的过程中还需注意以下几方面的问题。

（一）以幼儿园现实为依据

园本课程的开发十分重要，而且要在开发过程中促进幼儿园和幼儿教师的发展。但开发过程是一个遵循现实、运用智慧和劳动的过程。一些幼儿园不依据本园的现实资源，盲目使用其他幼儿园相对成熟的园本课程，最终势必会造成本园优势资源的流失与园本课程实施的脱节。一些幼儿园在一定时期和现实条件下还不具备开发课程的能力和条件，但却盲目地进行课程开发，不仅会影响课程的质量，使课程开发流于形式，还加重了幼

---

① 赵南著：《儿童教育发生学》，中央编译出版社2016年版，第128页。

儿教师和幼儿的负担。因此，幼儿园在开发园本课程的时候，要考虑办园理念、办园宗旨、办园特色，要把幼儿园的近期发展目标与中长期发展目标有机地结合起来。[1]

（二）发挥幼儿教师的主动性

幼儿教师不仅是园本课程开发的重要参与者，而且是课程的具体实施者[2]，是教学活动中"教"的主体，在课程实施和评价过程中积累了丰富的经验。并且，他们长期从事一线教学工作，对幼儿的发展特点和兴趣爱好有着更准确、全面的理解。因此，"幼儿园在开发园本课程的时候，要充分发挥教师的课程执行力；通过园本教研活动，增强教师对课程的理解能力、判断能力；通过案例研究活动，提高教师对课程的设计能力、实施能力；通过互听互评活动，提高教师的评价能力、反思能力。"[3] 但在现阶段，教师在园本课程开发中还存在很多问题。比如，对园本课程的认识不够，知识能力储备尚有欠缺，开发的积极主动意识不强。这些都需要采取多方面合理的措施加以解决。幼儿园要充分发挥幼儿教师在园本课程开发过程中的主动性和积极性，开发适合本地、本园和本班特点的课程，同时可以对已有课程资源进行本地化和本园化改造，灵活调整实施方法，从而创造一种在真正意义上尊重人的主体性、激发人的创造性的"人本化"课程。[4]

（三）整合和利用园本课程资源

园本课程的开发需要依托一定数量的合理资源。这些资源不仅是课程开发的依据，也是课程开发能否最终得到有效实施的基础。在课程开发之前，要对课程资源有一定的了解和储备。不仅包括幼儿园里的教材和图书、各类活动室、学习及娱乐设备、各种环境装饰和布置等幼儿园的环境文化，还包括家庭、社区、网络媒体等资源。例如，家长的职业文化背景、社区服务场所、网络上的各种资源，等等。合理整合和利用这些资源，基于促进儿童发展的理念，积极地将其转化为优秀的园本课程资源。

---

[1] 李生兰等：《幼儿园课程新论》，北京大学出版社2018年版，第78页。
[2] 吴丽珍：《论管理者课程领导力的发挥》，《教育评论》2014年第12期，第122—124页。
[3] 李生兰等：《幼儿园课程新论》，第79页。
[4] 秦光兰：《幼儿园教师进行课程开发的意义与途径》，《课程·教材·教法》2004年第9期，第80—83页。

幼儿园课程与教学论纲

　　园本课程内容的选择必须依据其自身的教育目标，针对它所服务的对象，反映它所在环境的文化特色和资源，必须强调家庭、园所、社区文化的融合，强调幼儿生活于家庭、发展于幼儿园、成长于社会，强调将那些体现幼儿生活经验、富有教育意义、家庭意蕴的文化选取为课程内容，将那些展示幼儿园特色与宗旨的文化设定为课程内容，将那些反映社区自然地理、风土人情、幼儿感兴趣的文化和活动设置成课程内容。[①]

[①] 李子建、杨晓萍、殷洁：《幼儿园园本课程开发的理论与实践》，人民教育出版社 2009 年版，第 94 页。

第三章　幼儿园教学计划的制订

幼儿园教学计划的制订是幼儿园课程目标实施的具体途径。了解幼儿园教学计划制订的含义、意义，制订幼儿园教学计划的依据及遵循的原则；理解各类幼儿园教学计划制订的内容、格式、注意事项，对提高幼儿园教学的有效性和质量的意义重大。

第一节　幼儿园教学计划制订概述

一　幼儿园教学计划制订的含义

幼儿园教学是一项非常复杂的工作，要在有限的时间内完成一定的教学任务，就需要精心安排和周密计划，把幼儿园教学置于理性的思考之上，使幼儿园教学工作有"章"可循，有效避免盲目性和随意性。所谓计划，是指组织根据环境的需要和自身的特点，确定组织在一定时期内的目标，通过行动的安排、执行和监督来协调组织各类资源以顺利达到预期目标的过程。计划在具体内容上主要包括：确定组织的目标；制定行动方案以实现这些目标；开发一个全面的分层次的协同体系以综合协调组织的各项活动。因此，计划既涉及目标（做什么），也涉及实现目标的方法（怎么做）。从时间纵轴来看，计划体系由长期、中期与短期计划组成，行动计划通常是指中期与短期计划，是为实现目标而进行的各层次的具体活动安排。计划工作的目标为：将长期计划经过逐层展开并发展成为各层次的具体行动计划，有效配置和协调组织的各类资源，以实现组织的目标。[①]

[①] 芮明杰主编：《管理学：现代的观点》，上海人民出版社2021年版，第245页。

幼儿园课程与教学论纲

计划是行动的前提，《礼记·中庸》曾言"凡事预则立，不预则废"，说的就是事先的考虑和设计，对人的行动以及行动的结果具有指导作用。

幼儿园教学计划制订指幼儿园教师在进行实际教学之前对一个时段教学过程系统（包括幼儿园教学活动的目标、内容、实施等方面）的预先筹划，并以书面的形式呈现出来的过程。① 幼儿园教学计划是幼儿园教育工作的重要环节，是幼儿园教学流程中的准备阶段，是教师"预设"课程的活动。教师做出的反应和制订的计划，都应立足于对幼儿的了解、教育价值观及有关情境的教育目标。有研究者提出，幼儿教师在制订教学计划的过程中需要重点考虑以下问题，即"你具体看到了什么？从幼儿的角度，你会如何描述这种经历？这名幼儿知道该怎样做吗？这名幼儿发现了什么是令他/她沮丧的事情？这名幼儿如何看待她/他自己？你认为其中什么是最重要的？为什么？"②

幼儿园教学计划是对教学活动的具体行动规划，统率着一个时间段的教学事务，是幼儿教师进行教学的蓝图和开展工作的依据，也是教师取得良好教学效果的十分必要的准备工作。幼儿园教学计划意在提高幼儿园教学的适宜性和有效性，更好地引导和促进幼儿的学习与发展。幼儿教师制订教学计划的过程，就是教师研究的过程。研究幼儿、课程标准、教材文本、教学资源、教学手段……这个过程也是幼儿教师学习的过程，在研究中思考、反思、锻造、提升自己的专业技能。在此过程中，教师得到了成长，所以制订幼儿园教学计划的过程是教师自身成长的历程。③

二　制订幼儿园教学计划的原则

制订幼儿园教学计划应根据"以幼儿发展为本"的理念，遵循幼儿发展规律，尊重幼儿年龄特点，计划要体现出稳定性和灵活性相结合的原则。"由于儿童是具有主动性、创造性的人，由于儿童的生活是鲜活的、

---

① 邵小佩主编：《幼儿园课程与教学》，北京师范大学出版社 2015 年版，第 154 页。
② ［美］德布·柯蒂斯、玛吉·卡特：《关注儿童的生活：以儿童为中心的反思性课程设计》，郑福明、张博译，教育科学出版社 2015 年版，第 91 页。
③ 邵小佩主编：《幼儿园课程与教学》，第 154—155 页。

流变的，由于儿童的生长是在一定的情境下发生的，因此，课程不是固定不变、预先设计好的'施工图纸'，它应具有弹性和开放性。"① 由于儿童的活动、生活、经验具有不确定性，相应地，课程也具有了开放性和流变性，它"应成为一个独特的、开始时无法想象的发展过程，而不是一个由严格的时间表控制的满载知识却一成不变的凝固体"。② 杜威也认为："我们在制订活动计划时必须'停停、看看、听听'"③，目标不是高悬于课程的过程之外的东西，恰恰相反，它在过程中生成，在过程中调整，在过程中完善，并最终在过程中实现，因而"完整而连续的教育过程应该决定目标"。④

根据"最近发展区"理论，坚持与幼儿实际发展水平相结合，计划要体现出适宜性和挑战性相结合的原则。维果茨基认为，"只有跑到发展前面的教学才是好的教学"⑤，教学的意义在于促进儿童的发展。"假如教学完全依赖儿童现有的发展水平，把已经完成了的发展作为目标，那么教学对于发展并无太大的意义。教学应面向儿童的最近发展区，确立儿童发展可能达到的最高阈限，通过唤醒、激发儿童'内部的发展过程'，实现可能达到的更高水平的发展。"⑥ 因此，教育为儿童提供的经验应遵循儿童发展的时间表，在适当的时机帮助儿童获得适当的经验，任何形式的超前或滞后都无助于儿童的发展。符合儿童成长需要的课程，既不能犯揠苗助长的愚蠢错误，也不应对儿童的成长无所作为。⑦ 正如杜威所言："如果在意识上满足于一时的和现有的水平，就是放任。"⑧

另外，根据"幼儿全面和谐发展"的要求，坚持保教结合，计划的制订要体现整合性和平衡性相结合的原则。根据"因材施教"的教育原

---

① 蒋雅俊：《课程哲学：儿童、经验与课程》，人民教育出版社2015年版，第108页。
② [美]奥恩斯坦、汉金斯：《课程：基础、原理和问题》，柯森主译，江苏教育出版社2002年版，第227页。
③ [美]杜威：《民主主义与教育》，王承绪译，人民教育出版社2001年版，第114页。
④ 赵祥麟、王承绪编译：《杜威教育论著选》，华东师范大学出版社1981年版，第284页。
⑤ [苏]维果茨基：《维果茨基教育论著选》，余震球选译，人民教育出版社1994年版，第403页。
⑥ [苏]维果茨基：《维果茨基教育论著选》，余震球选译，第404页。
⑦ 蒋雅俊：《课程哲学：儿童、经验与课程》，第117页。
⑧ [美]杜威：《学校与社会·明日之学校》，赵祥麟、任钟印、吴志宏译，人民教育出版社1994年版，第123页。

则，计划制订要为每个幼儿的健康成长提供适宜其自身发展需要的条件，为每一个幼儿的多元智能发展创造机会，体现出针对性和层次性相结合的原则。有研究者认为，一个好的方案和评估框架应遵循以下 17 条原则：①

1. 一个好的方案要致力于儿童的整体发展，并强调儿童的优势和潜能的培养。不管儿童是来自于小家庭还是大家庭，来自城市还是乡村，来自优越的家庭还是处境不利的家庭，这个方案都要致力于儿童身体、社会、情绪情感和基础认知方面发展的培养，而不是只着眼于一些狭窄的教学目标。

2. 一个好的方案要开始于儿童本身的发展。方案的计划要以对儿童在自然状态下进行的游戏和互动的观察为基础，而不是以教师未经观察而事先设计好的活动为基础。

3. 一个好的方案要接纳和有益于所有的儿童，不论其种族、性别或能力如何。成人应教导儿童尊重自己，同情那些有残疾或慢性疾病的人，认识并坚持反对对自己或他人不公平的事。

4. 一个好的方案要有包容性。它应该拓展服务对象，把残障儿童或有可能成为残障儿童的处境不利儿童也纳入进来，并且与家庭和其他专业人士合作来满足这些儿童的特殊需要，还要使这些儿童得到尽可能的发展。这个目标要体现在方案设计的哲学理念中，而且要影响每一个决策的制定——课程选择、教学方法、环境上的安排、员工发展，以及与家庭的关系。

5. 一个好的方案要认识到在为入小学做准备方面，儿童的情绪情感和社会性的发展，与认知和语言发展同样重要。一个好的方案以"保育的连续性"（为幼儿提供固定的主要照顾者）方式来支持儿童情感的发展，所以儿童，特别是婴儿，能够与他的主要照顾者之间形成一种稳定可靠的关系。基于同样的原因，为了使儿童从家中到新环境的过渡期变得容易，制定的方案应该包括欢迎家长到托幼中心来以及与家长进行紧密合作。

---

① ［美］帕特丽夏·F. 荷尔瑞恩、弗娜·希尔德布兰德：《幼儿园管理》，严冷、赵东辉、高维华、李淑芳译，华东师范大学出版社 2016 年版，第 266—268 页。

6. 一个好的方案要提供各方面的平衡。儿童既要有玩活跃游戏的机会，又要有玩安静游戏的机会。教师要给儿童充足的时间去发起活动；教师也要把自己的想法告诉儿童，或给儿童一些刺激，以激励他们的思考。在大块儿的时间安排里，儿童应可以自由选择他们喜欢的活动。在每日活动安排表里，有关日常生活常规的活动和积累学习经验的活动要有机地结合起来，达到逻辑上的平衡。要认识到紧张和疲劳会干扰儿童的学习。在教师组织的集体学习活动中，要避免让儿童坐的时间过长和增加儿童身体的劳累。

7. 一个好的方案要在适当的行为限制的条件下，给儿童提供适当的机会让他们在自我指导和独立中成长。另外，一个好的方案要给儿童提供机会，让他们学会在尊重他人权利的前提下进行选择，以及让他们懂得遵守规则的原因。

8. 一个好的方案要提供各种各样可以自由发挥的材料和活动，这样所有的儿童就都能够取得成功并获得胜任感，产生一种"我能行"的意识。

9. 一个好的方案要挑战儿童的智力能力，鼓励他们思考、推理、记忆、试验和举一反三。方案中要采用一些有吸引力的、有意义的并与儿童生活和世界相关的主题和材料来激发儿童的兴趣。当教师计划活动时，要仔细观察并且跟随儿童的兴趣。

10. 一个好的方案要支持和鼓励儿童运用多种"语言"来探究和表达他们的思想——形象艺术、阅读或讲述故事、戏剧表演、音乐，以及动作等都是日常活动的组成部分。创造力在每一个学习中心都要被重视、培养和注意。

11. 一个好的方案鼓励儿童的口头表达。为了学习词汇和句子结构，儿童必须有机会说话。重视安静是没有必要的。

12. 一个好的方案要提供材料和组织活动吸引儿童与同伴玩游戏，从而支持儿童社会性的发展。儿童在实际经历中学会分享、轮流玩游戏，及与他人和小组成员进行互动。他们要学会选择朋友，同时也要被别人选择。但是，一旦儿童出现单独一人的情况，小组就需要重新编制。

13. 一个好的方案要鼓励儿童学着关心自己的身体，要建立洗手、吃饭、休息、排便的常规。安全训练是首要的事情，目的是保护儿童，同时教授儿童怎样保护自己。

14. 一个好的方案要包括给儿童提供室内和室外运动的机会来锻炼身体。相对于传统的高年级的班级，托幼中心的教室内一般应是比较嘈杂的。当天气恶劣，无法进行户外活动时，也要给儿童提供进行大肌肉活动的机会，地点可以在半遮蔽的空间或教室内。要向上级领导和其他人解释为什么要运动，为什么会嘈杂喧闹，以及儿童间的谈话是被允许的，这样，方案里有关这些方面的内容就不会被不必要地削减了。在教室里使用地毯、窗帘和其他隔音物品来减少噪音。

15. 一个好的方案要鼓励教师和儿童的共同参与，这样教师和儿童一起变为学习者，一起探索。同时，教师也应该探索和了解他们所照顾的儿童，以便于更好地进行工作。

16. 一个好的方案要让家长参与到教师和儿童的活动中来，认识到家长在他们孩子成长发展过程中的重要性。交流是双向的，中心要积极地寻求和接受家长的意见和建议，同时给有需要的家长提供支持、建议和适当的咨询或转诊服务。

17. 一个好的方案可以使儿童、家长和中心的工作人员成为人类生态系统中有能力的成员。

第二节　各类幼儿园教学计划的制订

根据不同的分类标准，幼儿园教学计划有不同的类型。幼儿园多种多样的教学计划并不是孤立存在的，而是密切联系、互相渗透、有机结合的。下面主要参照邵小佩主编的《幼儿园课程与教学》一书的分类标准，对幼儿园教学计划制订的内容及要求进行分析。[1]

一　指导范围分类标准下幼儿园教学计划的制订

按指导范围分，幼儿园教学计划有全园性教学计划和班级教学计划。

---

[1] 邵小佩主编：《幼儿园课程与教学》，北京师范大学出版社2015年版，第156—182页。

(一) 全园性教学计划的制订

全园性教学计划一般由幼儿园园长或保教主任根据幼儿园工作计划要求，全面、科学地予以制订，全园性教学计划要符合所在幼儿园的教学实际。教学计划要分析教学现状，提出本学期教学要求和教学专题，制定实施工作目标的措施，安排全园性的教研及其他活动等。

1. 制订全园性教学计划的思路

在制订前，应从以下方面进行思考。一是幼儿园的整体发展目标和教育教学总目标。思考本年度幼儿园教学总目标是什么？二是幼儿的发展。想让幼儿有怎样的发展空间和机会？通过什么途径来实现？怎样检测？三是制订的依据。要做好工作的总结，分析幼儿园的现状和问题。认真学习上级各部门的计划要点，依据要求来思考并确定幼儿园所要完成的内容和达到的预期目标。

2. 全园性教学计划的格式与内容

（1）标题。标题分为完全性标题（如××市××区教育局××幼儿园××年教学工作计划）和非完全性标题（××年幼儿园教学工作计划）。

（2）正文。正文通常包括指导思想，工作目标，具体工作、措施与分工等几方面。

指导思想。即要说明教学计划制订的依据、分析教学计划制订的背景与现状，阐明总的教学目标和要求，以及预期达到的效果。

工作目标。即说明幼儿园教学工作的主要任务与指标。幼儿园教学工作内容通常包括园本教研、课题研究、教师队伍培训、家长工作、环境创设、一日常规管理、节日教育、安全教育等。

具体工作、措施与分工。当目标确立后，就应思考每个目标下应该做哪些事情（目标的分解）？用什么方法、形式去完成才是最好的？具体的责任人是谁？使大家明确要做什么？怎么做？谁牵头来做？做到各司其职。涉及一些具体的活动安排，每月涵盖的工作目标中的具体内容。内容的表述要简洁、完整，措施要与内容相吻合，尽量具体、有可操作性。负责人更要明确，每项工作都要具体落实在人头上，便于检查、总结。

【案例 3—1】

××幼儿园××年教学工作计划

一　指导思想

以转变观念、外树形象、内抓质量为重点，以贯彻落实《幼儿园教育指导纲要（试行）》为核心，加强幼儿园管理，围绕园《工作计划》和州、县级《幼教工作计划》，着力提高幼教管理水平及教育科研队伍建设，着力加强规范化及示范化幼儿园建设，进一步提升办园质量，把我园建设成为精品幼儿园。

二　工作目标

1. 认真贯彻落实《幼儿园教育指导纲要（试行）》精神，坚持以"一心一意为孩子；真心真意为家长"的工作思路，实施家、园、社区共育，注重幼儿个性的培养，促进幼儿全面发展。

2. 完成国家"十一五"课题"××研究"。同时启动省级"××子课题：'××的研究'"。

3. 努力培养善于学习、善于纳新、善于思考，具有一定理论高度和鉴赏能力的新型教师，尤其是年轻教师，让她们在团队中能发挥积极影响，大胆创新，业务能力强大起来！

4. 抓好教师思想道德、教学质量、特色三方面工作，努力做到"教师发展、幼儿发展、幼儿园发展"。

三　主要工作及措施

（一）以人为本，做好思想工作

不断加强教师的思想政治教育和职业道德教育，深入贯彻实施本园制定的《幼儿园教师职业道德规范》，全面提高教师师德素养，发扬"内强素质、外树形象、争创一流"的精神。

（二）加强教研力度，提高教学质量

1. 从本年度开始，我园接手了两项研究课题。从以前几十年的教学来说，这都是史无前例的事，大家倍感陌生，也觉得无从下手。这两项研究课题，需要课题组负责人××老师的精心策划和安排，也需要所有教师的积极配合和协作。

2. 课堂教学的组织与实施。老师们组织活动，一定要做到课前计划和预习，钻研教材和孩子，真正实现兴趣教学，促使幼儿全面和谐发展。遇到问题，平行班之间应互相多探讨。

3. 坚持采用"走出去，请进来"的学习方法，有计划地开展全年业务学习和交流。外出学习教师在回来后必须为大家进行教学示范和讲课或者播放录像碟，让全园教师都能得到不断地"充电"和教育，更新观念，学习新法，提高全园教育教学水平。

（三）切实抓好一日活动，加强礼貌卫生教育

1. 教师们要严格执行一日生活作息制度，开展丰富多彩、形式多样的户外活动，促进幼儿体能发展。本年度重点应抓好上下楼梯及户外活动的安全教育。如走出教室，走出幼儿园，进行春游活动、清明节扫墓活动、重阳节去敬老院慰问，等等。

2. 注意一日生活中良好行为习惯的培养，特别是幼儿礼貌、卫生等方面。鼓励幼儿主动向老师问好、跟家长说再见，同伴之间友好相处，注意个人卫生，坚持在去年手足口病、甲流期间养成的卫生习惯，勤消毒、勤洗手、勤剪指甲等，注意各种流行病的预防。

（四）家园共育，保证幼儿健康成长

我们幼教工作者应以服务家长、奉献社会的理念，全面保证服务质量。我园环境狭小，靠的就是优质、热情、周到的服务质量和服务态度来吸引幼儿，吸引家长。应将"一切为了孩子，为了一切孩子，为了孩子一切"的总目标，时刻存在心中，用于实际。

1. 细致、热忱地做好入园晨检工作。

2. 安全、耐心地做好放学离园工作，做到有事随时联系，沟通并交流。

3. 进行电话随访。

4. 充分发挥网站的宣传、交流、沟通功能，把网站的功能充分利用起来。

5. 及时更新"家园联系栏"的内容，贴好每周活动计划表。

6. 建议成立家长委员会。

四　逐月工作安排

二月：

1. 做好新生入园接待工作，努力完成招生目标。

2. 制订好各科教学计划和班工作计划，并及时上交。

3. 稳定新生情绪，抓好安全常规，适时适地地教育幼儿如何进行户外大型游戏。

三月：

1. 正常进行教学。

2. 春天来临，百花齐放，安全举行全园春游活动，培养幼儿热爱家乡，热爱大自然的情感。

3. 天气转暖，各班抓好户外体操活动，积极锻炼身体，预防春季流行病。

四月：

1. 利用"清明节"进行传统爱国主义教育，组织幼儿动手学剪清明挂，并前往××（地方）为烈士扫墓。

2. 加强园内刚毕业年轻老师的教学能力培养。

3. 围绕课题"××研究"，开展全园公开课观摩。

4. 继续抓好各种流行病的防疫和安全工作。

五月：

1. 抓好"六一"文艺汇演节目的排练工作，要求教师们分工合作、齐心协力，把节目抓精抓细。

2. 配合妇幼保健部门做好幼儿体格大检查。

3. 继续抓好一日常规和节目排练期间的安全工作。

六月：

1. 抓好"六一"园内庆祝表演活动。

2. 注意抓好防暑降温工作。

3. 继续进行与课题相关的公开课观摩活动。

七—八月：

1. 各班写好班工作总结和教学工作总结。

2. 暑假里组织一次外出参观学习活动。

3. 进行大型玩具和教室桌椅的检修工作。

九月—十二月（略）

二〇一一年九月

（二）班级教学计划的制订

班级教学计划一般由带班教师和配班教师一起根据《幼儿园工作规程》《幼儿园教育指导纲要（试行）》《3—6岁儿童学习与发展指南》《幼儿园保育教育质量评估指南》，幼儿园培养目标和幼儿园教学工作计划，结合本班幼儿情况及特点（包括幼儿人数，学习情况分类，幼儿上学期情况分析，学习态度、习惯等）制订。班级教学计划又分为学期、每月、每周、每日、具体教育活动计划的制订。

二 时间分类标准下幼儿园教学计划的制订

根据时间进行分类，幼儿园教学计划包括学年计划、学期计划、月计划、周计划、日计划，这五种计划是递进而相关的有机整体。上位计划对下位计划具有指导作用，下位计划是执行上位计划的具体措施。

（一）幼儿园学期教学计划的制订

幼儿园学期教学计划也称班级保教工作计划，是指导一个学期班级各项工作全面、有效开展的规划，除包括班级日常教育教学工作外，还包括家长工作、环境创设等方面的内容。学期教学计划制订包含现状分析、学期目标、具体措施、每月重点工作安排等要素。下面就各要素的制定要点及学期教学计划制订时应遵循的原则进行讨论。

1. 幼儿园学期教学计划各要素制订的要点

（1）现状分析

本部分主要分析幼儿上学期发展状况和教育目标完成情况。新班级主要结合"幼儿年龄特点"和"教师以往的经验"进行分析。先进行整体分析，再按领域和项目依次进行分析，保证分析的真实、准确，既要兼顾整体又要兼顾个体。这是确定学期培养目标，选择教学内容和方法的基础。根据各班的具体情况，现状分析可详可略，也可有所侧重，但务必反映真实面貌。

（2）学期教学目标

本部分是学期教学计划的重点部分。针对园所保教工作计划和本班基本情况分析所存在的问题。从保教工作、家长工作、班级管理工作等方面提出培养幼儿良好习惯以及情感态度、能力技能和知识经验等方面适宜的目标。

【案例3—2】

××幼儿园××班现状

> 本班共32名幼儿，其中15名女孩、17名男孩，经过一学年的学习生活，班级整体上呈现出宽松、融洽的精神氛围，幼儿在各种活动中比较积极主动参与。
>
> 由于班级特色活动的开展，本班孩子在三方面表现突出：（1）图书阅读（对图书的兴趣、阅读的方法等）方面表现突出，有2/3的孩子能独立阅读简单的图书；（2）孩子们喜欢绘画活动，绘画技能提升很快，有了初步的创造性表达的意识；（3）各种运动技能发展较好。
>
> 存在的不足：（1）科学探究活动开展少，幼儿主动发起问题的机会少，缺少观察、探究的意识；（2）部分幼儿交往的主动性不强，幼儿间交往的策略还欠缺；（3）家长工作方面：本班幼儿家长参与园所活动的积极性呈上升趋势，能积极主动配合班内各项活动，但在家庭育儿经验方面还有待提升；（4）教师与不同家长沟通的适宜方法还需进一步探索。（整体分析）
>
> 孩子们对周围的事物有了初步的兴趣，但还不善于主动发起提问。喜欢饲养小动物，对本班饲养的小鸡热情很高，能在老师的引导下观察、表达自己的发现，记录能力还比较欠缺。喜欢玩沙、玩水，但深入探究的意识不强。29名幼儿能手口一致地点数5以内的物件并进行分类，比较大小、多少方面掌握得较好；时间概念还需进一步巩固。在数学方面作品的完成过程中，幼儿理解画面的能力还需增强；部分幼儿按照物体大小、长短等方面特征进行排序的能力还需提高。（领域分析）

（3）具体措施

具体措施是为实现学期教学目标而制定的实施内容、途径和方法，以使目标得以有效落实。主要从保教工作、家长工作、班级管理工作三方面来确定。在制定具体措施时需说明通过哪些手段、途径、形式实现所列举的学期教学目标。在制定具体措施时需把握"措施"与"目标"间的不完全对应性和关联性，即一个目标可能需要多种措施去实现，一种措施可能会实现多个目标。

（4）每月重点工作安排

每月重点工作安排是将学期教学目标、工作任务和措施加以分解，并安排到每月中去，包括时间、内容，使人一目了然，更具目的性和可操作性。学期计划除包含以各领域为主的教学部分外，还包括家长工作、班级特色活动等内容。

2. 幼儿园学期教学计划制订的原则

遵循"分析掌握在前，目标在后"的原则。要分析之前幼儿发展状况，班级整体工作情况；掌握熟悉本年龄段幼儿发展目标要求。同时，还要遵循"立足园所、班级实际"的适宜性原则，以及遵循"年级组成员、班级成员全员参与、充分沟通"的原则。

【案例 3—3】

××幼儿园中班教学计划

踏着春天的脚步，我们又迎来了新的学期。新学期对家长来说蕴含着新的希望；对老师来说，面临着新的挑战。本学期我们两位老师将会更加严格要求自己，认真总结上学期的工作，吸取经验，反省不足，在新《幼儿园教育指导纲要（试行)》和《园务计划》指导思想的引导下，以幼儿为本，促进每个幼儿富有个性的发展。在学期初，我们根据班级的实际情况和幼儿的年龄特点共同讨论并制订了本学期具有本班特色的班务工作计划 。

一 班级情况分析

（一）幼儿情况分析

我班现有幼儿 28 人，男孩 14 人，女孩 14 人。经过一年多的学习和生活，孩子们在原有基础上都有了不同程度的进步。我们注重对每个幼儿生活能力的培养，如系鞋带、扣扣子、拉拉练、整理床铺、掖衣服等。在加强幼儿自我服务能力培养的同时能简单地为他人服务，逐渐形成了具有相对积极趋向的班级发展特点，主要有以下几个方面的优缺点。

1. 优势表现

（1）个性发展较好。

（2）好奇心强，乐于表现。在科学活动中，孩子们兴趣浓厚、发言踊跃。

（3）活跃、好动，喜爱参与体育活动。

（4）班级常规进一步完善。进入中班，我班幼儿的规则意识进一步增强，大部分幼儿能较好地听取老师的意见，控制自己的行为，遵守班级常规。

2. 不足表现

（1）我班部分幼儿在集体活动中注意力保持时间短、自我控制能力弱的问题较为突出，需要教师针对他们的实际情况给予引导和教育。

（2）与操作活动中的活跃气氛相比，我班幼儿对于一些安静的活动兴趣不高。

3. 其他情况

（1）我班上学期有位新入园幼儿，交往能力较弱、不能主动与人沟通。同时，不愿主动参与集体活动。与其他幼儿的距离正逐步拉大。措施：进一步与家长沟通，共同关注和正确看待孩子的不足，同时，以情感入手，争取得到他们的信任，帮助他们加入集体中来。

（2）我班有个别幼儿，其生活自理能力发展尚慢，还不会自己穿脱衣服，进餐也需要老师给予帮助。这与其家长平时过分宠爱，包办代替过多有关。措施：在与家长沟通的同时，在班内积极鼓励他们自己动手，帮助他们获得自我服务的成功体验，促进他们生活自理能力的提高。

（二）家长情况分析

1. 家园沟通进一步畅通。

2. 家长教育观念仍有待提高。

总的来说，我班幼儿家长的总体水平较高，对于老师的工作也比较理解和支持，呈现出较好的发展趋向。

二　本学期培养目标

（一）身体发展（包括早锻炼、动作技能、生活卫生习惯、自我保护）

1. 早锻炼逐月安排

三月：巩固队列练习，学习新的课间操，养成坚持每天锻炼身体的好习惯。

四月：练习课间操，学习踵趾小跑步。

五月：选定"六一"节目，积极进行排练。

六月：练习、巩固器械运动，学习跑跳步。

七月：学习踢踏步，增强早锻炼的趣味性，提高幼儿的出勤率。

2. 动作技能（略）

3. 生活卫生习惯（略）

4. 自我保护（略）

（二）认知发展

1. 科学（略）

2. 语言（略）

3. 艺术（略）

（三）社会性发展

1. 社会性认知（略）

2. 社会性情感（略）

3. 社会性行为（略）

三　具体措施

1. 根据幼儿园的教学大纲和本班班务计划的要求，教师认真备课，钻研教材，勇于创新，不断改进和提高教学质量。

2. 热爱和关心幼儿，尊重幼儿，对幼儿进行耐心、细致的教育。坚持正面教育和严格要求相结合，注意个别教育和随机教育，使幼儿在各种活动中潜移默化地受到教育影响。

3. 班内三位老师相互配合，统一要求，加强培养幼儿一日常规，根据每月、每周的教育目标，有针对性地进行教育。

4. 给幼儿创设丰富多彩的区域活动，拓展幼儿各方面能力的发展。

四　家长工作

1. 做好家园共育栏的定期更换工作，针对实际情况主动、及时地与家长沟通、联系，交流教育心得。建立家庭与班级的联系机制，通过家园面对面、电话交流等多种形式宣传家教科学知识、指导方法、争取家长对班级工作的支持、配合。

2. 与家长保持联系，了解幼儿家庭的教育环境，挑选符合幼儿特点的教育措施，共同配合完成教育任务。

3. 做好家访工作，听取家长合理的建议，达到家园共育的目的与一致性。

4. 鼓励家长积极参加幼儿园里举办的各项活动，更好地了解幼儿的情况。

五 主题活动安排及内容

三月：

1. 组织幼儿与家长开展"我有多爱你"的主题活动。

2. 能用语言向别人大胆表达自己的意愿与情感上的喜怒。

3. 将数学也融入幼儿生活和游戏中，尝试运用已有的知识经验及数学方法解决某些简单的日常问题。如走楼梯时进行数数练习，找找我们身上藏着的有趣的数字，使幼儿明白数学的重要性。从数学的趣味性入手，加强个别指导，减少能力差异。

4. 重视环境创设的价值。根据探究主题，利用环境的互动作用，让每一位幼儿都能参与环境的创设，让幼儿收集材料或将自己的观察和感受以绘画、照片等形式展示出来，增强幼儿观察力和参与活动的兴趣。

5. 开始安排值日生，每日两名幼儿。主要工作：整理玩具、检查学具、摆放杯子等一些力所能及的事。加强对幼儿生活各环节的管理，努力做到保教结合，培养幼儿良好的生活、卫生、学习习惯。

6. 学习新的课间操，配合园里做好评估工作。

四—七月（略）

（二）幼儿园班级月教学计划的制订

幼儿园班级月教学计划是幼儿园学期教学计划的下位分解计划，因此，月教学计划比学期教学计划更详细。它包括上月情况分析、本月各领域重点目标、主要活动措施及活动内容等要素。月教学目标的制定要根据学期教学发展目标和上月教学情况，分析制订符合本班幼儿实际水平的教学计划。

1. 上月情况分析

主要针对上月教学目标执行和达成情况及幼儿发展情况进行分析，可从五大领域展开。保证客观、真实，既要分析优势，又要指出不足。

【案例3—4】

九月中班月教学计划

> 健康：幼儿已完全适应集体生活，各项常规习惯基本稳定；多数幼儿掌握了徒手操的动作，但还不够规范。
>
> 语言：晨间讲述活动基本步入正轨，有2/3的幼儿能主动在集体面前读"心情卡"，但声音不够洪亮。部分幼儿对"心情卡"的内容不太熟悉，需进一步与家长沟通。
>
> 社会："我升中班了"主题活动的开展激发了幼儿长大的意识，在"我的新朋友"栏目的牵引下，幼儿有了初步评价同伴的意识，交往能力有了提升。了解了"十月一日"的含义。
>
> 科学：能在成人引导下关注季节变化，对秋季特征有了初步的了解；在"摩擦起电"科学探究活动的开展中，幼儿初步体验了猜想、探究、验证记录表达的科学活动过程。"小问号"栏目刚刚发起设立，幼儿参与的主动意识还有待提升。幼儿基本能完成课本中与数物对应的点数。
>
> 艺术：初步学习了双线条人物画，有2/3的幼儿能独立表现，12名幼儿有动态的感觉。美工区材料的投放及指导，幼儿棉签画的技能有了提升。听前奏、间奏的能力有了提高。

2. 本月重点教学目标

在制定本月教学目标时应注意以下方面：一是把握关联性。在把握学期目标中每领域（项）的关键价值、幼儿上月发展状况、本月特质的基础上，对学期目标进行筛选、分解确定月目标。二是把握目标的适宜性（不宜过大或过于具体，适合本月实际，有的可能直接是学期目标，有的可能为分解目标）。三是按领域及项目依次制定，以体现本月重点。

3. 具体措施和内容

在规划具体措施时可按领域来进行，每个领域的目标需要哪些措施去实现。为了便于指导月工作的开展，在内容上可采用分类书写的方式（见表3-1），以增强目的性。在制定时还应把握"措施"与"目标""内容"间的不对应性和关联性，即一个目标可能需要多种措施、内容去实现，一种措施、内容可能实现多个目标。同时应针对学期目标，结合季节、节日、幼儿当前的经验和发展的需要，从整体上考虑这个月重点要做些什么事。可以是班组活动、全园活动及主题活动、社区资源利用的提示，等等。

表3-1　　　　　　　某幼儿园班级月教学工作计划

本月重点	1. 常规教育 2. 开展"亲亲热热一家人"主题活动，知道自己家庭的成员，感知一家人之间的亲密关系，喜欢自己的家人，体验父母对自己的爱 3. 了解集体生活中的新规则，知道一日生活中主要环节的要求，并乐意按要求去做
常规教育活动重点	1. 加强幼儿常规教育 2. 知道一日生活中主要环节的要求 3. 能跟老师边念儿歌边做模仿操 4. 安静地入睡，学会自己扣解纽扣，叠放衣服
主题活动及主题环境创设	1. 主题活动"亲亲热热一家人" 2. 布置与主题相对应的环境，将自己的美术作品布置在墙饰里 3. 开展"亲亲热热一家人"主题活动，体验父母对自己的爱 4. 开展相应的益智区游戏，进一步感知一家人之间的亲密关系
游戏活动及区角材料投放	游戏活动：益智区、娃娃家、生活区、美工区等 投放与主题有关的材料在各个区角中
家长工作及家长园地更换	1. 引导幼儿关注家庭成员的主要特征，并愿意听他们的话 2. 为幼儿的活动提供感知、表现、表达的机会，这样有助于幼儿的学习

幼儿发展要求	领域	活动名称	要求
	综合	开学第一天 搓元宵 小熊醒来了 好妈妈 节日快乐	1. 感受开学第一天与老师、同伴见面的快乐 2. 感受元宵节的快乐 3. 体会母子的爱和默契感，并体验亲子间活动的乐趣 4. 了解"三八"妇女节

续表

	领域	活动名称	要求
幼儿发展要求	语言	妈妈（儿歌） 妈妈真爱我 熊猫的客人 小猴请客	1. 会有表情地朗诵儿歌 2. 能大声地回答问题，能尝试用多种方式表达对妈妈的感激之情 3. 懂得到别人家做客时要有礼貌 4. 知道做主人时要热情，有做小主人的积极愿望
	科学	宝宝送物品 这是我的家 比高矮 我的玩具 有趣的面具	1. 按物体的关联性将常见的物品归类 2. 学习正确使用上面、下面、旁边、前面、后面等方位词表述各种家具的相对位置 3. 体验从高到矮或从矮到高的排列顺序 4. 能用目测的方法判断并说出物体的数量，能比较细致地观察物体 5. 知道五官的准确位置，尝试用变换图片方位的方法来表现不同表情的人物面具
	艺术	好妈妈 袋鼠妈妈 我的妈妈 扶爷爷奶奶走路 我是人 这是我 表情歌 请客人吃点心 客人来了	1. 初步感受歌曲优美的旋律。学习用连贯、柔和的声音演唱歌曲 2. 用直线、曲线对“衣服”进行涂染，涂满画面 3. 用动作表现亲子间的亲热动作 4. 较合拍地做小朋友走路和爷爷奶奶走路的动作 学习用对唱的形式学唱歌曲 5. 能大胆地用绘画表现自己的面部特征

（三）幼儿园班级周教学计划的制订

幼儿园班级周教学计划是一周之内全部教学活动及相关工作的具体方案，是当月工作计划中某些内容的具体化，是保证月教学目标和周工作目标顺利实现的必要条件，也是日常教学活动目标与具体教学活动设计的依据。同时，还是家长了解幼儿在园一日学习、生活的窗口。幼儿园班级周教学计划的制订一般包括上周情况分析、本周主要教学目标、本周主要预想活动内容。对幼儿的生活活动、户外活动、游戏、集中教育、区域活动等各项保教活动的内容、要求及指导重点进行全面考虑与安排，以确保幼儿在园健康有序地学习与生活。

1. 幼儿园班级周教学计划制订的内容及要求
（1）上周情况分析

本部分主要针对上周教学目标达成情况及幼儿发展情况进行分析。分析可从五大领域进行，要保证客观性、真实性，既要分析优势，又要指出不足。

【案例3—5】

班级周教学计划制订前幼儿情况

> 1. 幼儿各项常规习惯有了明显进步，多数幼儿能跟随音乐和教师一起学做器械操。（健康）
> 2. "心情卡"讲述中幼儿的积极性提高了，有1/3的幼儿能大胆讲述。（语言）
> 3. 能正确区分水果和蔬菜（6名幼儿需要教师引导完成）。（科学）
> 4. "我升班了"主题活动的开展增强了幼儿长大了的意识；愿意参与值日生工作，有了初步为他人服务的意识，内容与程序还需讨论巩固。（社会）
> 5. 听辨音乐前奏、间奏的意识有所增强。（意识）

（2）本周主要教学目标

本月主要教学目标应是本周所有领域突出的重点目标，表述要适宜，忌过于宽泛或过于具体。在制定时在基于对上周情况分析后，先给每个领域、每项工作确定一个方向，然后筛选活动内容，最后确定每个领域、每项工作的重点目标。

【案例3—6】

中班上学期第三周教学计划

> 1. 健康：学习正确刷牙的方法，增强保护牙齿的意识；掌握追逐跑的要求。
> 2. 语言：能大胆说出自己的进步，体会绕口令的趣味。
> 3. 科学：在感知操作中理解5以内数的意义；进一步感知科学探究的过程。
> 4. 社会：有了长大的意识，能大胆与小班幼儿交往。
> 5. 艺术：能用双线条画出好朋友的特征；能感受并表现乐曲ABA的结构。

（3）本周预想的主要活动内容

主要内容包括晨间活动、生活活动、教育活动、户外活动、区域活动和离园活动。

第一，晨间活动。晨间活动主要是在入园后教师有计划地组织幼儿开展的一些活动，旨在为幼儿开启快乐的一天。晨间活动的内容应该丰富，除了晨间锻炼外，还可以让幼儿看图书、下棋、玩球、参与区域游戏活动等，教师可让幼儿自由选择活动内容，自由结伴进行。晨间活动一般在两个时段里进行：一是幼儿陆续来园时段，主要为自选活动。适合的活动形式为图书、折纸、桌面玩具、自由交谈等，一般由教师根据幼儿兴趣及近阶段幼儿发展情况、教育目标等选定几种，供幼儿自选，定期更换。二是在幼儿基本到齐阶段。可安排集中活动内容，如主题谈话、故事大王讲述、儿歌诵读、新闻讲述等。

第二，生活活动。幼儿生活活动是幼儿园课程与教学的重要组成部分，是幼儿园一日活动中满足幼儿基本生活需要的活动。生活活动是幼儿发展的必要途径，是幼儿与周围的物质世界、同伴、成人互动的根本

幼儿园课程与教学论纲

形式。① 从内容上看，幼儿生活活动主要包括入园、盥洗、如厕、喝水、进餐、睡眠、离园等，是幼儿园满足幼儿生命基本需要，发展幼儿生活自理、与人交往、自我保护等能力，培养规则意识和健康生活习惯的过程。② 幼儿园生活活动的有效组织体现了幼儿园教学把幼儿的身体发展、良好生活习惯、卫生习惯的培养放在首要位置，符合《幼儿园教育指导纲要（试行）》的要求。幼儿生活活动蕴含着丰富的学习契机，是促进幼儿身心发展和获得关键经验的主要环节。在生活活动中，教师要注意每周重点突出（针对幼儿最近最突出的问题），并注意要循序渐进。在书写时有时会将目标及策略一并写入。

第三，教育活动。幼儿园教育活动是一个由教师、幼儿、活动内容、活动条件和环境等因素组成的系统，是一个复杂系统，是一个由输入（建立目标）—过程（导向目标）—输出（评价目标）组成的完整过程。③ 幼儿园教育活动的类型多样，不同的教育理念会形成不同的教育实践，每一类教育活动的产生与发展都遵循其所依据的理念。在幼儿园教育活动的设计中，"教师需要了解活动系统的各个组成部分及其相互关联，并能从系统整体观出发，基于幼儿身心发展特点和教育活动环境来制定教育活动目标、选择活动内容，并有效地运用系统反馈对教育活动进行调整修正，以更好地促进教育活动系统的组织化、结构化和整体优化。"④ 一周教育活动内容要全面，尽量涵盖五大领域的内容。活动内容要体现出新旧内容的融合性和适宜性；两种活动之间要注意动静交替，互不影响；要注意内容间的关联性，相关的活动要尽量放在同一天进行；内容搭配要适宜。

第四，户外活动。户外活动是幼儿一日活动中在室外进行的活动，包含集体游戏和分散自选游戏两部分。教师要根据幼儿的年龄特点、地域情况及季节来安排适宜的活动，允许幼儿自主选择喜欢的器械进行运动。教师在幼儿进行运动时，要注意观察幼儿的情况，帮助幼儿控制活动量，在出现问题时及时帮助幼儿加以处理。教师每周要有重点地安排发展的运动技能点，一般在一周内进行循序渐进地提升。集体游戏要求运动技能点突

---

① 虞永平主编：《学前教育学》，苏州大学出版社2001年版，第258页。
② 侯莉敏主编：《幼儿园课程与教学理论》，高等教育出版社2019年版，第180页。
③ 黄瑾主编：《幼儿园教育活动设计与指导》，华东师范大学出版社2007年版，第16页。
④ 侯莉敏主编：《幼儿园课程与教学理论》，第161页。

出，分散自选游戏要求每周有重点地投放、调整材料，每天都有重点指导材料。

第五，区域活动。区域活动又称区角活动、活动区活动，"是根据幼儿的兴趣及需求，充分融入幼儿园教育目标以及其他教育活动，对活动室进行合理的区域划分，以促进幼儿在自由选择的区域中通过与材料、同伴等的积极互动，而获得自身发展的一种教育活动组织形式。区域活动的目的是促进幼儿自由、富有个性地发展，幼儿是区域活动的真正主体"。[1] 根据幼儿园实际的场地和设施、设备，可设置多种多样的区域，常见的区域有建构区、美工区、表演区、角色游戏区、阅读区、益智区、语言区、科学区、感官操作区、沙水区、运动区等。[2] 区域活动应根据上周幼儿游戏情况和本周重点目标而定。在书写时应尽量简要地标出每个区域的指导重点，且呈现出递进性。

第六，离园活动。离园活动指前一个环节活动结束至幼儿离园前的集体等待环节。这一环节意在稳定幼儿一天的情绪，主张组织开展轻松愉悦的活动。在幼儿离园前，既可让幼儿做好离园准备工作，引导、帮助幼儿做好清洁、整理工作，还可组织离园前谈话活动，对一日活动进行简单回忆或小结，表扬幼儿的进步。要重视离园时的安全，严格执行接送登记或刷卡制度；对个别暂时不能回家的幼儿要妥善安排，适当组织一些活动，如游戏、讲故事等，安抚幼儿因等待家长而产生的不安情绪。[3]

2. 制订幼儿园班级周教学计划应遵循的原则

制定班级周教学计划应遵循以下原则：一是多样性和整合性原则。活动内容要尽可能丰富、多样化一些。计划安排要注意领域的均衡，并考虑各领域的有机联系、相互渗透，有利于幼儿循序渐进地学习。二是稳定性和灵活性原则。每天要有合理的一日安排，保证每项活动的时间和质量，减少隐性浪费、等待。结合偶发事件和园本课程的需要加以灵活安排。三是适宜性和个体性原则。内容安排应符合幼儿的年龄特点，注重个别差异，体现因材施教。表述语言应恰当，少用否定性语言。四是动静交替原则。教学活动和其他活动的安排应注意动静交替，第一个活动是静的，是

---

[1] 侯莉敏主编：《幼儿园课程与教学理论》，高等教育出版社2019年版，第174页。
[2] 侯莉敏主编：《幼儿园课程与教学理论》，第111页。
[3] 侯莉敏主编：《幼儿园课程与教学理论》，第197页。

动脑较多的活动；第二个活动就应该是活动身体的，且最好是先静后动。

（四）幼儿园班级一日教学计划的制订

幼儿园班级一日教学计划是一日生活中全部活动的设计规划，是周计划每天、每项内容的详细实施方案，一般由教师独立完成。具体内容包括目标、环境材料、过程与指导重点、效果分析四个要素。在制订幼儿园班级一日教学计划时，通常按照自己所带班次、环节安排依次书写。一般而言，应将晨间、生活等环节目标及策略写在周计划内，日计划中可不体现。

1. 目标（以教育活动为例）

这一般分两种情况：一是有参考教案的活动。在列目标时应对照教材，仔细阅读原方案的目标、环节设计。分析思考目标和环节对本班幼儿的适宜性，明确每一个环节要实现的目标是什么，并进行调整，将重要内容写入自己的计划中，忌照搬照抄。二是无现成教案，需自己设计的活动（如主题活动、生成活动）。在列目标时应进行分析，然后确定本次活动适宜的目标价值、重点、难点，活动策略及活动环节。

【案例3—7】

对中班《会动的房子》教材的分析

思想性：
1. 做事情要认真，不粗心、马虎。
2. 体会朋友间的友谊。

语言价值：
1. 丰富的词汇：手舞足蹈、蹦、跃、惭愧等。
2. 独特的象声词，如海浪声、马蹄声、风声。
3. 大胆表达自己的想法，理解故事内容。
4. 想象创编的能力。

其他方面：
1. 故事奇妙、幽默的童话情节。
2. 清新自然的画面，对大自然的爱。

> 3. 对动物形象及自身特点的了解。
>
> **对中班（本班）幼儿水平进行分析：**
> 1. 对富有情节、想象空间的故事感兴趣，依情节想象、创编的能力还不强。
> 2. 对文学语言有了初步的兴趣，文字与字义的联系还需进一步建立。
>
> **确定活动目标：**
> 1. 理解作品中故事情节、动物形象和特点，感受故事的幽默。（认知）
> 2. 感受象声词，能用语言正确描述生活与自然中的声响。学习词汇：手舞足蹈、蹦、跃、惭愧。（认知）
> 3. 能依据画面或根据情节进行猜想，并大胆表达自己的想法。（能力）
> 4. 感受故事中清新优美的画面，激发热爱大自然的情感。（情感）
>
> 重点：根据画面或情节发展进行猜想，并大胆表达自己的想法。
>
> 难点：感受象声词，能用语言正确描述生活与自然中的声响。学习词汇：手舞足蹈、蹦、跃、惭愧。

2. 环境材料

主要包括本次活动所需要的场地、空间，活动教具、操作材料，环境创设等内容。例如，中班语言《会动的房子》中的材料有：PPT 课件、小松鼠、小乌龟头饰若干、大树、草原、海边等场地背景，幼儿呈半圆形围坐在一起。

3. 内容、过程及指导重点

幼儿在园的一日活动是由各种不同类型的活动所组成的。这些活动相互组合，构成了幼儿一日生活的若干环节。为了制订计划的方便，通常将幼儿一日生活的若干个环节按时序排列，并根据阶段性教育教学计划（通常是周计划）来确定一日活动中各个环节的具体活动内容及指导要求和教师指导方式。一般来说，幼儿园一日活动的设计要求是：制定科学合理的生活作息制度；充分开展游戏活动；各种活动丰富多彩；活动结构要紧凑，各环节转换要自然。

从表面上看这是一个教学活动从开始到结束的程序，实际上却蕴含着教师的教育思想、教育理念、教育智慧。这一部分应注意以下几点：一是环节设计的目的性：教师要有目标意识，基于对教学内容分析和对幼儿发展水平的了解，考虑每一个环节及目的。避免为追求外在的"热闹场面"而设计一些与目标没有直接关系的环节。二是思考"儿童在活动中要达到什么？""我应该如何设计来促成幼儿的发展和目标的达成？"并以这两条线索去设计活动，每个环节都要写明"让幼儿做什么，怎么做，达到什么目的"或"教师做什么，达到什么目的"。三是重难点及策略的体现：要将本次活动的重点难点列于其中，并详细思考适宜的指导策略。四是重点语言的体现，如环节过渡、转换的引导语言、针对重点问题的重点提问语言等。

【案例3—8】

××幼儿园一日活动程序

时间	内容	行为要求
7：20—8：00	晨间接待	能用普通话主动地，有礼貌地向老师问好。
8：00—8：30	晨间锻炼早操	能积极参与体育活动，精神饱满，动作整齐。
8：30—8：50	喝牛奶，盥洗	便后主动洗手，不玩水，能安静地喝完牛奶。
8：50—9：20	教学活动（一）	能积极参与活动，认真倾听老师同学的话，大胆地表达自己的理解与感受。
9：20—9：35	盥洗如厕	不能拥挤，便后主动洗手。
9：35—10：05	教学活动（二）	能积极参与活动，认真倾听，大胆地表达自己的理解与感受。
10：05—10：35	盥洗，区角活动	自由选择自己喜欢的活动，自觉遵守活动规则。
10：35—10：50	餐前准备	饭前主动洗手和老师一起准备就餐用具。

时间	内容	行为要求
10：50—11：20	睡前准备	有序如厕，把口袋内的物品放到自己的书包里；将鞋子在床下放整齐，衣服脱下叠放整齐，安静入睡。
12：00—14：30	午睡	保持安静。
14：30—14：50	起床	自己穿好衣裤，能互相帮助。（有老师指导）
14：50—15：20	洗脸，吃点心	能自己洗脸，洗完后把毛巾挂好，吃完自己的点心。
15：20—15：50	户外活动	与同学老师一起做游戏，遵守游戏规则。
15：50—16：30	离园	与同学老师一起整理活动室内的物品，有礼貌地与老师道别！

【案例3—9】

半日活动计划

生活活动：将周安排中的生活活动目标分解到每一天，并写出指导策略。

区域活动：有变化的就写，没有变化的则不写。

教育活动：

1. 项目齐全。包括活动名称、活动目标、活动重点难点、活动准备、活动过程、活动延伸。

2. 教学目标科学、明确，符合幼儿年龄特点和实际水平。以《幼儿园教育指导纲要》提出的各领域目标为依据，结合本班幼儿发展实际情况确定，充分考虑、科学把握幼儿情感态度、能力技能和知识经验等方面的发展情况，注重三维目标的互动整合。

3. 根据教学目标选择适宜的教学内容。

> 4. 活动准备充分。包括经验准备和物质准备。帮助幼儿做好相关生活经验和有关知识的准备。教具学具准备充分，便于幼儿主动探究，材料投放满足幼儿发展的需要，促进不同水平幼儿的发展。
>
> 5. 教学过程层次清楚，突出重点，突破难点，体现本领域的核心价值。
>
> 教学过程要围绕目标进行，结构层次清楚，组织形式灵活，各环节安排合理，衔接自然紧凑，重难点突出。在实施过程中，根据幼儿的实际发展水平及幼儿兴趣和需要及时调整教学计划，捕捉教育契机。注重幼儿能力的培养。
>
> 户外活动：
>
> 集体活动：包括活动名称、活动目标、活动准备、活动过程。
>
> 分散活动：重点写出材料投放和指导策略。
>
> 要求：目标科学、明确，符合幼儿身体发展需要；活动材料丰富，具有趣味性、层次性、挑战性；活动安排科学合理，符合季节特点，强度、密度适宜。

4. 效果分析

效果分析部分即把幼儿在活动中的表现与目标进行链接——分析评价教育活动的效果。通过观察大部分幼儿完成活动的情况来判断目标达成的情况、活动内容和方式的适宜性，分析时要保证及时性和客观性。

三 具体内容分类标准下幼儿园教学计划的制订

在此标准下，简要分析家长会工作计划和运动会工作计划的制订。

（一）家长会工作计划的制订

家长会是幼儿园普遍采用的一种家园合作方式，有全园性的，有年级和班级的，还有其他不同类型的家长会。全园性的家长会要求全体家长都参加，一般安排在学期初和学期末。这种家长会的内容大多是向家长报告幼儿园的工作计划，汇报教育成果，以及向家长提出要求等。年级家长会则是向家长汇报本年级教学工作计划，特别是讲解这一学期的教育目标和家园合作教育的要求，并可组织讨论，听取家长的意见和建议。分班家长会更具有针对性，主要是向家长汇报本班幼儿的具体情况，与家长双向交流，共同研讨有关孩子的保教问题。

家长会的形式不拘一格，主要应注重实效。比如，某幼儿园为了使家长解决包办过多的问题，与幼儿园配合一致，培养孩子生活的自理能力，在召开家长会时请家长观看孩子穿衣服比赛——"看谁穿得快"。通过看孩子的活动，使那些平日包办过多的家长因看到自己孩子与班上其他小朋友相比显得笨拙而受到触动。在这种情况下，教师再向家长说明包办代替不是爱，而是对幼儿发展机会的剥夺，这就非常有助于家长克服包办代替的错误教养态度，使这些家长愿意与幼儿园配合，注意培养孩子勤于动手动脑的习惯和生活自理能力。

（二）运动会工作计划的制订

运动会是幼儿园经常举办的综合体育活动，有全园性的，有年级与班级的；有按季节举行的，如春季运动会、秋季运动会；也有其他类型的，如亲子运动会等。运动会召开之前的筹备工作是非常重要的，如器械、场地、时间安排、安全措施、教师分工等，需要幼儿园各部分的全力配合。

以上幼儿园教学计划不是一成不变的，需根据幼儿园或各班的实际情况、季节变化、偶发事件等进行及时调整。

第三节　幼儿园教学方案的制定

一　幼儿园教学方案的含义与制定的意义

幼儿园教学方案也称幼儿园教学活动计划，主要是指教师根据学期计划、月计划、周计划中的教学内容安排，依据幼儿年龄特点而制定的具体的教学活动方案，俗称教案。它阐明了在一定的活动时间内要做什么、怎么做、完成什么目标等。

幼儿园教学方案的制定是促进教师自我专业成长的途径，是提升设计与观察评价能力的一种有效的方法，是活动开展的参考，是活动进程的一种资源，是帮助幼儿学习的平台。幼儿园教学方案是根据特定的教育对象与条件对"新教材"的加工与再创造的过程（是一种文化再造），是教育理念转化为教育行为的中介（载体），是园本课程（课程园本化）过程中的一部分。事先准备好科学的幼儿园教学活动方案，可以增强活动的目的性，引领活动的方向性，提高活动的针对性，是实现活动目标、提高活动质量的重要保证。可见，科学的幼儿园教学活动方案对教学活动的有效进行具有极其重要的作用。

二　幼儿园教学方案制定的内容及要求

教案是活动设计的一种呈现方式，是对具体教育活动的开展过程进行设计。它阐明了在预定时间内要做什么，怎么做，达到什么目标等。具体内容包括：活动名称、活动背景、活动目标、活动内容、活动准备、活动过程、活动延伸、活动评价或反思。[1]

（一）活动名称

活动名称指本次活动的具体名称或主题。例如，中班语言活动（故事讲述，小马过河）；大班科学活动：有趣的动物。活动名称应反映该活动的内容，一般包含课程模式（主题活动、领域活动、综合活动）和具体的课程内容两部分。主题活动的活动计划，写法较为简单，可直接点出其主题，如"主题活动：水果""主题活动：秋天"等，其二级网络的具体活动可以写为"活动一：……活动二：……"如主题活动：秋天，其二级网络的具体活动可以写为活动一：秋天的天气；活动二：秋天的水果；活动三：秋天的叶子，等等。

领域活动的活动计划，要先说明该活动属于哪个领域，最好直接以《幼儿园教育指导纲要（试行）》中五大领域（健康、社会、语言、科学和艺术）来命名。撰写时题目格式应为：××班××活动：×××××（注明年龄段、活动设计的领域和名称）。

（二）活动背景

活动背景是指整个教学活动开展前的一些背景，包括主题来源、生成的背景，对整个教学活动设计的思路，等等。通常，主题来源于儿童的日常生活和经验；来源于儿童的兴趣；来源于课程中教师为幼儿选择的相关主题的路径；来源于教师对幼儿的观察、倾听、了解；来源于教师的经验与社区的资源。

---

[1] 邵小佩主编：《幼儿园课程与教学》，北京师范大学出版社2015年版，第183—189页。

(三) 活动目标

活动目标是指教学活动所能达到的预期结果，是整个教学活动计划的核心部分。"活动目标预期了幼儿的发展方向和活动结果，是教学活动实施的起点与归宿。活动目标从属于课程目标，同时又是课程目标的具体化，相对明确的活动目标可以帮助幼儿园教师更好地创设教育环境、选择活动内容、确定教学方式与方法，保障幼儿朝着特定方向全面发展。"[1] 工作前是指导思想，工作中是教师努力追求的方向，工作后是检验活动效果的标准。主要阐明期望幼儿通过这一活动能达到的目标。一般包括情感态度或行为习惯目标、能力培养目标、知识技能目标等方面。

制定幼儿园教学活动目标一般应遵循以下基本原则：第一，以幼儿年龄特点为依据（小班：具体形象；中班：直接行动；大班：初步抽象）；第二，目标不宜笼统，要具体明确、可操作、可检验；第三，既指向结果又指向过程；第四，目标的主语要一致，尽量从幼儿的角度进行表述。

(四) 活动准备

活动准备主要是指教师在活动实施前所要做的工作。活动准备包括活动环境与材料的准备和幼儿生活经验的准备两个方面。活动的材料准备，是指准备教学活动所需的材料、设备、教具、学具等。在表述所用的材料时，应写清具体内容、形式与数量。如"秋天景色（内容）图（形式）一幅（数量）""兔子头饰与幼儿人数同"，等等。材料的准备必须为教学目标服务，而不要喧宾夺主，分散幼儿的注意力，影响活动的效果。

幼儿生活经验准备，如在小班语言活动"猜猜我是谁"中，该活动的目标之一是"安静倾听，熟悉同伴的声音，学习用普通话回答问题"。在活动前教师要让幼儿在日常生活中相互了解、熟悉同伴的名字。又如，在小班语言活动中学习儿歌《轻轻地》，活动目标之一为"初步懂得爱护青草的道理"，教师在活动前带幼儿参观幼儿园的草地，教育幼儿不可随便踩草地。

如《折印与对称》的活动准备：

1. 卡纸、水粉、剪刀等。对应的物品若干（蝴蝶、桥、风筝、中国结等）。

---

[1] 侯莉敏主编：《幼儿园课程与教学理论》，高等教育出版社2019年版，第199页。

2. 知识准备：幼儿排练过的有对称动作的舞蹈，进行过的有关对称的亲子裁剪活动等。

3. 收集各种图片，如蝴蝶、亭子、风筝、小船、宝塔、枫叶、天安门、奖杯、汽车、窗子、古代青铜器、天坛、中国结、窗花、铁桥、飞机等，并准备好小组学习的资料。（分为六个小组）

（五）活动过程

活动过程（教学流程）即活动目标得以实现的过程。教学活动的开展，可分为活动开始部分、活动展开部分、活动结束部分和活动延伸部分。幼儿园教师在进行活动设计时需根据幼儿的年龄特点和已有经验，对每个环节大致占据的时间和活动比例进行统筹安排。① 活动过程应体现教学活动的组织形式、基本方法和活动方式。下面围绕这四大主要活动环节的设计进行说明。

活动开始部分，又称导入部分，是教师引导幼儿准备参与活动的第一个步骤。此部分旨在引发幼儿参与活动的兴趣及求知欲，向幼儿说明本次活动的任务，提出明确的要求，并用幼儿感兴趣的方法初步引起幼儿的有意注意。"幼儿的有意注意时间通常较短，因而在设计导入环节教师需注意用时不宜过长；导入活动的方式也不宜过于花哨多样，以免喧宾夺主，反而转移了幼儿对于主要学习内容的注意力。"② 可以通过猜谜语、讲故事、提出生活中的问题、出示教具、设置情景等方式导入。在这一阶段，教师的主要作用是提出问题，为启发幼儿的思考和下一步的活动做准备。在设计导入环节时通常可以采取的策略有直观导入、问题导入及知识联系导入。

活动展开部分，是一个教学活动的主体部分，也是实现活动目标的关键环节。"幼儿园教师可以通过活动过程的编排将幼儿的情绪、认知、外显的与内隐（潜在）的能力推向活跃的状态。"③ 它包括用适当的时间向幼儿展示学习内容（如音乐作品、美术作品、文学作品、自然物品等）和教师引导幼儿参与活动，进行探索、学习、练习等过程。可采用不同的方法

---

① 侯莉敏主编：《幼儿园课程与教学理论》，高等教育出版社2019年版，第204页。
② 侯莉敏主编：《幼儿园课程与教学理论》，第204页。
③ 侯莉敏主编：《幼儿园课程与教学理论》，第204页。

和形式，如操作、练习、讨论、实验、谈话等。要求围绕目标、循序渐进、层次清楚，这一部分的时间相对较长。

活动结束部分。在这一环节中教师对幼儿的活动进行评价、小结或展示活动的成果，也可以让幼儿参与归纳整理、总结和评价。"良好的结束环节，更易于帮助幼儿进一步进行新经验的提升与加工，产生'言有尽而意无穷'的效果。"[①] 结束环节的设计通常有总结归纳、游戏表演、操作练习、水到渠成等策略。此环节的主要任务是使幼儿体验在活动中获得成功的快乐，要求让幼儿在轻松愉快的情绪中自然结束活动。结束部分持续时间不宜过长。

延伸活动，是指在该教学活动结束后的日常生活中引导、鼓励幼儿对学习内容进行持续探索、练习、巩固和运用。根据具体活动情况，决定是否需要进行活动延伸（不需要延伸的，可以不写这个环节）。活动可向区域活动、生活活动及家庭中延伸。延伸活动可以包括重复强调和后续拓展两种类型；说明向哪里延伸、做什么和怎么做，可巩固什么经验或让幼儿得到什么新经验。

教学活动过程的撰写要求为：

首先，活动过程是一个完整的系统，撰写时注意系统的层次和环节，做到条理清楚、层次分明，须条目化。如计划的四大部分用"一、二、三、四"的序号表明，而每一部分的几个层次，则用"（一）（二）（三）"或"1、2、3"分层表示，依次类推，即用不同的数字序号表明系统层次的大小。

其次，过程中每一环节的开始，都要用一个概括语来说明这一环节的任务。如"引导幼儿观察""教师示范""帮助幼儿理解故事内容"等。然后另起一行，直接表述清楚"引导幼儿观察""教师示范"等的具体组织形式、活动方式和方法。

再次，要求写出具体的指导语、组织语，以及启发提问，而不是写解说词或在此过程中提要求。在活动过程中经常会发现这样的写法，如"引导幼儿仔细观察""要求跟着节奏拍手""鼓励幼儿继续大胆地探索""启发幼儿说出故事的大意"，等等，这种解说词式的表述方法，是尚未经过

---

① 侯莉敏主编：《幼儿园课程与教学理论》，高等教育出版社2019年版，第207页。

深入思考的，是无法体现教学方式、方法的。以上的表述应改为"请小朋友仔细地看看、听听、摸摸，发现了什么？""请小朋友跟着老师，合着音乐一起拍手""看看谁会动脑筋，谁的眼睛最亮，找找还能发现哪些奇怪的事。"具体的组织语、引导语和启发问题是活动过程中教师所运用的教学方式、方法的具体体现。尤其是新教师，更要学会在深入思考，明确自己教育行为的基础上，设计出可操作的活动过程。

最后，语言简洁明了。不要写行为发起人，如"师：……幼：……"因为这是计划，不是活动过程的现场记录。也不要把事先预想的现场会出现的情况都写入计划中，如"幼儿回答：图片上有……"甚至有些评价语"小朋友真能干！"等等。因为教学活动是师生的双向活动，活动计划只是教学活动前的预设，应留有一定的空间供幼儿在活动中生成和发展。同时，教师要根据现场幼儿的情况进行反馈，及时地做出反应和调整。

（六）活动评价与反思

一般是在活动结束后由教师本人或其他教师对整个活动过程给予客观的评价，主要从目标制定的合理性、科学性、准确性以及活动中方法的运用、各环节的衔接、材料的使用情况、师生关系以及幼儿活动的效果等方面进行分析、评价、记录。评价分析可以是全面的分析，也可以是有侧重点的分析。评价记录可采用叙述式、表格式、记分制等方法。活动反思是分析教学活动中的成功与不足，并提出有效对策，既包括对活动内容、教学方法、幼儿行为表现的反思，也包含教师对自身行为、教学特点等方面的反思。

第四章　幼儿园教学目标

幼儿园教育活动是教师以多种形式有目的、有计划地引导幼儿生动、活泼、主动活动的教育过程。教学活动目标的设计与确定是教师开展教育教学活动要面对的一项重要任务。幼儿园教学目标设计得是否科学、合理将影响到整个幼儿园教育活动的有效进行。

第一节　幼儿园教学目标的内涵

一　教学目标的内涵

教学目标是"通过某一具体的教学活动所要达到的某一具体的、可见的行为结果。换言之，教学目标就是对教学活动必须达到的标准、要求所作的规定或设想"。[①] 人之所以为人而不同于其他生物的一个重要方面，就是因为人在做出某种行为之前就能够对这种行为所产生的结果进行预测。这种预测就是人们的行为所要达到的目标。正是在预期目标的指引与激励下才使得人们的行动有了一定的指向性，并在行动的过程中充满追求目标的渴望与激情。

教师作为教育者，在教学活动开始之前就有了对教学结果的预测。每个教育者都期望学习者通过教学活动，能在认知、情感或者其他方面朝着教育者预期的方向发生变化，这种对学习者变化的预期就是教学目标。然而，要全面理解教学目标的含义，还需理解三个与教学目标密切相关且容易混淆的概念，即教育目的、教学目的、教学目标。

---

① 王嘉毅主编：《课程与教学设计》，高等教育出版社 2007 年版，第 96 页。

幼儿园课程与教学论纲

　　首先,教育目的与教学目的。教育目的是一定社会培养人的总要求,是根据不同社会的政治、经济、文化、科学、技术发展的要求和受教育者身心发展的状况确定的。① 教育目的是培养人的总目标,是教育实践活动的出发点,是教育目标体系中的最高层次,它对教育目标、课程目标和教学目标起着统帅、支配、制约的作用,是制定教育目标、课程目标和教学目标的主要依据。教育目的的核心是"规定培养什么样的人,即把儿童培养成为什么样的社会角色。它具有历史性,不同的社会、不同的历史时期,需要不同的社会角色,就决定了具有不同的教育目的。它还具有一般性、概括性和抽象性,是一种总的规格要求。"②《中华人民共和国教育法》明确指出,我国的教育目的是"教育必须为社会主义建设服务,必须与生产劳动相结合,培养德、智、体等全面发展的社会主义事业的建设者和接班人。"教育目的从宏观角度明确了一个国家人才培养的规格,体现了国家与社会普遍的教育价值追求,普遍适用于各级各类学校教育。从国家或整个社会的角度来看,教育目的是总体性的、高度概括的,而不是具体的、菜单式的。教育目的是"最宏观的教育价值,它具体体现在国家、地方、学校的教育哲学中,体现在宪法、教育基本法、教育方针之中"。③

　　教育目的与教学目的之间是相互联系又相互区别的。教学目的是"教师和教育工作者为完成教学任务所提出的概括性的要求,是整个教学计划的基础,教学设计的起点。所有教学步骤(程序)都是为这些目的设计的。"④ 教学目的是一系列的教学活动结束后所要达到的结果,其内容主要包括德、智、体等方面,要求学生掌握知识技能、发展能力,培养一定的思想品德。⑤ 教学目的具有概括性和全面性的特点,其内容一般包含以下三个方面:一是社会性的目的,要求考虑国家、社会和未来赋予教育教学的历史使命和任务;二是学生方面的目的,要求考虑学生自身的身心发展、能力的培养、品德的养成,等等;三是与课程内容有关的目的,要考

---

　　① 顾明远主编:《教育大辞典》(增订合编本·上),上海教育出版社1998年版,第765页。
　　② 黄甫全、王本陆主编:《现代教学论学程》(修订版),教育科学出版社2003年版,第165页。
　　③ 王嘉毅主编:《课程与教学设计》,高等教育出版社2007年版,第95页。
　　④ 顾明远主编:《教育大辞典》(增订合编本·上),第718页。
　　⑤ 李定仁主编:《教学思想发展史略》,青海人民出版社1993年版,第114—115页。

虑专业的特点和业务上的要求。①

教育目的与教学目的两者间的联系表现在：二者在方向和性质上是一致的，都要服务于培养人这一根本目的。教学目的是教育目的的下位概念，是教育目的在各级各类教育活动中的细化，体现着不同类型的教育和不同阶段教育的性质和发展要求。例如，学前教育、基础教育、高等教育、职业教育等，都分别有各自不同的教学目的。两者的区别主要表现在二者的内涵不同上。教育目的的内涵是教育活动预期要达到的目的，而教学目的的内涵是教学活动预期要达到的目的。教学只是教育活动的一种主要形式，是教育目的达成的重要途径，但不是唯一途径。教学目的是教育目的的重要组成部分，教学目的的达成并不代表教育目的的全部实现，教育目的涵盖范围更广。

其次，教学目的与教学目标。教学目的与教学目标既有密切的联系又有明显的区别。教学目标是教学中师生预期达到的标准②，既是教师教的目标，也是学生学的目标，其实质是学生学习的预期结果。③ 教学目的与教学目标两者间的联系表现在教学目标与教学目的在方向、性质上是一致的。教学目标是教学目的的下位概念，是对不同类型教学活动目的的具体化，体现着具体教学活动的任务和价值。其区别表现在如下方面：其一，教学目的是方向目标，教学目标是教学需要达成的目标。经过几个阶段教学目标的达成，才能实现教学目的。其二，教学目的对各级各类学校的所有教学活动都起着指导作用，为教学提供高层次的指导；教学目标是对教学的具体要求，侧重于教学活动主体，为教学活动提供具体的指导。其三，教学目的体现着社会的意志和要求，在一定的历史时期内是相对稳定的、客观的；教学目标体现着教学活动主体的要求，在具体的教学活动中可以根据需要进行调整，具有动态性、主观性。

二 幼儿园教学目标的内涵

按照上述对教学目标的解释，幼儿园教学目标指的是幼儿园阶段的教

---

① 黄甫全、王本陆主编：《现代教学论学程》（修订版），教育科学出版社2003年版，第166页。
② 顾明远主编：《教育大辞典》（增订合编本·上），上海教育出版社1998年版，第717页。
③ 黄甫全、王本陆主编：《现代教学论学程》（修订版），第166页。

幼儿园课程与教学论纲

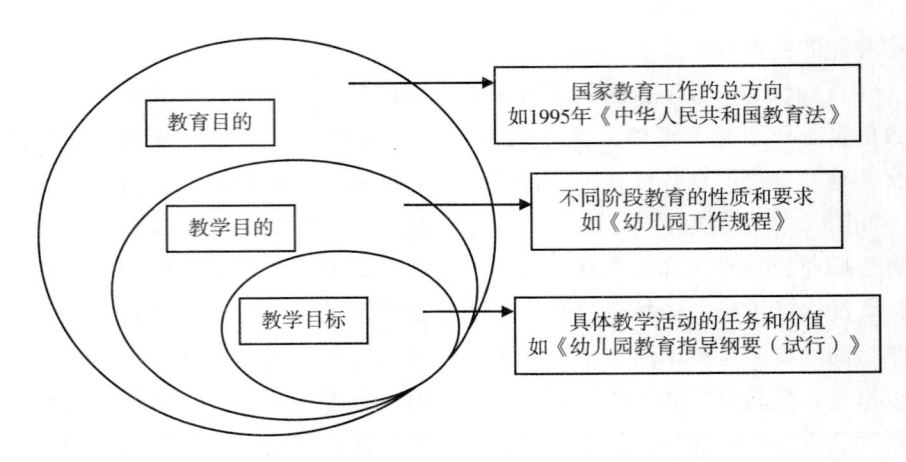

```
教育目的 ────→ 国家教育工作的总方向
                如1995年《中华人民共和国教育法》

  教学目的 ──→ 不同阶段教育的性质和要求
                如《幼儿园工作规程》

   教学目标 ─→ 具体教学活动的任务和价值
                如《幼儿园教育指导纲要（试行）》
```

图4-1　教育目的、教学目的、教学目标三者间的关系

学活动所要达到的预期结果。对此可以从以下几个方面来理解：首先，幼儿园阶段是指三周岁至六周岁（或七周岁）年龄段儿童在幼儿园接受教育的时期。其次，教学目标要以一定的教学活动为依托，具体到幼儿园就是要坚持以游戏为基本活动，保教结合，寓教于乐。最后，经过一系列教学活动的实施，教学目标的行为主体要有一定的发展，包括幼儿的身心全面和谐发展和教师专业化水平的提升。

幼儿园阶段的教育教学活动到底要达到一个什么样的预期效果，2001年我国颁布的《幼儿园教育指导纲要（试行）》给出了详细阐释。《幼儿园教育指导纲要（试行）》把幼儿园教育教学活动主要划分为健康、社会、语言、科学和艺术五大领域，每个领域都有其明确的教学目标。比如，健康领域目标的规定是：身体健康，在集体活动中情绪安定、愉快；生活、卫生习惯良好，有基本的生活自理能力；知道必要的安全保障常识，学习保护自己；喜欢参加体育活动，动作协调、灵活。

幼儿园教学目标为幼儿园教学实践提供了具体的方向指引，体现了在当前基础上指向未来发展的一种活动，使幼儿园的教学活动过程充满生命力，也为幼儿和教师的发展提供了参照标准。

三　幼儿园教学目标的功能

幼儿园教学目标是幼儿园教学活动的出发点和归宿。幼儿园教育教学活动的开展都要围绕幼儿园教学目标来设计、组织、实施和评价。唯有如此,方能保证幼儿身心全面和谐发展这一教育目的的达成。具体而言,幼儿园教学目标主要有以下三个方面的功能。

(一) 导向功能

导向功能是指教学目标对整个教学活动的引领和定向功能。

> 教师或学校教学管理人员有了清晰、明确的教学目标以后,通过不断的信息反馈,能一次又一次地纠正教学活动中的偏差,使一切教的活动和学的活动都紧紧围绕教学目标的实现来进行,一切教学活动都以教学目标的达成为"度",从而避免教师的教学时间、学生的学习投入、教学设备、教学经费等的浪费,以提高教学效能。①

幼儿园教学目标是对幼儿园教育教学活动预期结果的展望,幼儿园教育教学活动内容的选择、组织、实施和评价等都必须紧密围绕幼儿园教学目标来进行,使师幼在教学过程中能紧跟教学目标的导向而排除一些无关紧要的干扰,把注意力和探究的热情保持在相关问题上。幼儿园教学目标对幼儿园整个活动的引领性作用,决定了人们在制定它时一定要科学、合理。

(二) 激励功能

激励功能是指教学目标能够激发老师和学生的积极性和主动性。"目标作为观念形态的价值意识反映了人的需要,当需要带着明确的目标和目的意识,并和人的内部行为相联系时,便构成了动机。"② 著名心理学家奥苏贝尔曾提出成就动机的三个组成部分:一是以获得知识、解决问题为目的的内驱力,被叫作认知内驱力;二是通过自己能力和工作成就获得一定的地位和自尊心的内驱力,被叫作自我提高内驱力;三是以获得他人或集体的赞许为目的的内驱力,被叫作附属内驱力。当幼儿园教师心中有了追求的教学目标,便有了追求的方向。"学生明确了教学目标,做到了心中有数,可以使教学目标内化成自己的学习目标,产生强烈的参与感,增强学生的自信心和发挥学习的积极性、主动性,并对学习产生强烈的责任

---

① 黄甫全、王本陆主编:《现代教学论学程》(修订版),教育科学出版社 2003 年版,第 168 页。
② 王嘉毅主编:《课程与教学设计》,高等教育出版社 2007 年版,第 98 页。

感，迅速提高学习水平和学习效果。"① 幼儿园教学目标会产生巨大的力量激励老师和幼儿进行目标清晰的活动并获得一定的成就。

（三）评价功能

评价功能是指教学目标成为衡量教学活动效果的标准和尺度。幼儿园教学活动是围绕其教学目标的制定为起点来进行的。"课程与教学目标一旦确定，就成了评价课程与教学效果的重要标准。这种评价参照课程与教学目标在行为与内容方面的具体要求，对学习者的知识技能、过程与方法和情感价值观的状况进行比较和考量，判断学习者的学习效果是否达到或在何种程度上达到了标准。"② 通过检验幼儿园教学活动实现教学目标的程度来考查幼儿园教学活动的效果。幼儿园教学目标成为衡量教学活动的尺度。所以，只有科学合理的幼儿园教学目标才能保证幼儿园教学评价应有的信度和效度，使教学评价发挥出真正的作用。

四 幼儿园教学目标的特点

幼儿园教学目标与幼儿园教学目的有非常紧密的关系，前者是在后者的指导下制定的，后者是前者的具体化，二者不可分割。但是，幼儿园教学目标与幼儿园教学目的也有差别，它有自己的独特性，这些特点主要表现为层次性和自主性。

（一）层次性

幼儿园教学目标的层次性是指教学活动在总体教学目标的指导下，对不同年龄阶段、不同时间段内幼儿要达到的发展水平的不同要求。这些要求之间联系紧密，但处于不同的层面。幼儿园教学目标的层次自上而下主要有四层，即教学总目标、年龄阶段目标、单元目标和具体教学活动目标。

1. 教学总目标

教学总目标是对各级各类学校具有普遍指导意义的共同性目标，是期望学习者在某一学习阶段结束后应达到的最终结果。③

---

① 王嘉毅主编：《课程与教学设计》，高等教育出版社2007年版，第98页。
② 刘欣、孙泽文、严权：《课程与教学新论》，中国人民大学出版社2016年版，第83页。
③ 徐英俊、曲艺：《教学设计：原理与技术》，教育科学出版社2019年版，第114页。

总体目标或目的的作用是为未来提供愿景，并为决策者、课程开发者、教师和全体公众提供战斗口号。这些目标较为粗线条地表明了人们认为的好的教育中应该包含的重要因素。因此，总体目标是"目前不能达到，而要为之奋斗，向其迈进或要实现的结果。它是一种目的或意图，它的陈述激发人们的想象，促使人们想要为之奋斗"。①

幼儿园教学总目标集中表现为健康、语言、社会、科学、艺术五大领域。各领域的内容相互渗透，从不同的角度促进幼儿情感、态度、能力、知识、技能等方面的发展。这类目标较为概括和抽象，在教学活动中起着提纲挈领的作用，这在《幼儿园教育指导纲要（试行）》中有明确规定。比如，社会领域的教学总目标有：乐意与人交谈，讲话礼貌；注意倾听对方讲话，能理解日常用语；能清楚地说出自己想说的事情；喜欢听故事、看图书；能听懂和会说普通话。

2. 年龄阶段目标

年龄阶段目标是对教学总目标的进一步分解。不同年龄段的幼儿有不同的身心发展特点，所以不同教学内容的选择，对幼儿发展提出的要求也是不同的。按照不同年龄段幼儿的发展水平，制定大班、中班、小班一年的教学目标，也称学年目标。这些学年目标之间有很强的衔接性，保证幼儿在前一个年龄段的发展基础上进一步提高。比如《新编幼儿园教育活动设计与指导》根据《幼儿园教育指导纲要（试行）》对社会领域总目标的描述，制定了幼儿园语言领域的年龄目标。②

表 4-1　　　　　　　　　　语言领域学年目标

小班（3—4 岁）	中班（4—5 岁）	大班（5—6 岁）
（1）学会安静地听同伴说话，不随便插嘴 （2）听懂并愿意说普通话 （3）在老师的引导下，	（1）能集中注意力，耐心地听别人说话，不打断别人说话 （2）能用普通话较连贯地表达自己的思想 （3）学会用轮流的方式谈话，	（1）能主动、积极、专注地听别人谈话，迅速掌握别人谈话的内容，并从中获取有用的信息 （2）能围绕话题展开谈话，会用轮流的方式交谈，并用恰当的语言

---

① ［美］洛林·W. 安德森等编著：《布卢姆教育目标分类学：分类学视野下的学与教及其测评》，蒋小平、张琴美，罗晶晶译，外语教学与研究出版社2021年版，第12页。

② 梅纳新主编：《新编幼儿园教育活动设计与指导》，复旦大学出版社2021年版，第89页。

续表

小班（3—4岁）	中班（4—5岁）	大班（5—6岁）
能够围绕主题展开谈话，能用短语表达自己的意思 （4）初步学会常见的交往语言和礼貌用语 （5）能有兴趣地运用各种感官，按照要求去感知和讲述内容 （6）能理解内容简单、特征鲜明的事物、图片和情境 （7）能正确说出讲述内容的主要事件或主要特征 （8）乐于参加游戏活动，在游戏中大胆说话 （9）发准某些难发的音，初步掌握方位词、人称代词和动词 （10）喜欢欣赏文学作品，愿意参加文学活动，对文学作品的语言感兴趣 （11）喜欢看书，知道看书的基本方法，能初步看懂单幅儿童图画书的主要内容 （12）对文字感兴趣，能在成人的启发下认识最简单的文字 （13）能以画图形的方式练习笔画	不抢着讲、不乱插嘴 （4）进一步学会交往语言，提高语言交往能力 （5）养成先仔细观察，后表达讲述的习惯 （6）能主动在集体面前讲述，声音洪亮，句式整齐 （7）能积极地倾听别人的讲述内容，发现异同，并从中学到好的讲述方法 （8）能在游戏中巩固练习发音，正确运用代词、方位词、动词、连词、介词 （9）学会比较迅速地领悟游戏中的语言规则，并能及时地做出相应的反应 （10）知道文学语言和日常生活语言的不同，进一步感受文学作品的语言美 （11）学会理解文学作品中的人物形象，感受情感基调，运用恰当的语言、动作、绘画形式表现自己对作品的理解 （12）能仔细观察图画书画面的人物情节，看懂单页多幅的儿童图画书内容，初步获得预知故事情节发展和结局的能力 （13）初步了解汉字的由来和简单的汉字认读规律，并有探索汉字的欲望 （14）喜欢描画图形，能用有趣的方式练习汉字的基本笔画	表达自己的情感，与同伴分享感受 （3）初步学会用修补的方式延续谈话，进一步提高语言交往水平 （4）能理解图片、情境中蕴含的主要人物关系和思想感情倾向 （5）能有重点地讲述实物、图片和情景，突出讲述的中心内容 （6）学会在游戏中正确运用反义词、量词、连词等，并能说出完整的复合句 （7）能迅速把握和理解游戏中较复杂的多重指令 （8）乐意欣赏不同风格的文学作品，积累文学语言，并尝试将其用在合适的场合 （9）初步感知文学作品语言和结构的艺术表现特点，开始接触到文学作品的艺术语言构成方式 （10）能根据文学作品提供的想象线索，联系个人的经验拓展想象，并创造性地进行表述 （11）知道图书的构成，有兴趣模仿制作图画书，懂得爱护图书 （12）知道图画书中文字与画面的对应关系，有兴趣地读书中简单的文字 （13）积极认读汉字，了解汉字的规律 （14）掌握书写的正确姿势，在有趣的图形练习中做好写字的准备

3. 单元目标

单元目标是对年龄阶段目标的进一步细化。单元目标有两种分类方式，一种以时间为单元，可以分为学期目标、月目标、周目标。另一种是以内容为单元，表现为围绕特定的教学主题开展活动。以下是两种分类方式的具体例子。

某幼儿园大班第一学期健康领域的教学目标如下：认识常见的运动项目，知道运动的重要性及注意事项；了解在吃饭前后做适宜或不适宜的活动；懂得身体不舒适的时候对鼻涕、喷嚏和痰的正确处理方法；认识大脑的重要性，掌握科学用脑，保护大脑的基本方法；了解常用的家用电器，获得安全使用家用电器的粗浅知识；懂得爱护眼睛的重要性，了解保护视力的一般常识；知道骨骼是人体的支架，懂得保持正确坐、立行走姿势的重要性；认识马路上的交通标记，懂得相应的含义；知道细菌无处不在，了解细菌与我们生活的关系，懂得讲卫生爱清洁；做好心理准备，努力使自己成为自信、开朗的小学生；尝试用目测和快速奔跑的方法，比较快地找到空的圈；练习侧身钻、横向爬、跳、跑的基本动作。

表4-2是某幼儿园以"沙"为主题的单元活动目标。其中表4-2中的第二列"单元总目标"就是上面所述单元目标的第二种形式。

表4-2　　　　　　单元活动目标——单元名称：好玩的沙

设定理由	单元总目标	活动名称	活动目标
幼儿最喜欢玩沙、水和黏土。沙、水这类材料可以变化出各种活动。本单元的设定主要是探讨沙的颜色、性质和用途，并培养玩沙的良好习惯，满足幼儿玩沙的兴趣，激发幼儿的好奇、创造以及仔细观察事物的态度	1. 认识沙的颜色、性质及干沙与湿沙的不同（认知） 2. 认识沙在日常生活中的用途（认知） 3. 喜欢利用沙来做各种造型活动（情感） 4. 养成分工合作和收拾整理的习惯（情感与行为技能） 5. 养成仔细观察的科学态度（情感）	活动一：认识沙	1. 仔细观察后能说出沙与石头的不同 2. 能认出沙的颜色 3. 能仔细观察事物
		活动二：干沙与湿沙	1. 会把干沙加适量的水变成湿沙 2. 能用晒干或烘干的方法，使湿沙变干沙
		活动三：漏沙与量沙游戏	1. 知道晒过后的沙不含杂物，使漏斗中的沙流畅 2. 能用唱歌和数数计时，比较大小、口径不同的漏斗流出等量的沙所需的时间不同 3. 能用小量杯量沙，比较两个粗细不同杯子装沙的多少
		活动四：沙画及沙的装瓶配色游戏	1. 能用口径不同的漏斗画粗细不同的线条 2. 能用不同颜色的沙作画 3. 能用沙做色彩的搭配、装瓶游戏……
		活动五：立体造型	1. 知道干沙不可以做造型 2. 知道湿沙可以做造型，但干了后会松散，没有保存性 3. 会把干沙加树脂、水做成立体造型，并可永久保存……
		活动六：沙箱设计	1. 能依自己的构想设计沙箱内容 2. 喜欢做新的尝试 3. 能与别人共同合作设计

资料来源：陈文华主编《幼儿园课程论》，科学出版社2011年版，第29页。

4. 具体教学活动目标

具体教学活动目标是对单元目标的再细化，具体到一个小的教学活动，是教师在设计某一活动时要具体考虑的目标。具体教学目标的制定一般要求非常清晰、明确、具体，指明了幼儿在活动结束后应产生的变化。例如，表4-2中第四列活动目标就是某幼儿园由"沙"为主题的活动引出的一系列具体教学活动目标。

（二）自主性

《幼儿园教育指导纲要（试行）》虽然规定了幼儿园五大领域的活动目标，但由于幼儿身心发展的特殊性，加上没有统一的教材，不同的幼儿园、不同班级的教学目标都不尽相同，因而具有很大的自主性和灵活性。教师在活动过程中可以对先前制定的教学目标进行修正和调整，创造性地开展教学工作。即使是在同一个班级，也可能因为教学情境和幼儿需求的变化，要对预先设定的教学目标进行更改，以更好地适应孩子的发展需要。总之，教学目标要因师制宜、因幼制宜。

表4-3　　　　两所不同幼儿园大班学期教学目标比较

	A幼儿园	B幼儿园
科学领域学期教学目标	认识节日：中秋节、教师节、元旦等 了解常见自然现象的形成：风、雨、雷、电等，能做简单的天气记录 通过操作、实验、培养幼儿探索的兴趣，每月一节小实验课 认识我国的少数民族1—2个，知道中国是一个多民族的国家 认识海洋里的动物及贝类 认识中国地图，知道首都和自己居住的地方，知道台湾是中国领土的一部分 认识社会生活中常见的标识、符号，具有学习文字的兴趣	了解时针、分针之间的关系，正确认识时间，学习记录整点、半点；观察球体和圆柱体的异同 按照物体的不同特征，进行二次逐级分类 正确感知6以内数的组成，学习用正确的词语口报应用题 了解丝瓜的种植和生长过程，掌握种植的基本方法 知道钟表与生活的关系，了解生活中小家电的作用，感受科学创造给生活带来的方便 了解交通工具的多样性以及与人们生活的关系 了解雷电的形成原因，知道自我保护的方法

第二节 幼儿园教学目标的制定

一 幼儿园教学目标的价值取向

幼儿园教学目标虽然反映了幼儿园教育教学活动的规律，反映了幼儿的身心发展特点，但它毕竟是由人来制定的，因而就不可能是完全客观的。目标制定者在制定幼儿园教学目标的过程中必然带有一定的主观倾向，从而表现出一定的价值立场。这一价值立场总是围绕着对儿童的发展、知识的性质、社会的需要各有偏重，于是便造成了幼儿园教学目标的多元化取向。常见的幼儿园教学目标的取向主要有行为目标取向、生成性目标取向和表现性目标取向。明确幼儿园教学目标的价值取向，能够增强反省意识，提高制定教学目标的自觉性和自主性。

（一）行为目标

行为目标是"以幼儿具体的、可被观察的行为表述对象的幼儿园教育活动目标，它指向的是在教育活动实施以后在幼儿身上所发生的行为变化"。[1] 行为目标最早由博比特倡导，他认为，20世纪是科学的时代，要求精确性和具体性。他率先提出了课程的科学化问题，强调课程目标也必须科学化、具体化、标准化。他运用"活动分析法"对人类经验和知识进行系统分析，形成了10个领域，包含800多个目标，最终奠定了行为目标的基础。

关于行为目标的含义可从以下两方面来理解。首先，行为目标强调的是人的外显行为的变化，不仅是学习者的单一行为，还必须包括教师的行为表现。其次，行为目标关注学习者对教学活动的各种要素处理之后所达成的结果，对结果的关注是行为目标的内在规定性。国外有学者还从要素论的视角，对行为目标的构成要素进行了全面分析。[2] 行为目标强调外显

---

[1] 朱家雄：《幼儿园教育活动设计与实施》，高等教育出版社2008年版，第22页。

[2] 有研究者提出，在陈述一个行为目标时，必须包含四个要素：行为主体，即由谁去完成教育活动预期的行为；行为动词，即可用以表述幼儿所预期形成的具体行为的动词；行为条件，即让幼儿产生预期行为的特定限制或情景；行为达成程度，即幼儿通过活动应该达到的最低水平。（参见朱家雄《幼儿园教育活动设计与实施》，第22页。）

行为的变化，具有明确性、具体性、清晰性的特点。"行为性目标取向在本质上是对科技理性的追求，秉持决定论，信奉符合论的真理观，强调对人的行为进行有效控制，而把目标分解得尽可能具体、精确。"[①] 所以，教师对教学目标的理解比较容易，对教学活动内容可以准确地把握，便于对教学活动过程的控制和教学的准确评价。

行为目标对教学系统发挥着重要的影响作用，是由美国著名的课程理论家、"行为目标之父"——泰勒总结得出的。他在其《课程与教学的基本原理》中强调了人们在实践中容易犯的错误：第一，把目标作为要做的事情来陈述，却没有陈述期望学生发生什么变化；第二，列举课程所涉及的各种要素，却没有具体说明希望学生如何处理这些要素；第三，采用过于概括化的方式来陈述目标，却没有具体指出这种行为所能采用的领域。因此，泰勒指出，教学目标要把"行为"和"内容"两方面表现出来，前者是指要求学生表现出来的行为，后者是指这种行为所适用的领域，这样就可以明确教育的职责。[②]

20世纪五六十年代，布卢姆等人继承并发展了泰勒的行为目标理念，借用生物学中"分类学"的概念，在教育领域建立了"教育目标分类学"，从而把行为目标的研究发展到一个新的阶段。20世纪六七十年代，美国著名教育学者梅杰伯、法姆等人总结并发展了前人的行为目标理念，领导发动了"行为目标运动"，该运动把行为目标取向的发展推向了顶峰。

行为目标强调学习者在处理教学活动的各种要素之后所达成的结果，这种外在的表现具体、清晰、可操作性强，因此在全球得到广泛传播，同时也对我国的幼儿园教学实践产生了影响。比如，幼儿园教育中的健康、语言、社会、科学、艺术这五大领域的划分。然后再将每个领域逐步划分为若干个次领域，如将艺术划分为音乐、美术舞蹈和戏剧。其中，音乐又可以再划分为唱歌、韵律、舞蹈、音乐游戏、音乐欣赏、打击乐器、识谱。最后，每个次领域都要分步骤、分层次地设计出具体的、外显的、可观察的行为目标。

---

① 刘欣、孙泽文、严权：《课程与教学新论》，中国人民大学出版社2016年版，第85页。
② 施良方：《课程理论——课程的基础、原理与问题》，教育科学出版社1996年版，第84—85页。

以行为目标的取向确定幼儿园教育活动目标,使教育活动的实施成为一个具体化的和结构化的操作程序,这样做能提高幼儿园教育过程的计划性、可控性和可操作性。在设计幼儿园教育活动时,对于某些知识和技能的传授、行为习惯的训练,可以运用行为目标的方式表述其活动目标,以期望通过活动的过程,让全体儿童或大部分儿童都能够发生行为目标所规定的行为变化。[1]

但是,以行为目标的取向确定幼儿园教育活动目标,也存在一些问题和缺陷。行为目标过于强调外显行为的明确性、具体性,容易造成片面性。造成评价过程中只看部分不看整体,忽略了人是一个完整的存在物,忽略了对人的情感、态度、价值观等内隐因素的关注,不利于人的全面发展。控制本位的行为目标把教育过程看成一个可预先决定和操纵的机械过程,把目标与手段、结果与过程间的有机联系割裂开来,可能忽略了幼儿学习的主体性和主动性。行为目标强调的是通过活动达成预期的目标,与幼儿从其自身已有的经验出发、整体地学习知识和获得经验的学习方式之间存在距离。[2] 而且,行为目标过于重视短期内的行为变化,促使教育教学追求"立竿见影"的效果,不符合教育教学的规律和人的身心发展规律,不利于人的长期、可持续发展。因此,幼儿园在制定行为目标时一定要在充分理解、把握其优缺点的情况下,结合实际,深入分析幼儿发展的哪些方面是可以通过外显行为来衡量的,哪些是不可用的。唯有如此,教学实践才能趋利避害,充分发挥行为目标对幼儿园教学活动的促进作用。

(二) 生成性目标

生成性目标也称展开性目标,是指在教育教学过程中教师、学习者与教育情境之间相互作用而形成的教学目标。相对于行为目标过于关注教学结果而言,生成性目标更加关注教学的过程。生成性目标"反映的是儿童经验生长的内在要求,反映的是问题解决的过程和结果,其本质是对'实践理性'的追求,把教育活动的过程看作一种动态生成的师生互动的过

---

[1] 朱家雄:《幼儿园教育活动设计与实施》,高等教育出版社2008年版,第23页。
[2] 朱家雄:《幼儿园教育活动设计与实施》,第24页。

程"。① 正如有学者所言："教育基本上是一个演进的过程，而且它是渐进生长的，它扎根于过去又指向未来，从这个意义上说它又是一个有机的过程。在此过程的任何阶段上，我们能提出的教育目的，不管它们是什么，都不能看成是最终目的；也不能武断地插到后面的教育过程中去。目的是演进的，而不是预先存在的……它们对教育过程的价值，在于它们的挑战性，而不在于它们的终极状态。"② 由此可见，生成性目标强调在一定的教育情境下随着教学过程的展开而自然生成的目标，关注的是教学的过程和教学过程中儿童的兴趣和需要，以及在一定教学经验下儿童经验的生长和获得。

生成性目标的渊源可以追溯到杜威的民主主义教育思想。他认为，教育的目的就是促进儿童的生活、生长和经验的改造，反对把外在目的强加给儿童，从而认为教学的目的不是预先设定好的，而是在教学过程中自然生成的。

英国著名课程论专家斯坦豪斯提出的"过程模式"极大地推动了生成性目标的发展。他认为，教育主要包括"训练""教学""引导"三个过程。"训练"和"教学"可以用行为目标来表述，但是"引导"的本质具有不可预测性。他特别指出："教育的本质是'引导'，即引导儿童进入知识之中的过程，教育成功的程度即它所导致的儿童不可预期的行为结果增加的程度。"③ 斯坦豪斯认为："教育可以规定教师所要做的事情，问题是教师不能把这些规定看作教育的目的或结果，并以此评价儿童的学习结果，而应在处理这些所要做的事情的过程中，对儿童的发展持一种审视、研究和批评的态度，从而引导儿童不断发展。"④ 所以，他认为更适合用生成性目标来表述教育。教育的本质是"引导"，要以教学的过程为中心，关注儿童经验的生长。"以生成性目标为取向的幼儿园教育活动在低结构的幼儿园课程中可以看到。这类幼儿园课程强调儿童游戏，强调儿童发起的活动，强调活动的过程，强调儿童、教师和教育环境的交互作用，等等，在确

---

① 朱家雄：《幼儿园教育活动设计与实施》，高等教育出版社2008年版，第24页。
② 马云鹏主编：《课程与教学论》，中央广播电视大学出版社2003年版，第86页。
③ 朱家雄：《幼儿园教育活动设计与实施》，高等教育出版社2008年版，第25页。
④ 朱家雄：《幼儿园教育活动设计与实施》，第25页。

定组成这类课程的教育活动的目标时，自然会采用生成性目标取向。"①

人本主义理论的发展把生成性目标推向了顶峰。人本主义理论的代表人物罗杰斯认为，凡是可以教的东西，相对来说都是没用的，对人的发展没什么影响。真正能影响人的行为的知识，只能是他自己发现并加以同化的知识。因此教育教学活动应该注重教育情境的创设，为儿童在学习过程中的相互作用和经验的生成提供条件。

早在20世纪，西方国家的早期儿童课程设置就显现出以儿童的经验、儿童的发展为依据，强调儿童与教师、教育情境的相互作用。例如，意大利的瑞吉欧幼儿教育方案，美国的海斯科普课程等是典型的以生成性目标为取向的教育活动，旨在于教育教学过程中促进儿童和教师的发展。生成性目标关注人发展的思想与我国强调的教育要以人为本的思想不谋而合。我国的学前教育越来越强调以幼儿为本，尊重、理解幼儿的理念使得教育活动更加关注孩子的兴趣与需要，力求达到实现教学目标与促进幼儿发展相契合。

生成性目标尊重儿童，尊重教学实际，儿童有权在原有基础上构建经验，而不是将成人预先设定的目标强加给他们。"幼儿有权利通过自己的自主活动，去学习他们认为值得学习的东西，在自己已有的水平上生成活动，主动建构知识。"② 生成性目标重视对教学过程而不是教学结果的评价，能给儿童更多的发展机会，激发他们的学习动机，促进幼儿的终身学习。但是，生成性目标的不确定性、不可预测性特点对教师来讲有着很大的挑战性，要求教师有非常高的专业素养。所以增强了其在教学实践中实施的困难，给生成性目标披上了理想主义色彩的外衣，使它难以成为主导性的教学目标。正如有学者所言：

> 生成性目标在理论上似乎在理，但是这些高层次目标具有不可预测性和不可控制性，在教育实践中不容易操作，难以被教师广泛地运用，对教育活动的评价也往往因缺乏客观标准而带有过多的主观色彩。由于关注幼儿自身的兴趣和需要，关注幼儿生成的活动，而幼儿的兴趣和需要是动态的、变化的，幼儿生成的活动是随机发生的，因

---

① 朱家雄：《幼儿园教育活动设计与实施》，高等教育出版社2008年版，第25页。
② 朱家雄：《幼儿园教育活动设计与实施》，第25页。

此，教育活动的生成性目标取向往往会使教育活动的目标导向缺乏科学性、计划性和系统性。①

（三）表现性目标

表现性目标是指儿童在具体的教育情境中产生的个性化表现，追求儿童反应的个性化、多元化。它关注的是儿童在教育教学活动中表现出来的在某种程度上具有首创性的反应形式，而不是事先预定的结果。其结果是灵活的、开放的，而不是固定的、封闭的。

表现性目标的创始人是美国学者艾斯纳，这种目标取向的提出，与艾斯纳受其所从事的艺术教育的启发有关。艾斯纳认为，艺术领域预定的目标是不适用的，受此影响他提出了表现性目标作为补充。他认为，课程计划应区分两种不同的教育目标：教学性目标、表现性目标。教学性目标是预先设定的，规定儿童在完成学习活动后所应该习得的知识、技能等，它适合于表述文化中已有的规范和技能，对大部分儿童来说是相同的。表现性目标则指向每个儿童在教育情境中要处理的问题、从事的活动任务、作业等，突出儿童反应的个性化、多元化，这些是无法事先设定的。艾斯纳认为："只要儿童的创造性得到充分发挥，那么他在教育情景中的具体行为表现和所学的东西是无法准确预知的，因此，表现性目标追求的不是儿童反应的同质性，而是反应的多元性。在本质上，表现性目标是对'解放理性'的追求，把教育活动看成儿童个性发展和创造性表现的过程。"②

艾斯纳提出表现性目标这一概念，其用意并非在于替代教学性目标，而在于完善教学性目标。"教学性目标针对的是表现所必需的某种技能的发展，这些技能一旦得到，便可用于表现活动之中。表现性目标则是鼓励儿童运用已有的技能，拓展并探索自己的观点、意象和情感。"③ 表现性活动目标是唤起性的，而不是规定性的，可以让幼儿运用已有的经验，创造性地进行个性化的表现。但是，表现性目标是以表现技能为基础的。艾斯纳说："表现不仅仅是感情的发泄，而是感情、意象与观点转化成某种材

---

① 朱家雄：《幼儿园教育活动设计与实施》，高等教育出版社2008年版，第25—26页。
② 朱家雄：《幼儿园教育活动设计与实施》，第26页。
③ 朱家雄：《幼儿园教育活动设计与实施》，第27页。

料的表达，一旦转化了，这一材料就成为表达的媒介。在此种转化中，技能是必需的，因为没有了此种技能，转化就不会发生。"①

在幼儿园教学实践中，表现性目标也有一定的运用。"以表现性目标为取向的评价就不是学习结果与预期目标的一一对应，而是一种美学评论式的评价，即对儿童活动及其结果做鉴赏式的批评，依据儿童的创造性和个性评价教育活动的质量。"② 例如，某幼儿园大班在"快乐长城游"的活动中，教师将教学目标设计为在了解长城和参观长城的过程中，激发幼儿爱北京的情感，利用语言、绘画等方式表达游玩长城的体验等。给儿童提供表达自己思想的机会，丰富交流经验，增强交流能力。孩子们的反应只有在游长城的具体情境中才能产生，表现也是多元的、开放性的。

表现性目标指向人的自主性、个性化发展，尊重儿童的个体差异，具有包容性、开放性的特点，在学前教育领域有其存在的实际意义和发展空间，为多视角、多维度考察教学目标提供了方法论的指导。表现目标不仅有利于培养儿童的创造性，鼓励个性化发展，而且有利于文化的扩展以保持勃勃生机。然而，与生成性目标相同，"表现性目标具有不可预测性和不可控制性，在教育实践中不容易操作，难以被教师广泛地运用，对教育活动的评价也往往因缺乏客观标准而带有过多的主观色彩。在设计教育活动时，确定的活动目标会比较模糊，难以对教育活动的实施起导向作用"。③ 表现性目标由于对整个教学活动难以起到明确的指导作用，因此很难在实践中得到大规模推广。

由以上的论述可以看出，三种教学目标取向各有其特点和优劣。它们之间是相互补充、紧密联系的，都有存在的价值。在设定教学目标时，教师应根据不同的情景需要和不同的价值取向来选择其中的一种或几种，取长补短，共同为实现幼儿园教育目的服务。

二 幼儿园教学目标确立的依据

教学目标的确立并不是凭空想象、随心所欲的，必须考虑各种因素，建立在科学合理的基础上。目前，学界对此已经达成基本共识，主要包括

---

① 艾斯纳：《儿童的知觉与视觉的发展》，孙宏等译，湖南美术出版社 1994 年版，第 150 页。
② 朱家雄：《幼儿园教育活动设计与实施》，高等教育出版社 2008 年版，第 26 页。
③ 朱家雄：《幼儿园教育活动设计与实施》，第 27 页。

对学生的研究、对教材内容的研究、对社会的研究三个方面。就幼儿园教学目标确立的依据来看，要综合考虑幼儿的需要、学科发展的需要和社会的需要。

（一）幼儿的需要

幼儿园教学实践的一个基本职能就是要促进幼儿的身心全面和谐发展。因此，幼儿园教学目标的设计者要时刻关注有关幼儿的各种研究，特别是有关幼儿的兴趣与需要、身体动作的发育、认知发展、情感形成、社会化过程与个性养成等方面的特点和规律，使教学目标能引领和促进幼儿的发展。幼儿教师应避免以知识为中心设计目标，依据相应课程设置设计活动目标的重点；制定的教学目标应以幼儿为中心，既有统一要求，又能适应不同幼儿的需要。关注幼儿需要，"意味着要满足儿童生存与发展的需要，意味着尊重儿童生长的节奏和规律，意味着让儿童根据他的本性自由生长，意味着把儿童当儿童而非成人来对待"。[1] 关注幼儿的发展需要必须考虑到儿童的最近发展区，即儿童发展心理研究所揭示的幼儿应该和可能达到的发展水平与幼儿目前的现实发展水平之间的区域。这些可以通过实际观察幼儿的身体动作、认知、情感及社会性等方面的表现分析出来。明确了最近发展区即明确了幼儿的发展现状、潜力和发展前景，发现幼儿的个别差异，发现教育上的需要，这样就可以对幼儿建立期望，从而确立什么目标是适宜的，什么目标是不适宜的。

（二）学科发展的客观要求

学科是主体为了教育或发展的需要，通过自身认知结构与客体结构（包括原结构和次级结构）的互动而形成的一种具有一定知识范畴的逻辑体系。学科是一种知识的形态，也可以说学科是由一定逻辑联系的知识范畴所组成的知识体系。[2] 学科是知识的最主要的载体，正是通过学科的方式，人类的知识能得到最有系统、最有规律的组织。施良方认为，一门学科除了本身的特殊功能外，还有它的一般教育功能。学科的特殊功能指把学习者引入该领域的专门研究，强调学科知识的严密体系。学科的一般教育功能看重学科知识对学习者的一般发展价值。幼儿的身心发展特点决定

---

[1] 蒋雅俊：《课程哲学：儿童、经验与课程》，人民教育出版社2015年版，第25页。
[2] 孙绵涛、康翠萍：《教育管理学——理论与范畴》，人民教育出版社2021年版，第38—39页。

了幼儿园教学活动应该重视学科的一般发展价值而非专门的特殊价值。

幼儿园教学具有保存、传递、更新社会文化的职能，文化的基本构成和集中体现就是分门别类的学科。"幼儿园课程的一个重要职责是传递社会文化，使幼儿从一个自然人发展为具备一定知识经验的社会人。知识是课程必不可缺的内容，知识可以帮助幼儿更好地认识自然、认识社会、认识自己。"[1] 但学科"对幼儿教育来说，其重要性要低一些。因为幼儿教育更强调幼儿身心和谐发展，注重个性的养成，知识学习、能力锻炼只是幼儿发展的一个方面。但不管如何，学科还是一个重要的参照。事实上，身心发展的许多方面都是与有结构、有系统的学科相关的。所谓'学科专家的建议'无非相关学科的专家对于相关学科及其核心点的针对性陈述。而教育目标涉及的认知、能力系统更是与相关的学科有关的。人为地破坏学科的系统性、结构性是不明智的"。[2] 因此，学科知识是确立幼儿园教学目标的重要来源。所谓学科知识即学科的逻辑体系，包括学科的基本概念、基本原理、学科的探究方式、学科的发展趋势以及此学科与相邻学科间的关系，等等。当然，学科知识的学习最为关注的应该是该学科领域与幼儿的身心发展的关系，即学科知识能促进幼儿哪些方面发展的问题，并与幼儿的生活实际和幼儿的现有经验相联系。让幼儿学习各学科领域的知识不是让幼儿系统地掌握某一学科的知识与技能，而是结合幼儿实际生活中所遇到的生活现象和生活物品，让幼儿观察和了解它们与人类生活的关系，学习简单的科学探究方法并初步体验科学的态度和精神。[3]

（三）社会发展的需要

"人的发展与社会的发展在本质上并无二致，学习者发展的过程也就是个体社会化的过程，是为明天走向社会做准备的过程。学校课程与教学要反映社会政治、经济、科技和文化发展的需要，它在传递社会文化遗产的过程中实现着教育的文化功能、政治功能和经济功能。"[4] 幼儿的成长是一个不断社会化的过程，他们的学习、生活、成长都离不开社会环境的影响，幼儿的个体发展总是与社会的发展交织在一起的。因而，社会发展的

---

[1] 侯莉敏主编：《幼儿园课程与教学理论》，高等教育出版社2019年版，第53页。
[2] 虞永平主编：《幼儿教育观新论》，人民教育出版社2009年版，第58页。
[3] 侯莉敏主编：《幼儿园课程与教学理论》，第53页。
[4] 刘欣、孙泽文、严权：《课程与教学新论》，中国人民大学出版社2016年版，第100页。

要求也必然反映在幼儿园教学目标中，必须研究社会对幼儿成长的期望和要求。① 当代社会生活的要求可以从以下两个方面来阐释：一是空间维度方面，即幼儿生活的社区、民族、国家乃至整个人类的发展需要。二是时间维度，既包括当前的现实社会生活需要，也涉及社会生活的趋势和未来的需要。当社会生活转化为幼儿园教学目标时，既要充分尊重幼儿及其家庭的需求，又要全面关注社会生活的发展变化。这样制定的幼儿园教学目标才能在培养全面和谐发展的幼儿的同时，又能提高幼儿园教学目标对社会的适切性。

以上三大依据为幼儿园教学目标的确立划定了大致的范围。在确定幼儿园教学目标时，要把儿童个体发展的需要与社会发展的需求及学科发展的客观要求结合起来，以求得到一个既符合儿童、社会发展需要又能反映学科发展趋势的、内容明确而具体的课程与教学目标体系。② 另外，目标制定者们还要注意克服两种倾向：一是仅凭个人的点滴经历而认定教学目标；二是对理想状况和现实情况之间的差距没有做出科学分析，便认定教学目标。目标制定者完全可以通过对幼儿、学科知识、社会研究结果的全面分析，做出科学合理的决策。

三 幼儿园教学目标确立的原则

（一）全面性

幼儿园教学目标的全面性原则应尽量涵盖与儿童未来发展有直接关系的各个方面，指向幼儿的全面发展。所以，幼儿园目标要包括体、智、德、美等方面，在健康、社会、科学、语言、艺术各领域都有所体现，在每个领域都应提出适合儿童年龄特征和心理发展的子目标。既关注幼儿知识的获得，也注重幼儿良好的情绪、健康的生活习惯的培养。而且，全面性原则还要求幼儿园教学兼顾不同类型的目标。学前教育既包括正规的园所教育也包括非正规教育，幼儿园教学目标不仅要考虑正规的显性的教学目标，还要考虑非正规的隐性的教学目标。显性目标指容易观察到的行为和容易测评的知识技能方面的目标。隐性目标指情感、态度、价值观等难

---

① 陈文华主编：《幼儿园课程论》，科学出版社2011年版，第24页。
② 许卓娅主编：《幼儿园课程理论与实践》，南京师范大学出版社2008年版，第26页。

以量化的目标。把显性教学目标与隐性教学目标相结合才能达到促进幼儿全面和谐发展的教育目的。

（二）系统性

幼儿园教学目标在制定过程中要确保其连续性和一致性，即遵循系统性原则。从目标联系的横向上看，幼儿园教学目标要体现全面发展的精神，做到幼儿园教学的总目标、年龄阶段目标、单元目标、具体教学活动目标保持一致。各层次的目标与整体目标协调一致，以保证各个子目标的实现为总目标的实现打下基础。从纵向上看，各年龄阶段目标之间要相互连接，层层递进，遵循儿童心理发展的顺序性和渐进性特征，切忌拔苗助长或用孤立的眼光看待儿童发展，造成儿童应有学习经验的断层和缺失。[1]目标体系中各层级目标之间要相互衔接，上层目标与下层目标、局部目标与整体目标之间要协调一致，由抽象到具体、由远景到近景，每层目标都应该是上一层目标的具体化，每一个具体目标的实现都朝实现总目标前进了一步，同时也体现出发展的延续性，有其内在的逻辑连接。[2]

（三）可行性

幼儿园教学目标的确立要考虑本地区、本幼儿园、本班幼儿的实际情况。制定的目标应以儿童的身心发展成熟程度为基础，即要考虑儿童的最近发展区。既不能低于或等于儿童的已有水平，这样教学目标就失去其价值，同时也不能过于高出儿童的已有水平，否则儿童经过努力也不能实现，这样会打击他们的自信心，使儿童丧失学习的兴趣。另外，幼儿园教学目标还要考虑各地区的不同情况、注意地区经济发展水平的差距、注意城乡差异和民族差异，等等，因地制宜，取长补短。[3]

（四）时代性

学前教育是基础教育的重要组成部分，是学校教育和终生教育的奠基阶段。幼儿各方面的品质尚未完善，发展的空间和可塑性大。幼儿期是影响人一生如何发展的关键时期。学前阶段的教育要放眼未来，看到人生几十年后的发展趋势。所以，幼儿园教学目标要体现出鲜明的时代特点，立

---

[1] 陈文华主编：《幼儿园课程论》，科学出版社2011年版，第26页。
[2] 侯莉敏主编：《幼儿园课程与教学理论》，高等教育出版社2019年版，第56页。
[3] 陈文华主编：《幼儿园课程论》，第26页。

足当下，面向未来，培养社会需要的人。国际 21 世纪教育委员会在《教育——财富蕴藏其中》里提出，面对未来社会的发展，我们要学会认知、学会做人、学会共同生活、学会生存。教育必须围绕这四种基本的学习来设计和组织。学前教育作为人一生受教育的起始阶段，教学目标的制定也应贯彻这种精神。因此，课程目标应该体现时代性，"制定目标的时代性原则要求我们关注社会的发展，在了解社会发展趋势的基础上预测未来社会所需要的人才规格"。[1]

（五）补偿性

补偿性原则也称缺失优先原则，与系统性原则相辅相成。全面和谐发展的教学目标是一种理想的目标。在现实当中，幼儿时期的发展由于缺乏学习经验会导致一些不均衡现象的出现，从而造成理想目标与现实发展之间存在一定的差距。不同群体、不同个体与理想目标各方面的差距不完全一样，有大有小。教育工作者要特别注意差距最大的地方，从而在确定教学目标时将它们突显出来，借助教学活动让儿童发展不足的地方得到补偿。比如，我国的独生子女越来越多，家长多以溺爱、惯养使独生子女自我中心意识增强，缺乏交往意识与合作精神；独立能力差，缺乏自主性和责任感，等等。因此，幼儿园教育中可以通过多增加一些集体合作、分享，培养独立性、自主性等游戏和活动来弥补这一部分的不足。

第三节 幼儿园教学目标的表述

一 幼儿园教学目标表述的基本要素

教学目标的表述重点应该说明学习者行为或能力的变化。美国著名的心理学家马杰（Mager）认为，一个规范的教学目标应包括三个要素：行为、条件、标准。"用马杰的教学目标陈述方法来编写教学目标就使教学目标具体而明确，具有可观察性、可测量性。它可以明确地指出学习者通过学习将获得的能力具体是什么，如何观察和测量这种能力。"[2]

---

[1] 侯莉敏主编：《幼儿园课程与教学理论》，高等教育出版社 2019 年版，第 56 页。
[2] 徐英俊、曲艺：《教学设计：原理与技术》，教育科学出版社 2019 年版，第 125 页。

在教学目标的表述中，行为的表述是最基本的成分，必须具体写出，不能省略。行为的表述要说明学习者通过学习活动后，能获得怎样的知识和能力，态度会有什么变化，且行为的表述应是明确的、具体的，具有可观察的特点。描述行为的基本方法是使用一个动宾结构的短语，其中，行为动词说明的是学习的类型，宾语说明的是学习内容。例如，"说出""列举""操作""比较"等都是行为动词，在其后加上动作的对象就构成了教学目标中关于行为的表述。例如，（能）操作相机；（能）说出绘本中句子的名称等。条件表示学习者完成规定行为时所处的情境，包括在什么样的条件下完成教学目标所规定的行为，以及在什么样的情况下评价学习者的学习结果。标准是行为完成质量可被接受的最低程度的衡量依据，是阐述学习成就的最低水准。对行为标准做出具体描述，就使得教学目标具有了可测量的特点。教师可根据标准来衡量学习者完成教学目标所规定的行为质量，学习者可根据标准来判断自己的行为是否达到了学习目标。[①]

幼儿园教学目标表述根据马杰的划分方法，也主要包括三个基本要素，即行为、条件、标准。"行为"说明儿童通过教学以后能做什么，以便教师能观察学习者的行为，了解教学目标是否达到。"条件"说明行为在什么条件下产生。"标准"指出了合格行为的最低标准。下面，以一个中班的教学活动案例，来具体分析幼儿园教学目标的表述方式。

【案例4—1】

美味营养餐（中班）[*]

> **一 活动目标**
> 1. 通过游戏形式，引导幼儿初步了解一日三餐均衡营养的相关知识。
> 2. 培养幼儿逐步养成合理均衡饮食的良好习惯。

[①] 徐英俊、曲艺：《教学设计：原理与技术》，教育科学出版社2019年版，第125—128页。
[*] 选自刘燕主编《根深方叶茂——幼儿养成教育经验集萃》，北京师范大学出版社2009年版。

> **二 活动准备**
> 1. 幼儿观察了解并记录幼儿园或家中近两周每日三餐的饮食内容。记录表以图画为主要形式，大人可以帮助加注解，采用便于幼儿理解和记忆的时间表述方式。
> 2. 大张空白记录纸。
> 3. 各种贴绒教具，水果（苹果、香蕉等）、主食（馒头、米饭、鸡蛋等）、肉食（鸡、鸭、鱼、肉等）及其他食品（可乐、冰棍等）。
>
> **三 活动过程**
> 1. 和幼儿们一起交流，讨论近阶段的饮食内容。
> "每天早、中、晚你们都吃的是什么食物？"把自己的记录与大家交流、汇总、整理在大张记录表中（贴绒方式）。依据大张记录表的结果，引导幼儿发现早、中、晚餐饮食搭配的简单特点。
> 2. 引导幼儿设计美味营养餐。
> "我们来当营养师，给娃娃家或小餐厅设计早、中、晚餐食谱。"（可以用粘贴或绘画等多种方式）
> 在幼儿进行设计时，教师要重点指导幼儿依据大张记录表中所总结的经验，合理设计食谱。
>
> **四 活动建议**
> 1. 把幼儿的设计装订、整理成娃娃食谱，放在娃娃家或小餐厅里，丰富幼儿游戏内容，巩固加深幼儿对均衡饮食知识的了解和习惯的养成。
> 2. 在娃娃家或小餐厅游戏中也可以增加营养师的角色，在游戏中提供相关材料继续设计三餐食谱。

在上述教学活动目标中，"了解一日三餐均衡营养的相关知识"，为"行为"；"通过游戏形式"，为"条件"；"引导幼儿初步了解"，为"标准"。这一活动目标表述比较明确，能引导教师的教学活动，便于据此检测教学效果。

在教学目标表述中，对行为的描述常常要运用一些动词。以往教师在表述教学目标时，较多使用"理解""掌握""欣赏""培养"等动词来描述儿童将达到的能力，有时还添加表述程度的状语，如"深刻理解""充分掌握"等,以反映教学要求的提高。但这些词语的含义较广,不同的人可以有不同的理解,使得教学目标表述得不明确。美国著名教育评论家布鲁姆(布卢姆)从认知、情感、动作技能三个领域对教育目标进行了分类。由于其目标分类的具体、便捷、可评等特征,学前教育领域在表述教学活动目标时也常从这三个方面来进行。

(一)编写认知学习目标行为动词举例

布鲁姆等人以学习知识和开发智力为主要任务,把认知领域教学目标分成六级,即知道、领会、应用、分析、综合、评价,由低向高发展,具体内容如表4-4所示。

表4-4　　　　　　　　　认知领域教学目标层次

						评价
					综合	综合
				分析	分析	分析
			应用	应用	应用	应用
		领会	领会	领会	领会	领会
	知道	知道	知道	知道	知道	知道

"知道"是认知领域中最低水平的目标,是对已学过的知识的回忆,包括具体事实、方法、过程、理论以及类型、结构和背景等的回忆。知识是这个领域中最低水平的认知学习结果,它所要求的心理过程主要是记忆。[1]"知道"的表述语有说出……的名称、复述、排列、背诵、回忆、选择、描述、辨认、标明等。

"领会"是最简单的理解,是指把握知识意义的能力。可借助解释、转换、推断三种方式来表明对知识的理解。解释是指能用自己的话,对某一信息加以说明或概述;转换是指能用自己的话或用与原先的表述不同的方式来表达所学内容,包括文字叙述、表述式、图式、操作之间的翻译或互换;推断是指预测发展的趋势。[2]"领会"常用的表述语有分类、叙述、

---

[1] 徐英俊、曲艺:《教学设计:原理与技术》,教育科学出版社2019年版,第117页。
[2] 徐英俊,曲艺:《教学设计:原理与技术》,第117页。

解释、选择、归纳、猜测、举例说明、区别等。

"应用"是指把所学知识应用于新情境的能力,包括概念、原理、规律、方法、理论的应用。"应用"这一水平层次是以"知道""领会"为基础,是较高水平的理解。①"应用"常用的表述语有运算、计算、示范、说明、解释、解答、改变等。

"分析"是指把复杂的知识整体材料分解成部分,并理解各部分之间联系的能力。"分析"代表了比"应用"更高的智力水平。因为它既要理解知识的内容,又要理解知识的结构。"分析"常用的表述语有分析、分类、比较、对照、区别、图示等。

"综合"是指将所学知识的各部分重新组合,形成一个知识整体的能力。"综合"强调创造能力和形成新的知识结构的能力。包括能突破常规思维模式,提出一种新的想法或解决问题的方法,能按自己的想法整理学过的知识,对条件不完整的问题,能创设条件,构成完整的问题,设计一个解决问题的方案等。②"综合"常用的表述语有创编、设计、提出、归纳、总结等。

"评价"指对用来达到特定目标和学习内容、材料和方法给予价值判断的能力。这首先要在"综合"的基础上形成对每一个问题的看法或价值观,然后通过客观对象与此标准之间关系的分析,做出判断。"评价"是比"分析""综合"更高层次的学习水平。③"评价"常用的表述语有比较、说出……的价值、评定、判断、证明等。

(二)编写情感态度目标行为动词举例

情感是对外界刺激做出的否定或者肯定的心理反应,个体的情感影响着人的行为选择。情感学习与形成或改变态度、提高鉴赏能力、更新价值观念、培养高尚情操等密切相关,是学校教育的重要组成部分。但人的情感反应更多地表现为一种内部心理过程,具有一定的内隐性。所以,情感领域的学习目标不易设计和编写,这里主要介绍克拉斯伍(D. R. Krathwohl)在 1956 年提出的分类。他将情感领域目标

---

① 徐英俊、曲艺:《教学设计:原理与技术》,教育科学出版社 2019 年版,第 117 页。
② 徐英俊、曲艺:《教学设计:原理与技术》,第 118 页。
③ 徐英俊、曲艺:《教学设计:原理与技术》,第 118 页。

划分为五项指标，即接受、反应、评价、组织、个性化[1]，具体内容如表 4-5 所示。

表 4-5　　　　　　　　　　情感领域教学目标层次

				个性化
			组织	组织
		评价	评价	评价
	反应	反应	反应	反应
接受	接受	接受	接受	接受

"接受"是情感的起点，指学习者愿意注意某一特定事件或活动。例如，参加班级活动、意识到某件事的重要性等。常用的表述语有听讲、知道、注意、接受、赞同、选择等。

"反应"指学习者愿意以某种方式加入某事，以示做出反应。例如，参加小组讨论、同意某事、热心参加歌咏比赛等。常用的表述语有陈述、回答、列举、遵守、完成、听从、欢呼、表现、帮助、选择等。

"评价"是指学习者看到某种现象、行为或事物的价值之处，从而表示接受、追求某事，并表现出一定的坚定性，反映了一种内部价值观。例如，刻苦学习电脑知识、积极参加体育锻炼等。常用的表述语有接受、承认、参加、完成、解释、区别、判别、支持、评价等。

"组织"是指学习者在遇到各种价值观念时，将价值观组织成一个系统，对各种价值观加以比较，确定它们之间的相互关系和重要性，接受自己认为重要的价值观，形成个人的价值观念体系。常用的表述语有判断、使联系、比较、下定义、讨论等。

"个性化"是情感教育的最高境界，是指内在化了的价值体系变成了学习者的性格特征。也就是说，学习者通过价值观体系的组织，逐步形成了个人的品质，即形成了自己的人生观、世界观。在达到这一阶段后，行为是一致的和可预测的。常用的表述语有相信、拒绝、改变、判断、解决等。

---

[1] 徐英俊、曲艺：《教学设计：原理与技术》，第 121—122 页。

（三）编写动作技能学习目标行为动词举例

哈罗（A. J. Harrow）于1972年提出了动作技能分类系统，把动作技能由低级到高级分为六级，其中，由于反射动作和基础性动作是随身体发育而自然形成的，不是习得的技能，所以教学中不设定这两方面的低层次的学习目标。其他四类动作技能分别为知觉能力、身体能力、技能动作、有意交流。①

知觉能力是指对所处环境中的刺激进行观察和理解并转换成适当动作的能力，包括动觉、视听觉辨别、眼和手、眼和脚协调动作等。常用的表述语有旋转、接住、移动、踢、保持平衡等。身体能力包括动作的耐力、力量、灵活性和敏捷性。这是学习高难度技术动作的基础，构成运动技能训练中的基本功训练。常用的表述语有耐力、反应敏捷等。技能动作指熟练完成复杂动作的能力。以基础性动作为基础，结合知觉能力和一定的体力，经过一定的练习，能熟练地掌握技能动作。常用的表述语有演奏、使用、操作等。有意交流指传递感情的体态动作，亦称体态语。既包括反射性的，也包括习得的。例如手势、姿态、脸部表情等。常用的表述语如用动作表达感情、改变面部表情、舞蹈等。

二 幼儿园教学目标表述的角度

教学活动包含教师的教和幼儿的学两个方面的互动，在表述幼儿园教学目标时可从教师和幼儿两个角度进行。②

从教师的角度出发确定教学目标，指明教师应该做的工作或应努力达到的教育效果。一般常用"体验……""引导……""帮助……""鼓励……""激发……"等词语来表述。例如，使幼儿体验到在幼儿园里生活的乐趣；帮助幼儿同周围的人们主动交往，培养对他人的友爱之情和信赖感；引导幼儿用完整的语言介绍果实，认读汉字"干果"和"水果"；激发幼儿喜爱刷牙的良好愿望；鼓励幼儿大胆地表达自己的真实想法等。

从幼儿的角度出发确定教学目标，指明幼儿通过学习应该获得的发

---

① 徐英俊、曲艺：《教学设计：原理与技术》，教育科学出版社2019年版，第120页。
② 侯莉敏主编：《幼儿园课程与教学理论》，高等教育出版社2019年版，第202页。

展。一般常用"知道……""感受……""理解……""能……""喜爱……"等词语来表述。例如，知道简单的安全和保健知识，并能够在生活中运用；学会使用筷子，能端着碗吃饭、喝汤，会把主食放进盘内；喜欢参加小制作活动，感受成功的欢乐；知道简单的安全和保健常识；喜欢参加游戏和各种有益的活动，在活动中表现得快乐、自信；理解在生吃瓜果前要将其洗干净，这样有利于身体健康，防止病从口入等。

为了使教师更多地关注幼儿教学，对于两种不同的表述方式，更多的人倾向于后者，因为它可以让教师将教育活动的关注点更多地放在儿童的发展上，关注幼儿在学习之后的获得。这样既可以考虑到幼儿的兴趣和幼儿的能力水平，又能看到儿童长远的发展，促进儿童的进一步发展。

三　幼儿园教学目标的表述形式

教学目标按其性质可分为行为目标和表现性目标（或称非行为目标、一般性目标）。

（一）行为目标

所谓行为目标，是指用一种可以具体观察或测量的幼儿行为来表示的对教育效果的预期。每一种行为目标都应该包括三个构成要素：核心的行为、行为产生的条件和行为表现的标准。核心的行为是指期待幼儿能够做到的某种行为，往往要用一个操作性的动词来表示。如"说出""比较""指认""区分"等。例如，"幼儿能够表达自己的意见"。行为产生的条件是指核心行为发生的条件或背景。例如，"幼儿能够在团体面前表达自己的意见"。行为表现的标准是指核心行为表现可接受的程度。例如，"幼儿能够在团体面前声音洪亮地表达自己的意见""能分辨故事中人物行为的对与错"等。有关基础知识和基本技能方面的目标，采用行为目标比较有效，而情感、态度之类的目标则很难用行为目标加以表述。[①]

行为目标以其具体明确、操作性强、容易评价等特点，在教学活动中运用得十分普遍。它追求教学过程的控制性，对于一些简单的教学目标的

[①] 侯莉敏主编：《幼儿园课程与教学理论》，高等教育出版社2019年版，第57页。

实现是有益的。但是，如果试图用行为目标来表述所有的教学目标，显然是不合适的。首先，教育的真正价值，绝不仅仅是形成一些可以观察到的行为。意识到这一点，行为目标就会成为强加于教学过程的枷锁，师生的主体性就会在其框架下泯灭。其次，行为目标追求目标的精确和具体，然而人格完整的儿童是不能分割的，割下来的手就不再是手了。"教育的目标首先在于人的'成人'，而'成人'需要自觉地追求生命的整全，成为整全的人。"[1] 自 20 世纪 80 年代以来，世界各国学前教育目标一个明显的变化，就是由"智育中心"向注重儿童整体发展方向转变，幼儿园课程目标向培养"完整人"目标演进。[2] 除了一些简单的适于训练的知识技能在一定程度上的分解和具体之外，试图将儿童的高级心理能力和素质分解开来培养很可能是南辕北辙。最后，儿童许多高级心理素质如理解、情感、态度、价值观、审美情趣等，是很难用外显的行为来具体化的。因此，像情感态度类的教学目标就很难用行为目标来表述。

（二）表现性目标

表现性目标与行为目标相对，指向幼儿在教学活动中获得的自己独有的体验，是一种非特定性的、较广泛的目标。它描述的是学习者（幼儿）身心的一般变化。如"知道水的用途和重要性，能节约用水""适应幼儿园的集体生活，情绪稳定、愉快""能够避开危险，学会保护自己""喜欢参加活动，有求知欲，情绪愉快""保持正确的坐姿、站姿、握笔姿势和阅读姿势"，等等。[3]

表现性目标比较适合表述中远期目标，也可以表述难以用具体行为来表述的那些情感、态度类的目标。然而，由于它的非特定性，有学者主张用它来代替行为目标，以保证课程活动的弹性，为幼儿主动地学习与发展创造条件。表现性目标更多地表述儿童情感态度、能力发展方面的目标，关注的是儿童学习过程中学习兴趣和各种能力的培养，而不是指向统一的、特定的知识。在实际教学工作中，幼儿教师应善于吸取这两种表述方

---

[1] 刘铁芳：《追求生命的整全——个体成人的教育哲学阐释》，高等教育出版社 2017 年版，第 355—429 页。

[2] 田景正：《改革开放 40 年我国学前教育课程改革的考察》，《教育科学研究》2019 年第 5 期，第 60—65 页。

[3] 侯莉敏主编：《幼儿园课程与教学理论》，高等教育出版社 2019 年版，第 57 页。

式的优点，根据教学目标的内容进行合理表述。

四　幼儿园教学目标表述的基本要求

幼儿园教学目标是通过教学活动期望幼儿获得某些发展。所以，要根据幼儿的年龄特点、原有水平和能力、教学活动的内容和性质，来确定具体的活动目标。在教学实践中，编写和表述教学目标应把握以下几个基本要求。

（一）教学目标的表述要符合幼儿的实际水平

教学目标的表述要根据幼儿发展的实际水平，"注重以幼儿为本，即能够以幼儿为本位，以幼儿为行为发出的主体进行目标撰写"。[1] 只有在研究和把握幼儿身心发展的实际水平、发展需要和可能性的基础上，才能确定幼儿进一步发展的潜力、方向和步伐。因此，教师要观察、了解幼儿发展的现状及内在需要，使教学目标的表述处在幼儿的最近发展区，促进幼儿由潜在的发展水平向现实水平过渡。

在一次刚刚升入中班的幼儿的音乐欣赏活动"小白兔跳跳跳"中，教师表述了如下目标：第一，感受活泼跳跃的音乐性质、单三部曲式的乐曲结构以及音乐的上行和下行；第二，能用身体动作和语言来创造性地表现乐曲，发展创造力；第三，体验参与音乐过程所带来的美好和快乐的情感。由于刚入中班的幼儿较少接触音乐欣赏，他们对乐曲的结构、音乐的节奏缺乏感知经验，致使活动效果不佳。

另外，在幼儿园教学活动中，表述的目标容量不易过大。由于幼儿之间在能力、态度、认知等方面存在很大差异，教学目标的表述不仅要满足大多数幼儿的发展需要，还要照顾到个别幼儿的差异。

（二）教学目标表述明确具体

"规范、清晰的活动目标是教学活动的灵魂，引领着教学的全过程。因此，教师必须学会清晰、合理地表述活动目标。"[2] 为了能够把教学目标落实到具体的教学活动之中，教学设计要求把教学目标具体化。"当教师

---

[1] 侯莉敏主编：《幼儿园课程与教学理论》，高等教育出版社2019年版，第203页。
[2] 滑红霞：《幼儿教师教学活动的目标设置与达成策略》，《教育理论与实践》2013年第30期，第45—47页。

面对大量的他们认为含义模糊不清的目标时，他们应该怎么办？面对大量的目标，教师必须以某种方式将这些目标组织起来。为了解决目标含义不清的问题，他们需要将目标定义得更加准确。"[1] 教学目标表述明确具体，有利于把抽象的规定分解为具体的教学目标，可以防止把传授知识作为教学的唯一目标的倾向，避免教学实践活动达到的结果与规定的目标背道而驰，对教师的教和学习者的学在达成度上做出质与量的规定性。并使教师有根据地开展教学活动和使学习者有目标地开展学习活动，对教与学做出可靠的检查和评价。[2]

有些教师在编写教学活动目标时出现一种现象，就是用教学的过程和方法去代替行为的结果，混淆了它们之间的区别。例如，有位小班老师这样表述教学目标。语言活动——"从小讲礼貌"的目标之一：引导幼儿观察图中人物的动作，想象人物的对话；社会活动——"爱老师"目标之一：引导幼儿通过生活实践，与老师建立亲密关系；科学活动——"坐公共汽车"目标之一：在观察、游戏的过程中，幼儿把对汽车的兴趣转化为了解汽车的好奇心。通过对案例的分析可以看出，这位老师所设计的领域活动目标在表述时混淆了活动过程、方法手段与行为目标的关系，难以很好地反映幼儿的学习结果。

（三）教学目标的表述要具有可操作性

幼儿园教学目标的特点是具体、明确，具有可操作性，要具体地指导、调控教师的教学过程。否则，教学目标就丧失了其作用。而在教学实践过程中，许多教师只是照搬照抄，把教学大纲或学年工作计划的要求当作具体的教学目标，使教学目标过于笼统、抽象，不具有可操作性。因此，教师在设计教学活动目标时，应反复考虑活动对幼儿发展的价值和关键经验，以提取简明可行的教学目标。同时，目标罗列过多是目标缺乏有机联系和核心目标不突出的表现。中班美术活动——"美丽的金鱼缸"的活动目标被表述为：了解鱼的特征，能用蜡笔给鱼均匀地涂上颜色；学习正确使用剪刀，并尝试用剪刀沿轮廓剪鱼；学习基本的构图方法，设计美

---

[1] ［美］洛林·W. 安德森等编著：《布卢姆教育目标分类学：分类学视野下的学与教及其测评》，蒋小平、张琴美、罗晶晶译，外语教学与研究出版社2021年版，第3页。

[2] 徐英俊、曲艺：《教学设计：原理与技术》，教育科学出版社2019年版，第113页。

丽的金鱼缸;用粘贴的方式将鱼贴在金鱼缸上,并与同伴进行作品分享。从上述案例可以看出,由于所列目标过于烦琐,撰写内容几乎就是活动步骤的缩写,活动重点不突出。[1]

(四) 教学目标要从统一的角度进行表述

教学活动包含了教师的教和学生的学两个方面之间的互动。那么,在表述教学目标时,既可以从教师的教这一角度出发确定教学目标,表述教师期望通过教学活动帮助幼儿获得的学习结果,也可以幼儿的学为出发点,指出幼儿在学习以后应该知道的和能够产生的表现。但是,无论从哪个角度表述教学目标,都应注意出发点的一致性,即有统一的表述角度。例如,中班绘画活动——"小鸡和鸡妈妈"的教学活动目标有三个:首先,感受小鸡和鸡妈妈的温馨,培养孩子对父母的亲情。其次,发展幼儿的观察力和想象力。最后,画出小鸡的各种动态。具体分析这三个教学目标,第一个中的"感受……"和第三个中的"画出……"是从幼儿的角度表述的,而第一个中的"培养……"和第二个中的"发展……"又是从教师的角度表述的,存在着表述过程中角度不统一的问题。

(五) 教学目标要通过多种活动实现

教学活动目标与相应的活动内容并不是一一对应的关系。换言之,并非一项活动只能达到某一个教学目标,或一个教学活动目标仅仅通过一个活动来完成,幼儿园教学活动具有综合性和整体性等特点。所以,在确定幼儿园教学活动目标时,教师应善于统整各个教学活动,围绕一个目标,协调各种活动为之服务。同时还应最大限度地发挥某一活动的教育功效,使得一项活动能实现多方面的教学目标。

例如,中班科学活动——"水",其中一个目标是:了解水的特性,懂得保护水资源。那么,为达到这一目标,教师可以综合各种活动,如"好玩的水""水的用途大""水从哪里来""你浪费水了吗""节水方法大征集"等,使幼儿在不同的活动中,通过不同的教学过程和手段更加生动、全面地了解水的特性,懂得保护水资源。科学活动——"奇妙的磁铁"教学目标如下:首先,产生对磁铁的探究兴趣;其次,发现磁铁吸铁

---

[1] 侯莉敏主编:《幼儿园课程与教学理论》,高等教育出版社2019年版,第203页。

的特性，了解磁力可以透过纸张、塑料、玻璃、木板等物质吸住铁；最后，尝试运用磁铁吸铁的特性以及磁力的穿透性来解决问题。这一活动目标包含了认知的获得、技能的发展等不同方面，促进儿童在知识、技能、情感态度等方面的全面发展。

第五章　幼儿园教学内容

幼儿园教学内容作为幼儿园教学中的核心，主要指向的是幼儿园应该"教什么"的问题。作为幼儿园教育教学工作者，理应了解和掌握幼儿园教学内容的内涵与特点、幼儿园教学内容选择的依据、幼儿园教学内容的组织形式等基本知识，从而更好地促进幼儿园教学的顺利开展。

第一节　幼儿园教学内容的内涵与特点

一　幼儿园教学内容的内涵

教学内容"不仅是教材展现给学生的知识、观念，还是教师按照教学要求对学生传授的内容，包括知识、技能、技巧、思想、观念、信念、行为习惯等"。① 在西方，教学内容一般是指进入学校教学活动领域的文化②，具体是指"一门学程中包含的特定事实、理念、原理和问题等"。③ 从构成因素来看，教学内容主要包括传授各门科学的知识素材；发展技能和能力；形成正确的世界观；培养良好的、社会的、道德的态度等几个方面。④ 教学内容在整个教学过程中占有极其重要的地位，是教师和学生进行教学活动的重要依据。"在教学活动进行中，教学内容既可能是对学科、课程

---

① 迟艳杰主编:《教学论》，高等教育出版社2009年版，第140—141页。
② R. Barrow and G. Milburn, *A Critical Dictionary of Educational Concepts*, Wheatsheaf Books Ltd., Brighton, 1986, p. 70.
③ T. Husen and T. N. Postlethwaite (eds.), The International Encyclopedia of Education (Vol. 8). Pergamon Press, Oxford and New York, 1985, p. 1151.
④ [日]佐藤正夫:《教学原理》，钟启泉译，教育科学出版社2001年版，第62页。

标准和教科书规定了的内容的忠实传递，也可能来自于师生对教材内容及教学实际的综合加工，还可能加入了师生在教学过程中创造性的活动。"①

但长期以来，人们习惯于将教学内容与教材等同起来，认为课程标准要求什么教师就教什么，这其实是一种片面的理解。教学内容和教材两者之间既有联系，同时也是有区别的，教材主要由事实、概念、原理及它们的内在联系构成，是形成教学内容的一个"载体"。教学内容是来自师生对课程内容、教材内容与教学实际的综合加工。师生一方面可以合理地利用教材教学，对教材内容进行适当选择、取舍和加工。例如，教师在教学过程中，不是对教材的"全盘照搬"，而是必须结合学生的发展特点，对教材进行加工，选择适合学生学习特点的内容。另一方面，师生可以科学地加工教材，合理地组织教学过程。教学内容不仅包括教材内容，还包括了引导作用、动机作用、方法论指示、价值判断、规范概念等，包括师生在教学过程中实际活动的全部。所以，教材内容只是教学内容的重要组成部分。

幼儿园教学内容是幼儿教育教学活动的核心，是根据幼儿园教学目标及幼儿发展特点而选择的全部内容的总和。幼儿园教学内容是教学目标得以实现的中介和桥梁，主要指向的是"应该教什么"的问题，这就要求幼儿教师在教育教学过程中，结合不同年龄阶段孩子的发展特点，对不同领域的教材内容进行适当选择和加工。例如，在幼儿园语言教育领域，教师在选择语言方面的教学内容时，必须考虑到小班、中班和大班等不同年龄阶段孩子的发展特点，这样才能更好地促进幼儿语言能力的发展，这就要求幼儿教师自身要具备对教材进行加工和整合的能力。

幼儿园教学内容选择的范围和素材是很广泛的，幼儿教师要充分发挥自身的创造力，努力挖掘适合幼儿发展特点的教学资源，更好地服务于幼儿教育教学工作。例如，不同地域的幼儿园都有其自身的地域文化特色；不同家庭的幼儿来自不同的家庭背景，他们有着不同的知识经验。因此，幼儿教师要结合幼儿园的实际情况、幼儿所处的地域文化以及幼儿自身的知识结构和家庭背景等因素，开发出适合幼儿发展特点的幼儿园教学内容。

---

① 迟艳杰主编：《教学论》，高等教育出版社2009年版，第141页。

【案例 5—1】

大班童谣《风景数字谣》*

> **设计意图：**
> 天台作为和合文化的发源地，有着丰富的人文底蕴和自然景观资源，《风景数字谣》是天台经典的民间童谣，童谣以 1—10 的数字串联了"旧时"天台老城风景，其中，有亭名、殿名、街名，也有宅名。虽然这些地名随着时代的发展和社会变迁，已经不复当日旧貌，有些已经改换新名字，但依稀还能找到那时候的影子，更能看到时代发展对城市发展带来的变化。通过本次活动让孩子们能在了解天台老城为数不多的旧貌的同时，学念童谣，感受童谣的韵律美，感受天台老城旧貌以及历史沧桑感，初步了解天台的自然景观资源，产生了解天台的欲望。
>
> **活动目标：**
> 1. 通过了解老城地貌及典故，学念童谣。
> 2. 体验用方言诵读童谣所带来的乐趣。
>
> **活动重难点：**
> 通过了解老城地貌及典故，学习童谣。
>
> **活动准备：**
> 1. 教学 PPT。
> 2. 前期经验准备：简单了解童谣中所提到的几个景点。

时间	活动流程	幼儿表现及观察评价
	一 观老城风景 地图导入：你们知道这是什么地方吗？今天我们一起来看看属于天台老城区的一些特别风景。（出示天台的地图，地图中有 1—10 的数字）	

---

* 本案例由浙江省天台县机关幼儿园教育集团劳动路园区庞雯雯老师提供。

续表

时间	活动流程	幼儿表现及观察评价
	二 话风景典故 （一）地图中标有数字的景区你们想先看看哪。 认一认，说一说： 1. 你们认识照片中的这些地方吗？ 2. 请孩子们用自己的话简单说一说这些地方。 3. 教师在孩子们说的基础上做简单补充介绍。 天一亭建于城墙之上，位于大南门（环碧门）与小南门（广济门）之间，在自北而南的溪水之上，有以水克火之意，庇护着居民的安康。亭名取《易经》"天一生水，地六成之"之意。天一亭在20世纪70年代随着古城墙的拆除，也从古城中消失了。 二里许原名义里许，历史文化积淀深厚，因宋许鹏于嘉定六年（1213）自杭城迁来繁衍，是天台许氏的发祥地，又因离老县堂恰巧约二里而得名。 旧时三角街连接着永清街和广济门，在三角街的西边有一座庙宇，那就是三井殿（现存建筑为咸丰十年［1860］所建），三井殿因西南方三井而得名。它的前面是当年的城墙。 古天台城有乌石溪自北而南流经小城，城中也有许多的水塘，四方塘街因境内有四方塘而得名，四方塘街也是城内现存最为完整的古民居群区域，许多清代民居和民国建筑都紧相毗连，有些院落还相互贯通。 五关里是一幢民居的名称，因从外到内共设五道大门而得名。之所以道道加关，是因为在民国年间，这幢宅院曾开设当店的缘故。五关里建于清光绪十八年（1892），当时的宅主为齐毓川，五关里位于五关里巷，建筑坐西朝东，大门朝南而开，连着五关里巷。	

续表

时间	活动流程	幼儿表现及观察评价
	陆道地的"陆"字并不是数字上的六个道地,陆是姓氏,也就是说陆姓人所居住的宅院。陆道地始建于清初,乾隆年间重修,它位于桥上街的糠行弄,旧时巷口曾是卖糠的地方,是一座融入了天台民居的特色,四弄堂,四水井的民居风格的四合院。 　　国清寺山门前的七佛塔,是为纪念过去七佛而建,塔共有七座,所以,人们也称其为"七支塔"。七支塔是为纪念七位佛祖,因为祭祀的是过去七佛,所以建在寺院门前。 　　门前立桅杆是一种身份的象征,也是一种功名的展示。在科举时代,只有家族中有人考取了功名,才可以在自家门前或家族的祠堂前立一对桅杆,八支桅杆是指妙山陈氏家族,为陈氏十六世祖陈溥所建。 　　九弯弄头位于城隍庙以西,就是现民主路以西。它东起十字巷,一路弯曲,北至民主路,全长五十米不到,宽二米上下。弄头的弯曲并非人们刻意营造,当两边的房屋不规则地突出或缩进时,在不经意间,弯曲的小巷就形成了。 　　明朝的一个春日,剧作家汤显祖游历至天台,曾写下了"春光一夜无人见,十字街头卖杏花"的诗句。老城内的十字巷头因与文明巷(现劳动路)十字交叉而得名,文明巷呈南北走向,南起叁巷口,北至小北门,是旧时天台城内一条重要的商业街。 　　(二)认一认中文数字 　　认一认风景地名中的数字:一、二、三…… 　　小结:"一、二、三……"这些数字就是我们汉字书写方式,它们分别对应着我们所认识的"1、2、3……"。	

续表

时间	活动流程	幼儿表现及观察评价
	三 唱风景童谣 1. 将这些地名按照从一到十的顺序排列起来就能变成一首童谣。 幼儿完整地欣赏一遍《风景数字谣》。 2. 请幼儿尝试学念童谣。（鼓励幼儿有节奏地诵读童谣）。 3. 请幼儿尝试用天台方言来念一念童谣。 **四 活动延伸** 天台还有许多地名中是有数字的，让我们再去找一找，把找到的地名编进童谣里。	
附童谣	风景数字谣 天一亭，二里许， 三井殿，四方塘， 五关里，六道地， 七支塔，八支桅杆， 九弯弄头，十字巷头。	

幼儿园教学内容不仅包括幼儿园中各学科的教材，而且包括了教师和幼儿在一日教学活动中的全部内容。当然，并非所有的内容对幼儿的发展都有促进作用。相反，部分内容还可能会阻碍幼儿的发展，教师必须对一日教学活动中的内容进行取舍、加工和创造，从而引领幼儿健康发展。整体而言，幼儿园教学内容是动态的，但它同时又包含着相对静态的知识，这就涉及幼儿园教学内容的形态问题。

二 幼儿园教学内容的形态

（一）静态的教学内容

静态的教学内容主要是指幼儿园教学内容是以文本的形式呈现的，是静态的知识或知识体系。例如，幼儿园中所使用的各学科的教材、绘本、故事书等。静态的教学内容在很大程度上主要是指书本上所呈现的各类知识体系。例如，幼儿掌握数的概念的主要内容为：[①] 区别 1 和许多（小班），内容主要包括：通过观察和比较，区别一个物体和许多个物体；采用游戏或操作的方法理解"1"和"许多"的关系；通过看一看、听一听、摸一摸、跳一跳等感官形式，进一步让幼儿感知什么是"1"，什么是"许多"；通过寻找物体，加深幼儿对"1"和"许多"的认识。比较两组物体的多少（小班）；认识 10 以内的数（小、中班）；认识序数（中班）；认读数字 1—10（小、中班）；书写数字 1—10（大班）；学习 10 以内数的组成（大班）；学习数字 10 以内的加减法（大班）。

（二）动态的教学内容

动态的教学内容主要是指除书本或教材上所呈现的知识体系之外的所有教育活动。例如，幼儿园中开展的各类主题活动、游戏活动等。这种以儿童兴趣、需要、主动探索建构的教学内容是动态的。儿童在各类活动中都可以获得不同方面的感官经验和体验。这种动态的教学内容对激发儿童学习的积极性，对事物的好奇心和探究精神，以及发展幼儿的实际动手能力和解决实际问题的能力等都有着十分重要的意义。但这种动态的教学内容难以让儿童掌握较为系统的知识，加之教育时间有限，不可能事事都让儿童直接体验。因此，这种教学内容在教学过程中要注意时间的控制，以及教学方法和手段的应用，关注教学质量的有效性。

（三）动静结合的教学内容

动静结合的教学内容主要是指在教学过程中将静态的教学内容和动态的教学内容进行有机融合。幼儿园教学内容既有静态的，如书本上的字母、图片、故事等，同时又有动态的，如幼儿园一日生活中的游戏、活动，等等。所以，幼儿园教学内容是这两种形态的融合。但在安排动静教

---

① 张琳主编：《幼儿园教育活动设计与实践》，高等教育出版社 2005 年版，第 113—114 页。

学内容的比例时，必须考虑到幼儿的思维发展水平、年龄特点、知识经验基础，以及幼儿的接受能力等方面的特征。从整体上讲，随着幼儿年龄的不断增长，动态性教学内容的比例要逐渐减弱，而静态性教学内容的比例要逐步加强。如小班的幼儿，由于他们的注意力不易集中，因此在教学过程中就应该以动态性的教学内容为主，让他们在比较形象、生动、有趣的丰富多彩的活动中获得各方面的发展。

三　幼儿园教学内容的特点

（一）启蒙性

幼儿园教学的对象主要是3—6岁的幼儿，这个年龄阶段的孩子有着强烈的好奇心和求知欲，对日常生活中的各种事物都很感兴趣，而且总喜欢向成人提出各种各样的"为什么"的问题。"幼儿阶段是人生发展的重要阶段，也是人生启蒙的阶段，幼儿教育要使幼儿在享有快乐童年的同时，身心得到与其发展水平相适宜的发展。"[1] 幼儿园教学内容的重点是开启幼儿的智慧和心灵，萌发他们优良的个性品质。[2] 因此，幼儿园教学的内容应是启蒙性的，不应追求过高的目标，尤其是不能过分地强调幼儿的认知目标。

【案例5—2】

幼儿园大班科学活动：行驶的小船[*]

> 设计意图：
>
> 根据大班幼儿的年龄特点，为了培养幼儿主动探索，自己发现问题并解决问题的能力，从幼儿的兴趣点出发，结合幼儿的生活经验，于是我设计了"行驶的小船"这节活动，让幼儿亲身体验解决问题的探索活动来获得感性知识，培养好奇心，激发求知欲。

---

[1] 虞永平主编：《幼儿教育观新论》，人民教育出版社2009年版，第106页。
[2] 冯晓霞主编：《幼儿园课程》，北京师范大学出版社2000年版，第20页。
[*] 本案例由浙江省台州市临海市大洋街道中心幼儿园园长林玲提供。

活动目标：

1. 在尝试、发现、交流的过程中发现小船在航行时螺旋桨的作用。

2. 在自由探索中，发现橡皮筋拧的松紧程度与小船航行速度以及航行距离间的关系。

3. 引导幼儿感受探究的乐趣，体验挑战成功的快乐。

活动重难点：

1. 在尝试、发现、交流的过程中发现小船在航行时螺旋桨的作用。

2. 在自由探索中，发现橡皮筋拧的松紧程度与小船航行速度以及航行距离间的关系。

活动准备：

小船、橡皮筋、小绿卡、6盆水。

活动过程：

一 播放视频，学会绕船桨

1. 根据视频和已有经验自主绕船桨。

师：我带来两个小视频，请你们仔细看，待会儿来说说你们看懂了什么？

师：你们都看懂了吗？请拿出小布袋里的小船来试试看。

2. 师：你们都绕好了吗？请举起来给我看看。（部分螺旋桨掉落）

幼儿分享怎样能让螺旋桨不掉下来。

小结：手捏牢桨，皮筋就不会松开，桨就不会掉下来了。

相反，手没捏牢桨，皮筋会立即松开，桨就掉下来了。

评析：通过观察视频，让幼儿知道绕船桨的方法。

二 幼儿自由探索：发现小船在航行时螺旋桨的作用

师：想不想让你的小船在水里自由行驶呢？

1. 交代规则，幼儿分组操作。

找个朋友两个人一组，我给每组都准备了一盆水，请你们轻轻地走过去试试，如果成功就请轻轻地回到你们的位置上，我们来聊聊。

2. 交流分享：都成功了吗？为什么有些小朋友的船是向前开的，有些船是向后开的？

3. 小结：船桨向外绕，船往前开；船桨向里绕，船往后开。

评析：通过自由探索，让幼儿在尝试的过程中发现螺旋桨的秘密之一：船桨向外绕船才往前开。

三 幼儿自由探索：发现橡皮筋绕的松紧程度与小船航行速度以及航行距离间的关系是：我们都已经知道了让船前进的秘密，那我们就用这个方法来比赛，看看谁的小船开得又快又远

1. 交代规则，分组操作规则：找个朋友两个人一组，在同一起点上，同时将小船放入水中，然后仔细观察，看看谁的小船航行得又快又远。

2. 交流分享：谁赢了？你是怎么让你的小船开得又快又远的呢？为什么你的小船开得这么慢？

3. 小结：橡皮筋绕的次数越多就越紧，小船开得就又快又远；橡皮筋绕的次数越少就越松，小船开得就很慢。

评析：通过自由探索，让幼儿在尝试的过程中发现螺旋桨的秘密之二：橡皮筋绕得越多越紧，小船开得就越快越远。

四 终级挑战——赛小船

我们不但知道了船桨向外绕，船往前开；船桨向里绕，船往后开的秘密，还知道了橡皮筋绕得越紧，小船开得就又快又远；橡皮筋绕的次数越少就越松，小船开得就很慢的秘密。我相信你们现在开小船的本领一定很厉害，现在我们要进行一场终级大挑战，比一比谁开小船的本领更胜一等，比赛胜出者将代表你们班级参加年级组的开小船大赛。

1. 幼儿比赛开小船。

2. 讨论：看来比赛胜出者都是很好地掌握了这两个秘密，这次没有胜利的孩子不要灰心，我们回去可以继续练习，我相信你们都会成为胜利者。

评析：大班的孩子较喜欢比赛，所以我设计了比一比这个环节，激发孩子积极参与挑战的欲望，培养幼儿观察力和竞争意识。

五 活动延伸

如果我们用两片船桨，或者改变船桨的材质，小船的速度会有什么变化呢？大家回家试试吧。

本活动由幼儿探索材料在活动中的价值，通过幼儿两次自由探索、教师有目的地引导幼儿，让幼儿在探索中获得新的经验，激发幼儿参与活动的兴趣，从而真正体现了《幼儿园教育指导纲要（试行）》里所要求的

"玩中学,玩中乐"。

(二) 可接受性

幼儿年龄小,受其生活经验和活动范围,以及身心发展的局限,他们的认知能力、理解能力等都是有限的。幼儿园教学内容必须符合幼儿的知识经验和智力发展水平,使幼儿在教师的帮助或支持下,通过学习与探索能够接受和理解。如果幼儿园教学内容没有考虑到幼儿已有的知识基础、可接受水平和实际生活经验,幼儿就会对所学的内容感到乏味、困难,这不仅不利于幼儿对各方面基础知识的学习,同时还可能会让幼儿产生对学习的厌倦感。如一些幼儿园为了迎合部分家长望子成龙的心理,开设了珠心算、双语、识字等知识性学习内容并以此招揽生源,开设各种所谓的"特色课程"并布置家庭作业成为幼儿教育小学化的普遍现象。一位4岁孩子的妈妈在深圳新闻网发帖称,因作业太多孩子吓哭了。该家长列举了读幼儿园中班的孩子在3月5日所做的4页作业:把汉字"上""万"各写一页;把数学:$1+2=3$、$2+1=3$ 和 $1+3=4$、$2+2=4$ 各写一页。帖子上说,"孩子把'上'字写了半页就哭着说写不完了,但还是流着泪坚持把4页作业写完了"[①],这让孩子本真的快乐童年失去了色彩。因此,幼儿园教学内容要考虑到幼儿的年龄特点和可接受水平,让幼儿在成人的引导下不断成长。

【案例5—3】

小班语言《小巷深深》[*]

设计意图:

基于园本"乡悦"体验课程,展开"五乡一体"内容之乡景背景下的组本"巷"项目活动探究。通过实地走访城乡小巷,观察了解巷的特征,知道巷是古建筑之一。然而,随着时代的发展,那些承载着历史的古巷,渐渐淡出记忆。所谓"古巷悠悠岁月深,青石老街印旧痕"。本

[①] 《幼儿园孩子不该承受作业之重》,中华女性网,2009年4月3日。
[*] 本案例由浙江省天台县机关幼儿园教育集团劳动路园区教师徐优提供。

续表

次活动作为项目进程初期的节点教学，在幼儿前期走访调查巷的基础上，通过集体聊一聊、拼一拼、念一念，进而梳理并提炼经验，唤起幼儿对家乡古建筑"九曲巷"的关注与认识，在对巷的一墙一瓦、一砖一石的观察、触摸、丈量中，感受家乡美好和日新月异的发展，激发幼儿热爱家乡的情感。

活动目标

1. 在走访巷的基础上，学会用"弯弯曲曲""又窄又长"等恰当的词语进行描述。

2. 借助视频欣赏、拼图操作，感知九曲巷狭窄弯绕的特点。

3. 从对家乡建筑物的零距离接触及原创诗《九曲巷》的欣赏，陶冶幼儿情操和增进热爱家乡的情感。

活动重难点：借助视频、照片，学会用恰当的词语进行描述

活动准备

1. 经验准备——幼儿已有古巷实地走访和拼图的经验。

2. 材料准备——幼儿打卡古巷的照片或视频；关于九曲巷视频及九曲巷风景照的拼图（人手一份）、九曲巷位置手绘图、诗朗诵的配乐。

时间	活动流程	幼儿表现及观察评价
	一　唤起经验，聊一聊走访过的古巷 　　1. 师：孩子们，你们在爸爸妈妈的陪同下走访了天台很多小巷，还拍了照片、视频，谁能跟我们大家分享一下你的小巷在哪里？它有名字吗？是什么样的？ 　　2. 幼儿结合照片自由讲述。 　　3. 小结：小朋友们走访的小巷各有不同，有的甚至很古老，我们可以叫它古巷。巷作为城镇里的街道、弄堂，它们都有着各自的名字，有的安安静静，有的热热闹闹，小朋友在这次打卡小巷时留下了许多欢笑与奔跑的身影，真好！	

续表

时间	活动流程	幼儿表现及观察评价
	二　巩固练习，拼一拼天台九曲巷 1. 视频欣赏：九曲巷。 师：园长妈妈也走访了一条古巷，随手拍了一段视频，一起来欣赏一下。谁知道视频中拍摄的是哪里的巷？你觉得这条巷看起来怎么样？（引导幼儿学说：又窄又长） 2. 结合手绘图纸理解九曲巷的由来。 师：视频中的巷叫九曲巷，你们知道它为什么叫九曲巷吗？ 3. 小结：九曲巷位于实验小学附近，是赤城街道有名的一条古巷，天台话叫作"九曲巷"，因为其巷子不宽，沿路九转（九个弯道）而得名。 4. 巷的拼图操作。 师：园长妈妈为你们每人准备了一幅关于九曲巷的拼图，挑战一下吧！（幼儿人手一份九曲巷风景照拼图，在拼装中进一步感知古巷的特征） 5. 简单点评。 **三　情感升华，欣赏配乐朗诵《九曲巷》** 1. 你们喜欢九曲巷吗？为什么？ 2. 欣赏配乐朗诵《九曲巷》。 师：园长妈妈还带来了一首关于九曲巷的诗，让我们一起来听一听。 3. 这是一首原创诗，作者就是园长妈妈和小二班的小朋友。看来要想写诗，得学会观察和发现，再尝试着用好听恰当的词语把看到、想到的东西表达出来。 **四　活动延伸** 　　重点区域：在建构区搭建《我喜欢的小巷》。	

续表

时间	活动流程	幼儿表现及观察评价
	附原创诗： 　　　　九曲巷 九曲巷， 你弯弯曲曲， 又窄又长。 九曲巷， 你板苔青青， 青砖老瓦。 九曲巷， 你安安静静， 又热闹非常。 九曲巷， 你岁月悠悠， 有说不完的故事道不完的佳话……	

（三）生活化

幼儿正处于身心发展的关键期，思维具有典型的直观形象性特征。对幼儿来说，最有效的学习内容就是能激发他们兴趣的、可以直接感知和体验的内容。美国著名的进步主义教育家和设计教学法最杰出的代表人物克伯屈认为，儿童的生长是在生活中展开的，教育不能脱离生活，教育应当在生活中进行。他认为，应当把教育与儿童的生活看作一个东西，使儿童适应当前的生活，教育即生活是教育本质的一个方面。他说，我们应"将教育看作与整个生活相关的整体"[1]，"所有富于思想而有意义的生活，都

---

[1] ［美］威廉·赫德·克伯屈：《教学方法原理》，王建新译，人民教育出版社2018年版，第9页。

是教育"。① 他还说："儿童的教育不仅得自学校，而且得自家庭、教会、社区和更广阔的社会。"② 因此，幼儿园教学内容要源于幼儿的生活世界，是幼儿日常生活中比较熟悉的、与幼儿现实生活比较贴近的。幼儿园教学内容与幼儿现实生活的距离越近，就越能引发幼儿的学习兴趣和积极性，幼儿的学习也就越有效。但是，克伯屈又认为，并不是所有的生活都是教育，而只有那些富有意义和创造性的生活，才是真正的教育，才能培养民主社会所需要的公民。因此他认为，引进学校的生活必须经过过滤，必须经过慎重的选择，这一点与杜威的主张稍有不同。现实生活是多层次的、复杂的，是生活中有益的经验，也有无益或有害的经验。因此，必须对生活进行过滤，才能使之成为幼儿园教学的内容，并且，这些内容不应是以知识的逻辑组织起来的严格的学科，而应是以生活的逻辑组织起来的多样化的、感性化的、趣味化的活动。③

第二节 幼儿园教学内容的选择

幼儿园教学内容的范围和资源是丰富多彩的，但并非所有的教学内容都能成为幼儿园的教学内容，也并非所有的教学内容都符合幼儿的发展特点。因此，需要结合幼儿发展的各方面特点，对各种教学内容进行筛选、加工、提取和整理，使之符合幼儿的发展特性，进而促进幼儿的全面、和谐、健康发展。

一 幼儿园教学内容选择的含义

教学内容的选择是决定教学活动是否有效开展的关键因素之一。幼儿园教学内容选择主要是指在幼儿园教育教学过程中，根据幼儿的年龄特点、发展水平和知识结构，对有利于幼儿发展的教学素材进行提取、加工与整合的一系列过程。幼儿园教学内容的选择，首先要考虑的是幼儿的年龄特点、知

---

① 崔录、李玢编著：《现代教育思想精粹》，光明日报出版社1987年版，第61页。
② [美]威廉·赫德·克伯屈：《教学方法原理》，王建新译，人民教育出版社2018年版，第210页。
③ 虞永平主编：《幼儿教育观新论》，人民教育出版社2009年版，第107页。

识结构，以及幼儿本身可以接受的知识容量，做到心中要有幼儿。

【知识衔接】

优化教学内容 提高教学质量*

教学内容"生活化"

在多姿多彩的生活中，孩子们无时无刻不在经历着生动而有趣的变化。我们的教学内容能否"还原幼儿生活的本来面目，让他们在生活中学习"呢？无疑，在幼儿日常生活中汲取素材，丰富我们的教学内容是极其有效的途径。

我和孩子们开展的活动——"有趣的糖果"，就是教学内容生活化的很好例证。糖果，是生活中孩子们熟悉和喜爱的食品，我先让孩子们尽量收集各种各样的糖果，然后让他们进行观察、比较、品尝，还引导孩子互相交流对糖果产生的新认识。孩子们有的对糖果的包装产生了好奇，有的细细回味着糖果中薄荷、草莓等口味，有的对糖果的生产过程产生了兴趣，有的专心致志地研究糖果的造型。在让孩子们对糖果建立了新的认知经验的基础上，我鼓励孩子们尝试设计糖果的包装纸，用孩子最擅长的画笔来表现他们的情感。在这一活动中，自然地融合进了多个领域的学习内容，使孩子们在平常的生活情景中感受到学习的快乐。

教学内容"幼儿化"

教学内容怎样做到"幼儿化"？关键问题在于要处理好幼儿年龄特点和学习内容之间的关系，根据幼儿发展需要来预设和调整教学内容。

"可爱的动物"是以幼儿的兴趣为先导，多层次、多方位地为幼儿提供学习环境，激发幼儿探究积极性的教学活动。该活动源于我班吴嘉琪小朋友在来幼儿园路上买的一只小兔，孩子们被可爱的小兔迷住了。他们围着小兔看啊、摸啊，不亦乐乎。看到孩子们对小兔产生如此强烈的兴趣。我又去买了几只小兔，养在幼儿园的饲养区内。孩子们可高兴了，他们经常围住小兔，观察着、交谈着、争论着……于是，我及时调

---

* 取自单黎丽《优化教学内容 提高教学质量》，《上海托幼》2006 年第 5 期。

整了原来的教学内容，和孩子们一起为白兔准备它们爱吃的食物。孩子们还回家收集了许多有关小兔的图片资料带到幼儿园向同伴介绍。我又有目的地为孩子们提供音乐带，让他们学着小兔的样子唱歌、舞蹈、做游戏。在教室的区角活动区域，我为孩子们准备了绘画、剪贴等材料，满足孩子们多种形式的表达、表现的需要。此次教学活动取得了良好的效果。

教学内容"社会化"

陈鹤琴先生很早就提出了"大自然是活教材"的教育观念，当今社会正越来越向着社会化、多元化的方向发展，这也给我们教学内容的整合提供了一个很好的思路。幼儿园的教育决不仅仅在幼儿园里，如果我们把家庭、社区的一些资源很好地整合起来，将会对幼儿园教育起到很大的作用。

结合教学内容，我经常将孩子们带出园所，带到菜市场、商场、超市、街心花园、社区绿地等社会场所，让孩子们接触社会，积累生活经验。花园里修枝剪叶的工人引起了孩子们的关注，我就及时地鼓励孩子们大胆地向工人叔叔请教自己的问题。花丛中飞来了美丽的蝴蝶，我一面鼓励孩子们仔细观察蝴蝶，一面向孩子们提问："蝴蝶身上什么东西最好看？蝴蝶的衣服有什么作用？蝴蝶小时候是什么样子的？"孩子们纷纷根据自己的经验绘声绘色地描绘着，交流着各自的感受。几天后，一些孩子在爸爸妈妈的帮助下制作了蝴蝶标本送到教室来展示。许多家长说："我的孩子都快成小小昆虫家啦！"

二 幼儿园教学内容选择的依据

（一）与教学目标一致

幼儿园教学目标为幼儿园教学内容的选择提供了基本的范围和框架，是幼儿园教学内容选择的依据。

1. 教师要有目标意识

目标是"人们对具体活动结果的一种明确期待，它决定着活动的开始，引导着活动的发展，同时也是评判活动结果的标准"。[1] 教学内容的选

---

[1] 滑红霞：《幼儿教师教学活动的目标设置与达成策略》，《教育理论与实践》3013 年第 30 期，第 45—47 页。

择要以教学目标为出发点,把握教学目标的导向,选择与教学目标价值一致的教学内容,在目标的指引下构建幼儿园教学内容的框架,选择的内容要符合并有助于实现课程目标。因此,幼儿教师在选择教学内容时,心中要有目标意识。"教学的理性涉及教师为学生选择'什么'目标。教学的目的性则关系到教师'如何'帮助学生达到目标,即涉及教师创造的学习环境、提供的教学活动与经历。学习环境、教学活动和经历应该与选择的目标一致,或者说相符合。"① 例如,在选择内容时,首先要考虑"选择这个内容是为了实现哪一个或哪几个目标?"这要求对拟选内容可能包含的教育价值进行基本分析,判断这项内容是否与目标有关联?是什么样的关联?一定要"将那些有助于实现目标、能够使幼儿获得满足感、符合幼儿认知发展水平的学科知识选择到课程中来"。② 但需要注意的是,不能简单、机械地将内容与目标一一对应起来,一个目标有时需要多项学习内容才能达到,如"能进行简单的分类"这一目标,就需要通过多项内容逐渐达成:几何形体的分类、颜色的分类、玩具的分类、动植物的分类、服装的分类等。③

2. 正确理解目标和内容的关系

目标与内容之间是紧密联系的,但两者之间并非一一对应的关系。在确定一条教学目标后,往往需要经过多方面的内容、多次的活动学习才能达成目标。因此,教师在选择教学内容时需要考虑"还有哪些内容可以促进这一目标的达成?"例如,中班活动"能进行简单地排序"这一教学目标就需要由多种多样的教学内容逐渐达成,可以选择玩具排序、小木棒排序、小朋友排序等方式,通过多次排序活动,使幼儿逐渐完善这一目标。相反,一项教学内容也可以指向多项目标,如"幼儿园中的搭积木"这一游戏活动,不仅可以发展幼儿的空间想象力,还可以发展幼儿的观察力、手眼协调能力,等等。所以,在选择某一项教学内容时需要考虑这一内容还可以达成哪些目标,从而正确理解目标和内容两者之间的关系,使教学活动更加有效。

---

① [美]洛林·W. 安德森等编著:《布卢姆教育目标分类学:分类学视野下的学与教及其测评》,蒋小平、张琴美、罗晶晶译,外语教学与研究出版社2021年版,第3页。
② 许卓娅主编:《幼儿园课程理论与实践》,南京师范大学出版社2008年版,第33页。
③ 侯莉敏主编:《幼儿园课程与教学理论》,高等教育出版社2019年版,第63页。

3. 重视各种良好品质的培养

《3—6岁儿童学习与发展指南》指出，教育活动应重点培养幼儿"积极的态度和良好的行为倾向""好奇心和学习兴趣""认真专注、不怕困难、敢于探究和尝试、乐于想象和创造"的品质，以及学习的坚持性、计划性、合作性和观察、小实验等学习方法等。幼儿园教学内容的选择要重视对幼儿诸如自信心、好奇心、自主性、自制力、自尊心、探究精神等良好品质的培养。这些情感态度类目标虽然没有直接与之相对应的内容，但对幼儿的终身可持续发展有着十分重要的意义，因此需要教师给予特别关注。从内因上看，人的个体发展的关键在于具备能促进人得以快速而及时、恒久而长足发展的关键品质与能力。在这些品质与能力中，最为关键的是起到根基作用、支持人的体质和知质发展的各种"支点品质"与"核心能力"。其中，支点品质如主动性、独立性、合群性、专注性、坚持性、灵活性等，核心能力如观察力、组织力、表达力、想象力、思维力等。人的品质是丰富多样的，它们涵盖在人的体质、知质、心智等各个发展领域，而人的身体、知识、思想、情感、意志等层面的发展必然会积淀、升华而形成人的各个领域、各个层面的品质与综合素养，而品质又是形成与发展能力的基础。因此，教育尤其是儿童教育的核心任务应是发展人的品质。[1]

关于如何培养幼儿各种学习品质，不同研究者对此进行了多方面的探索。例如，有研究者提出，教师可以把不同的学习品质内容，如好奇心、坚持性、持续的兴趣和热情，列在一张图表上并张贴在教室中。对每种学习品质进行解释，在每种学习品质下面写上有助于促进该学习品质发展的活动构思。把这些图表留在教师办公室，让教师关注班级中的活动和学习品质之间的关联性。经过一段时间后，再让教师在图表上增加新的活动构思。这些活动并不是为了帮助教师开发、设计或提供更好的教学内容，而是让教师进一步理解教学内容背后的含义和意图。那些能够反思自身教学实践并调整教学技能以匹配教学内容的教师，将更容易使自己和儿童获得成功。[2]"学校、家庭的责任者尤其教师角色要密切关注、寻求、发现学生

---

[1] 赵南：《儿童教育发生学》，中央编译出版社2016年版，第242页。
[2] [美]雷切尔·罗伯森、米莉安·德莱斯勒：《质量认证背景下的幼儿园自我评价——提升幼儿园教育质量的行动经验》，刘昊、陈敏倩、张东霞译，教育科学出版社2021年版，第146页。

幼儿园课程与教学论纲

角色的发展点，要注意培养其体质和知质等领域的关键品质，尤其是要以促进其心智即支点品质的发展为首要任务，提升学生角色的综合素质与核心素养，从而促进学生角色个体更快、更好地自我发展。"①

【案例5—4】

"小蜗牛"（中班）*

活动目标：
1. 观看课件，引导幼儿围绕情节，结合生活经验展开讨论，感受努力的艰辛和成功的喜悦，懂得坚持的重要性。
2. 利用教材的情感因素，以境激情，引发幼儿获得不同的情感体验。

活动准备：
1. 课前使幼儿了解蜗牛，知道蜗牛的一些基本特征。
2. 课件：《小蜗牛》。

活动过程：
一 点击课件，出现小蜗牛，引出谈话主题
师：你们瞧，这是谁啊？它的表情是怎么样的？它为什么不开心呢？（幼儿猜想）
那到底是为什么？还是让我们一起来看看吧！
二 观看课件，引导幼儿结合生活经验展开讲述
1. 第一次观看前半段，"从蜗牛艰难地攀爬到被螳螂从树上打落"
噢！你们看了以后都觉得很难过！是什么事让你们觉得很难过呢？（幼儿讨论）
那还有些什么事让我们觉得难过呢？让我们再来看一次！
2. 第二次观看前半段。（幼儿边看，教师边讲述重点段）
（1）自主讨论：蜗牛想做一件什么事？它为什么想要爬上大树？（爬上高高的大树，看得更远！）

---

① 赵南：《儿童教育发生学》，中央编译出版社2016年版，第242—243页。
* 取自《中国幼儿教师》2008年9月4日，作者林艳。

一路上发生了什么事？遇到了哪些困难？

根据幼儿回答逐一打出相关图片，边提问边讲述。

◆小动物超过它（为什么它总是被小动物超过呢？）

小蜗牛是怎么爬的，我们来学一学吧！（幼儿与教师表演爬得很慢，感觉很累）它的速度这么慢，想要爬上那么高的一棵大树，容易吗？

那它有没有停下来呢？（虽然它总是被小动物超过，可它还是继续爬）

◆喝露珠（它为什么只喝一点露珠？）小蜗牛连一点吃的东西都没有，多可怜呀！

◆写信（小蜗牛在给谁写信？它会说些什么？如果你是小蜗牛，你会怎么样？你们在难过、伤心、一个人很孤单的时候，最想告诉谁？怎么说？）

◆用树叶当被子（小蜗牛连被子都没有，可怜吗？）

◆被螳螂打落（螳螂看起来是怎么样的？它把小蜗牛怎么样了？）

（2）点击课件，同时出现五幅图片，引发幼儿情感体验：

师：小蜗牛想为梦想而努力，可是却碰到了这么多的困难，最后还被螳螂一掌打了下来，这时候，它的心情会是怎么样的？

（3）激发讨论：那它会继续下去吗？这样吧，我们和旁边的小朋友互相讨论讨论！（教师参与幼儿的讨论）

师：讨论得怎么样了？谁愿意把你的想法告诉大家？

你认为蜗牛会不会继续努力？为什么？

3. 在幼儿充分辩论的基础上，观看后半段录像。

（1）师：我们现在有两种不同的意见，小蜗牛到底继续下去还是放弃了呢？让我们接着看下去。

（2）提问：

◆小蜗牛被谁救上来了？小蜘蛛会对它说些什么？

（如果你是小蜘蛛，你会对小蜗牛说什么？）

请个别幼儿上来学小蜘蛛，对小蜗牛说一说鼓励的话。

◆小蜗牛听了小蜘蛛的话，是怎么做的？（一边唱歌，一边前进）

◆原来小蜗牛选择了继续努力，最后怎么样了？（爬上了树顶，成功了！）

三　经验迁移，懂得坚持的重要性，培养抗挫心理

师：你们看，小蜗牛遇到了这么多困难，都能坚持下去，那你们以

> 后碰到困难，会怎么做呢？（不怕困难，坚持到底）
> 　　师：对，做什么事只要我们坚持下去，就能像小蜗牛一样，获得成功！
> 　　**四　体验成功的喜悦，为小蜗牛的成功祝贺**
> 　　点击课件，出现小蜗牛的笑脸。
> 　　师：你们瞧，小蜗牛现在的心情变得怎么样了？（变好了！开心了！）
> 　　你们的心情呢？（很高兴！）那就让我们带着好心情为小蜗牛祝贺吧！

教师充分利用从教材中挖掘出来的情感因素，培养了幼儿诸如同情心、意志力等多方面的品质，调动了幼儿学习的积极性和好奇心。

（二）幼儿发展的适宜性

根据全美幼教协会的定义，发展适宜性是指"幼教机构和教师熟知儿童的发展和学习情况，了解每名儿童，对儿童的生活环境进行认真思考，在此基础之上为儿童提供发展机会"。[①] 发展适宜性应该是所有高质量幼教机构活动开展的基础。幼儿的年龄特点、心理发展水平等决定了幼儿园教学内容与其他阶段教育的差异性。幼儿园教学内容的选择既要符合幼儿现有的发展水平，又能促进其进一步的发展，即幼儿园教学内容的难度水平要处在幼儿的"最近发展区"内。[②] "最近发展区"在考虑幼儿已经达到的发展水平的同时，也考虑到了幼儿在成人或更具能力伙伴的帮助下将达到的潜在水平，适宜的幼儿园教学内容应处于这两者之间。维果茨基指出："最近发展区对智力发展和成绩的动态的影响比它们的现实发展水平具有更为直接的意义。"[③] 现有发展水平有助于了解儿童发展的昨天，而最近发展区则帮助我们预测儿童发展的明天。所以，"教育学不应当以儿童发展的昨天，而应当以儿童发展的明天作为方向。只有那时它才能在教学

---

① ［美］雷切尔·罗伯森、米莉安·德莱斯勒：《质量认证背景下的幼儿园自我评价——提升幼儿教育质量的行动经验》，刘昊、陈敏倩、张东霞译，教育科学出版社2021年版，第131页。
② 王春燕主编：《给幼儿教师的101条建议》，南京师范大学出版社2009年版，第62页。
③ ［苏］维果茨基：《维果茨基教育论著选》，余震球选译，人民教育出版社2005年版，第244页。

过程中引发现在处于最近发展区里的发展过程"。① 因为每个幼儿在认知、情感态度、社会性、个性等方面都存在着差异,即使同一年龄阶段的幼儿也有各自不同的最近发展区。幼儿园教学内容既要适合幼儿的一般年龄特点,又要适合幼儿的个别差异,既要从幼儿的实际水平出发,又要考虑到幼儿的潜在发展水平,发现幼儿的最近发展区。这就要求教师具有敏锐的洞察力,精心观察现实中的每一个幼儿,针对不同幼儿的特点来选择幼儿园教学内容,遵循幼儿的适宜性发展的原则,不囿于幼儿已有的发展水平,而是基于幼儿的水平,着眼于幼儿的潜在发展水平,确定幼儿园教学内容。

(三) 贴近幼儿的实际生活

杜威认为,不以儿童的生活为出发点,教育便会造成浪费,因为"有许多教育学者把这个不学而知的本能看得太轻了……他们总想把儿童期缩短,将成人的知识经验硬装进去。他们以为儿童期是完全白费了的,哪里知道这是真正的教育基础!"② 幼儿的学习主要是以无意识学习为主,在日常生活中可以发现,幼儿很在意自身生活中的点点滴滴,并且通过看似无意的生活学到了很多东西,生活是幼儿学习的源泉。幼儿的学习还有一个突出的特点就是直接学习,在与周围环境的相互作用中,幼儿获得基本的知识、态度和行为,幼儿通过动作以及与具体事物的接触,在生活中尽情地活动和思考。生活是幼儿获得直接经验的最理想的场所、最便捷的方式。③

在选择幼儿园教学内容时,要考虑到幼儿的生活情景,贴近幼儿的实际生活。幼儿在生活中学习,可以较容易地感知事物的特征,如经常玩积木的幼儿,在拼搭积木时不会在圆形的积木上叠加积木,因为他们知道圆形积木有滚动、不稳定等特点,尽管他们不会表达。幼儿的生活是丰富多彩的,有什么样的生活就有什么样的学习,不能将幼儿的学习和他们的生活经验完全割裂开来,而应尽可能地从幼儿的生活中寻找适合幼儿园教学目标的内容,在生活中充分挖掘教学内容,让孩子亲身感受和体验,自然

---

① [苏] 维果茨基:《维果茨基教育论著选》,余震球选译,人民教育出版社 2005 年版,第 248 页。
② 沈益洪编:《杜威谈中国》,浙江文艺出版社 2001 年版,第 92 页。
③ 王春燕主编:《幼儿园课程概论》,高等教育出版社 2007 年版,第 77 页。

学习，通过生活化的教学内容，帮助幼儿整理、提升经验，促进幼儿的进一步发展。如果我们问幼儿"月亮像什么？"他们会回答得五彩缤纷，如"月亮像一把镰刀""月亮像一艘弯弯的小船""月亮像个圆饼"……不同的生活经验让幼儿有不同的答案。因此，幼儿园教学内容的选择不能忽视幼儿的生活经验而要求他们说出相同的答案，而只能对他们的生活经验加以整理和提升，一味地灌输对幼儿的发展是极为不利的。但是，需要强调的是，生活化的教学内容不等同于生活本身，要注意教学内容是基于生活而又高于生活的原则要求。

（四）促进幼儿的全面发展

幼儿的发展不仅包括身体方面的发展，同时还包括认知、情感、社会性发展等多个方面，各方面的发展都是相互联系、相互制约和相互影响的。因此，幼儿园教学内容的选择不能以孤立地发展幼儿的某一方面为目的。在现实教育教学过程中，人们一味地强调"智育第一"或"美育第一"，没有从全面发展的角度看待幼儿的学习和发展，从而导致幼儿的片面发展，这对幼儿长远、可持续发展是极为不利的。幼儿的生活是一个有机整体，在与周围事物相互作用的过程中，幼儿不仅获得知识、技能，同时也获得各方面的体验，形成对事物的相应态度、情感和价值观。即使是一个领域也必须注意领域内容的全面性，以及某一内容对幼儿的全面影响。因此，只有以促进幼儿全面发展为目标选择幼儿园教学内容，才能培养出身心健康、人格完整的儿童。

第三节　幼儿园教学内容的组织

当教学目标和教学内容确定之后，就需对教学内容进行有效组织，以产生适应幼儿学习特点与规律的教学内容的呈现方式。而教学要有效地促进幼儿各方面的发展，就需要对各种教学因素加以组织，使之相互强化，产生合力。

一　幼儿园教学内容组织的内涵

幼儿园教学内容组织是指创设良好的教学环境，使幼儿园教学活动兴趣化、有序化、结构化，以产生适宜的学习经验和优化的教育效果，从而实现教学目标的过程。[①] 对这一概念的内涵，可以从以下几个方面进行理解：

第一，教学内容组织主要是指将构成教学的各种要素科学地加以安排、联系和排列的方式。在组织教学内容时，需要对教学内容的基本要素进行分析。

第二，幼儿园教学内容不仅有静态的知识形态，帮助幼儿获得有益的学习经验，同时还包括动态的、能促进幼儿身心全面发展的各种活动。幼儿园教学内容的基本要素主要涉及幼儿的学习环境、教师的教学风格、幼儿的学习经验等。

第三，组织可以使分散的事物系统化、整体化。教学内容的组织主要就是对上述诸要素的有序化和结构化的过程，从而使教学内容具有连续性、顺序性和整合性。

第四，幼儿园教学内容应适合幼儿，是幼儿学习的载体，在组织教学内容时要确保教学的综合性、趣味性、活动性和生活化特征。

第五，幼儿园教学内容组织的优劣，最终要看幼儿是否产生了适宜的学习经验和优化的教育效果。

第六，幼儿园教学内容的组织不完全是预成的，静态的教学计划或方案为教学实施提供了基本的保证。在幼儿园实践教学中，往往会发生预想不到的变化，需要教师具有敏锐的观察力，对教学内容做出恰当的筛选，调整教学内容。因此，幼儿园教学内容组织事实上也包括静态的组织和动态的组织两个方面。

二 幼儿园教学内容的组织形式

幼儿园教学内容的组织形式是多种多样的。人们往往根据知识分类的强弱和考虑问题的逻辑将教学内容组织分成以下几类。

（一）以活动为中心的组织形式

1. 幼儿活动

从幼儿参与活动的规模来看，幼儿园教育活动组织可分为集体活动、

---

① 冯晓霞主编：《幼儿园课程》，北京师范大学出版社2000年版，第72页。

小组活动、个别活动等。

（1）集体活动

集体活动是全班幼儿在教师的组织与引导下，在同一时间内以同样方式与速度学习同样的内容，做基本相同的事情。当把这种组织形式运用于教学时就是集体教学。

集体教学的引领性功能、系统性特点只有在教师充分了解幼儿学习与发展的特点、规律，了解所教内容的逻辑关系，并以此为基础恰当地设计和组织教学时才能实现；它促进交互学习、培养团体意识的可能性也只有在教师避免"一言堂"，为同伴之间提供较多交流、合作、分享的机会时才能变为现实。①

集体教学活动是我国幼儿教育传统的教学组织形式，有其自身的优势，如教师在面对整个集体，对同一问题进行讲解时显得省时、高效；有利于培养幼儿的集体感和纪律感等。但是，"这种集体的教学组织形式，在照顾每个学生的个性特点和学习差异方面，是有很大局限性的。特别是在运用的过程中，越来越走向程式化、固定化，形成了所谓几个环节和几个阶段的刻板形式，大大限制了学生主动地学习和生动活泼地发展。这与发展学生个性、培养有创造性的现代人才相抵牾，因而在19世纪末西方'新教育'兴起之后，它就受到了严厉的批评"。② 集体活动由于幼儿人数多、个体差异性大，教师无法顾及每个幼儿的需要，难以让每个幼儿都积极参与。

集体教学往往是由教师主导的，而教师选择教学内容、确定目标的依据往往是"标准的教学大纲"、"标准的年龄特征"以及自身以往的经验，这或许能够保证幼儿的基本学习，能够照顾到幼儿的"平均"水平，但幼儿是"非标准化"的、活生生的，是带着各自不同的兴趣、经验和理解水平走进教育场景中的。按照统一的大纲、统一的

---

① 李季湄、冯晓霞主编：《〈3—6岁儿童学习与发展指南〉解读》，人民教育出版社2013年版，第266页。

② 黄济：《教育哲学通论》，山西教育出版社2006年版，第498页。

要求组织教学，难免会与幼儿的需求不完全吻合，导致机械、被动地学习，使其主体性难以发挥，个体差异难以受到关注，发展需要难以得到充分满足。①

全班集体教学的方式虽然看起来"面向全体"，但是这种"全体"实际上是模糊了个体差异的"一般"。"在这种整齐划一的集体教学中，教师采取的是'拉平两端向中间看齐'的教学策略，缺乏对于每个具体的幼儿的特点和'最近发展区'的觉察与适应，不能满足每个幼儿对教学的特殊需要。"② 因此，"为了把幼儿吸引到预成性的活动中去，教师往往想出一些'游戏的方法'来吸引幼儿到对他们来说可能是毫无意义的活动中去，这种做法的结果往往使得教学活动的内容对于大多数幼儿来说过于容易，而不能激发幼儿的认识活动兴趣和积极的思维活动，教学活动只剩下表面上的或形式上的热闹。"③

同时，幼儿的学习不仅需要多感官参与，而且需要较多的相互交流和情感支持，集体活动难以满足幼儿的这些需要。因此，集体教学活动有一定的局限性，并非所有的情况下都适合，应当根据目标、内容以及幼儿学习该内容的特点来确定。例如，人类优秀的文化传统、社会行为规范、与健康生活有关的安全、卫生等常识，从社会的角度要求每个幼儿都应该掌握，但很难通过"做中学"的方式进行体验学习，那么采用集体教学的形式就是最经济有效的。又如，从幼儿发展的角度出发，凡是全班幼儿共同感兴趣的或有着共同经验基础的内容，采用集体教学的方式也是适宜的。④

（2）小组活动

小组活动可以是教师有计划安排的或引导组织的活动，也可以是幼儿自发的活动。小组活动有助于满足幼儿不同的兴趣需要，为幼儿提供与同伴和教师交谈、讨论、合作、分享经验的机会，有利于培养幼儿的探究意

---

① 李季湄、冯晓霞主编：《〈3—6岁儿童学习与发展指南〉解读》，人民教育出版社2013年版，第266页。
② 刘焱：《儿童游戏通论》，北京师范大学出版社2013年版，第369页。
③ 刘焱：《儿童游戏通论》，第369页。
④ 郑健成主编：《学前教育学》，复旦大学出版社2011年版，第82页。

识和合作精神，对发展幼儿的口语交际和解决问题的能力等都有着十分重要的意义。

教师有目的有计划地组织指导的小组活动，常常被称为小组或分组教学。教师面向一组幼儿进行教学，其他组幼儿以不影响该组教学为前提，自主进行其他活动，然后轮流交换活动。分组可以是随机的，也可以将能力相近或能力不同的幼儿分为一组，便于幼儿之间相互学习和交流。按能力分组能够照顾到幼儿的不同需求，但这种分组一旦固定下来，就容易产生"标签效应"，影响幼儿的自我评价，因此要谨慎使用。分组教学适合学习新内容，以及一些要求幼儿有更多的发言机会的内容，如主题谈话等。

小组活动除分组教学之外，还有一种就是全班集体教学活动背景下的分组活动：第一，同一内容、同一要求、同一方法的分组。这种分组比较适合操作性强，幼儿可独立进行而不需要教师太多指导的内容。教师更多的是观察了解活动情况，给予幼儿必要的帮助和指导，最后对幼儿的学习情况进行归纳总结。这种方式具有集体教学的优点，同时在一定程度上弥补了其不足。目前这种小组教学在我国比较常见。第二，同一主题不同内容的分组。全班学习的内容主题是一个，但每组活动的具体内容有所不同，各个小组从一个方面或一个角度探索、探讨与同一个主题有关的问题，各组之间分工合作。最后大家通过交流分享，获得关于这个主题较完整的学习经验。

（3）个别活动

个别教学活动是幼儿园课程实施必不可少的一种形式，是教师和某个幼儿在一起进行教与学的双向活动形式。它是教师根据个别幼儿的特点，进行"私人订制"，采取"一对一"教学的一种教学活动组织形式，具有较强的个体性和鲜明的差异性。为了增强个别教学活动的指导性，使每个幼儿都能在自由宽松的氛围中茁壮成长，教师要注意以下几点：第一，幼儿的兴趣爱好。教师要以幼儿的兴趣爱好为起点，对每个幼儿加以精心呵护，通过有趣的个别化教学活动，促进幼儿的个性健康发展。第二，幼儿的知识经验。教师要以幼儿的知识经验为平台，对每个幼儿加以及时指导，通过生动的个别化教学活动，丰富幼儿的知识经验结构。第三，幼儿的技能水平。教师要以幼儿的技能水平为基础，对每个幼儿进行适时指导，通过多种多样的个别化教学活动，提高幼儿的多智能水平。第四，幼儿的学习方式。教师要以幼儿的学习方式为杠杆，对每个幼儿进行细致指导，通过丰富的个别化教学活动，提高幼儿的学习效率。第五，幼儿的学习速度。教师要以幼儿的学习速度为支点，对每个幼儿进行深入指导，通过递进的个别化教学活动，加快幼儿的学习步伐。①

（4）游戏活动

游戏是幼儿最喜欢的活动方式，幼儿园教学内容的组织在很大程度上都要通过游戏活动的方式呈现出来。

> 游戏活动的独特价值在于它能够为幼儿的主动学习和经验建构提供一种具有"发展适宜性"的"游戏生态"。这种特殊的游戏生态可以为幼儿个人独特的经验建构提供选择和创新的可能性和灵活性，使幼儿的认知和情感需求处于和谐的统一状态。同时，幼儿园游戏特有的"社会性情景"可以使幼儿围绕游戏中发现的共同感兴趣的问题形成游戏——学习的共同体，从而为以对话和协商为基础的经验的"社会性建构"创造条件。②

所以，无论是集体活动、小组活动，还是个别活动，都要结合游戏这一特殊的活动形式来进行。

> 幼儿在游戏中的学习活动应当受到教师"教"的充分关注、重视和支持。为幼儿创设能够激发他们探索、想象、思考、表现、表达、交流、合作的丰富的游戏环境，支持、引导、丰富和扩展幼儿在游戏中的经验建构，是教师"教"的重要任务和内容。③

游戏对幼儿的身心发展，以及创新精神、实践能力等各方面的培养都有着积极的影响。幼儿早期的各种游戏是"整个未来生活的胚芽"④，是幼

---

① 李生兰等：《幼儿园课程新论》，北京大学出版社2018年版，第15—16页。
② 刘焱：《儿童游戏通论》，北京师范大学出版社2013年版，第365页。
③ 刘焱：《儿童游戏通论》，第371页。
④ ［德］福禄倍尔：《人的教育》，孙祖复译，人民教育出版社2001年版，第83页。

儿时期最纯洁最神圣的活动。游戏是幼儿的内在本能，是幼儿社会、情感和认知发展的重要手段，同时也是其发展的表现。① 对幼儿教育工作者而言，应全面理解游戏的深刻内涵，认识到游戏对幼儿的发展价值及教育功能，将幼儿园教学内容与游戏紧密结合起来，让游戏成为幼儿园教学内容展开的基本教学途径，让幼儿在游戏的过程中充分体验游戏的愉悦，让他们在享受游戏的自由和快乐时自然地获得各方面的发展。教师在幼儿游戏的过程中应充当好观察者的角色，通过观察，教师可以了解幼儿的游戏水平及使用材料的情况，更好地为幼儿提供时间、空间、材料与经验上的准备。同时，教师要正确处理好幼儿园教学内容与游戏两者间的关系，切忌将游戏简单化为教学，或者将幼儿园教学内容简单地游戏化。否则，游戏不仅无法发挥出其应有的教育价值，而且不能促进幼儿的健康成长。

（5）日常生活活动和常规性活动

日常生活活动和常规性活动是指除教师专门组织的教学活动和游戏以外，幼儿在幼儿园从事的所有活动。如幼儿的各种自由交往活动、户外玩耍、幼儿的入园（离园）、进餐、盥洗、如厕、午睡、晨间活动等。幼儿园教学目标和内容中有很多都是通过日常生活活动或常规活动来完成的，例如，幼儿卫生习惯的培养、幼儿的生活自理能力以及一些社会行为规范，等等。因此，在幼儿园日常生活活动和常规性活动中，"教师要留意幼儿对学习的渴望，并且在一日生活中保护和激发幼儿对学习的热情。教师可将读写、数学、科学等相关内容嵌入幼儿的一日生活中。这些内容不是通过分科式的课程教授给幼儿的，而应是渗透在幼儿的游戏、饮食和活动、过渡等环节中，让幼儿自己去发现，并在活动中自我提高。"② 并且，需要注意的是，"教学"实现向儿童的"生活世界"回归。

一个重要的前提是不应当仅仅把教学过程看作围绕"知识"展开的认知活动的过程，更重要的是应当把教学过程看作教师和儿童共同创造能够体现人的社会性本质、丰富人的各方面发展的生活世界的过程。这样的教学过程不再是教师向儿童单向地灌输知识技能，用现成

---

① 路娟、王鉴：《论幼儿园教学的本质》，《当代教育与文化》2017年第5期，第1—8页。
② ［美］德布·柯蒂斯、玛吉·卡特：《关注儿童的生活：以儿童为中心的反思性课程设计》，郑福明、张博译，教育科学出版社2015年版，第157页。

的知识、结论去填充儿童的头脑的过程,而是支持、引导、丰富和扩展儿童经验建构的过程。①

因此,要重视幼儿的日常生活教育,将幼儿园教学内容与幼儿的日常生活结合起来,让日常生活活动和常规性活动成为幼儿园教学内容的重要组织形式和实现路径。

2. 教师的教育教学活动

教师的教育教学活动即教师专门组织的教育活动,指教师按照明确的教学目标和教学内容,有计划、有组织、循序渐进地引导幼儿获得有益的学习经验的一种教育途径。教师的教育教学活动具有目标明确、内容精选、计划性强、教师的组织指导作用明显等特点,这类活动的主要作用在于帮助幼儿获得新知识、新技能,并整理、扩展、提升幼儿的已有经验。②教师在教育教学活动过程中,要先从幼儿的已有经验开始,引发幼儿的积极兴趣,再导入新经验,帮助幼儿搭建已有经验与新经验的"脚手架",使幼儿更容易理解教学内容。教是促进儿童技能发展和知识获得的一门艺术。"在幼年,儿童每天都有很多新发现,教师的主要作用是让学习变得有意义,帮助儿童建构知识经验。此外,教师还必须了解班级中每名儿童的不同发展需要,并且为每名儿童提供学习机会,满足其发展需要。"③

在教学活动中,教师和儿童之间是一种互动关系,双方在平等合作的基础上对话、交流、交往,双方的问题、经验、困惑、理解、智慧、情感、态度等在这里得到充分体现。通过这种互动实现着师生双方的双向建构:一方面,在教师的支持和帮助下,幼儿积极主动地、不断地从不同方面丰富自己的经验世界,"实现个人的经验世界与社会共有的精神文化世界的沟通和富有创造性的转换"④,在建构经验的同时也不断地使自己的主体性得到发展和壮大。另一方面,教师的主体性和专业素养也在和幼儿的

---

① 刘焱:《儿童游戏通论》,北京师范大学出版社2013年版,第371页。
② 陈文华主编:《幼儿园课程论》,科学出版社2011年版,第54页。
③ [美]雷切尔·罗伯森、米莉安·德莱斯勒:《质量认证背景下的幼儿园自我评价——提升幼儿园教育质量的行动经验》,刘昊、陈敏倩、张东霞译,教育科学出版社2021年版,第128页。
④ 叶澜:《重建课堂教学过程观——"新基础教育"课堂教学改革的理论与实践探究之二》,《教育研究》2002年第10期,第24—30、50页。

互动中、通过对"自己的行动和行动结果"的反思而不断获得发展。这样的教学过程实现着教师和儿童的共同发展。[①]

(二) 以领域为中心的组织形式

按照知识本身的逻辑性和系统性组织教学内容，是这种组织形式的共同点。

1. 分领域的组织形式

分领域的组织形式是一种比较严格地按照知识的类别（科目）组织教学内容的形式。它将幼儿园教育内容分成不同科目，从各门学科中选取最基本的内容，组成各种不同的学科，每一门学科都有比较系统的知识体系。然后分学科安排教学顺序、学习时数和期限。同时，也相应地编写不同学科的教材作为学科教学内容的依据。如目前我国将幼儿园课程分为语言、社会、健康、科学和艺术五个领域，进行分领域教学。

2. 整合领域的组织形式

整合领域的组织形式力图打破学科之间的界限，采用合并相邻学科的方法，将各领域的知识以一定的形式整合起来，构成一个有机整体，使各领域的知识相互影响、相互渗透。幼儿园教学内容"不应把整件的生活拆散而追求与现实生活割裂的或与现实生活不一致的知识系统。从幼儿发展的角度来看，各个方面的发展是相互联系、相互促进的，是一个有机的发展整体"。[②] 在现实的幼儿园教学实施过程中，幼儿是以"完整人"的形象出现的。因此，幼儿园教学内容的组织应是综合的，应尽可能地使不同的学科内容之间产生联系，以促进幼儿的学习迁移。例如，我国幼儿园原有的"常识"，包括了植物、动物、气候等内容。整合领域的组织形式的优点是比较容易结合实际生活，教给学生的知识比较完整。但是对于教材编写和师资提出了很大的挑战。

(三) 以儿童为中心的组织形式

以儿童为中心的组织形式，强调根据幼儿的兴趣、需要和能力来组织教学内容，注重让幼儿在生活情景中学习。教师的主要任务是为幼儿提供学习材料和学习机会，创设富有教育性的环境，让幼儿在与环境的相互作

[①] 刘焱：《儿童游戏通论》，北京师范大学出版社2013年版，第371页。
[②] 虞永平主编：《幼儿教育观新论》，人民教育出版社2009年版，第107页。

用中，自发地发现和掌握知识。活动课程是这种组织形式的典型代表，围绕幼儿的兴趣或需要来组织学习经验，注重"做中学"，且没有统一的内容和教学进度，学生主要根据自己的兴趣和能力自由地选择活动任务，自主进行学习。教师在教学中扮演的是支持者、合作者和引导者的角色。活动课程为幼儿提供了更多的自主活动机会，有利于幼儿思维能力和动手操作能力的提高，促进幼儿的个性发展。但幼儿获得的学习经验或知识基本上是零散的，缺乏衔接性和顺序性，学习者难以形成系统的知识网络。

第六章　幼儿园教学方法

"教学有法，但无定法，贵在得法。"这是我国广大教育工作者在长期教学实践中总结出来的宝贵经验。所谓"有法"是指教学有规律可循；所谓"无定法"是指在具体教学中并不存在"放之四海而皆准"的固定不变的万能方法，一切都因人、因境而定；所谓"得法"是指在众多的教学方法中，形成自己的教学风格、教学特色。幼儿园教育要基于幼儿身心发展特点，综合考虑选择教学方法的各种因素，全面分析不同教学方法的优点与局限性，根据幼儿园教学目标和任务，选择恰当的、合理的、科学的教学方法，并掌握系统的幼儿园教育教学理论，提高幼儿园教学方法的适切性，为幼儿的有效学习服务。

第一节　幼儿园教学方法的内涵

一　教学方法的发展历程

教学方法是"引导、调节教学过程最重要的教学手段"[①]，其发展历程是与社会生产力及科学技术水平密不可分的。在不同的历史时期，教学方法呈现出不同特点。在原始社会里，由于生产力极度低下，原始社会的教育未从社会生产和生活中完全分化出来，成为独立的社会活动。其主要表现是没有专门从事教育（以此为职业）的人员和相对固定的教育对象，没有专门为教育所用的内容和场所，教育活动渗透在生产和生活之中。原始社会对青少年教育的目的主要是使他们获得参加社会生活的能力。因此，

---

① ［日］佐藤正夫：《教学原理》，钟启泉译，教育科学出版社2001年版，第286页。

第六章　幼儿园教学方法

教育内容重点是对体力、顽强性和生产劳动的技能、与自然斗争的经验、风俗礼仪、宗教仪式等方面的训练，智力的开发只是实践的"副产品"，并没有被教育者意识到。教育的方法也以看、模仿、做等掌握直接经验的方法为主。①

进入奴隶社会和封建社会后，生产力的进步，促进了文化的发展，各种教育教学思想逐渐崭露头角。学校教育成为统治阶级的工具，具有鲜明的阶级性、专制性、保守性，并与生产劳动相脱离和对立，教育内容趋于分化和知识化。② 但由于受天地君亲师这一等级观念的影响，在教学方法上导致出现教师讲，学生听，教师是绝对的权威，教学方法偏重教师口头讲述，学生机械重复与背诵的问题。教学方法呈现出满堂灌，特别是八股文的出现，严重禁锢了学生的创新和自主学习的精神。

进入资本主义社会，由于受到科学技术、实用主义的影响，在课程内容上引进了不少科学技术方面的知识，课程内容增加，社会对各类人才的需求不断增加。

20世纪初，世界主要资本主义国家开始进入垄断资本主义阶段，在欧洲和美国出现了资本主义教育制度建立以来第一次影响波及世界的教育改革运动，这就是在欧洲称为新教育和在美国称为进步主义教育的运动。改革者意在加强学校与生活的联系，改变传统学校中以学科、教师为中心的教学模式，主张以活动和学生为中心来组织教育。③

资产阶级教育家日益重视对教学过程、教学方法的研究和实践，提出了启发式等新的教学理论，并由此开始出现多种多样的教学方法。

进入21世纪，特别是随着知识的日益膨胀，更新过程空前加速，对教师教学提出了更高的要求，既要满足学生掌握现成知识的需要，又要重视培养学生的自学能力，教学方法更加多元，其内涵和外延得到前所未有的拓展。教育方法的革新着眼于使学生在教育过程中积极化，发挥学生的主体作用，改变长期把教学方法的重点放在如何传授知识上的传统，使教学

---

① 叶澜：《教育概论》，人民教育出版社2005年版，第43页。
② 叶澜：《教育概论》，第44—60页。
③ 叶澜：《教育概论》，第63—64页。

幼儿园课程与教学论纲

方法有利于知识的掌握,更有利于智力、能力、创造力的发展。如发现法、启发式教学法、方案教学法、综合教学法、问题教学法等新方法的创造和对传统的教学方法讲授法、谈话法的改造等,都围绕着这个中心课题而展开。在思想教育的方法上,同样强调学生自我教育能力的培养。在教育手段上最突出的变化是现代化技术在教学和教育中的运用,这使教育的效率极大地提高并为教育的个别化和组织形式的多样化提供了物质条件。[1]

二 幼儿园教学方法的界定

幼儿园教学方法作为教学方法的下位概念,在理解幼儿园教学方法之前,对教学方法内涵的正确理解是很有必要的。何谓教学方法?不同学者由于研究视角的差异对其有不同的解释。有学者认为,教学方法是"教师为了实现一定的教学目的而运用某些材料的有效活动方式。教师的教学方法影响着学生的学习方法。"[2] 教学方法是指"为达到教学目的,实现教学内容,运用教学手段而进行的,由教学原则指导的,由一整套方式组成的,师生相互作用的活动。"[3] 教学方法是"为了完成一定的教学任务,师生在共同活动中采用的手段。既包括教师教的方法,也包括学生学的方法"[4]。教学方法是"教师组织学生进行学习活动的动作体系"[5],是"在教学过程中,教师和学生为实现教学目的,完成教学任务而采取的教与学相互作用的活动方式的总称"[6]。教学方法是"为了达成一定的教学目标,教师组织引导学生进行专门内容的学习活动所采用的方式、手段和程序的总和;它包含了教师的教法、学生的学法、教与学方法"[7]。教学方法是"从一定的条件出发,导向规定的目标,规定可操作的系统的原理与规则的系统"[8]。无论什么工作,要保证工作的顺利完成,掌握恰当的方法是十

---

[1] 叶澜:《教育概论》,人民教育出版社 2005 年版,第 96 页。
[2] 迟艳杰主编:《教学论》,高等教育出版社 2009 年版,第 194 页。
[3] 王策三:《教学论稿》,人民教育出版社 1985 年版,第 244—245 页。
[4] 中国大百科全书出版社编辑部编:《中国大百科全书·教育》,中国大百科全书出版社 1985 年版,第 151 页。
[5] 吴也显主编:《教学论新编》,教育科学出版社 1991 年版,第 360 页。
[6] 李秉德主编:《教学论》,人民教育出版社 1991 年版,第 197 页。
[7] 黄甫全、王本陆主编:《现代教学论学程》(修订版),教育科学出版社 2003 年版,第 300 页。
[8] 欢喜隆司:《教学方法:理解与运用》,智慧女神书房 1989 年版,第 6—9 页。

分必要的。如果方法恰当就能达到事半功倍的效果，反之，则会事倍功半。在人类的社会实践中，方法不仅制约着实践效率的高低，而且制约着实践的成败。①

尽管对教学方法的界定各异，但一般而言，衡量有效的教学方法主要从以下几个方面考虑：② 第一，有一定的目的性。无论何种教学方法，如果达不到相应的目的，就没有意义。判断教学方法的标准首要的是以目的来衡量。第二，节省精力与时间。教学方法是运用材料、实现目的的最经济的活动途径，良好的教学方法要能节省精力和时间。这也就是教学方法的有效性，即花费最少的时间和精力达到教学目的。第三，有良好的结果。良好的方法自然要产生良好的结果，其衡量的因素有：学生对学习内容观念明了清晰；学习的技能动作敏捷；学习进步速度快、幅度大；学习的知识和原理会应用，能解决问题。第四，符合教学伦理的要求。所谓符合教学伦理的要求，有两个基本的衡量标准：一是教学方式符合儿童身心发展的规律和特点，教学内容与学生已有的知识和经验能发生联系；二是保护儿童的健康，尊重学生的人格，正确认识和处理教师权威与学生自由的关系。第五，教学生学会学习。"正确的教学方法的本质在于，学生不是临时演员，而是为使学生成为主角而准备好教学课题的演出。"③ 为了教学生学会学习，教师需要做的工作是：首先，要培养学生的自学能力，发挥学生的自主性，引导学生学会对学习过程进行自我总结和反思，学会安排时间，自觉预习和复习。其次，要引导学生逐渐形成自己的有效学习方法。再次，教师要认识到教学内容对经验不同的学生会产生不同的意义，学生学习是一个建构意义的过程。最后，培养学生虚心和责任心。杜威认为，责任心作为理智的态度的一个要素，指的是事先考虑认识计划和行动的可能后果，并且有意承受这些后果的态度倾向。教师要引导学生对自己的学习负责任，并树立起"求学为了个人幸福和民族振兴，个人幸福和民族振兴需要求学"的责任心。

教学方法是一个持续的、动态的发展过程，是因应时代的进步而不断发展、变化和完善的。联合国教科文组织在2022年发布的《一起重新构

---

① 尚凤祥：《现代教学价值体系论》，教育科学出版社1996年版，第155页。
② 迟艳杰主编：《教学论》，高等教育出版社2009年版，第196—197页。
③ H. Meyer：《教学方法、技术与实践理念》，北大路书房2004年版，第115页。

想我们的未来：为教育打造新的社会契约》一书中对教学法进行了新的诠释。它认为，在新的教育社会契约中，教学法应根植于合作和团结，培养学生和教师为了改变世界，相互信任、携手工作的能力。教育要教会人们进行独立思考，而不是思考什么或如何思考。

教育应当培养受教育者的同理心和同情心，应当培养受教育者携手共进，改变自己和世界的个人能力。教师、学生和知识之间的关系超越了课堂规范和行为准则，这些关系塑造了我们的学习。学习又会延伸学生与道德及关怀的关系，而这些品性正是我们在承担起共同的世界责任时所需要的。教学是引发这种变革性交流的工作，从现有的状况向可能的发展状况转变。①

团结合作的教学法应"以非歧视、尊重多样性和补偿正义的共同原则为基础，以关怀和互惠为框架。这些教学法不可避免地对人们的参与、协作、提出问题，以及对跨学科、跨代际、跨文化的学习提出要求。这些教学法既得益于知识共享，也有助于知识共享，它们可以贯穿人的一生，彰显每个年龄段和教育水平中蕴含的独特机遇。"② 展望2050年，我们需要放弃强调个人主义和竞争性成绩的教学模式、课程和衡量标准。取而代之，我们需要重点考虑以下指导原则：

第一，关联、依存和团结对于变革个体和集体的教学法是必不可少的。随着教师学习怎样在教室内外培养教学关系，学校和教育体系必须想方设法将这些实践纳入更制度化的层面。经验与对话，服务与有意义的行动，研究与反思，参与建设性的社会活动与社区生活——这些都是颇有前景的方法中的一小部分。学校和教育体系还必须打破社会和部门的壁垒，倾听家庭和社群的声音，将自身延伸到生活的其他领域，从而为课堂以外的新的联系和教学关系提供支持。

第二，合作与协作应该构成教学法这一集体的、相互关联的过程

---

① 联合国教科文组织编：《一起重新构想我们的未来：为教育打造新的社会契约》，教育科学出版社2022年版，第147页。

② 联合国教科文组织编：《一起重新构想我们的未来：为教育打造新的社会契约》，第52页。

的基础。教师可以采用各种各样的学习策略——从同伴反馈、项目化学习、提出问题和探究式学习、学生实验室、职业技术工坊，到艺术表达和创造性合作——所有这些都是为了培养学生们或独立或集体地以创造性和前所未有的方式应对新挑战的能力。学校和教育体系可以探索各种方法，促进不同年龄、兴趣、社会部门、语言和学习阶段的人发生更广泛的接触。

第三，我们应当把团结、同情心和同理心深深地渗透到我们的学习方式中。这种教学法能使学生理解远超他们亲身经历的经验。我们也欢迎家长和家庭参与其中，与孩子一起分享和珍惜多样性与多元性，这对于消除学生在不同环境和关系中面临的偏见、歧视与分歧至关重要。学校和教师可以创造重视同理心，维持历史、语言和文化多样性的环境，其中，原住民群体和广泛的社会活动尤其重要。

第四，所有评价都是教学评价，所以必须经过深思熟虑，务必能够为促进学生的成长与学习的更广泛的教学重点提供支持。教师、学校和教育体系可以利用评价来确定任务的轻重缓急，明确并处理具有挑战性的领域，从而更好地支持个人和集体的学习。评价不应被当作惩罚或划分"赢家"与"输家"的工具。教育政策不应受排名的不当影响，过分强调高利害的、脱离当地背景的考试，它们会反过来影响在学校时空中发生的事情，造成极大的压力。[1]

在幼儿园里，教学方法主要解决的是"如何教"的问题，是"为实现特定的课程与教学目标，由特定的课程和教学内容所制约，教师与幼儿共同参与和遵循的教与学的操作步骤，也是调节教学过程的规范体系，是在教学活动中，教师借以进行全面发展教育所采用的程序"[2]。同样的教学内容所采用的方法不同，所达到的效果也是不同的，学前教育阶段对象的特殊性决定了在幼儿园中要完成教学任务，教师必须更加重视教学方法的研究与应用，用好了教学方法可以收到事半功倍之效。相反，如果方法不当则会事倍功半，达不到预期效果，甚至可能会起到阻碍教学进程的作用。

---

[1] 联合国教科文组织编：《一起重新构想我们的未来：为教育打造新的社会契约》，教育科学出版社2022年版，第147—148页。

[2] 黄人颂主编：《学前教育学》，人民教育出版社2012年版，第289页。

那么，幼儿园教学方法到底是什么？它又有什么样的特殊性？

第一，教学方法是在教学过程中教师教的方法和幼儿相应的学的方法结合起来，以完成一定的教学任务的方法总称。这种说法阐明了教学过程中教师与学生的相互关系，教师是"教"的角色，学生扮演的是"学"的角色，分工明确，共同的目的在于完成教学任务。"明晰教学方法的概念特征，特别是把握教学方法的基础——教育关系，有助于教学方法从单纯的育分手段上升到育人的高度。"[1] 以观察法为例，观察法是教师有目的、有计划地领导幼儿感知客观事物的过程。[2] 在这里，教师的教法是"指导"，幼儿的学习方法是"观察"，教师要指导幼儿制订计划，激发幼儿兴趣，在观察过程中运用语言或者非语言进行指导，教会幼儿学会观察，并在观察结束后对结果进行整理。

第二，教学方法，又称教授法，是教师在教学过程中，向幼儿传授知识技能，提高幼儿身心素质的方法。这种观点强调教师单方面的"教"，而不是幼儿的学。教学活动被称为"讲课"或者"教书"。自《幼儿园教育指导纲要（试行）》颁发以后，随着幼儿教师教育观念的更新，对幼儿身心发展阶段特点认识的加深，这种教育观念及行为逐渐消失，传统的讲授法不再适应幼儿园教学。

第三，教学方法是指教学活动中，教师借以进行全面教育所采用的方法，它既要考虑教师怎样教，又要考虑幼儿怎样学。教学是关系性的，"教师和学习者在相互学习的过程中，都会经由教学际遇而发生改变"[3]。这种观点是基于教学是双边过程的认识而建立的，因此提出了教学方法应考虑教师与幼儿这两个主体因素。

以上三种观点不同程度地揭示了幼儿园教学方法的内涵。第一种和第三种观点比较符合当前幼儿教育理念的主流。结合我国幼儿园具体的教学方法来看，幼儿园教学方法是指在幼儿园中为了完成一定的教学任务，在教学活动过程中幼儿教师所采用的方式、方法。之中既要考虑教师怎样教，也要考虑幼儿怎样学，以及两者在教学过程中的心理和情绪状态。幼

---

[1] 钟启泉：《教学方法：概念的诠释》，《教育研究》2017年第1期，第95—105页。
[2] 长沙师范学校编写：《幼儿教师实用手册》，湖南教育出版社1984年版，第61页。
[3] 联合国教科文组织编：《一起重新构想我们的未来：为教育打造新的社会契约》，教育科学出版社2022年版，第52页。

儿园常见的教学方法有观察法、游戏法、谈话法、演示法以及练习法等。

三 幼儿园教学方法选择的依据

影响教学方法选择的因素是多方面的,面对诸多的教学方法,幼儿园教学方法的选择不是杂乱无章的,而是具有一定的选择标准和依据的。

(一)教学方法应与教学目的相适应

目的性是教学方法首要的、本质的特征,它规定着教学方法的方向。教学方法与教学目的紧密相连,具有鲜明的目的性和指向性。[①] 教学方法是实现教学目标、完成教学任务的不可缺少的工具,任何一种教学方法都是为了教学目的和任务服务的。教学目的和任务的不同,所采用的教学方法也不同。每一种教学方法都有其特定的适用范围,都有其长处和短处。幼儿园在选择具体的教学方法时,不可片面地夸大某一类教学方法的作用,而应根据特定的教学目标和任务,选择有利于教学目标、任务实现的教学方法。例如,幼儿园大班主题活动"水的奥秘"。其中一个活动是"沉与浮",其目的之一是让幼儿尝试通过实验了解物体浮沉的原因和特性,培养幼儿探索和观察能力。那么,为了达到这一目的所采用的教学方法应以实验法和记录法为主,通过幼儿的具体操作来了解水的特性。而在大班科学活动"美丽的菜园"中,观察菜园里的蔬菜,就应以观察法和记录法为主。

(二)教学方法要与教学内容相适应

除了教学目标外,幼儿园具体的课程内容也是制约教学方法选择的重要条件。《幼儿园教育指导纲要(试行)》明确规定了幼儿园活动的目标与教学要求。在健康领域是以增强幼儿体质,培养健康生活的态度和行为习惯为目的,其中开展体育活动是重要的手段之一。幼儿教师开展体育活动的方法与形式是多种多样的,最常用的教学方法是将动作技能的发展寓于游戏中。例如,培养幼儿正常的穿脱衣服与鞋袜的行为,可以通过开展游戏性质的比赛进行;在训练幼儿的跳跃动作时,可以展开"小白兔采蘑菇"的游戏活动,给幼儿带上头饰,让其扮演小白兔跳跃的动作。在幼儿园科学教育活动中,幼儿教师常用的方法是观察法、实验法、比较归纳法

---

① 徐英俊、曲艺:《教学设计:原理与技术》,教育科学出版社 2019 年版,第 147 页。

等。在幼儿园美术教学中，教师常常会采用观察法、范例法、直观演示法、游戏法等。在音乐教学活动中会采用表演实践法、个别辅导与集体辅导相结合的方法，其中个别辅导法采用动静结合的方法。① 因此，幼儿教师在选择具体的教学方法时，要根据不同的教学内容，选择与之相适应的教学方法。

（三）教学方法要与幼儿身心发展特点相适应

教学必须符合儿童的年龄特征，以儿童一定的经验发展水平为基础。"教学总是应该与儿童的发展水平相一致，这是由多年的经验所确定的。也是经反复检验过的毋庸置疑的事实。教儿童读书识字只能从一定的年龄开始，他学习代数也只能从一定的年龄开始。"② 不同年龄段幼儿的学习特点是不同的，因此，适合于他们的教学方法也是有差异的。

小班幼儿在刚入园时不适应集体上课的状态，注意力分散，独立性差，语言发展水平有待提高，这时的幼儿处于"集体单干"的状态。教师在组织课程教学时，要注意运用直观教学法，即与游戏相结合，以激发幼儿兴趣，让其愿意加入教学活动中来。中大班幼儿的语言能力有所发展，已经习惯集体生活与学习，上课时间较小班幼儿来讲可适当增加。一般小班幼儿每节课10—15分钟，中班20—25分钟，大班学前班可增加到25—30分钟，为以后升入小学做准备。需要指出的是，有的幼儿园采用的是混龄班的形式，即把3—6岁的幼儿编在同一个班里进行学习和生活，这时教师要采用的教学方法就应更加灵活多样。例如，可根据幼儿不同的年龄和身心发展特点，进行分组教学。分组教学要注意以下三个方面的问题：首先，要根据《幼儿园教育指导纲要（试行）》的教学要求，认真细致地考虑小组的教学内容，保证全体幼儿均能达到预定要求。其次，教师要依据各科教学特点，结合本班幼儿的实际发展水平，确定小组教学和幼儿独立活动的时间。最后，重视幼儿工作能力的培养，特别要注意培养幼儿的规则意识，教会幼儿耐心等待，不妨碍他人或者他组的工作。

---

① 何品三：《幼儿钢琴教学方法的探讨》，《学前教育研究》2000年第3期，第49—50页。
② ［苏］维果茨基：《维果茨基教育论著选》，余震球选译，人民教育出版社2005年版，第384—385页。

（四）教学方法要与教师的教学风格相结合

教学风格具有独特性和多样性的特点①，每个教师也都有各自的习惯、喜爱和擅长的教学方法。教学方法与教学风格两者具有十分密切的关系，教学风格会影响教学方法的选择、运用和实施，而教学方法对教学风格的形成也具有重大的意义。如果幼儿教师长期使用某种教学方法，并能熟练、自如地运用，那么就会形成一种教学风格，这个形成过程是长期的、稳定的，在教学风格形成之后就会影响幼儿教师选择和运用教学方法。②幼儿教师的教学风格按照不同的标准可以划分为不同的类型。从心理维度可以划分为情感型和理智型两种，从社会维度可以划分为表演型和导演型、从教育维度可以划分为目标导向型和过程导向型两种。③

教师教学方法的选择要考量自身的教学风格，发挥自己的优势来选择相应的教学方法。例如，有的老师善于绘画，有的老师擅长讲故事。如果教师发挥出自己的长处，那么教学效果就会不断提高。相反，如果教师选择了不适合自己的、自己无法驾驭的教学方法，那么教学效果就可想而知了。

（五）教学方法与幼儿园具体实际相结合

幼儿园的外部环境会影响教师教学方法的选择，这些环境包括社会条件、自然条件、物资设备等。如果不具备这些条件，就会限制某些教学方法的运用。在现代技术设备较好的条件下，教师有可能使用多样的方法，使幼儿更快地获取知识，牢固地掌握知识。如果没有现代化的设备和条件，教师则只能更多地选择语言讲解和其他可能的方法。就教学条件而言，农村幼儿园和城市幼儿园的条件是不一样的，应尽量利用各自的优势，进行有效教学。农村幼儿园应尽量发挥其生态环境的优势，挖掘乡土课程资源，进行园本课程资源的开发，教师要运用这种优势开展自然科学教育。

四 教学方法改革的发展趋势

20世纪上半叶，我国的教学方法主要是以引进西方教学方法为主。近

---

① 李如密：《论教学风格的独特性和多样性》，《当代教育论坛》2003年第7期。
② 滑红霞：《教学风格与教学方法探微》，《教育理论与实践》2000年第5期。
③ 赵柯：《幼儿教师教学风格的类型及特征》，硕士学位论文，湖南师范大学，2010年，第2页。

40年来，国外学者对教学方法进行了试验研究，丰富了教学方法的内容，对我国改革教学方法体系具有一定的借鉴作用。下面对国内外几种主要的教学方法加以阐述。

（一）国外教学方法变革的实验研究

1. 程序教学法

程序教学法也叫小步子教学法，是在开始使用机器之后发展而来的。它是这样一种教学方法，即依靠教学机器和教材，呈现学习程序——包括问题的显示，学生的反映和将所反映的正误情况反馈给学生的过程——使学习者进行个别学习的方法。程序教学法是根据程序编制者对学习过程的设想，把教材分解为许多小项目，按照一定的顺序排列起来，每个项目都会提出一个问题，并且通过教学机器和程序教材呈现出来。它要求学习者做出回答，然后给予正确答案让学习者自己核对，在这一过程中，教学机器和学习者之间存在着积极的互动。程序教学法分为两种类型：一种是直线式程序，一种是分支式程序。前者是由斯金纳提出的，这种方式的特点是，在教学机器呈现每一个项目问题时，只有当学习者回答正确以后才能继续下一步的学习，学生要按照教学机器规定的顺序学习，不能随意跳跃步骤。后者是由克洛德创立的，其特点是即使学生回答不正确，也能进行下一步学习，以适应个别差异，学生可以选择适合自己学习进度的学习材料。程序教学法最大的缺点是师生之间缺乏联系与沟通。

2. 暗示教学法

暗示教学法是由保加利亚学者洛扎洛夫提出的，指教师精心设计教学环境，通过暗示、联想、练习和音乐等综合方式，利用无意识心理活动，诱发学生的学习需要和兴趣，并与有意识的心理活动相结合，充分发挥其智慧潜力，获得尽可能好的教学效果的方法。[①] 其关键在于运用暗示刺激和无意识的心理活动。其具体要求是：首先，教师要创设良好的教学环境，诱发学生学习的潜在能力。其次，合理运用权威。最后，教师要打破常规，建立新的观念，尽量发挥人的智慧潜力。

3. 微型教学法

微型教学法也叫微格教学，是由美国斯坦福大学教育系在1963年创立

---

① 罗明基主编：《教学论教程》，黑龙江人民出版社1987年版，第166页。

的,是指借助现代化的视听工具,以几名学生为对象,在短时间内练习某种上课行为的方法。其特点是,不以全班学生为教学对象,而是借助视听工具,分多批进行,方便学生及时了解自己的学习效果,促使实习生迅速提高自身的教学技能。

(二)国内教学方法的改革试验

1. 尝试教学法

尝试教学法是指教师在教学中指导学生自学教材,做练习题,展开讨论,然后由教师讲解的方法。它能有效提高学生的自学能力和课堂教学效率。在运用这类方法时,首先要重视课堂结构(包括基本训练、导入新课、进行新课、尝试练习、课堂作业、课堂小结六步)。其次要尝试运用教学法。虽然这种方法可以提高学生的自学能力,但是不适宜低年级阶段以及学前教育阶段的幼儿。

2. 六步教学法

魏书生在前人经验的基础上,结合自身的教育实践经验提出了六步教学法,在我国教学方法的改革过程中具有重要意义。六步是指定向、自学、讨论、答疑、自测和自结。在运用这一方法时要注意听、说、读、写相结合,课堂内外相结合,学与用相结合,重视教师教学的指导思想。

3. 自学辅导教学法

自学辅导教学法顾名思义是指在教师的指导下,学生进行自学,从而获得知识,取得发展。它不仅能调动教师的积极性,有的放矢地指导和辅导学生,引起学生的学习兴趣,减轻课外作业负担,更能培养学生自学能力与习惯,提高学习能力。

(三)教学方法变革的特点与趋势

从国内外教学方法改革的实践中,可以清晰地看到其发展趋势。其特点主要有以下几个方面:

第一,由以教为重心逐渐转移到以学为重心,由传授知识逐渐转移到以打好基础,发展智力,培养能力为重心。传统的教学方法以教师为中心,只注重教师的教,不重视幼儿的学。针对传统教学的这一弊病,国内外教学方法改革都把重心从"教"转移到"学",从传授知识逐渐转移到打好基础,发展智力,培养能力。充分发挥教师的指导作用,突出学生学的主体地位。诚如古人所云:授人以鱼不如授人以渔,授人以鱼供一日之需，教人以渔则使其终身受益。使得学生成为学习的主人，变"要我学"为"我要学"。而在幼儿教育实践中，十分强调幼儿学会学习，重视幼儿在教学过程中的主体作用和师幼之间的交互作用，重视幼儿的操作活动。皮亚杰的自我建构论强调，幼儿真正的学习是主动、自发的学习，幼儿自我建构的学习方式对幼儿的成长与发展更有意义。[①] 教育部颁发的《幼儿园工作规程》就把以前的"上课、讲课"改为"教育活动"或"教学活动"，强调通过幼儿的活动来促进幼儿的主动发展，这是教学方法的这种发展趋势的反映。

第二，注重对学生进行学习方法的指导。从国内外教学方法改革的实验研究中不难发现，教学方法改革都注重对学生学习方法的指导。教学方法包括教师的教和学生的学，过去的教学方法过于注重教师的教而忽视了学生的学，而现代教学方法开始重视学生学习方法的获得和学生自学能力的培养。特别是在我国，这种观点更为突出。以自学辅导法为例，教师在这一教学过程中处于指导和辅导学生的地位，而学生处于主动学习的地位，这种教学方法明确指出了教师如何教，并分为四个阶段指导学生学习。[②]

第三，重视现代教学手段的运用。科学技术的进步在教育教学方法上体现为教学方法及手段的更新。特别是现代教学设备与手段的运用方便了教学工作。其表现便是各种媒介的介入，例如 PPT、Word、Exel、投影仪，视频动画等。这反映在幼儿园的教学方法上就是各种媒介被投放在幼儿园中，教师教学方法更加多元，对教师媒介素养要求更高。

第二节 幼儿园教学方法的种类

一 教学方法的分类

在教育方法理论中，分类是一个特别重要而且复杂的问题。所谓分

[①] 陈琦、张建伟：《建构主义学习观要义评析》，《华东师范大学学报》（教育科学版）1998年第1期，第61—68页。

[②] 高天明：《二十世纪我国教学方法变革研究》，博士学位论文，西北师范大学，2001年，第130页。

类，是指"根据事物的共同点（主要是本质特征）和差异点，将事物区分为不同的种类。分类的依据，根本的是事物的内在属性。教学方法的分类也是依据它们的内在属性"。① 教学方法的分类力图把多种多样的教学方法，按照一定的规则或标准，归属为一个有内在联系的体系。应用科学的方法进行分类，既有利于教师正确认识和选择应用各种教学方法，又有利于教学方法本身的发展。但目前，由于研究视角的差异，现代教学论中还没有统一、公认的教学方法的分类法。每个研究者依据的标准都不同，划分出的方法种类也不同。我国学者黄甫全等人对教学方法的分类进行了较为系统的梳理和分析。②

教学方法的主要目的是使人们在教学活动的实践中，能更好地认识、理解这些方法，能够掌握各种具体方法的特定功能与作用，明确应用的主要范围和适用的基本条件，从而使这些教学方法能够充分地发挥它们在教学活动中积极有效的作用。下面主要对几种较为典型的教学方法的分类进行介绍。

（一）尤·克·巴班斯基的教学方法分类体系

巴班斯基以教学活动的过程为依据，把教学方法分为三大类，每一大类又分为几个小类，每一小类又包含若干种教学方法，由此构成一套完整的教学方法分类体系。第一大类是组织和进行学习认识活动的方法，包括传递和感知知识信息方面、逻辑方面、思维方面、学习控制等方面。第二大类是激发和形成学习动机的方法，包括激发学习兴趣的方法、激发学习责任感的方法。第三大类是检查和自我检查的方法，包括口述检查的方法、书面检查的方法、实际操作检查法。这种分类方法试图综合各家的分类方法，比较系统和完整，有助于全面、辩证地理解教学方法。但是，这种方法过于详细，难以把握。③ 巴班斯基把教学方法主要划分为三大类。④

---

① 黄甫全、王本陆主编：《现代教学论学程》（修订版），教育科学出版社2003年版，第302页。
② 在研究中，可以从如下五个不同的角度对教学方法进行分类：一是教法与学法平行的分类；二是从学法到教法的分类；三是依据认识论所做的分类；四是罗列式分类；五是依据教学过程的分类；六是依据心理学的分类。[参见黄甫全、王本陆主编《现代教学论学程》（修订版），教育科学出版社2003年版，第302—303页。]
③ 王嘉毅主编：《课程与教学设计》，高等教育出版社2007年版，第192页。
④ [苏] 尤·克·巴班斯基主编：《中学教学方法的选择》，张定璋、高文译，教育科学出版社1985年版，第16—20页。尤·克·巴班斯基：《教学过程最优化》，吴文侃译，教育科学出版社1986年版，第16—28页。

这三大类方法及它们所包含的具体教学方法见表6-1所示。

表6-1　　　　　　巴班斯基的教学方法分类

组织和进行学习认识活动的方法	传递和感知知识信息方面	口述法：叙述、谈话、讲演
		直观法：图示、演示
		实践法：实验、练习、劳动
	逻辑方面	归纳法、演绎法、分析法、综合法
	思维方面	复现法、问题探索法、局部探索法、研究法
	学习控制方面	独立学习法、教师指导下的学习方法、书面作业、实验室作业、劳动作业
激发和形成学习动机的方法	激发、形成学习兴趣的方法	游戏教学讨论、创设道德体验情境、创设统觉体验情境、创设认识新奇情境
	激发、形成学习义务感和责任感的方法	说明学习意义、提出要求、按要求完成练习、学习的鼓励、对学习缺陷的责备
教学中检查和自我检查的方法	口头检查和自我检查	个别提问、全班提问、口头考查、口试、程序性提问
	书面检查和自我检查	书面测验作业、书面考查、书面考试、程序性书面作业
	实验实践检查和自我检查	实验室测验作业、机器测验

资料来源：徐英俊、曲艺：《教学设计：原理与技术》，教育科学出版社2019年版，第149页。

巴班斯基的教学方法分类体系在当代教学方法分类研究中是很有特色的，也受到了普遍的关注。巴班斯基比较全面和系统地研究了各种教学方法的分类，把不同的分类方法综合在一起，试图形成一个比较完整的教学方法分类体系，对全面理解和运用教学方法提供了便利的条件。并且，这种分类涉及了教学活动的各个方面，覆盖了教学活动的各个构成要素。但是把教学方法进行过细的划分，教师在应用时很难加以把握和灵活运用。[1]

---

[1] 徐英俊、曲艺：《教学设计：原理与技术》，教育科学出版社2019年版，第149页。

(二) 威斯顿和格兰顿的教学方法分类

辛吉娅·威斯顿和 P. A. 格兰顿在他们的《教学方法的分类及各类方法的特征》一文中,依据教师与学生交流的媒介和手段,把教学方法分为四大类:教师中心的方法、相互作用的方法、个体化的方法、实践的方法。[①] 他们对这四类方法分门别类,介绍得很详细。由于资料的年代久远,下面用表格的形式简单地展示其具体的教学方法(见表6-2)。

表6-2　　　　辛吉娅·威斯顿和 P. A. 格兰顿教学方法分类

教师中心的方法	相互作用的方法	个体化的方法	实践的方法
讲授 讲授是一种恰当的和有效的方法,尤其是对大班教学。但在教学过程中,学生的学习是被动的,而不是主动的。 提问 在提问的同时通常还辅以讲授或其他方法。提问对于多数认知和情感领域的教学都是有用的。 论证 教师通过论证可以说明一个概念及这种概念的应用。还可以说明一种心智技能的运用。此法最适宜认知领域的高水平学习	全班讨论 适用于对认知领域较高水平的学习和情感领域 小组讨论 在班级较大、学生兴趣不一,或者学生认为与少数人相互交流更为舒畅时,可以用小组讨论代替全班讨论 小组设计 学生通过研究一个专门的课题和问题,总会产生一定的结果 同伴教学 在同伴教学中,已经达到了目标的学生,可以作为教师去教一个、两个甚至三个还没有达到教学目标的学生	程序教学 教育者将一个目标或一系列目标的内容分成小的、连续的步子;结构严谨,学生可按自己的速度学习 单元教学 单元教学适用于多种类型的学习,尤其是对某一领域的早期学习更适宜。然而,单元教学的编制不但是费时间的,而且需要教学设计专家的帮助 计算机教学 通过计算机的运用则能更好地由人来控制,而今还可以根据学生不同的学习方式和能力,较容易地设计一个有着不同内容的教学计划	现场和临床教学 学习活动是现场教学,被用在技能和情感领域的教学中 实验室学习 所教的技能无法在实际中应用或者是为了实践的方便和安全而采用这一方法 角色扮演 在角色扮演中,学生会进入一个特殊的情境 模拟和游戏 在运用时要尽量创设一个安全又与实际相近的环境。游戏的运用方法与模拟相似,但它所提供的是更为抽象的现实情境的缩影 练习 多次重复,提供积极的实践机会

资料来源:辛吉娅·威斯顿、P. A. 格兰顿《教学方法的分类及各类方法的特征》,陈晓瑞译,《外国教育研究》1993年第3期,第14—17页。

(三) 达尼洛夫、叶希波夫的教学方法分类

达尼洛夫、叶希波夫编著的《教学论》是苏联传统教学论的典范。这

---

① 辛吉娅·威斯顿、P. A. 格兰顿:《教学方法的分类及各类方法的特征》,陈晓瑞译,《外国教育研究》1993年第3期,第14—17页。

是根据学生掌握知识的基本阶段和任务,感知、理解、巩固、运用来划分的。他们将教学方法分为:第一,保证学生积极地感知和理解新教材的教学方法;第二,巩固和提高知识、技能、技巧的方法;第三,学生知识、技能和技巧的检查。这种划分教学阶段的理论基础就是马克思主义认识论所揭示的认识的基本路线,从生动的直观到抽象的思维,并从抽象的思维到实践。苏联教育界关于教学方法的理论研究十分活跃,有的突破了传统的分类方法。

(四)李秉德的教学方法分类

李秉德是按照教学方法的外部形态以及在相对应的形态下学生认识活动的特点,把我国在中小学教学活动中常用的教学方法分为五大类:

第一,以语言传递为主的方法,即在教学过程中教师运用口头语言或书面语言为主要传递形式向学生传授知识、技能。其特点是能较迅速、准确地使学生获得间接经验。而且,对学生来说,语言的锻炼与发展是培养思维品质的一个重要方面。在教学过程中,以语言传递为主的方法主要有讲授法、谈话法、讨论法和读书指导法。

第二,以直接感知为主的方法,即教师通过对实物或直观教具的演示和组织教学性的参观等,使学生利用各种感官直接感知事物或现象而获得知识和认识世界。其特点是生动形象、具体直观、视听结合、记忆深刻。以直接感知为主的方法具有真实性,主要包括演示法和参观法。

第三,以实际训练为主的方法,即以学生的实践活动为特征,通过练习、实验等实践活动使学生的认识向更高一层发展,把技能转化为技巧。其特点是学生在获取知识和认识的过程中,手脑并用,学与实际结合,学以致用。以实际训练为主的方法主要包括练习法和实验法。

第四,以探索研究为主的方法,即教师组织和引导学生通过独立的探索和研究活动而获得知识、培养能力、开发潜力、形成探索精神的方法。这类方法的特点在于,学生具有较大的活动自由,由学生积极主动地探索解决问题的方法,学生的主体性得到充分彰显,学生的独立性得到高度发挥。以探索研究为主的教学方法主要包括发现法。

第五,以欣赏体验为主的方法,即教师在教学中创设一定的情境,或利用一定的教材内容和艺术形式,主要有欣赏法。学生通过体验客观事物的真善美,陶冶他们的性情,培养他们的正确态度、兴趣、理想和审美能力的方法。

二 幼儿园常用的教学方法

（一）讲授法

讲授法是指教师通过简明、生动的口头语言，辅以图书、图片、教具、玩具、视频等多种媒体，向幼儿传递语言信息的方法，是一种以教师讲、幼儿听为主的教学活动。它便于教师发挥主导作用，控制教学进程，完成教学任务，使幼儿在短时间内获得大量的、系统的文化科学知识。[①]运用讲授法，教师可以运用合乎逻辑的分析，以生动形象的描绘和陈述使幼儿在较短的时间里获得较为全面、系统的知识和认识，并把知识教学、思想观点、思维活动、智力发展等有效地结合起来。

教师运用讲授法所讲授的内容要有科学性、系统性、思想性，既要使幼儿获得一定的知识，又要在思想和情感上有所投入。讲授的语言不仅要准确清晰、简练适度、通俗易懂，以适应儿童的理解能力和接受水平，而且要抑扬顿挫、生动形象、有感染力，以引发儿童的注意和兴趣。讲授的过程要具有渐进性，由浅入深、突出重点、抓住难点。在讲授中提出问题，引导幼儿思考。讲授的方式要多样、灵活，并配合适当的图画、影响资料和稍显夸张的体态语言帮助说话，提高语言的感染力和讲授的吸引力。

（二）讨论法

讨论法是指教师和幼儿双方就某一个问题或者主题，自由地发表自己的想法和意见，表达自己的感受和体验，进行相互交流和相互学习的方法。幼儿通过讨论、争辩有助于激发幼儿的思维，调动其学习的积极性，培养他们考虑问题的思路、独立思考的能力并使语言表达更敏捷。

教师运用讨论法所讨论的话题必须在幼儿具有某一方面的知识和印象时才能进行，讨论的问题要有吸引力，激发幼儿兴趣，话题要有讨论的价值。教师应鼓励幼儿大胆说出自己的想法，允许幼儿争论，充分尊重他们的意见；引导幼儿把注意力集中在话题上，使问题得到解决，但教师不要暗示问题的结论。在讨论结束时，要做好讨论小结，概括讨论情况，使幼

---

① 李生兰等：《幼儿园课程新论》，北京大学出版社2018年版，第16页。

儿获得正确的观点，纠正错误、模糊、片面的认识。

（三）读书指导法

读书指导法又可称为阅读指导法，是指教师指导幼儿通过阅读书籍、绘本、故事、图画，使幼儿大致理解书中的内容，以扩大幼儿的知识面，培养阅读的兴趣。

教师在运用读书指导法时，要教育幼儿具备认真的学习态度，学会使用书本，爱惜书本。知道书的封面和书名在哪儿，知道书的正反面，知道书的页码。为幼儿提出一个目标或者问题，鼓励幼儿在看完后讲讲书中大致的内容。引导幼儿语句表述要连贯，注意单句复句的运用，说出图书的大致内容。

（四）演示法

演示法是教师通过呈现教具、实物，进行示范性活动，或通过多媒体等现代化教学手段，使儿童感知物体，获取知识技能的一种教学方法。它能化静态为动态，提高直观程度和逼真程度，激发儿童的学习兴趣，丰富儿童的感性认识，发展儿童的观察能力。[1] 演示法加强了教学的直观性，随着教学手段的现代化，演示的内容也大大扩充。演示不仅是帮助幼儿感知、理解知识的手段，也是幼儿获得信息、知识和认识的重要来源。

教师在运用演示法时，要做好演示前的准备，使用时根据教学内容的需要，选择好演示教具、材料，对需要认真观察的地方，可以用色彩等进行强调。对于演示实验，最好先做一遍。使幼儿明确演示的目的、要求、内容，用设疑等方法引起幼儿观察的兴趣，让他们知道演示过程中要看什么、怎样看，调动他们主动、积极、自觉地投入观察与思考。演示要密切配合教学，过早拿出教具和迟迟不收藏好都会分散幼儿的注意力。在演示过程中，教师同样要进行适当的讲解和指点，引导幼儿边看、边听、边思、边议论，以获取最佳效果。

（五）参观法

参观法是指教师根据教学任务的要求，组织幼儿到大自然或社会特定场所观察、接触客观事物或现象以获得新知识或巩固、验证所学的知识。如参观名胜古迹、科学馆、艺术馆、美术展览、文化戏剧表演等是以大自

---

[1] 李生兰等：《幼儿园课程新论》，北京大学出版社2018年版，第16—17页。

然、大社会作为活教材，能有效帮助幼儿更好地领会所学的内容，扩大幼儿的眼界，激发幼儿的求知欲望，从而更好地认识世界。

教师在运用参观法时，要做好参观前的准备工作，根据教学任务的需要，做好准备，制订出参观计划和步骤，明确参观的目的和要求。引导幼儿有目的、有重点地进行观察和思考。在此过程中，教师要适当结合讲解、谈话的方法，引导幼儿把注意力集中到参观对象上。教师还要教给幼儿参观的顺序和方法，尽量发挥幼儿多种感官的作用，允许自由交谈，鼓励他们发现问题，提出问题。教师要引导幼儿做好参观结束后的工作，引导幼儿通过回答、讨论、练习等方式对参观活动进行总结，并对参观所获得的知识和幼儿的总结进行概括。

（六）练习法

练习法是教师设计一系列实践活动，指导儿童反复练习，完成一定的动作，从而形成相应的技能、技巧或行为习惯的一种教学方法。它有助于儿童巩固知识技能，形成动力定型，顺利完成任务，成功走向社会。[1] 练习法的种类有很多，按培养幼儿不同方面的能力来分，有各种口头练习、书面练习、实际操作练习；按练习内容来分，有心理技能练习、动作技能练习和行为习惯练习。

教师在运用练习法时，要提高练习的自觉性。在进行练习时，要使幼儿明确练习的目的与要求，鼓励儿童投入活动，指导儿童完成任务，增强技能，发展能力。

教师要考虑儿童身心发展的特点，科学安排练习的分量、次数和时间，使分散练习和集中练习能有机地结合起来，逐渐增加练习的时间，延长练习的时长，以不断提高练习的效果。教师要根据练习的目的、儿童的特点，合理使用练习的方法，从易到难，循序渐进；从知到行，知行合一；从生到熟，熟能生巧。由于幼儿年龄小，在练习的数量、质量、难度、速度和熟练程度、综合运用与创造性上，对幼儿都应该有计划地提出要求，由易到难。无论是口头练习还是操作练习，都要严肃认真，及时引导幼儿从练习的差错中加深理解和巩固知识。

---

[1] 李生兰等：《幼儿园课程新论》，北京大学出版社2018年版，第17页。

（七）实验法

实验法是指幼儿在教师的指导下，运用一定的仪器设备进行独立的实验，以获得知识和培养对科学实验的兴趣，培养操作能力的方法。实验法能够按照教学需要创造和控制一些条件，引起事物的发生和变化，让幼儿看到事物的因果关系，有助于幼儿将理论知识与实践有机联系起来，而且能培养学生对科学实验的兴趣和求实精神。

教师在运用实验法时，要做好实验前的准备，制订好实验计划，准备好实验用品，分好实验小组。使幼儿明确实验的目的、要求与做法，懂得实验的过程和方法及要注意的问题，提高实验的自觉性。在实验过程中要注意指导和讲解，对有困难的小组或个人要给予帮助，使每个幼儿都积极参与实验。做好实验小结，由幼儿集体讨论总结，教师做出概括和写出实验报告。要求幼儿收藏好实验用具。

（八）发现法

发现法是指幼儿在教师的指导下，对教师给他们的一些事例和问题，通过自己的观察、思考、讨论、实验、阅读等进行独立探究，自行发现并了解问题和事例缘由、过程、联系、结果。从事物中寻找规律，形成自己的概念。发现法对激发幼儿学习兴趣、培养幼儿解决问题的能力、发展幼儿创造性思维品质有很大的优越性。

教师在运用发现法时，要确定有价值的问题和事例，让幼儿能产生"发现"的欲望。注意依据幼儿的实际情况，让幼儿在力所能及的范围内开展探究活动。随着学生发现能力的提高，需发现的知识量应该增多，发现过程的跨度应逐步增大。明确"发现"的目标，提供探索的条件。鼓励幼儿用多种途径，运用发散思维，多角度地发现问题，大胆假设、自主推测。由于发现问题的过程是复杂多变的，是不可控的，这样就应该明确目标，让幼儿有一个大致的方向，否则依据幼儿天马行空的想象力，发现法的运用可能不尽如人意。需要注意的是，不必要求幼儿一定得出什么样的结果和控制他们的思维，只是要确定一个大致的发现，一个可能达到的目标。在运用发现法后，要开展自由讨论，教师组织指导，进行科学总结，补充和修正问题，并妥善解决问题。

（九）欣赏体验法

在幼儿教育小学化现象存在的情况下，不少教师往往十分注重知识技能的传授和训练，忽视态度、兴趣和欣赏能力的培养。这些非智力因素在人的成长中具有很重要的作用。欣赏体验大致有听音乐，看舞蹈、戏剧表演，欣赏民间艺术，看图片、视频、日常风景、生活画面，等等。

教师在运用欣赏体验法时，要注意培养幼儿欣赏体验的兴趣，养成欣赏体验的准备。教师要让幼儿有欣赏体验的意识，注意生活中和自然界中的一些现象。幼儿是充满好奇心的，应引导他们对常见事物产生新发现、新感受。鼓励幼儿大胆尝试，善于发现事物、体验事物。但在日常生活中要注重安全教育，幼儿对很多事物的危害性都不知道，勇于尝试可能会受到不同程度的伤害。欣赏体验是一种非智力能力的培养，有很大的不可控性，教师要学会观察，发现幼儿，培养幼儿丰富的情感，对生活充满好奇与美好的向往。

（十）游戏法

游戏法是教师根据教学目标为儿童创设游戏环境，安排游戏活动，使儿童在轻松愉快的气氛中学习和成长的一种教学方法；它有助于儿童体验学习的乐趣，增强学习的信心，提高学习的效果，使其身心得到和谐发展。[1] 游戏应该成为幼儿园一日活动的基本内容，这一思想在幼儿园教师心中普遍存在。幼儿园教学应寓教于乐，在游戏中玩，在游戏中学知识，在游戏中成长。游戏是符合幼儿年龄特点的活动，运用游戏法进行幼儿教育是幼儿园中常见的教学方法。其目的在于提高幼儿学习兴趣，集中幼儿的注意力，促进幼儿各种感官和大脑的积极活动。纯粹的游戏是无目的的游戏，游戏的目的在于游戏本身。教学中运用的游戏法和纯粹的游戏是有区别的。

教师在运用游戏法时，要根据幼儿各领域的教育目标和内容来选择、编制游戏，要求目标明确，规则具体，便于幼儿理解，达到教育目的。但有时也要视情况而定，重游戏过程而轻游戏结果。在运用游戏法时，要配合使用其他教学法和教具、学具，并对个别游戏困难的幼儿给予帮助，使他们也能在轻松、愉快的活动中进行强化训练。由于游戏教学是幼儿教师必须掌握的一种重要教学方法，在人才培养计划中会有专门的游戏教学法课程、书本、参考资料。在此，就不做详细描述了。

---

[1] 李生兰等：《幼儿园课程新论》，北京大学出版社2018年版，第17页。

（十一）合作学习法

合作学习法是指以幼儿之间、师幼之间的互动合作为基本特征，以幼儿之间互助为主要手段的教学方法。合作学习法的常见形式主要有小组合作和两两合作。合作学习法的优势是能够培养幼儿的合作意识，活跃并拓展幼儿的思维，锻炼幼儿的语言表达能力。

教师在运用合作学习法时，要注重养成教育。合作学习并不是指幼儿在一起做事、学习就可以了。要真正发挥合作学习法的效能，需要教师坚持不懈地对幼儿的合作意识与技能进行培养。注重合作指导，教师在幼儿合作学习的过程中，要善于观察、留心细节，并进行适时引导、点拨、总结与反馈。

（十二）角色扮演法

角色扮演是幼儿在教师的指导下，通过扮演相应的角色，加强对学习内容的理解的教学方法。角色扮演法能有效激发幼儿学习的主动性，营造活跃的课堂氛围，为幼儿提供参与和体验的机会。

教师在运用角色扮演法时，要做好角色扮演的准备，平时应注意培养幼儿角色扮演的能力，教给幼儿一些角色扮演的知识，尽量让幼儿扮演熟悉、了解、喜爱和有一定生活经验的社会角色。在活动中要尊重幼儿的自主权，让幼儿自己选择角色、转化角色。只有当幼儿无法解决角色扮演冲突的时候，老师可适当加以指导。尽量让幼儿多扮演正面角色，并且照顾和指导个别需要帮助的幼儿。在角色扮演完后，教师要进行适当的评价和总结，着重评价幼儿在扮演活动中的表现和情境的处理能力，使幼儿的知识、技能和体验等得到升华。

教学方法是多种多样的，以上列举的只是幼儿园中比较常用的教学法，每一种教学方法都有其不同的特点、功能、优点和局限性。不存在适合所有教学情境、所有学科、所有学习者的万能的教学方法，只有多样化的教学方法才能适应不同学科、学段、教师和学习者的要求，不同的教学方法共同构成了一个完整的、有机的教学方法体系。[①] 各种方法也只有在相互联系、相互配合、相互取长补短、综合运用时才能在教学中发挥出更为积极有效的作用，取得良好的教学效果。幼儿园是一个不同于其他教育

---

① 徐英俊、曲艺：《教学设计：原理与技术》，教育科学出版社2019年版，第147页。

的地方，幼儿园的一日活动应以游戏为主，教学应融入游戏教学法中，让幼儿在游戏中学习，快乐成长。

第三节　幼儿园教学方法的应用

上文对幼儿园主要的教学方法进行了分析，在这一节中将按照幼儿园课程的五大领域，即健康、语言、社会、自然、科学，根据幼儿的身心发展规律，以及教学方法特性的不同，结合实例具体讨论这些教学方法在幼儿园五大领域课程中的具体应用，以期为幼儿教师如何选择教学方法提供参考和借鉴。

一　健康领域

健康是指人在身体、心理和社会适应方面的良好状态。幼儿在健康领域学习与发展的主要内容就是围绕幼儿身体的健康和心理的健康（包括社会适应能力）而展开的。[1]《3—6岁儿童学习与发展指南》在健康领域中，按幼儿学习与发展最基本、最重要的内容可划分为"身心状况""动作发展"以及"生活习惯与生活能力"三个子领域。在每个子领域下，包含着若干个幼儿学习与发展的目标。《幼儿园教育指导纲要（试行）》也明确提出：

> 幼儿园必须把保护幼儿的生命和促进幼儿的健康放在工作的首位。
> 健康既是幼儿身心和谐发展的结果，也是幼儿身心充分发展的前提；健康是幼儿的幸福之源，离开健康，幼儿不可能尽情游戏，也不可能专心学习，甚至无法正常生活；幼儿时代的健康不仅能够提高幼儿期的生命质量，而且为一生的健康赢得了时间。幼儿健康也是人类生命质量得以提高的基石，增强幼儿健康不仅能造福幼儿而且有益于多种成年期疾病的早期预防；幼儿健康水平的提高体现了人类社会的进步。[2]

---

[1] 李季湄、冯晓霞主编：《〈3—6岁儿童学习与发展指南〉解读》，人民教育出版社2013年版，第55页。

[2] 教育部基础教育司组织编写：《〈幼儿园教育指导纲要（试行）〉解读》，江苏凤凰教育出版社2020年版，第104页。

幼儿健康教育是健康教育的基础，它是根据幼儿身心发展的特点，提高幼儿健康认识，改善幼儿的健康态度，培养幼儿的健康行为，是保持和促进幼儿健康的系统的教育活动。幼儿健康教育对幼儿发展具有独特的价值。[1]《幼儿园教育指导纲要（试行）》由此提出四条总目标，即身体健康，在集体生活中情绪安定、愉快；生活、卫生习惯良好，有基本的生活自理能力；知道必要的安全保健常识，学习保护自己；喜欢参加体育活动，动作协调、灵活。[2] 上述目标凸显了幼儿身心和谐发展、保护与锻炼并重、注重健康行为的形成在幼儿园健康教育中的重要性。

【案例 6—1】

豆浆好[*]

活动领域：健康

适宜对象：小班

一　活动目标

1. 能积极参与磨豆浆的过程，感受亲手磨豆浆的趣味性。
2. 通过自制豆浆，简单了解磨豆浆的过程。
3. 知道豆浆有营养，能使身体长得壮，喜欢喝豆浆。

二　活动准备

材料准备：豆浆机三台、泡好的黄豆、没泡过的黄豆、水、冰糖、儿歌、图片、磨豆浆操作提示图。

经验准备：事先和家长了解喝豆浆对身体的好处，并以图画形式记录下来。

三　活动过程

1. 引导谈话，导入主题。

---

[1] 顾荣芳、薛菁华：《幼儿园健康教育》，人民教育出版社 2007 年版，第 31 页。
[2] 教育部基础教育司组织编写：《〈幼儿园教育指导纲要（试行）〉解读》，江苏凤凰教育出版社 2020 年版，第 109 页。
[*] 教育部教育管理信息中心组编：《全国优秀幼儿健康教育活动课例评析》，西南师范大学出版社 2011 年版，第 27—29 页。

师：小朋友爱喝豆浆吗？（爱喝，不爱喝）

为什么爱喝豆浆？（豆浆有营养；豆浆甜……）

为什么不爱喝豆浆？（不喜欢豆浆味儿；妈妈不喜欢，我也不爱喝……）

豆浆的营养可真多，让小朋友不咳嗽，还不缺钙，长得又高又壮。奶奶多喝豆浆，腿也不疼了。

分析：教师在组织幼儿进行磨豆浆的操作活动之前，除了必要的经验准备外，还要通过适当的提问，了解幼儿不爱喝豆浆的原因，引导幼儿了解喝豆浆的益处。这就是"提问法"的运用。

2. 共同看图学说儿歌。

引导幼儿观察图片：

师：小哥哥手里拿着什么？（小碗）

他在干什么？（喝水；喝豆浆）

猜猜小哥哥的豆浆好喝吗？（好喝）

你从哪看出来的？（哥哥笑眯眯的）

他长得壮吗？（小哥哥又高又壮）

谁知道为什么？（小哥哥爱喝豆浆不生病；小哥哥不缺钙）

分析：教师通过"提问法""欣赏法"引导幼儿观察图片，结合自己的体验和感受，对喝豆浆不再排斥，进一步理解喝豆浆有益健康。并潜移默化地引导幼儿学习观察和理解画面内容的方法，逐步培养幼儿合乎逻辑的推理判断能力。

一起说儿歌《豆浆好》。

师：咱们一起来听听小哥哥是怎么说的。

教师指着图有感情地示范朗诵儿歌《豆浆好》。

幼儿分组说儿歌，进一步理解儿歌内容。

分析："提问法"和"游戏教学（儿歌的学习）"层层递进，激发了孩子们自己制作豆浆的兴趣，鼓励幼儿尝试喝豆浆，灵活巧妙地加以引导，没有勉强的说教形式。

3. 大家一起磨豆浆。

出示泡好和没泡过的黄豆，激发幼儿的兴趣。（直观教学法）

（1）比较两种豆子的不同。

师：请小朋友仔细看一看、摸一摸，比比泡好的黄豆跟没泡过的黄豆有哪些不同？

幼儿分组仔细观察，并用洗干净的手摸一摸，进行充分感知，比较泡过和未泡过的黄豆的区别，自己得出结论（泡好的——大、软；没泡过的——小、硬），进一步了解把黄豆"泡开"是磨豆浆的关键。

分析：让幼儿通过看和摸，进行充分感知，自己观察、比较豆子的不同，从而记住磨豆浆的第一个关键步骤——泡豆。（直观教学法、实验法、发现法）

（2）尝试磨豆浆。

出示提示图，引导幼儿分成三组按步骤动手操作。

用量杯装豆——按照豆浆机身上的刻度线加水——打开豆浆机开关。

分析：在实际操作中鼓励幼儿大胆尝试，积极参与活动，亲历磨豆浆的过程，给每一个孩子动手操作的机会，为品尝豆浆做好铺垫。（实际操作法、演示法、直观法）

（3）观察豆浆机内黄豆和水的变化。

按下加热开关后，豆浆机转起来，嗡嗡响。（孩子们兴奋地拍着手喊起来：机器转啦）接着，黄豆粒被打碎，越来越小，产生许多白色的泡沫，机身变透明——杯里的清水变成白色，泡沫浮上来又沉下去，过了一会儿，提示音响起来（豆浆熟了）。

分析：磨豆浆的过程让孩子们兴奋——太奇妙了！眼看着圆溜溜的豆粒一点点变小，变成白白的掺杂着泡沫的豆浆，不断浮上来又沉下去，孩子们目不转睛地仔细观察，终于明白豆浆是这样做出来的。（观察法）

教师拔掉电源线，请两名幼儿往豆浆里加适量冰糖，教师把豆浆端到旁边凉凉。

（4）说一说，豆浆是怎样磨出来的。

先装泡好的豆；再加水，不能过线；打开豆浆机开关磨豆浆，等机器吱吱一响就熟了，再拔掉电源插头。

分析：利用豆浆晾凉的间隙加以总结，减少时间的隐性浪费，孩子亲自动手做，才能了解得清楚，记得牢固，印象深刻，说得明白。（讨论法）

4. 品尝自己磨的豆浆。

（1）猜一猜

师：请小朋友猜猜大杯子里的豆浆是什么味儿的？

幼：是甜的，我刚才看见放糖了。
师：好喝吗？（一定好喝！我们自己做的！孩子们异口同声地说）
分析：猜想的形式进一步激发了幼儿品尝豆浆的积极性，孩子们各个都跃跃欲试，大胆表达自己的猜想，激起不爱喝豆浆的幼儿品尝的兴趣。（讨论法）
（2）尝一尝。
幼儿拿水杯，每人分小半杯，一边和旁边的小朋友交流。
请平时不爱喝豆浆的小朋友说说今天的豆浆好不好喝？你们高兴吗？（好喝，我也有点喜欢喝豆浆了；回家我和妈妈一起做豆浆，告诉妈妈其实豆浆挺好喝的，还有营养）
分析：自己亲自动手磨出的豆浆，品尝起来乐趣无穷，味道自然香甜，在潜移默化中改变了幼儿原来对豆浆的看法，解决了不爱喝豆浆的问题，有孩子甚至还要说服家长来尝一尝。（实验法、实际操作法）
5. 给小伙伴送豆浆
教师端着豆浆，带着幼儿边走边说儿歌：生黄豆，磨豆浆，小朋友们快来尝、请你品尝我们的豆浆！

幼儿在说儿歌、亲自磨豆浆的过程中积极主动观察、操作，获得不少有益经验，提高了进食的兴趣，胜过多次反复说教。墙上的儿歌图片，能帮助幼儿理解儿歌的内容。平时不爱喝豆浆的幼儿争相品尝自己磨出的豆浆，挑食的问题获得了圆满的解决。在最后送豆浆的环节可以引导幼儿懂得分享。

二 语言领域

《3—6岁儿童学习与发展指南》在语言部分开宗明义地指出：

> 语言是交流和思维的工具。幼儿期是语言发展，特别是口语发展的重要时期。幼儿语言的发展贯穿于各个领域，也对其他领域的学习与发展有着重要的影响：幼儿在运用语言进行交流的同时，也发展着人际交往能力、理解他人和判断交往情境的能力、组织自己思想的能力。通过语言获取信息，幼儿的学习逐步超越个体的直接感知。

儿童语言的发展是指儿童语言理解和表达能力成长变化的过程和现象。语言是一个符号系统，儿童对语言的获得包括对语音、语义和语法的理解和表达。儿童语言的发展遵循一定的规律，具有阶段性。[①]《3—6岁儿童学习与发展指南》明确了我国3—6岁儿童语言学习与发展的目标要求。这些目标要求从儿童语言运用能力的角度，提出幼儿园阶段幼儿语言学习和发展必须获得的基本能力。从整体上看，《3—6岁儿童学习与发展指南》中的幼儿语言学习与发展目标可以分为两大类型：一是幼儿口头语言的学习与发展目标，二是幼儿书面语言准备的学习与发展目标。这样两大类型语言学习与发展目标共有六个条块，清楚地指向幼儿在进入小学前语言学习和发展的经验具备状况。

广义的学前儿童语言教育把0—6岁（狭义上指的是3—6岁）学前儿童的所有语言获得和学习现象、规律以及训练与教育作为主要研究对象，对0—6岁儿童应加强听、说、读、写的训练。《幼儿园教育指导纲要（试行）》强调，幼儿的"语言能力是在运用的过程中发展起来的""发展幼儿语言的关键"不是让幼儿强记大量的词汇，而是要引导幼儿"乐意与人交谈，讲话礼貌；注意倾听对方讲话，能理解日常用语；能清楚地说出自己想说的事；喜欢听故事、看图书；能听懂和会说普通话"。幼儿园语言教育应着重于儿童的语言运用能力的培养，提高儿童运用语言进行交往的能力。[②] 幼儿园应创造一个自由、宽松的语言交往环境，支持、鼓励、吸引幼儿与教师、同伴或其他人交谈，体验语言交流的乐趣。

【案例6—2】

是谁的声音[*]

活动领域：语言
适宜对象：小班

---

① 李季湄、冯晓霞主编：《〈3—6岁儿童学习与发展指南〉解读》，人民教育出版社2013年版，第76页。
② 张明红编著：《学前儿童语言教育》，华东师范大学出版社2007年版，第3—4页。
* 本案例由杭州市余杭区良渚杭行幼儿园教师刘丽琼提供。

一 设计意图

小班幼儿已经能在教师的引导下学会推理，开始预测故事的走向和事情的发展。《3—6岁儿童学习与发展指南》指出：3—4岁幼儿愿意表达自己的需要和想法，并能听懂短小的故事，会看画面，能根据画面说出图中有什么，发生了什么事等。小班幼儿语言板块的发展现状为"再造文学作品的想象与创造文学作品的想象"的初始阶段转向稳定阶段。根据成人的讲述或朗诵，小班幼儿能形成对作品中人物的动作、表情的想象，并在教师的要求下能做出相应的动作、表情，初步意识到故事发生的线索和前因后果。幼儿在生活中接触最多的就是绘本，绘本以其强烈的色彩和有趣的故事情节吸引着他们。《是谁的声音》这一绘本故事在改编与创造中，主要讲述了森林里的一只鹦鹉有一个特点：爱捉弄人。它模仿公鸡喔喔叫、青蛙呱呱叫、老猫喵喵叫，捉弄了森林里的小动物。但最后他模仿了大老虎叫，让想吃小动物的大灰狼吓得夹着尾巴跑了，解救了小动物，感受到了帮助别人的快乐。这一故事内容有趣、简短，比较符合小班幼儿的年龄特点，故事中有四种动物的声音，而这些声音都是幼儿在生活中比较熟悉的，幼儿可以联系画面中的图片和已有的生活经验来展开想象，进行大胆猜测。

二 创新说明

文学作品欣赏活动是幼儿学习语言的高级形式，同时也是极具整合功能的教育活动。文学作品欣赏活动包括诗歌、童话、生活故事、幼儿散文等，它是指教师通过各种方法、手段和措施，帮助幼儿理解一些优秀文学作品，帮助幼儿发现美、体验美、感受美和享受美，陶冶其情操，促进幼儿人格健康发展的活动。同时，也是落实《幼儿园教育指导纲要（试行）》中的"引导幼儿接触优秀的儿童文学作品，使之感受语言的丰富和优美，并通过多种活动帮助幼儿加深对作品的体验和理解"的重要途径。本次活动选取绘本《是谁的声音》中的典型情节通过改编与再创造，利用联想猜测、情境体验、观察讨论等多种策略促进幼儿大胆讲出自己的想法，进行大胆想象。

三 活动目标

1. 理解故事内容，尝试根据图片和已有经验猜测故事情节。
2. 知道捉弄朋友是不对的，帮助别人自己才会得到快乐。
3. 大胆想象，感受故事的有趣。

四　活动准备

材料准备：小鹦鹉、各种小动物的图片，多媒体课件。

经验准备：幼儿知道公鸡是在天亮的时候鸣叫的。

五　活动过程

1. 经验讲述：鹦鹉的本领。

出示图片唤起幼儿已有经验，介绍主人公——鹦鹉奇奇。

提问："你们认识鹦鹉吗？你们知道鹦鹉有什么本领吗？"

小结：今天我们教室里也来了一只鹦鹉，它的名字叫奇奇。它也有这个能干的本领哦，它会模仿各种各样小动物的叫声。

分析：设计意图在于唤醒幼儿对鹦鹉的已有经验，引导幼儿关注鹦鹉会模仿别人的声音。

2. 倾听故事，大胆猜测故事情节。

（1）学公鸡"喔喔喔——"叫。

出示图片。师：有一天晚上，小动物们都睡得正香呢，奇奇从树上飞了下来，落到了草地上，你们听，它发出了什么声音？原来它在学公鸡"喔喔喔——"地叫。

提问：你们知道公鸡是什么时候叫吗？可是，大晚上公鸡叫了，正在睡觉的小动物们听到了公鸡叫会怎么样呢？（是白天叫的；是早上叫的）

追问：原来小动物们都以为天亮了，所以它们马上就起床了。它们一出来，发现天还是黑黑的，原来是奇奇在捉弄它们，它在学公鸡叫。你们觉得小动物们会感觉怎么样？你们觉得这个时候小动物们会对奇奇说什么呢？如果是你在睡觉，别人突然把你吵醒了，你会感觉怎么样？

教师请幼儿大胆猜测，鼓励其大胆表达自己的想法。

小结：大晚上奇奇学公鸡叫，小动物们都起来了，它们发现原来是奇奇在捉弄它们，它们都很生气。

（2）学青蛙"呱呱呱"。

出示图片。师：一天，池塘里来了一群小蝌蚪，可是它们迷路了，它们好伤心，正在池塘里着急地找妈妈：妈妈，妈妈，你在哪里啊？

提问：这时正好被奇奇发现了，你猜这只会捉弄人的奇奇，它会怎么做呢？为什么呢？教师鼓励幼儿大胆猜测。

提问：你们听，它发出了什么声音呀？那些小蝌蚪们听到了会怎么样？如果你迷路的时候，听到了妈妈的声音，会感觉怎么样？

提问：它们发现，原来是奇奇在捉弄它们，它们会怎么对奇奇说呢？

小结：原来奇奇学小青蛙叫，让小蝌蚪以为青蛙妈妈来了，后面才发现是奇奇在捉弄它们，它们很生气。

(3) 学小猫"喵喵喵"。

出示图片。提问：你们瞧，两只小老鼠正开心地在森林里玩呢，这个时候奇奇又飞来了。你们猜猜看，这一回爱捉弄人的奇奇会怎么捉弄它们呢？

追问：你们觉得小老鼠发现是奇奇在捉弄它们后，它们会感觉怎么样？会对奇奇说什么？

小结：奇奇学老猫叫，小老鼠马上跑走了。它们发现，原来是奇奇在捉弄它们，它们都很生气。可是奇奇觉得很好玩呢！

(4) 小动物们都不喜欢奇奇

出示图片。师：奇奇总是捉弄森林里的小动物们，你们觉得小动物们还会喜欢这样的奇奇吗？为什么呢？

提问：你们觉得奇奇听了之后会感觉怎么样？你们能想办法帮帮他们吗？

小结：奇奇因为总是捉弄小动物们，小动物们都不喜欢他了。谢谢你们帮助奇奇想了办法来帮助他。我相信它一定会按照你的想法去做的。

分析：通过补充、移情的方式引导幼儿说出自己的想法，能够运用自己的生活经验进行讲述，如公鸡是白天叫的、小老鼠怕猫等来大胆展开自己的想象，进行积极、大胆地讲述。同时通过这一环节的讲述也使幼儿意识到捉弄人是不对的。

3. 猜测故事，体验帮助别人的快乐。

(1) 奇奇发现了大灰狼，想告诉大家。

出示图片。师：你们瞧，小动物们又在草地上玩了，奇奇远远地躲在大树上，它不敢靠近，很想跟大家道歉。突然，它发现了一头大灰狼躲在后面，正偷偷地向小动物们跑去。

提问：在这么危险的时刻，你们觉得这个时候奇奇会怎么做呢？是继续捉弄它们，还是会帮助它们呢？

(2) 奇奇模仿老虎"嗷嗷嗷"地叫，吓跑了大灰狼。

师：我们来看看奇奇的办法是什么？你们听，这是谁啊？原来是森林之王老虎呢（做动作），大灰狼可怕这只老虎啦，大灰狼以为是真的老虎来了，它夹着尾巴逃走了，小动物们得救了，都来感谢奇奇。

（3）体会帮助的快乐。

提问：你们觉得这个时候小动物们会喜欢这样的奇奇吗？为什么？

小结：奇奇不仅向小动物们道了歉，还救了它们，于是奇奇和小动物们开心地玩在了一起。

分析：教师引导幼儿发现故事的转折和鹦鹉奇奇的变化。鼓励幼儿大胆猜测奇奇帮助小动物们的方法，进而感受帮助别人的快乐。

4. 模仿游戏，加深对故事情节的理解。

（1）通过角色扮演，幼儿进一步体会了鹦鹉奇奇和小动物们的心情和感受，以及加深了对故事情节的理解。

师：你想充当哪个小动物？为什么呢？你觉得你应该怎么做呢？

（2）幼儿扮演小动物，简单地进行表演游戏。

（3）幼儿再次分组进行游戏。

小结：我们通过扮演小动物们，发现了原来捉弄别人是不对的，只有帮助别人我们才能得到快乐。在平时的生活中，我们要多多帮助需要帮助的人。

分析：通过角色扮演，能让幼儿亲身体验故事情节，能深刻地感受到不同小动物们的心情，感受到捉弄别人是不对的，将帮助别人时得到的快乐转移到幼儿实际生活当中，引导幼儿发自内心地感受快乐，具有教育意义。

教学情景重现（1） 　　　　教学情景重现（2）

六　活动反思

1. 故事内容有趣，引导幼儿喜欢说。

此次活动对绘本故事《是谁的声音》进行了改编与再创造，符合小班幼儿的年龄特点，幼儿参与活动的积极性高，注意力集中。故事中常见的动物形象和动物的声音，让幼儿乐于模仿，能通过故事情节大胆想象与猜测。通过补充、移情的方式引导幼儿大胆表达自己的想法，幼儿喜欢说，想说，使每个幼儿都想说一说自己的想法。

2. 方法多样，引导幼儿乐意说。

此次文学作品欣赏活动运用了多种方法。首先是提问法，通过层层递进的提问方式，一步步引导幼儿，让其大胆猜测、说出自己的想法。运用了多通道参与法，调动幼儿视觉、听觉的发展，通过仔细看图片和听动物的声音，丰富了活动的形式。其次是观察法，通过引导幼儿仔细观察图片中的细节对故事中的情节进行推测，大胆想象。另外还应用了角色扮演法，通过扮演小动物角色，幼儿更乐意说出小动物们的想法。

3. 充当了引导者的角色，让幼儿有机会说。

蒙台梭利说过，教师应当成为幼儿的引导者。在此次活动当中，我充当了引导者与支持者的角色，我并不是活动的主导者，而是充分发挥了幼儿的主体性地位，给予幼儿充分表达自己想法的机会，让幼儿有机会说。

4. 氛围轻松、和谐，引导幼儿敢说。

此次活动氛围轻松、和谐，我鼓励幼儿天马行空般地进行大胆想象，给予幼儿更多口头表达的时间和空间，为幼儿插上了想象的翅膀。

三 社会领域

每个儿童从出生的那一刻起就处于一定的社会环境和社会关系中。特定的社会环境和社会关系构成了儿童身心发展的基本条件，也构成了其身心发展的重要内容。幼儿社会领域学习与发展的实质在于社会化，并在社会化的过程中逐渐形成良好的社会性与个性。人际交往和社会适应是幼儿社会学习的主要内容，也是其社会性和个性发展的基本途径。[1]《3—6岁儿童学习与发展指南》将幼儿社会领域的学习与发展分为"人际交往"与"社会适应"两个子领域。"幼儿阶段是人社会性发展的重要时期。在这个时期，幼儿学习怎样与人相处，怎样看待自己，怎样对待别人；逐步认识

---

[1] 李季湄、冯晓霞主编：《〈3—6岁儿童学习与发展指南〉解读》，人民教育出版社2013年版，第88页。

周围的社会环境，内化社会行为规范；逐渐形成对所在群体及其文化的认同感和归属感，发展适应社会生活的能力。"①

幼儿社会教育是指以发展幼儿的社会性为目标，以增进幼儿的社会认知、激发幼儿的社会情感、引导幼儿的社会行为为主要内容的教育。社会教育是幼儿全面发展的重要组成部分，是由社会认知、社会情感及社会行为技能三方面构成的有机整体。《幼儿园教育指导纲要（试行）》在社会领域方面提出如下教育目标：能主动地参与各项活动，有自信心；乐意与人交往，学习互助、合作和分享，有同情心；理解并遵守日常生活中基本的社会行为规则；能努力做好力所能及的事，不怕困难，有初步的责任感；爱父母长辈、老师和同伴，爱集体、爱家乡、爱祖国。②《幼儿园教育指导纲要（试行）》社会领域的目标是从社会关系和心理结构两个维度提出的③，这两个维度，共同构成了儿童社会学习的内容和社会性、个性发展的目标。

学前儿童社会教育是研究学前儿童社会性发展的现象、规律及其教育和训练的一门科学，是以发展儿童的社会性为主要目标，以增进儿童的社会认知、激发社会情感、引导社会行为技能为主要内容的教育。④

【案例6—3】

中班社会活动——有魔力的电话号码*

设计意图：
中班幼儿的社会性发展得尚不完全，为了让他们在社区中获得归属

---

① 李季湄、冯晓霞主编：《〈3—6岁儿童学习与发展指南〉解读》，人民教育出版社2013年版，第89页。
② 教育部基础教育司组织编写：《〈幼儿园教育指导纲要（试行）〉解读》，江苏凤凰教育出版社2020年版，第116页。
③ 两个维度的内容，一是社会关系的维度，即幼儿与自身的关系（自信、主动、自决、坚持等）、幼儿与他人的关系（乐群、互助、合作、分享、同情）、幼儿与群体或集体的关系（遵守规则、爱护公物和环境）、幼儿和社会的关系（社会职业、家乡、祖国、世界文化等）；二是心理结构的维度，即认识、情感态度和行为技能。[参见教育部基础教育司组织编写《〈幼儿园教育指导纲要（试行）〉解读》，第116页。]
④ 张明红编著：《学前儿童语言教育》，华东师范大学出版社2007年版，第3—4页。
* 本案例由浙江省台州市椒江区心湖幼儿园教师陈柳瑾提供。

感的同时，能够安全、快乐地健康成长，在遇到危险时能够使用正确的方法保护自己，结合《3—6岁儿童学习与发展指南》关于社会领域的要求，设计了这次社会活动，旨在引导幼儿了解特殊号码存在的意义及自我保护的重要性，能够在遇到危险时拨打正确的电话号码进行求救。

活动目标：

1. 能够认识并记住生活中的特殊号码，了解特殊号码存在的意义及其重要性。

2. 能够准确描述特殊号码的使用情景，并在模拟练习中拨打正确的号码求助。

3. 保持积极愉悦的情绪，主动参与活动，解决问题并拨打电话。

活动准备：

1. 经验准备：丰富幼儿有关电话方面的知识，使其能够记住亲人的电话号码，并对常见的特殊号码有初步的认识。

2. 物质准备：PPT课件、模拟电话机两部、警帽一顶、医生帽一顶、消防帽一顶

活动过程：

一 情境导入，激发兴趣

师：夏天到了，开冷饮店的熊大爷最近遇到了一些事儿，但是他不知道应该怎么处理？所以想请小朋友们帮帮忙，看看小朋友们能想出哪些好办法？

二 播放课件，认识号码

1. 认识120

播放PPT，出示图片。

师：熊大爷和店里的伙计小猴子去山上摘杨梅，小猴子不慎从树上掉下来，腿出血并骨折了，你们觉得可以采取哪些方法帮助小猴子？

师：小朋友们的想法都很有道理。我们可以用止血带帮助小猴子止血，或者送小猴子去诊所，也可以拨打急救电话120。120是医院的急救电话，如果身体受伤的话，拨打120可以让医院派出救护车，使伤者尽快得到治疗。

提问：拨打120需要注意哪些事项？

请一位幼儿上台扮演熊大爷，模拟拨打电话120。教师戴上医生帽，扮演医院接线员，引导幼儿说出事发地点、小猴子的病情、熊大爷的联

系方式等具体信息，并提醒幼儿在原地等待救护车的到来。

播放120急救车警笛音效，出示急救车图片和小猴子获救的图片。

教师小结：自己或他人在受伤时，如果伤情较轻的话，可以使用酒精等方式进行简单处理；如果伤情较重，就需要告知家长或老师，拨打急救电话120，请医生使用专业的方法进行帮助。

2. 认识110

播放PPT，出示图片。

师：熊大爷和小猴子从医院回来以后，发现在店里看店的小熊不见了，熊大爷和小猴子在附近找了很久都没有找到小熊，着急坏了。你们觉得小熊可能去哪里了？熊大爷怎么做才能找到小熊？

师：看来你们都是很有爱心的孩子，帮助熊大爷想出了这么多的好方法。熊大爷决定拨打报警电话110，向警察叔叔求助。110是公安报警电话，如果遇到自己没办法解决的紧急危难的事情，可以拨打110。他们在接到电话之后，会尽快出警，帮助求助者。

提问：拨打110需要注意哪些事项？

请一位幼儿上台扮演熊大爷，模拟拨打电话110，教师戴上警帽，扮演警察局接线员，引导幼儿说出案发时间、案发地点、熊大爷的联系方式等具体信息，并提醒熊大爷在原地等待，直到民警的到来。

播放110警车警笛音效，出示警车图片和警察找寻到小熊的图片。

教师小结：熊大爷在警察叔叔的帮助下，终于找到了偷偷溜到游乐场玩耍的小熊，你们平时是不是也不能像小熊一样，自己偷偷跑出去玩呀，如果爸爸妈妈找不到你们，会很担心的。在遇到危急情况时，小朋友们也可以拨打110请求警察叔叔的帮助，比如自己与爸爸妈妈走失后、遇到坏人时、家里遭窃等。

3. 认识119

播放PPT，出示图片。

师：熊大爷在游乐场找到小熊后，准备开车回冷饮店，但是他们走到路边，发现自己的汽车着火了。如果你们是熊大爷的话，那么会怎么做？

师：小朋友们帮助熊大爷提出了各种不同的建议。有些小朋友认为熊大爷可以找点水来把火扑灭，有些小朋友很细心，提到了汽油燃烧的火是不能用水扑灭的。有些小朋友想到可以拨打消防电话119，寻求消防员的帮助。119是消防报警电话，如果遇到了火灾，可以拨打119进行求助，消防员会开着消防车来灭火的。

提问：拨打119需要注意哪些事项？

请一位幼儿上台扮演熊大爷，模拟拨打电话119，请另一位幼儿上台，戴上消防帽，扮演消防局接线员，引导求助者说出起火地点、起火原因、熊大爷的联系方式等具体信息，并提醒熊大爷在原地等待，直到消防车的到来。

播放119消防车警笛音效，出示消防车图片和消防员灭火的图片。

教师小结：在消防员叔叔的帮助下，火终于被扑灭了，原来是夏天车厢内的温度太高，导致熊大爷放在车内的打火机爆炸，引起火灾。小朋友们在遇到火灾时，要及时拨打消防电话119，告诉消防员叔叔我们在哪里发现了火灾，以及具体的街道名和门牌号，方便消防员叔叔在最短的时间内赶过来扑火。

三　巩固新知，模拟拨打电话

教师请幼儿围成圈，提供两部模拟电话机，播放音乐。当音乐播放时，幼儿顺时针传递电话机。当音乐暂停时，电话机到哪两位幼儿的手上，则由这两位幼儿扮演救助者和接线员，接线员戴上对应的帽子。

1. 第一轮游戏，出示幼儿溺水的视频。

教师询问幼儿，溺水被救后应拨打哪个电话号码。（120）

扮演求助者的幼儿拨打急救电话120，说明具体地址、溺水人数、溺水情况、求助者联系方式等。如求助者表达的信息不全面，接线员要引导求助者说出更加具体的信息。在电话结束后，其他幼儿可进行补充，并再次模拟拨打电话，完善信息。

教师引导幼儿思考，还有哪些情况需要拨打120？如身体极度不适等情况。

2. 第二轮游戏，出示诈骗分子的图片。

教师询问幼儿，遇到诈骗分子应拨打哪个电话号码？（110）

扮演求助者的幼儿拨打报警电话110，说明具体地址、诈骗分子人数、自身具体情况、联系方式等，如求助者表达的信息不全面，接线员要引导求助者说出更加具体的信息。在电话结束后，其他幼儿可进行补充，并再次模拟拨打电话，完善信息。

教师引导幼儿思考，还有哪些情况需要拨打110？如走失、家中遭到打劫、遇到危险等紧急情况。

3. 第三轮游戏，出示书房着火的视频。

教师询问幼儿，遇到火灾应拨打哪个电话号码。（119和120）

扮演求助者的幼儿拨打消防电话119和急救电话120，说明火灾发生的具体地址、火灾具体情况、有无人员伤亡、联系方式等，如求助者的信息尚不完全，消防接线员要引导求助者说出更加具体的信息。电话结束后，其他幼儿可进行补充，并再次模拟拨打电话，完善信息。

教师引导幼儿思考，还有哪些情况需要拨打119？如着火、不慎被家长锁在家中等。教师进一步引导幼儿，在遇到特殊情况，如火灾中既需要消防员灭火，也需要医生急救时，就要拨打这两个特殊的电话号码。

四　教师总结，结束活动

师：熊大爷说谢谢小朋友们的帮助，那我们一起跟熊大爷说再见吧！今天我们学习了在遇到危险时，可以根据不同的情况拨打110、119、120等方式进行求助。小朋友们在拨打这些特殊的电话号码时，需要说清楚具体情况、具体地址、有无人员伤亡、联系方式等事项，方便警察叔叔、急救中心或消防队叔叔在最短的时间内到达现场。另外，我们只有在特殊情况下，才可以拨打这些特殊的电话号码请求帮助，不可以故意拨打这些电话号码。

四　科学领域

"科学探究的本质——观察、质疑、预测、检验、形成理论、挑战和完善理解——是人类精神的体现。课程必须培养学习者坚持科学真理的决心，提高学习者的辨别力和对复杂微妙的真相进行诚实调查的能力。"[①]《幼儿园教育指导纲要（试行）》指出，幼儿园科学领域活动包括了数学和科学。其目的在于激发幼儿的好奇心和探究欲望，发展认识能力。"科学领域的学习与发展目标紧紧围绕着激发探究和认识兴趣，体验探究和解决问题的过程，发展初步的探究和解决问题的能力，凸显了'探究和解决问

[①] 联合国教科文组织编：《一起重新构想我们的未来：为教育打造新的社会契约》，教育科学出版社2022年版，第74页。

题'这一终身受益的核心价值。"①

《幼儿园教育指导纲要（试行）》关于科学领域提出了以下目标：对周围的事物、现象感兴趣，有好奇心和求知欲；能运用各种感官，动手动脑，探究问题；能用适当的方式表达、交流探索的过程和结果；能从生活和游戏中感受事物的数量关系并体验到数学的重要和有趣；爱护动植物，关心周围环境，亲近大自然，珍惜自然资源，有初步的环保意识。科学领域目标的表述使我们强烈地感到：科学教育的价值取向不再是注重静态知识的传递，而是注重儿童的情感态度和儿童探究解决问题的能力、与他人及环境的积极交流与和谐相处。②

> 充分体现《纲要》和《指南》精神的科学教育活动是以幼儿为主体的，让幼儿在动手、动脑的探究活动中进一步形成积极的科学态度，提升科学探究能力，获得丰富的科学知识，积累多方面的科学经验。要实现这样的目的，教师就要真正成为幼儿探究过程中的引领者、支持者、帮助者。科学教育活动要力图实现"幼儿积极主动地学，教师积极有效地教"这样一种互动与同构的教学过程。③
>
> 探究和发现的方法、过程是一切科学活动的基础。教师可以从环境布置、一日常规和活动材料准备入手，创设一个能激发幼儿质疑精神和探究意识的环境。教师通过对幼儿的指导，培养幼儿掌握科学的过程和方法。幼儿需要充分的时间进行探究，也需要时间专注于自己的活动。同样，重复做实验也需要时间。因此最重要的是，教师不能催促或打断幼儿。④

在幼儿园科学领域中常常使用的教学方法是：以训练感知为主的演示法和参观法、以实际训练为主的练习法和实验法、以探究为主的发现法

---

① 李季湄、冯晓霞主编：《〈3—6岁儿童学习与发展指南〉解读》，人民教育出版社2013年版，第111页。
② 教育部基础教育司组织编写：《〈幼儿园教育指导纲要（试行）〉解读》，江苏凤凰教育出版社2020年版，第150页。
③ 李季湄、冯晓霞主编：《〈3—6岁儿童学习与发展指南〉解读》，第121页。
④ ［美］德布·柯蒂斯、玛吉·卡特：《关注儿童的生活：以儿童为中心的反思性课程设计》，郑福明、张博译，教育科学出版社2015年版，第172页。

等，另外还有讨论法和讲授法。下面就几种常用的方法做详细阐释。

（一）观察法

在幼儿园科学教育活动中，观察是最基础的，它具有极为重要的意义，通过观察能扩大幼儿的眼界，初步认识周围的环境，有效促进幼儿认知能力和语言表达能力的发展。观察的种类有很多，按照观察对象的数量可以划分为个别物体观察与两个以上物体的比较性观察。如观察一朵花与观察两朵以上不同颜色的花。按观察的时间可以划分为长期系统观察和短时观察，如观察植物发芽生长的过程就属于长期、系统的观察；按观察的地点可以划分为室内观察和室外观察。按观察的材料可以划分为实物观察、模型观察、标本观察、图片观察、幻灯观察等。幼儿教师在使用观察时一定要做好观察前的准备，在观察时要注意以下几点：

第一，在发挥视觉观察的主导作用时，也要发挥其他感官的功能，共同感知观察对象。在观察物体的时候，不仅要让幼儿仔细观察，还要让幼儿听一听、闻一闻、摸一摸、动一动，甚至尝一尝，这样才能对观察对象进行全方位的认识。例如认识橘子，教师可以先让幼儿看看橘子的颜色与形状，再摸一摸橘子皮，闻一闻橘子的气味，最后剥开橘子让幼儿尝一尝味道。幼儿在这样轻松、有趣的氛围中获得了关于橘子的全面认识。

第二，要教会幼儿正确观察物体的方法。观察不是杂乱无章的，它具有一定的方法，观察方法恰当能提高观察的效率。那什么样的观察方法才是正确的呢？首先，观察应是有序的。观察要遵循整体与局部观察方法，从左到右、从上到下或者从右到左、从下到上。其次要对观察结果进行比较。

第三，在观察中应注意发展幼儿的语言与思维能力。观察是有目的的，它不是盲目的。观察不仅仅是为了认识物体，还要注意丰富幼儿的词汇，发展语言能力与思维能力。例如，小班活动——观察"厨房炊事员的一天"，可以丰富"厨房""炊事员""辛苦"等词汇；中班活动——认识春天，可以丰富"春天""美丽""嫩绿""发芽""垂柳""燕子"等词汇；大班活动——观察"影子"，可以丰富"影子""照射"等新词，这样就能促进幼儿语言表达力和思维力的发展。

【案例6—4】

大班童话剧——《塑料袋找朋友》*

主要领域	语言	活动目标
相关领域	艺术	1. 自选角色，体验童话剧所带来的快乐，感受塑料袋的情绪变化 2. 能大胆创编情境对话，配上相应的角色表情 3. 理解故事内容，知道塑料袋对环境造成的严重危害
主要形式	集体	
课时安排	一课时 35分钟	
重点难点	\multicolumn{2}{l}{重点：理解故事内容，能大胆创编情境对话，配上相应的角色表情 难点：自选角色，体验童话剧所带来的快乐，感受塑料袋的情绪变化}
活动准备	\multicolumn{2}{l}{经验准备：已学过故事《塑料袋找朋友》，掌握故事的对话句式（塑料袋：大家好，我是塑料袋，我可以和你们做朋友吗？小花：塑料袋，你太坏了！你……把我们都闷死了。我们不想和你做朋友。） 物质准备：塑料袋进场音乐《水族馆》，快中慢三段；结尾音乐《DADADA》；场景道具：花园、大海、森林；各角色头饰：小花、小鱼、小鸟、塑料袋；课件}

活动过程

一 谈话：童话剧前的准备工作，复习场景一对话

1. 师：之前我们已经听过故事《塑料袋找朋友》的前半段了，今天我们要续编，把它完整地表演成一个童话剧的形式，你们期待吗？在表演前我们要做些什么准备工作呢？（进场，退场，角色对话，创编动作等）

2. 复习场景一（花园）对话（出示塑料袋遇见小花的图片），我们现在就开始排练吧。你们还记得塑料袋碰到小花时的对话吗？（记得）那

---

* 本案例由浙江省台州市椒江区心湖幼儿园教师周子嫄提供。

我请女孩子来当塑料袋,男孩子来当小花,一起说说看。

(塑料袋:大家好,我是塑料袋。我可以和你们做朋友吗?

小花们:塑料袋,你太坏了!你挡住了雨水,你挡住了阳光,把我们的朋友都害死了。我们不想和你做朋友。)

二 创编剧本对话,练习表情和动作

1. 为场景一配上表情和动作,完整表演场景一。

(1) 师:塑料袋出发去找朋友了,他一开始的情绪是怎么样的?(开心、激动)

当小花拒绝和塑料袋做朋友,她们会用什么语气说话,有什么表情和动作呢。

(2) 幼儿创编动作:我们来听一听塑料袋进场的音乐,他会以什么动作飘进来呢?进来后是不是向大家先做个自我介绍?(大家好,我是塑料袋,今天我要出发去找朋友啦。)

(3) 老师做旁白,交代进场退场的位置,请个别幼儿完整地表演场景一。

2. 创编场景二——对话(大海)。

(1) 播放PPT(塑料袋遇见小鱼的图片)。

师:塑料袋接着飘到了大海里。听一听这段音乐,塑料袋的心情发生了什么变化?音乐跟之前的有什么不同吗?(慢了,因为小花拒绝了他,有点难过。)

小结(旁白):塑料袋有点难过,他又继续往前面漂呀漂,遇到了大海里的小鱼们。

(2) 塑料袋先怎么介绍?(集体说:大家好,我是塑料袋。我可以和你们做朋友吗?)

(3) 小鱼是否愿意呢?(不愿意)为什么呀?谁能用刚才小花的句式来试一试。先互相讨论一下,请个别幼儿说。(塑料袋,你太坏了!你缠住了我的朋友们,他们吃不到食物,游不动,都饿死了。我们不想和你做朋友。)他说这句话的时候会用什么表情?做什么动作?

(4) 请个别幼儿完整地表演场景二。

3. 创编场景三——对话(森林)。

(1) 播放PPT(塑料袋遇见小鸟的图片)。

师：塑料袋接着飘到了森林里。听一听这段音乐，塑料袋的心情又发生了什么变化？音乐跟之前的有什么不同吗？（更慢了，因为小花、小鱼都拒绝了他，他很难过、忧伤。）很难过应该怎么表演？

小结（旁白）：塑料袋伤心极了，它又继续往前面飘呀飘，飘到了散发着阵阵烟味的森林里，遇见了天空中的小鸟。

（2）塑料袋在遇见小鸟后，会如何对话呢？谁能用上面的句式来创编他们的对话。可以两两同伴之间先说一说。想好了举手哦。

（塑料袋：大家好，我是塑料袋。我可以和你们做朋友吗？

小鸟：塑料袋，你太坏了！你污染了空气，把我的朋友们都毒死了。我们不想和你做朋友。）

（3）分组请幼儿表演塑料袋和小鸟。

4. 在这个童话剧里，塑料袋为什么找不到朋友呢？请幼儿小结一下。

（塑料袋说：哎，原来我的污染那么大，怪不得大家都不愿意和我做朋友，我还是远离人类吧。让我的同类朋友纸袋、布袋去帮助他们吧。）塑料袋说完这话，会以怎么样的表情和动作离开呢？（低着头伤心地走了。）

5. 师说（旁白）：塑料袋离开后，世界变得更加美好，小花小鱼小鸟们开心地围在一起跳舞。

三 表演童话剧

1. 自选角色，要求：（1）表演出塑料袋的情绪变化；（2）没有轮到的角色摆造型不动，不能发出声音；（3）轮到这个角色时，声音要响亮，说清楚对话，加上角色相应的动作、语气、表情；（4）观众一起说旁白。

2. 分男女完整地表演童话剧两遍，请台下的观众在表演结束后进行评价。

四 活动延伸

在表演区继续表演，也可以在语言区继续创编《塑料袋找朋友》的剧情。

五 活动反思

在整个活动中，幼儿的兴趣比较浓郁，气氛很活跃，目标基本能达

> 成。但这是一节语言课，重要的应该是创编对话以及说话的语气、表情，动作是其次。音乐最好换成无旋律的，比如海浪声、鸟叫声更符合童话剧的表演特点，塑料袋的角色头饰不够逼真，可以改成真的塑料袋穿在身上。不要请所有人都上去表演，要有观察的环节。可以请一半男生上去，一半女生在下面说旁白和当观众，看完并点评演员的表情动作等。塑料袋飘进来的时候最好也有音乐，可以从欢快到慢，体现出塑料袋的情绪由开心到悲伤的变化。

（二）科学实验法

这里所说的科学小实验与科学研究中的实验不同。首先，它的主要特点是小，实验对象小，实验的内容、手段不能超出幼儿的生活经验和知识范围。其次，所验证的道理浅显易懂，能为幼儿所理解和接受。再次，实验材料、用品和仪器简便。最后，实验要体现游戏性，因此有人称其为"科学游戏"。这种方法对幼儿同样具有重要作用：第一，可以丰富幼儿的知识，扩大幼儿的眼界；第二，能训练手脑并用和培养幼儿对科学的兴趣，培养观察力、思维力、想象力，促进其智力发展。

【案例6—5】

幼儿园大班科学游戏活动：挑小棒[*]

> **一 设计意图**
> 游戏是童年生活不可或缺的一部分，它是孩子童年的欢乐、自由和权利的象征，丰富多彩的游戏可以促进孩子身心健康发展和智力发展。"挑小棒"是一则传统民间游戏，曾经给了无数成年人儿时无限的快乐，而且游戏方便、易操作，能较好地训练手的小肌肉群和观察力，它要求游戏者具有一定的合作意识和守规则意识。大班的幼儿，能够选择自己喜欢的玩伴，也能与同伴合作，他们的规则意识逐步形成，开始学习着

---

[*] 本案例由浙江省台州市临海市大洋街道中心幼儿园教师徐牡丹提供。

遵守集体的一些共同规则，手的小肌肉群快速发展，已能较为自如地、较有技巧地运用和控制手指、手腕的动作。"挑小棒"已经适合在大班幼儿中开展，而且大班是幼儿在园的最后一年，是孩子从幼儿园到小学之间的一个转折期，教给孩子一些浅显、易于开展的游戏，将会给孩子今后的小学生活带来无限的乐趣。

二　活动目标

1. 在练习中锻炼手的小肌肉群，训练观察力。
2. 在探究中，发现挑小棒时撒、拿、抽、压、挑的技巧和方法。
3. 在游戏中，培养合作意识及冷静处理问题的能力。

活动重点：通过探究发现挑小棒时撒、拿、抽、压、挑的技巧和方法。

活动难点：培养合作意识及冷静处理问题的能力。

活动准备：原木色小棒若干、图片。

三　活动过程

（一）初步了解挑小棒的玩法

1. 根据已有经验交流小棒的玩法。

师：我带来了一些好玩的小棒，你们平时是怎么玩的？

2. 现场演示——初步了解小棒的玩法。

玩法介绍：

第一，撒：把小棒握在手上，放在桌子上迅速放开，小棒自由撒落在桌子上。

第二，挑：一根一根拿，不要碰到其他小棒。

第三，动：一旦动了其他的小棒，立刻停止游戏。

第四，数：数一数，你一共挑了多少根小棒。

评析：为了规则的公平性，我们设计一人一次的玩法，让每个幼儿都有玩的机会。

（二）练习挑小棒——发现撒小棒的技巧

1. 幼儿自由地玩挑小棒游戏，教师巡回观察。
2. 讨论：为什么有的孩子挑的小棒数量很多，速度又很快呢？
3. 小结：撒得越开，挑小棒时就越简单，速度也就越快。

撒得越密，挑小棒时就越难，速度也就越慢。

评析：通过自由探索，让幼儿在玩小棒时，发现小棒撒得越开越容易挑，训练观察力。

（三）探究挑小棒——发现挑小棒的方法

1. 比一比：幼儿两两结伴玩挑小棒，教师巡回观察。

2. 讨论：谁挑的小棒多，你是用什么方法挑起这么多小棒的？

3. 小结：首先拿散落在旁边的，再仔细看清楚哪根小棒是没有被压到的，可以抽出来，最后看哪根小棒在最上面，用手中的小棒把它挑起来，在挑小棒时，把小棒往没有小棒的方向挑，就不会碰到其他小棒了。

评析：大班的孩子较喜欢比赛，所以我设计了比一比的形式，让幼儿在比赛中自由探索发现挑小棒的方法，在玩的过程中锻炼手的小肌肉群，培养观察力及合作意识。

（四）挑战金丝棒——发现挑小棒的乐趣

1. 介绍金丝棒：每组增加一根金丝棒，能将金丝棒挑出来者直接获胜。

2. 小结：其实，在比赛中会有输有赢，只要我们学会仔细观察、冷静思考，只要我们比上一次小棒挑得多，对自己来说就已经赢了。

评析：大班孩子还非常喜欢挑战，于是我设计了挑金丝棒这一环节，提高孩子积极参与挑战的欲望，培养幼儿观察力和竞争意识。

四 活动延伸

今天我们玩了挑小棒的游戏，你们觉得好玩吗？我们回家和爸爸妈妈爷爷奶奶一起玩一玩，也许他们还有许多不一样的玩法哦！

附：游戏规则说明

挑小棒是民间盛行的一种游戏，但是也存在着一定的地域差异，不同地区有着不同的游戏规则。经过考量，为了使游戏更加公平，幼儿更加积极地投入游戏，我制定了如下规则：第一，幼儿把小棒握在手上，放在桌子上，迅速放开，让小棒自由散落在桌子上。第二，把桌子上的小棒挑起来，每次只能挑一根，挑小棒时不能碰到其他的小棒，如果碰到其他的小棒，游戏就结束，换另一个孩子撒小棒，挑小棒。

本次活动锻炼了幼儿手的小肌肉群，训练了观察力，培养了合作意识及冷静处理问题的能力。在活动中首先通过了解挑小棒的玩法，调动幼儿参加活动的积极性，然后引导幼儿发现挑小棒时撒、拿、抽、压、挑的技巧和方法。最后是终极挑战——挑战金丝棒，幼儿的兴趣达到最高点。

五 艺术领域

艺术活动是幼儿的一种精神成长性需要的满足，是一种没有直接功利性的、以活动过程本身为目的的需要的满足。体验性与表现性是儿童艺术的特点，艺术教育应该顺应儿童发展的这种特点，通过建构儿童的审美心理结构达到人格的健全与完善。幼儿在艺术活动中所呈现的是一种感性地对世界的把握，它主要包括想象、幻想、直觉、灵感、猜测等方法，其特点是非逻辑的、无固定秩序和操作步骤的。[1]

　　幼儿的审美经验的获得，是一种在审美范畴内感悟生命的能力和看待事物的新的方式和经验的获得，而这种直觉、想象、顿悟的感性思维方式有别于通过科学认知等领域的学习所发展起来的那种逻辑的、程序性的理性思维方式，只有二者相辅相成，才能使幼儿整体地、更完美地理解世界。艺术还有助于幼儿理解人类的古今经验，学会借鉴、尊重他人的思维方式、工作方式和表达方式，并用各种方式交流他们的思想和感情，有力地增强自我表达的内涵。因而可以说，艺术教育是以完整的人为对象，把培养幼儿的艺术修养作为领域目标，把幼儿的完整、全面、和谐的发展作为自己的终极目标，即艺术教育是一种真正的塑造完整的人的教育。[2]

《幼儿园教育指导纲要（试行）》指出，艺术领域的目标是丰富幼儿的情感，培养初步地感受环境、生活和艺术中美的能力，能用自己喜欢的方式大胆地表现自己的感受与体验，并且乐于与同伴一起娱乐、表演、创作。《幼儿园教育指导纲要（试行）》中艺术领域的基本思想和原则要求集中体现在三个方面：第一，通过艺术活动激发情趣、体验审美感、体现成就感。第二，艺术活动是幼儿自我表达的重要方式。《幼儿园教育指导纲要（试行）》反复指出，艺术是幼儿"表达自己的认识和情感的重要方式"，要使幼儿"大胆地表达自己的情感、理解和想象"，并指出这种艺术

---

[1] 李季湄、冯晓霞主编：《〈3—6岁儿童学习与发展指南〉解读》，人民教育出版社2013年版，第152页。

[2] 李季湄、冯晓霞主编：《〈3—6岁儿童学习与发展指南〉解读》，第153页。

表达是"自由表达",是"创造性表达"等。这实际上是从幼儿艺术的自我表达功能、自我表达内容和自我表达方式三个方面来阐述艺术对幼儿自我表达的意义。[①] 第三,幼儿艺术活动是精神创造活动。"创造性活动是人的潜在能力的表现。幼儿同样具有强烈的创造欲望,受这种欲望的驱使,他们不停地进行着各种寻求和探索。现代艺术以创造为前提,其基本特色是求新求异的创新。所以,幼儿艺术是发挥年幼儿童创新潜能的最佳载体。"[②]

艺术领域的基本思想和原创性要求教师引导幼儿接触生活中美好的事物和感人事件,丰富幼儿的感性经验和情感体验;引导幼儿欣赏艺术作品,培养幼儿表现美和创造美的情趣;为幼儿提供自由表现的机会,鼓励幼儿大胆想象,运用不同的艺术形式表达自己的感受和体验;指导幼儿利用身边的物品和废旧材料制作各种玩具、工艺装饰品,体验创造的乐趣;为幼儿创造展示自己作品的条件,引导幼儿相互交流、相互理解和相互欣赏。为了达到这些目标,幼儿教师就要注意不能把艺术教育的教学方法变成机械的技能训练的方式。"幼儿的艺术教育应该顺应幼儿发展的特点,寓教育于美的享受之中,始终把对幼儿的个性、情感的尊重放在首位,强调在幼儿精神获得满足和愉悦的同时,培养其对美的感受能力,提高他们的审美情趣,以形成完整和谐发展的人格为终极目标。"[③]

在幼儿园艺术教育活动中,教师主要采用的是以欣赏为主的教学方法,具体包括示范法(演示法)、讲述法(谈话法)、练习法、观察比较法、教学游戏法和作品讲评法等。然而,在实践教学活动中常常会出现这样的问题,即在运用观察法时无观察目的,让幼儿盲目地随便看一下,仅仅了解对象是什么,或者由教师包办代替直接指出对象的特点,让幼儿完成学习任务,忽视了认识对象的外形特点。因此,要使幼儿认识对象的外形特征,就必须提高幼儿的观察能力,训练幼儿的眼力。

那么,如何提高幼儿的观察能力呢?首先,教师要培养幼儿浓厚的观察兴趣,养成观察的习惯。幼儿对外界事物有着强烈的好奇心,凡是有

---

① 教育部基础教育司组织编写:《〈幼儿园教育指导纲要(试行)〉解读》,江苏凤凰教育出版社2020年版,第169页。
② 教育部基础教育司组织编写:《〈幼儿园教育指导纲要(试行)〉解读》,第170页。
③ 李季湄、冯晓霞主编:《〈3—6岁儿童学习与发展指南〉解读》,人民教育出版社2013年版,第157页。

形、有色、有趣的东西都会引起幼儿的注意。有了求知欲后才能进行较为认真、细心的观察。例如，在进行美术教学活动时，要根据幼儿的心理特征，将造型美观、色彩艳丽、有趣的实物和模型、玩具图片等示范给幼儿看，使幼儿产生观察的愿望。之后再通过教师的启发、诱导和生动的讲解，使幼儿观察得比较细致和全面。这样长期坚持下去，就能养成幼儿认真观察的习惯。其次，培养幼儿正确观察事物的方法。现代教育学和心理学研究发现，即使学龄前儿童的视力再好，但如果不经过视觉和色彩觉的训练，不告诉幼儿正确的观察方法，幼儿观察事物的能力也是很差的，难以对对象进行全面、整体的观察，不能观察出对象的结构和特征。培养幼儿正确观察事物的方法包括：从幼儿无目的、无意识的扫视，指导幼儿有目的有意识的观察；从幼儿无顺序、片面的观察，指导幼儿有顺序、全面的观察；从幼儿局部的、孤立的观察，指导幼儿整体的观察与比较；最后逐步培养幼儿进行独立观察。如幼儿在观察玩具——长颈鹿时，教师应指导幼儿按照长颈鹿的头部—颈部—胸部—腹部—尾部，再从头上的角—耳朵—眼睛—鼻子—嘴巴的顺序进行观察。按照这样的顺序观察，他们就会对长颈鹿的形象有一个全面的认识和了解，把长颈鹿的形象画得比较完整与真实，观察的顺序遵循的是从上到下、从左到右。

需要指出的是，在任何一个教学活动中所使用的教学方法都不是单一和孤立的，也不是静止不变的，而是多种教学方法相互交织的。例如，在运用观察法时也伴有讲授法、示范法等，而观察法是占主要地位的方法。

【案例6—6】

大班趣染：毕业游*

> **一 设计意图**
>
> 和合家教线下亲子互动，是我园多年来为家校互动搭建的桥梁，月月有活动，次次都精彩。它采用亲子郊游、亲子游戏、亲子活动、亲子讨论等方式，由家委会组织的一种特殊聚会。在每次活动后，教师都

---

* 本案例由浙江省天台县机关幼儿园陈义平老师提供。

会将活动延伸到课堂，开展系列园本特色活动。此次活动是结合大班毕业游，借助夏天的特殊气候开展的一次蓝晒（太阳染）活动，让幼儿在"染"的世界里晒出精彩纷呈的毕业游场景，体验蓝晒所带来的愉悦感与成功感。

二　活动目标

1. 回想毕业游的有趣场景，运用剪纸和蓝晒的方式表现毕业游时所感受到的最深切的情景。

2. 用夸张的动态形象表现自己的所见所闻及发生的趣事。

3. 体验蓝晒所带来的乐趣。

三　活动准备

1. 幼儿已经参加过毕业游。

2. 毕业游照片若干。

3. 不同大小的白纸、剪刀、水彩笔等工具，蓝晒材料。

四　活动过程

（一）回忆毕业游经历，激发创作欲望

1. 出示毕业游照片，与幼儿交流毕业游时的心情。

师：毕业游时，最开心的事是什么？印象最深的是什么？

2. 回忆毕业游的情景，谈谈如何表现画面。

师：在毕业游时，你看到了什么？想到了什么？发生了哪些有趣的事情？（引导幼儿大胆说出毕业游时有趣的情景，学学伙伴当时的样子和神态。）

（指导策略：运用谈话策略，引导幼儿回忆毕业游场景，为作画铺垫经验。）

（二）寻找毕业游足迹，再现趣味场景

1. 画一画，剪一剪。

指导要点：引导幼儿大胆、夸张地画一画、剪一剪毕业游时最有意思、最有趣的场景。

2. 拼一拼，搭一搭。

指导要点：把剪出的作品，拼拼、搭搭，进行组合，形成主题。

3. 晒一晒，冲一冲。

指导要点：引导幼儿在水粉纸、棉布上刷一刷蓝晒液，放平整阴干，再摆上作品并固定，然后拿到太阳下面暴晒15分钟，最后用水冲洗晒好的作品，直至冲下的水完全变成清水。

（指导策略：通过尝试，体验蓝晒别具一格的作画方法，感受蓝晒的神奇。）

（三）赏毕业游图，聊趣味故事

1. 作品展示。
2. 说一说作画中所遇到的困难及有趣好玩的事。
3. 说一说画中的故事。

（设计策略：评价环节，为幼儿提供了分享交流的机会，鼓励幼儿大胆表述自己的作品及遇到的困难和有趣好玩的事。）

五 活动延伸

蓝晒真神奇，能够把剪纸作品印染到白纸和白布上，在日常生活中，还有什么材料也可以通过蓝晒将图片印染出来呢？

作品呈现（附作品故事）

蓝晒作品（1） 　　　　　蓝晒作品（2）

蓝晒太神奇了，在太阳底下晒一晒，图片竟然会变色？更神奇的是剪纸图画竟然会印到纸上、布上，而且是一模一样！

六 活动反思

艺术是人类感受美、表现美和创造美的重要形式，幼儿艺术领域学习的关键在于充分创造条件和机会，在大自然和社会文化生活中萌发幼儿对美的感受和体验，丰富其想象力和创造力。我们以"生活创意美术"课程为载体，借助季节元素及生活元素，引导幼儿学会用心灵去感受和发现美，用自己的方式去表现和创造美。最终呈现的是一个具有美韵内涵的、自信的、灵动的"美"孩子。

蓝晒（太阳染）美丽、容易而又简单。需要的只是阳光、水和你的想象力！蓝晒（太阳染）是大自然的摄影师，你可以创造任何想象中的图案，发现创造的乐趣！夏天的炽热能将蓝晒（太阳染）更好地呈现出来，因此借助夏天的特殊气候开展蓝晒（太阳染），让幼儿在"染"的世界里晒出精彩纷呈的图案，从中体验到蓝晒过程变化的神奇与活动带来的愉悦感与成功感。

第七章 幼儿园教学评价

幼儿园教学评价是对教师的"教"和幼儿的"学"进行检测，从而对教学质量、水平做出合理的价值判断，推动教学活动不断改进的一种活动。全面、深入地理解幼儿园教学评价的内涵与特点、主体、内容与方法等，对提高幼儿园教育质量，促进幼儿身心全面和谐发展都有着十分重要的意义。

第一节 幼儿园教学评价概述

一 幼儿园教学评价的内涵与特征

评价是人类认识的一种特殊形式，是一种与价值判断相关的活动，既要对客体的事实性材料加以描述和把握，又要从主体的目的、需要出发对客体做出价值判断，是以事实把握为基础的价值判断过程。[1] 就本质而言，评价是"一种价值判断活动，是为判断事物的价值而系统地收集资料和分析资料的过程"[2]。概言之，评价就是对客体满足主体需要程度的判断，评定某一人、事、物有多大价值，实际上就是在评定这个人、事、物对某一主体需要的满足程度。比如，要评定一本幼儿读物是否有价值，就需要评定这本幼儿读物是否能够满足幼儿和家长的需要，对于不需要的幼儿来说，其价值就小，对于需要的幼儿来说，其价值就大。而且，每一种评价都有一定的判断标准，即对评价对象的功效进行量化和质性的价值判断的

---

[1] 黄甫全、王本陆主编：《现代教学论学程》，教育科学出版社2003年版，第324页。
[2] 王坚红主编：《学前教育评价》，人民教育出版社2019年版，第2页。

准则和尺度。不同的评价活动有不同的价值取向、评价方式和特点，从而形成不同的评价模式。

教育评价是一种价值判断活动，是对教育实践显性的或隐性的成效做出的价值判断。科学的教育评价是根据正确的教育价值观，运用科学的方法和适宜的途径，对教育活动的有关要素进行评价判断的过程。具体地说，教育评价是指"对与教育活动有关的各种要素的实态检测，价值衡量，或价值判断。教育的价值由社会对教育的需要来决定。教育评价就是要通过系统地获取和分析有关教育现象或要素的量或质的资料，判断该教育现象或要素是否满足社会对教育的某种需要"①。其评价的范围很广，包括对人的评价（学生、教师），对物的评价（环境、设施设备），对活动的评价（项目、课程与教学等）。

幼儿园教育评价是以幼儿园为评价主体，指向幼儿园内部教育与保育活动的一种评价活动。评价领域涉及儿童发展评价、幼儿园教育活动评价、幼儿园教师评价、幼儿园环境评价、幼儿园保育活动评价，等等。教学评价是教育评价的重要环节，是对日常教学活动的各种评价形式的总称。教学评价是教育评价中的一种特殊的认识活动，是一种在收集必要信息的基础上，依据一定标准对教学目标的实现程度进行价值判断的活动，是教学工作的一个重要环节。教学评价的指导思想是"创造适合儿童的教育"。也就是说，教学评价不仅为了鉴别和选拔人才，而且更为重要的目的是改进教育教学。教学评价由评价者（评价主体）、评价对象（评价客体）、评价方法、评价标准等基本要素构成。② 教学评价是教学过程的有机组成部分，不是凌驾于教学之上的孤立环节，而是与教学内在地联系在一起的，呈现出"一体两面"的关系。

幼儿园教学评价，是从教学目标出发，运用新的理念，根据一定的原则和标准，对教师的教学工作和幼儿的学习活动进行检测，从而对教学质量、水平做出合理判断，进而推动教学活动不断改进的一种活动。幼儿园教学活动评价主要涉及教师的"教"和幼儿的"学"两个方面。幼儿园教学评价是幼儿教师在教学活动中，为提高幼儿教师的教学技能，

---

① 王坚红主编：《学前教育评价》，人民教育出版社2019年版，第2页。
② 迟艳杰主编：《教学论》，高等教育出版社2009年版，第230页。

促进幼儿各方面有效的学习和发展，通过各种渠道全面、准确地收集关于幼儿在教学活动中的各种资料，并对这些资料做出科学合理的分析和价值判断，对自己的教学设计、方案等进行相应调整的循环往复的动态发展过程。

幼儿园教学评价是教学活动的重要环节，并伴随着幼儿园教学活动的全过程。幼儿园课程与教学、幼儿园评价是相互融合、相互促进、相互制约的有机体。幼儿园教学评价的目的是改进教师的教，促进幼儿的学，以学论教，最终达到促进幼儿体、智、德、美全面发展和教师专业成长的目的。幼儿园教学评价的主体具有多元互动性，即教学评价是建立在评价参与人员的相互理解、有效沟通基础之上的，教师、幼教专家、幼儿、家长、教育管理者等均是重要的评价者。在幼儿园教学评价中强调评价内容的全面性，不仅关注幼儿的认知、动作技能领域，还要关注幼儿的情感，特别是要关注幼儿的学习动机、兴趣、态度、注意力等。强调评价资料收集渠道的多样性，注重评价方法的适宜性。

二 幼儿园教学评价的价值取向

对教学活动的评价是幼儿教育评价的重要内容，有助于了解教学工作和活动各方面的有效性，调整和改进教学活动，提高教育教学质量，促进每位幼儿的健康发展。但由于教育及教学理念的差异，会有不同的评价方案和项目产生。教学评价的核心目标是了解教学活动的成效，了解教学过程中教师、幼儿的行为和互动情况，了解教学对幼儿发展的价值。《幼儿园教育指导纲要（试行）》对幼儿园教学评价高度关注，并提出了幼儿园课程与教学评价的基本理念。例如，教育评价是幼儿园教育工作的重要组成部分，是了解教育的适宜性、有效性，调整和改进工作，促进每一个幼儿发展，提高教育质量的必要手段。管理人员、教师、幼儿及其家长均是幼儿园教育评价工作的参与者。评价的过程，是教师运用专业知识审视教育实践，发现、分析、研究、解决问题的过程，也是其自我成长的重要途径。幼儿园教育工作评价实行以教师自评为主，园长以及有关管理人员、其他教师和家长等参与评价的制度。

关于幼儿发展状况的评估要注意以下几点：第一，明确评价的目的是了解幼儿的发展需要，以便提供更加适宜的帮助和指导。"评估并不是用

'通过/不通过'来衡量儿童领先或落后。相反，这是一个了解每名儿童成长状况的机会，以确保他们的成长和发展得到支持。"[1] 第二，全面了解幼儿的发展状况，防止片面性，尤其要避免只重知识和技能，忽略情感、社会性和实际能力的倾向。第三，在日常活动与教育教学过程中要采用自然的方法进行评价。平时观察所获的具有典型意义的幼儿行为表现和所积累的各种作品等，是评价的重要依据。幼儿的工作、努力、进步、成就和创造力应该在他们的生活中得以体现。如果幼儿有机会反复观察、反思自己的作品并感到自豪，那么学习的机会就得到了扩展和丰富。在幼儿园书写区附近张贴幼儿的书写作品，让他们有机会经常看到，这能让幼儿学会审视自己的书写作品。将某名幼儿的水彩画作品挂在墙上，是为了让这名幼儿知道自己所付出的努力值得让所有人看到。课堂上展示的证据应该让家长和其他班的教师了解幼儿在做什么，这样他们才可以支持其学习的扩展。[2] 第四，承认和关注幼儿的个体差异，避免用划一的标准评价不同的幼儿，在幼儿面前慎用横向比较。第五，以发展的眼光看待幼儿，既要了解幼儿的现有发展水平，更要关注其发展的速度、特点和倾向等。

三 幼儿园教学评价的目的

教学评价的目的是教育工作者对教学评价的功能与效用的基本看法，是教学评价的起点和归宿，直接影响着教学评价活动的设计和实施效果。教学活动评价的核心目标是了解教学活动的成效，了解教学过程中教师和幼儿的行为，了解教学对幼儿发展的意义。

传统的学前教育评价主要以区分评价对象的优劣程度为目的，重视区分鉴定的功能。传统的智力观强调数理逻辑能力和语言能力，认为人的智商确有高低之分，并以此为标准进行评价，这种智力等级差异观支撑着传统的评价观念。多元智能理论完全否定了等级区分性评价，成为发展性教学评价最强有力的理论基础。这一理论认为，幼儿的特质和能力千差万别，不能简单地从量上去归类。每个幼儿都有自己的智力特点，教育旨在

---

[1] ［美］雷切尔·罗伯森、米莉安·德莱斯勒：《质量认证背景下的幼儿园自我评价——提升幼儿园教育质量的行动经验》，刘昊、陈敏倩、张东霞译，教育科学出版社2021年版，第148页。

[2] ［美］雷切尔·罗伯森、米莉安·德莱斯勒：《质量认证背景下的幼儿园自我评价——提升幼儿园教育质量的行动经验》，刘昊、陈敏倩、张东霞译，第141页。

帮助幼儿找到自己的这种特点，以强带弱地学习发展，建构自己的优势智力组合，实现自身全面、和谐发展。即该理论强调人与人之间的智力差异不是简单层次性的，而是结构性的，教育者应该发现和识别每个幼儿的智力潜力和特点，用合适的办法和教学来促进其学习与发展。因此，评价的目的是发现每个幼儿的潜力和特点，不在于甄别筛选，而是因材施教，促进幼儿实现自身特色的全面发展。与此同时，近年来，随着社会发展，人才需求的转变，社会对教育评价提出了新的要求，即评价不应只是发挥鉴别和选拔功能，而应发挥评价促进学生发展、教师提高和改进教学实践的功能。

现代教育评价强调评价的目的是诊断和改进教育、促进教育活动的参与者（包括学生、教师甚至家长）能在原有基础上得到发展。它是一种依据目标、重视过程、及时反馈、促进发展的评价，即强调评价的根本目的在于发展。这里的发展，不仅包括幼儿，也包括教师、课程和教学等的发展。因为幼儿的发展离不开教师的指导，离不开能够为他们提供有益学习经验的课程和教学活动。因此，发展性教育评价应该同时把促进教师的成长和促进课程的完善作为重要的目的。这种以发展为目的的理念在《幼儿园教育指导纲要（试行）》中得到了充分体现。《幼儿园教育指导纲要（试行）》指出："教育评价是幼儿园教育工作的重要组成部分，是了解教育的适宜性、有效性，调整和改进工作，促进每一个幼儿发展，提高教育质量的必要手段。"强调评价的过程是教师"自我成长的重要途径"。同时也是"促进每一个幼儿发展，提高教育质量的必要手段"。教学评价应对课堂教学进行有效的"诊断"与"指导"，推动教师先进的教学理念转化为教学行为，最终促进幼儿全面和谐的发展。

从多主体、更广的角度上讲，开展教学评价的目的主要有四个方面：其一，诊断并改进教师的教和幼儿的学。其二，为有关幼儿园教学的行政决定提供依据。其三，在教学活动中，促使教师自我评价，同时，使教师指导幼儿进行自我评价和互相评价，使双方同时得到更大程度的发展。其四，为幼教专业人员的教学研究和幼儿教师的行动研究提供实践依据或经验资料。

四　幼儿园教学评价的功能

为改进教和学而进行的评价，不仅有助于作为一个教师个人能力的提高，有助于幼儿在学习上的进步，而且有利于促进幼儿在情感、社会性、人格、个性等方面的发展。评价提供的学习反馈，是幼儿进一步发展的必要条件，通过评价学会评价（包括评价他人、他事和自我评价），则是幼儿发展自我意识并完善自我的必要手段。

评价的功能贯穿于整个教学评价中，对幼儿园的教学活动产生了重大影响。评价的功能从领域上可以划分为教育性功能和管理性功能；从性质上，可以划分为正向功能和负向功能。因此，教学评价的功能是多方面的，要实现以评价促发展的目的，就必须发挥评价在诊断、反馈、激励、展示等方面的功能。

（一）诊断功能

诊断功能是"通过课程与教学评价能够对教育教学活动中存在的问题进行揭示和分析，找到这些问题的症结和原因所在，进而对课程与教学提出整改和补救的建议"[①]。教学评价是诊断教育工作的重要手段，教学活动是一项具有针对性的活动，需要建立在了解幼儿的基础之上。幼儿园要贯彻幼儿教育方针目标，提高教学质量，但是工作做得怎么样？效果如何？达到目标的程度如何？不进行评价，就无法回答这些问题。通过教学评价，从体、智、德、美、劳方面进行全方位考察，以教学目标为准，教师不仅可以了解幼儿达成教学评价目标的程度，还能发现幼儿在学习发展中存在的不足，分析产生问题的原因，为下一步的教学改进方案提供资料，从而找到促进发展的有效方法。教学评价"对于幼儿在体、智、德、美各方面的能力和实际发展状况的评价，也具有诊断意义，有助于根据评价，对幼儿作出各方面的不同程度的分类，既便于一般化教育教学计划的制订，又便于个别化教育和辅导的实施。"[②]

（二）反馈功能

评价的反馈功能，是评价者根据目标系统所采集的有关评价主体的信

[①] 刘欣、孙泽文、严权：《课程与教学新论》，中国人民大学出版社2016年版，第235页。
[②] 王坚红主编：《学前教育评价》，人民教育出版社2019年版，第27页。

息，与评价对象进行沟通交流，以此来实现评价信息的循环，借此不断修正评价对象或评价者的行为。例如，教学过程是一个信息传递和反馈的过程，教学评价是教学活动信息反馈的重要环节，教学评价的改进和发展价值都是通过反馈来实现的。通过教学评价，建立起反馈调节通道，使教学活动实现自我调节和良性循环，从而不断提高教学质量。

（三）激励功能

激励功能是通过评价让被评价者客观、正确地认识自己，从正反两个方面受到鼓励和鞭策，以增强自身发展的积极性和主动性。[①] "通过严肃、认真、负责、有说服力的评价，尤其是适宜的评价与适宜的奖励制度相结合时，可使幼儿教育工作者在认识到自身的成绩和缺点的同时，引起改进工作的内在需要和动机，驱动内部活动，增强改善意识，调动积极性。"[②]一般而言，如果在做出正向评价，如奖赏、肯定性评价时，学生的积极性就会提高，情绪会相对高涨；相反，如果在做出负向评价时，学生的情绪就会低落，会变得相对消极。

（四）展示功能

教学评价是教师收集幼儿学习与发展相关信息的过程，为幼儿的自我评价、互相评价提供了平台。例如，随着档案袋、作品取样等评价方法的兴起，幼儿作品的展示成为教育者关注的重点。从这个角度上讲，教学评价为幼儿创造了自我展示、自我表现的机会。教师应收集关于幼儿的各种资料，并进行合理安排，达到展现幼儿不同特点的目的，让幼儿在教学评价中发挥自己的积极性、主动性、创造性，形成自己的独创性，努力让自己得到更大程度的发展。

第二节　幼儿园教学评价的主体

不同研究者根据评价的范围、标准、层次、主体、功能以及评价中是否采用数量化的方法等，对教学评价的种类进行了多维度的划分。例如，

[①] 刘欣、孙泽文、严权：《课程与教学新论》，中国人民大学出版社2016年版，第235页。
[②] 王坚红主编：《学前教育评价》，人民教育出版社2019年版，第27页。

根据评价主体与被评价者之间的关系，可以将评价分为内部人员评价和外部人员评价两种。内部人员评价是指被评价现象的直接参与者作为评价主体的评价。在幼儿园教学评价中，内部人员评价如一个幼儿教师在完成一个教学活动的组织以后，对自己实施的教学活动效果的分析。内部人员评价和外部人员评价各有优缺点。内部人员在评价时由于熟悉环境，知道各种现象的背景，因而不易被表面现象所迷惑。但因为熟悉，就可能会牵扯到人情，或者不能从宏观层面进行思考和判断。而外部人员评价则可以站在更客观、公正的立场上搜集资料，做出分析判断，但有可能会因为不了解背景而做出片面判断。本书从其中一种类型——主体入手，来描述幼儿园教学评价。

评价主体主要涉及的是谁在做评价的问题，即参与教学评价的个体或群体。一般而言，将评价他人者称为评价主体，将被评价者称为评价客体。评价主体是教学评价活动的发起者、设计者、组织者、参与者、实施者。任何评价活动都是人的参与，选择合适的评价主体至关重要。在通常情况下，评价的主体是人，而人却不一定就是主体。幼儿园教学评价的终极目标是促进幼儿的全面和谐发展，满足幼儿学习发展的需要，但是幼儿在什么时候成为评价主体了呢？幼儿在多大程度上能作为评价主体呢？这是作为一线教师需要反思的问题。简单地划分，教学评价的主体可以分为自我评价和他人评价两种。

一　自我评价

自我评价，也称内部评价，即评价对象作为评价主体对自我进行的评价，按照教学活动评价标准，对教学实施状况与效果进行分析和判断。2022年，教育部在《幼儿园保育教育质量评估指南》中强调：

> 要将自评作为提升教师专业能力的常态化手段，通过教职工深度参与，实现幼儿园自我诊断、反思和改进。自评是促进评价改革的重要突破口，是改进保教质量的有效着力点，是提升教师专业能力的动力源。我国的幼儿园评价迫切需要改革，切实把质量评估的重点从外部评估转到自我评估上来，幼儿园应从被动的受评者变为主动的评估者，把自我评估作为幼儿园自我完善、自我提升的重要抓手，避免评

估的走马观花、流于形式的倾向，真正达到"以评促建"的目的。[1]

自我评价的过程极具启发性，常常催促幼教机构发生积极的变化。通过发现自己的弱势领域，能有针对性地进行改进。课程实施、家庭服务和教师培养等都应在基于自我评价的针对性改进措施中得到有效提升。[2] 例如，一位幼儿教师在完成自己的一项教学活动之后所进行的自我总结和反思就是自我评价。在期末总结时所做的自我鉴定或者教学活动总结也是自我评价。自我评价的优点是容易进行，每天、每周、每学期、每年，也就是时时刻刻都可以进行，其缺点是缺少外界的参照和比较，不够客观。

二 他人评价

他人评价，也称外部评价，指作为非评价对象中的其他主体对评价对象的评价，主要是幼儿园方面（包括同行教师、园长和其他领导）对教师授课质量的评价。此外，还有家庭评价和社会评价。如幼儿教师对幼儿教学过程中回答问题的评价、教学中幼儿对各自学习的互相评价、教师之间教学的互评、幼儿园园长及教研人员对教师教学的评价等都属于他人评价。与自我评价相比，他评更客观些，但是他评的组织工作相对麻烦，花费的人力、物力也比较多。在教学活动中，可以把两种评价结合起来使用，从而使两种方法互相融合，发挥出最佳效果。

在实际教学工作中，自评和他人评价往往是结合起来使用的，特别是在对幼儿教师教学活动的评价中，常常鼓励和提倡用同一份评价方案，先让幼儿园老师进行自我评价并改进教学，然后在适当的时候让同行或者幼教专家进行评价，并把评价结果恰当地反馈给被评的幼儿教师，让其进一步思考自身的不足，以及自评与他评出现的差异，从而更好地改进教学。下面是一份既可以用来自评，又可以用来他评的幼儿教师组织教学情况的评价表（具体内容见表7-1）。

---

[1] 孙蕾蕾：《幼儿园保教质量自我评估：为什么做及如何做》，《福建教育》2022年第20期，第6—8、17页。
[2] ［美］雷切尔·罗伯森、米莉安·德莱斯勒：《质量认证背景下的幼儿园自我评价——提升幼儿园教育质量的行动经验》，刘昊、陈敏倩、张东霞译，教育科学出版社2021年版，第77页。

表7-1 幼儿教师组织教育教学情况评价

项目		评价标准	评价等级			评分	分项得分
		期望评价标准（优等标准）	优	良	一般		
直接教学	教育目标	根据国家规定的幼儿园课程标准确定教育目标					
		先确定目标，再根据目标选择内容、方法					
		目标稍高于本班幼儿的现有水平					
	教育条件	根据教育目的，幼儿的实际水平和兴趣，以循序渐进为原则，有计划地选择和组织教育内容					
		围绕教育内容准备设备、材料，并为幼儿创设、提供充分参与、交流的条件、机会					
		教师关注和肯定每一个幼儿的进步，理解接受幼儿的表现，允许幼儿保留自己在学习方法上的个人特点和按照自己的速度与方式连续发展					
		建立良好的学习常规，教师收放有度，幼儿活而不乱					
	活动方式	教育活动的组织，由教师为幼儿创设必要的条件，提供可以探索和交往的丰富刺激、轻松愉快的环境，帮助幼儿在积极探索、相互交往中组织自己的思维					
		活动的发展层次分明，过渡自然，引导幼儿从不会到会					
		指导方法符合所学内容的特点和幼儿的学习特点					
	教育结果	多数幼儿能胜任和完成学习任务，每个幼儿在自己原有基础上都有所提高					
		幼儿情绪愉快，感知敏锐，思维活跃，想象丰富，记忆较牢					
		幼儿之间的差异逐渐缩小					

资料来源：霍力岩《学前教育评价》，北京师范大学出版社2013年版，第51页。

三 幼儿园教学评价主体的多元化

评价主体多元化是指在对某一教学活动进行评价时，尽可能将教学活动的重要相关群体作为评价主体,充分发挥教师、幼儿、家长及教育研究管理人员的积极性、主动性,同心协力,从而更好地促进教学活动的开展,促进幼儿的全面和谐发展。评价主体多元化的本质是将教学活动的重要当事人都包括到评价活动中,增强其参与性。"高质量的教育要求儿童生活中的所有成人一起合作,努力为儿童提供最好的教育方案。"① 具体而言,幼儿园教学评价的主体主要包括幼儿教师、幼儿、教育管理和研究人员、家长等核心利益相关者。

(一) 幼儿教师

幼儿教师是幼儿园教学活动的主要设计者、实施者,既是幼儿园教学评价的主体,也是幼儿教育最重要的评价力量。"评价者是教师承担的最基本角色,教师应该发挥何种作用都是建立在对儿童的观察与评价基础之上的。作为评价者,教师要有广泛的儿童发展知识,以便评价儿童的自发性活动,评价儿童是如何思考或者理解某个特定活动的。"② 并且,"教师的评价贯穿在一日生活的过程之中,这种评价是随时随地发生的,这种评价不受制于某一特定的评价体系,是个性化的。教师的教育价值观影响教师评价的尺度"③。因此,"每一个教师都必须亲自监督和控制他的教育方案的发展。教师应该每天对方案的执行情况做评估。如果一个教师坚持负责地对他每一天的表现进行评估,那么由管理者和一些局外人做评估时大概就不会有什么意外出现了"④。同时,在评价过程中,"教师应该具备足够的知识,接受过相关培训,这样才能开展评估工作并根据幼教机构中'儿童是如何学习'的教育理念对评估结果进行解释和交流"⑤。这里的教师既包括进行教学活动的教师,也包括观摩课堂教学的教师,其他园所的

---

① [美] 帕特丽夏·F. 荷尔瑞恩、弗娜·希尔德布兰德:《幼儿园管理》,严冷、赵东辉、高维华、李淑芳译,华东师范大学出版社 2016 年版,第 278 页。
② 侯莉敏主编:《幼儿园课程与教学理论》,高等教育出版社 2019 年版,第 256 页。
③ 虞永平、张辉娟、钱雨、蔡红梅:《幼儿园课程评价》,江苏教育出版社 2009 年版,第 39 页。
④ [美] 帕特丽夏·F. 荷尔瑞恩、弗娜·希尔德布兰德:《幼儿园管理》,严冷、赵东辉、高维华、李淑芳译,第 274 页。
⑤ [美] 雷切尔·罗伯森、米莉安·德莱斯勒:《质量认证背景下的幼儿园自我评价——提升幼儿园教育质量的行动经验》,刘昊、陈敏倩、张东霞译,教育科学出版社 2021 年版,第 148 页。

教师，等等。以下是一个教育方案评估表①，对幼儿教师如何评估教育活动有一定的指导意义。

【教育评估方案】

	一般	良好	优秀
1. 根据即时环境里的所有儿童而设计。	(　)	(　)	(　)
2. 重视儿童的健康、快乐、负责任、安全的生活方式。	(　)	(　)	(　)
3. 为儿童的情感发展而设置。	(　)	(　)	(　)
4. 平衡了活跃活动和安静活动。	(　)	(　)	(　)
5. 为儿童在自我主导和独立方面的成长提供了适宜的机会。	(　)	(　)	(　)
6. 为了保护个体、小组及学习环境而建立和维持了一定的行为限制。	(　)	(　)	(　)
7. 挑战了儿童的智力。	(　)	(　)	(　)
8. 提供了自我表达的媒介。	(　)	(　)	(　)
9. 鼓励儿童的口头表达。	(　)	(　)	(　)
10. 为社会性发展提供了机会。	(　)	(　)	(　)
11. 帮助儿童学着了解他们自己的身体构造。	(　)	(　)	(　)
12. 每天为每个儿童提供户外活动的机会。	(　)	(　)	(　)
13. 为组织有活力的活动提供机会。	(　)	(　)	(　)
14. 给予儿童许多乐趣。	(　)	(　)	(　)
15. 考虑到了儿童和家长的兴趣与需求。	(　)	(　)	(　)

评语：
_____
_____

（二）幼儿

幼儿作为教育教学的对象，理应成为教学评价的主体，并且"幼儿拥

---

① ［美］帕特丽夏·F. 荷尔瑞恩、弗娜·希尔德布兰德：《幼儿园管理》，严冷、赵东辉、高维华、李淑芳译，华东师范大学出版社2016年版，第336页。

有表达他们自己的看法和经验的能力。"① "当教育者注意并回应儿童的想法和创造力,并鼓励他们参与决策和采取行动时,儿童的能力就会得到提升。"② 在讨论"倾听幼儿"这一问题时,《联合国儿童权利公约》中有两项条款特别重要。其中,第 12 条指出,那些有能力形成自己看法的儿童有权对影响到其本人的一切事项自由发表自己的意见。第 13 条指出,儿童拥有自由表达的权利,并特地说明儿童可以使用各种媒介来接受信息和表达观点,包括口头语言、书面语言或印刷品、艺术形式,或者儿童选择的任何其他媒介。联合国儿童权利委员会在"第 7 号一般性意见:在童年早期落实儿童权利"中继续解释道:作为权利的持有者,即使是最年幼的儿童也有权表达他们的看法,并且他们的看法应该"根据儿童的年龄和成熟程度得到相应的对待"(《联合国儿童权利公约》第 12 条第 1 款)。幼儿对他们的环境极其敏感,并能非常迅速地理解他们生活中的人、地点和常规,同时能意识到他们自己的独特身份。在能够通过口头或书面语言进行交流之前,他们就已经能运用多种多样的方式做出选择,并与他人交流自己的情感、想法和愿望。③

这些条款表明:"幼儿不仅有权拥有表达他们自己看法的机会,而且有权运用一系列和成人不一样的表达方式来表达自己的看法。把幼儿看作权利的持有者和把幼儿看作积极的公民,这两者是联系在一起的。其核心在于强调幼儿现在就应该参与社会事务,而不是等到将来长大了再作为公民参与社会事务。"④ 因此,所有的教学活动都应让幼儿的身心得到全面和谐发展,并考虑到幼儿的主观感受。

但是,由于幼儿身心发展特点的限制,幼儿作为评价者,其评价的方式、途径是有别于成人的。幼儿评价教育的内在准则是他们自身的需要和兴趣,他们主要通过自己的行为反应和发展变化来发表自己对教学的看法。从这个意义上说,幼儿在活动中专注的神情、发自内心的甜美微笑都

---

① [英] 艾莉森·克拉克等:《倾听幼儿——马赛克方法》,刘宇译,中国轻工业出版社 2022 年版,第 7 页。
② [澳] 朱莉·M. 戴维斯主编:《幼儿与环境:致力于可持续发展的早期教育》,孙璐等译,南京师范大学出版社 2018 年版,第 115—116 页。
③ 转引自 [英] 艾莉森·克拉克等:《倾听幼儿——马赛克方法》,刘宇译,第 8 页。
④ [英] 艾莉森·克拉克等:《倾听幼儿——马赛克方法》,刘宇译,第 9 页。

是对教育的一种最真实的肯定，幼儿神情的呆滞，行为的散漫，活动的无序是对教育最真实的否定。因此，幼儿是最现实的评价者，他们的评价纯粹、率真、迅疾，幼儿园教学的评价不能缺少和无视幼儿的评价。[①] 幼儿的身心发展不成熟，认知能力有限，他们在评价时容易出现依从性和被动性、表面性和局限性、情绪性和不确定性等特征。幼儿自身对评价的概念、方式等的了解和运用并没有清晰的认识，很难保证幼儿在评价时的客观、公正性。所以，幼儿教师在调动幼儿积极进行自评的同时，也要给幼儿必要的指导和帮助，让幼儿的评价更具有效性，使整个教学活动能在真正互动的氛围中促进双方的发展。首先，教师采取简单、直观的方式让幼儿了解评价过程，让他们了解一些简单的评价标准，采取有效方式让幼儿主动参与，使接下来评价的展开有前提和基础。其次，要为幼儿自评与幼儿间的互评创造时机，要调动一切手段鼓励引导幼儿。最后，认真听取幼儿对自己和他人的各种看法、建议，要尊重、支持、理解幼儿，并在此基础上进行指导。

（三）教育行政管理和研究人员

教育行政管理和研究人员既包括校长、园长、教务主任等管理人员、也包括高校的幼儿教育研究人员，如幼儿教学、课程、游戏、心理等方面的专家教授等。教育行政管理和研究人员作为幼儿园教学评价的重要成员，对于学前教育的发展具有重要的导向作用，尤其是教育行政管理人员的评价直接与幼儿园的升级、分类联系在一起，甚至与幼儿园的生存和发展联系在一起，对幼儿园负有进行外部监督的职责。"作为管理者，你必须监督教育方案，将其运行情况与你制定的目标以及当前的专业标准做比较。可以每天进行非正式的现场检查，此外定期的、更正式的程序也是必要的——检查课程教育方案，给每个小组做详细记录，或者使用检查清单。"[②] 教育行政管理与研究人员通过了解幼儿园教学的整体发展状况，从而评估幼儿园执行国家和地方幼儿园课程政策的情况，以此衡量幼儿园的

[①] 虞永平、张辉娟、钱雨、蔡红梅：《幼儿园课程评价》，江苏教育出版社2009年版，第40页。

[②] ［美］帕特丽夏·F. 荷尔瑞恩、弗娜·希尔德布兰德：《幼儿园管理》，严冷、赵东辉、高维华、李淑芳译，华东师范大学出版社2016年版，第339页。

办学效益、质量，以及为课程推广提供决策信息。①

（四）家长

家长参与幼儿园教学的评价，一方面给幼儿园教学的评价增添了新的视角；另一方面也使家长的教育价值观进入幼儿园，并进而影响幼儿园的教育决策。② 家长虽然没有直接参与教学，但是他们对自己孩子的情况和特点相对比较了解，是最关心孩子学习与发展的主体。

> 与家庭建立伙伴关系旨在确保家庭和幼教机构将各自的努力放在最有利于儿童发展的事情上。家长和监护人是儿童的第一任教师，也是最重要的教师，幼教机构必须认识到这一点。对于家庭不了解、不知道其重要性且无法提供的内容，幼教机构可以有目的、有计划的教学作为补充。因此，综合考虑幼教机构和家庭的影响能够对儿童的发展产生积极作用。③

要想使每个孩子在教学活动中得到最大程度的发展，老师必须多与家长沟通，了解班里每个孩子的特点，因材施教，在适当的时机让家长对各个领域的教学活动进行观摩和评价。家长对幼儿园教学活动的评价反映着幼儿园对家长需求的满足情况，同时也是一次幼儿园向家长宣传教学理念、获得家长认可的机会。重视家长参与幼儿园教学活动评价，能更好地促使家长配合幼儿园工作。但需要注意的是，由于"家长的教育价值观与幼儿园的教育家长观之间经常存在矛盾和冲突，家长对子女发展的期待经常演化为家长对幼儿园教育的期待。这些期待可能与国家倡导的教育价值观一致，也可能相悖。家长是以个体或以家庭为单位表述其教育价值观的，很可能部分观念被采纳，部分观念被拒斥。幼儿园在关注家长的评价时，必须同时遵循民主和理性两个原则。完全无视家长的评价作用是不可

---

① 侯莉敏主编：《幼儿园课程与教学理论》，高等教育出版社2019年版，第74页。
② 虞永平、张辉娟、钱雨、蔡红梅：《幼儿园课程评价》，江苏教育出版社2009年版，第38页。
③ ［美］雷切尔·罗伯森、米莉安·德莱斯勒：《质量认证背景下的幼儿园自我评价——提升幼儿教育质量的行动经验》，刘昊、陈敏倩、张东霞译，教育科学出版社2021年版，第159页。

取的，同样，完全被家长牵着走也是要谨防的。"①

第三节 幼儿园教学评价的方法

无论是对教学活动目标的评价，还是对某个具体教学活动过程的评价，以及对教学环境和材料的评价，都离不开信息的搜集。搜集信息是做好教学评价的重要一环，评价的方法实质上就是搜集信息的方法。根据幼儿园教学组织形式的不同，可以分为集体活动、小组活动、个别活动。根据教学活动是侧重于多个领域还是一个领域，可以分为综合活动与单一领域活动。根据教学活动中幼儿的参与形式，可以分为体验性活动和表演性活动。幼儿园教学的形式多种多样，相应的活动评价方式也要多元化。

幼儿园教学活动涉及的主要是人的活动，质性评价中相对量化的方式更加合适，在运用时可结合一些量化的方式，评价的信效度会更高。幼儿园教学评价方法有很多，比如测验法、观察法、作品分析法、档案袋评价法、微格教学评价法、生活体验法、反思性教学评价法、访谈式教学评价法等。以下仅介绍几种在幼儿园教学评价中的常用方法。

一 测验法

在教学评价中，测验法是通过教学，对幼儿在身体、认知、语言、社会性等方面的发展做出测量。它可以在一段时间结束之后，对整个教学效果进行评价。其特点是：与物理上的测量是一致的，须有特定的量具，且量具必须有不可随意改变的稳定性。但与物理上的测量又不一样，物理上的测量多为直接测量，幼儿园教育中的测量多为间接测量。例如，对幼儿智力发展水平的测量，只能是让幼儿回答测试项目中的全部问题，但是这种测量往往不能体现幼儿发展的全貌。对幼儿的智力测验是根据对幼儿一些智力因素的测量去推测他的整个智力发展水平，这种测量是一种间接测量。主要有以下两种测验方式。

---

① 虞永平、张辉娟、钱雨、蔡红梅：《幼儿园课程评价》，第39页。

第七章 幼儿园教学评价

(一) 标准测验

标准测验是专门组织人力、物力，由教育专家制定的测验。测验结果可以和一定的标准相对照，以测定被评者的程度。标准测验的过程较为复杂。首先要根据测试或评价目的，明确测试范围；然后抽取测试样本，进行测试；在测试之后进行效度、信度、区分度的分析；经过分析进行筛选，确定测验题并给出此套测验题的平均分及标准差等。标准测验的优点是在其制作过程中，对问题内容、实践方法、评分方法、解释方法实行标准化并经过科学检验，具有客观性和高效度、高信度、有常模可供对照、使不同测试对象都可以用同一尺度进行比较。① 如韦克斯勒量表对学龄前儿童的测查，包括常识、词汇、图画补缺、算术题、迷津、木块图案、理解等，并有评分标准。标准测验的优点在于具有客观性和高效度、高信度，有常模可对照，使不同测试对象都可以同一尺度相比较。但是针对性、适用性不够。正如有学者所言：

> 测验有时可能会被正式地用于衡量教育方案的成效；然而，你和你的员工们必须充分认识到测验的弊端。必须正确地执行和准确地解释测验。不要过于关注某一单个测验的结果。在比较小组中任意一个儿童时，交给家长们具体的分数一般认为是不明智的。如果你保留了观察的数据记录以及儿童的绘画和其他作品的样本，那么你可以给家长提供这些以及关于其子女发展的更有意义的信息。通过这种方式，家长们可以很容易地发现他们的子女这个月在中心里发生了多少改变。②

(二) 教师自编测验

在学前教育评价中，教师为了解本班幼儿在某些方面的发展情况会自制一些测验题目，对评价对象进行测查。教师自制测验可以由教师根据自己所要了解的问题或方面随时自行编制，它是教师了解幼儿学习和发展的

---

① 霍力岩：《学前教育评价》，北京师范大学出版社2013年版，第210页。
② [美] 帕特丽夏·F. 荷尔瑞恩、弗娜·希尔德布兰德：《幼儿园管理》，严冷、赵东辉、高维华、李淑芳译，华东师范大学出版社2016年版，第334页。

较好的工具。[①] 例如，教师为了了解幼儿观察力的发展水平，以便在教学活动中更好地对幼儿进行观察力的培养，可以自制一个测验——带孩子参观理发店，然后引导孩子描述所观察到的事物，根据幼儿的回答对幼儿的观察力做出评价。首先，出示理发店图片，问孩子："这是什么地方？""为什么？"借此考察幼儿观察的概括力。其次，提问"人们去理发店干什么？"根据幼儿说出人们活动项目的多少，评价幼儿观察的精确性、细致性和顺序性。最后，提问"理发店内的阿姨、叔叔穿什么颜色的衣服？"

师幼互动是十分重要和有效的教学方式之一，下面这个测试能够帮助教师明确自己处于何种水平以及下一步要做什么。

表7-2　　　　　　　　　　师幼互动自测表

表现	是或大多数时间是	没有或几乎没有
在午餐和吃点心的时间里，我和孩子们坐在一起聊天		
我允许孩子们自主选择		
我每天给孩子们至少读两次书		
我给孩子们唱歌		
我在和孩子们说话时，目光会与他们的视线平齐		
我通过提问了解孩子在想什么		
我通过提问了解孩子学到了什么		
我通过提问让孩子了解自己		
我会热情地与来到班级的孩子、家长和参观者打招呼		
在日常护理如洗手或换尿布时，我会和孩子聊天		
在说话时，我会斟酌自己的语言		
我会使用方位词（如下面、前面、旁边）		
我一般会叫孩子的姓名而非昵称		
我会用语言安抚孩子		
我会用语言帮助孩子描述自己的想法、行为和感受，表现出对他们想法和感受的认同		
我会通过互动帮助孩子建立自信心		

[①] 霍力岩：《学前教育评价》，北京师范大学出版社2013年版，第216页。

续表

表现	是或大多数时间是	没有或几乎没有
我的语言是积极的、不带偏见的		
我会使用开放式的问题和评论		
我让孩子使用自己能够理解和运用的词汇来进行表达		
我尽量不用"不"这个字		
即便是对还不会说话的婴儿,我也会向他解释为什么		
我会使用语言解决问题		
我会使用具体的表扬,如"我喜欢你的选择",而不是泛泛地表扬,如"干得好"		

资料来源:[美]雷切尔·罗伯森、米莉安·德莱斯勒《质量认证背景下的幼儿园自我评价——提升幼儿园教育质量的行动经验》,刘昊、陈敏倩、张东霞译,教育科学出版社 2021 年版,第 142—143 页。

二 观察法

"观"即看,"察"即审查、思考。观察法就是"研究者按照一定的目的和计划,在特定条件下,通过感官或借助一定的科学仪器,对研究对象进行系统的、连续的直接观察,并进行准确、具体和详尽的记录,以全面而正确地掌握所要研究的情况,收集有关资料加以分析和解释,最后获得对研究问题的认识"[1]。教师可以观察幼儿各种行为反应与表现,详细考察幼儿身体发育和动作发展、语言发展、认知发展和社会发展、个人品质的各个方面,并对幼儿的行为和心理特点做出正确的解释与评价,考察检验教学效果,并有的放矢地提出教学方案。

在幼儿园日常教学活动中,观察是一种重要的、常用的、最适合幼儿的评价方法,包括描述观察和抽样观察。传统的观察方法可按照其开放程度的不同,从高开放性到低开放性依次排列:日记描述法、样本描述法、轶事记录法、事件取样法、时间抽样法、临床观察法。以下介绍几种常用的观察方法。

(一) 描述观察:轶事记录法与日记描述法

轶事记录法,又称事件描述法,是观察者将能体现教学实施价值的各

---

[1] 刘晶波主编:《学前教育研究方法》,人民教育出版社 2021 年版,第 144 页。

种事件或者把可以表现幼儿在教学中的个性或某个方面发展的有价值、有意义的行为情况详细地记录下来。轶事记录法着重记录观察者认为有价值、有意义的资料和信息，一般是观察对象的典型行为或异常行为，不受观察时间、地点的限制，凭借文字描述就可以记录教学中有价值的事件或者幼儿的特定动作和行为。古德温和德里斯科尔（Goodwin & Driscoll, 1980）列举了轶事记录的五个特征：第一，记录是直接观察的结果。第二，记录是对特定事件的即时、准确和具体的描述。第三，轶事记录描述儿童行为发生的情境，它明确表明行为发生的场景和情景，不会将行为与影响行为或导致行为发生的事件割裂开来。第四，观察者要做任何推论或解释，都要把这种推论或解释与客观描述区分开来，明确表明这是推论或解释。第五，轶事记录既可以关注儿童的典型行为，也可以关注儿童身上不常出现的行为。[1]

轶事记录法简单、方便，没有特殊的技术要求，可以为评价提供有意义的资料和客观依据。轶事记录法只需要在发现值得记录的行为和轶事时及时记录下来即可。欧文和布什内尔指出，轶事记录法具有双重作用，它既可以记录经常出现的行为，也可以记录不经常出现的行为。尼尔森还指出，轶事记录法还可以描述能反映儿童在特定领域发展的突发事件。轶事记录法最适合记录非典型的行为而不是典型的行为，这种用法更加符合轶事或轶事性证据的概念内涵。轶事性证据，即在观察儿童时所获得的对儿童或情境不具有代表性的证据。[2]

用轶事法观察，有利于"培训教师的观察能力，帮助教师考察幼儿的行为特点，了解每个孩子的个性特征，了解儿童是如何与周围事物发生作用的，更深入地站在儿童的角度了解他们是如何认识世界的，以便日后归纳分析，探索和揭示儿童发展和教育的规律，从而有针对性地采取教育措施，促进幼儿发展。"[3] 做好轶事记录应注意以下几点：首先，为减少主观性的影响，观察者要把教学过程中主要人物的行为、言谈等都记录下来。

---

[1] ［美］沃伦·R.本特森：《观察儿童——儿童行为观察记录指南》，于开莲、王银玲译，人民教育出版社2009年版，第118页。

[2] ［美］沃伦·R.本特森：《观察儿童——儿童行为观察记录指南》，于开莲、王银玲译，第119页。

[3] 刘晶波主编：《学前教育研究方法》，人民教育出版社2021年版，第181页。

用词准确，尽量记录原话，并且要详细描述教学环境、情景对教学进程的影响，力求客观公正，完整真实，不可将记录者的意见、解释和事实相混淆。其次，在记录的内容和时间间隔上，可以是灵活、开放的，也可以是固定的、结构的。既可以根据兴趣和需要随时记录，也可以由评价者规定好时间、领域和事件后进行相应记载。最后，记录材料要妥善保存，对被记录者的背景信息要做出详细描述。

轶事记录法的一个突出优点是，它可以提供一些连续性的记录，帮助教师结合特定的场景和情景理解一名儿童的行为。它使教师可以不断地比较儿童的行为，提供了一种记录儿童行为变化的手段。尽管轶事记录法运用得十分普遍，但做轶事记录并不容易，它太容易掺杂个人偏见，影响观察者选择哪些事件来记录（偏见可能源于观察者喜欢或不喜欢的某些特征）；记录时措辞不当，可能会使读者误解儿童，对儿童做出消极的价值判断；必须高效地利用记录，而这一点往往难以做到。这种方法的不足之处与其如何被运用有关。在某些情况下，轶事记录是一种自相矛盾的方法。其部分原因在于，它很容易记录对儿童的消极偏见或判断。[1]

日记描述法，又称儿童传记法，是一种日志式的观察记录法，是最早用来研究儿童的方法。"研究者要在较长的时间里，对同一个或同一组儿童的行为进行追踪观察，持续地记录变化，记录其新的发展和新的行为。"[2] 日记描述的目标是"按顺序记录观察对象，通常是婴幼儿的行为流中新的行为事件"。这些新行为通常属于某个特定的发展领域，比如智力、语言、社会情绪和行为等。日记描述的总体目标就是要描述儿童在一段时间内的每一个发展进程。日记描述法要求观察者与儿童保持亲密地持续不断地接触。除了父母或监护人外，这种亲密接触往往难以实现。[3]

1882年，德国心理学家普莱尔所著的世界上第一本儿童心理学教科书《儿童心理的发展》就是根据他对自己儿子所做的科学而又详细的日记写成的。1920年，我国著名的学前教育学家陈鹤琴以其长子为研究对象，从

---

[1] ［美］沃伦·R. 本特森：《观察儿童——儿童行为观察记录指南》，于开莲、王银玲译，人民教育出版社2009年版，第120页。
[2] 刘晶波主编：《学前教育研究方法》，人民教育出版社2021年版，第180页。
[3] ［美］沃伦·R. 本特森：《观察儿童——儿童行为观察记录指南》，于开莲、王银玲译，第113—114页。

他出生时起,就对他的动作、能力、情绪、语言、游戏、学习等方面的身心发展变化和各种刺激反应进行了观察和实验,共 808 天,并以日记的方式做出详细的文字和摄影记录。陈鹤琴这样记录道:①

> 第 1 月第 1 星期第 1 天:(1) 这个小孩子是 1920 年 12 月 26 日凌晨 2 点零 9 分生的。(2) 生后 2 秒钟就大哭,一直哭到 2 点 19 分,共连续哭了 10 分钟,以后就是间断地哭了。(3) 生后 45 分钟,就打呵欠。(4)) 生后 2 点 44 分,又打呵欠,以后再打呵欠 6 次。(5) 生后的 12 点钟,生殖器已经能举起,这大概是因为膀胱盛满尿的缘故,随即就小便了。(6) 同时大便是一种灰黑色的流汁。(7) 用手扇他的脸,他的皱眉肌就皱缩起来。(8) 用指触他的上唇,上唇就动。(9) 打喷嚏两次。(10) 眼睛闭着的时候,用灯光照他,他的眼皮就能皱缩。(11) 两腿向内弯曲如弓形。(12) 头颅是很软的,皮肤带红色,四肢能动。(13) 这一天除哭之外,完全是睡眠的。

日记法要求根据系统的计划,以记日记的形式描述性地记录相关事件。这种形式对教师而言是切实可行的。教师可以使用日记法来记录教学活动在某一阶段或者某一方面的具体实施情况,也可作为主题日记,重点记录教学活动实施过程中具有突出意义的新事件和新情况。这种方法可以提供详尽和长期的记录,描述教学活动实施的确切过程,记录连续的教师或者幼儿行为,因此它也是教师反思自己教学行为的好办法。

日记描述法被认为是一种开放性的方法,它要捕捉儿童的行为、行为的变化以及行为所处情境的细节。日记描述法将这些细节作为原始数据加以保留,并可以对这些原始数据进行检验、分析,或者用于今后与其他记录作比较。日记描述法可以提供丰富、翔实的细节信息,信息内容涉及广泛,并且书面记录内容可以永久保留。它可以记录在某个特定的时间内发生的行为所处的情境以及行为发生的先后顺序。这样,行为就不再是一个个孤立的事件,而是在一个不断发展演变的框架内彼此关联。这种相互关

---

① 北京市教育科学研究所编:《陈鹤琴全集》(第 1 卷),江苏教育出版社 1987 年版,第 61 页。

联性在某种程度上体现了日记描述所具有的长期追踪的特征。但由于日记描述需要观察者与儿童保持持续的亲密接触，因此，除家长和其他家庭成员外，其他人几乎无法运用这种方法。甚至连教师也几乎无法与某个特定的儿童建立如此广泛深厚的关系。①

（二）抽样观察法

抽样观察法是一种严格而系统的观察方法。在教学过程中，观察者根据一定的标准，抽取一定的幼儿来进行观察、记录和研究，从而获得对幼儿行为了解的方法。这种观察要求观察者事先做好周密的计划与准备，观察结果也有较强的可靠性和代表性。

常用的抽样观察法包括时间抽样法和事件抽样法。时间抽样法是"以一定的时间间隔为取样标准来观察和记录预先确定的行为是否出现以及出现次数的观察方法。"② 它是一种测量行动的方式，是在对行为编码的基础上，记录行为是否呈现以及呈现的频率和持续时间。研究者要在规定的时间内，按照特定的时段观察预先确定好的行为，或者按预先规定好的行为分类系统将行为归类。它适用于以下方面：一是孩子经常出现的行为，频度较高；二是容易被观察到的外露行为；三是观察时必须对有关概念做出明确的定义，使其他人对这些概念有共同的理解；四是必须有明确的目的。时间抽样要记录儿童行为流中的两种不同样本：一是发生在特定的时间段内的行为；二是特定的行为。其中的限制性条件是这两个条件必须同时满足。特定的行为必须出现在特定的时间段，否则，要么忽略这个行为，要么就不记录这个行为，因为它出现的时间不合适。③

在运用时间抽样法进行观察之前要做好以下方面的工作：第一，根据观察目的确定要记录的信息，即幼儿会发生的一些特定行为。第二，确定每一观察单元的时间区间。时间区间的长短、间隔及数量多少，因研究目的而定，但主要准则是保证时间样本的代表性。第三，事先详细制定好记录表格，并对表格中有关行为类型做出具体的规定和详细的描述。

---

① ［美］沃伦·R. 本特森：《观察儿童——儿童行为观察记录指南》，于开莲、王银玲译，人民教育出版社 2009 年版，第 114 页。
② 刘晶波主编：《学前教育研究方法》，人民教育出版社 2021 年版，第 159 页。
③ ［美］沃伦·R. 本特森：《观察儿童——儿童行为观察记录指南》，于开莲、王银玲译，第 109 页。

时间抽样非常节约时间和精力，它精确规定了所要观察的内容和观察的时间。但时间抽样的一个较大缺点是它无法捕捉到行为和情境的详细情况。它也不能记录那些不频繁出现的行为。为了确定编码系统所用的行为类别，在记录之前必须做大量的准备工作。①

事件取样观察法是"以选取行为或事件作为观察样本的观察取样法。与时间取样法不同"。事件取样观察法的测量单位是行为事件本身，而不需要受时间间隔或时段的限制，只要行为或事件一出现就开始记录，并且可以随着事件的发展持续记录。"事件抽样与时间抽样不同，它只从儿童的行为流中抽取一种样本，即特定的行为或事件。事件就是指一系列行为，这些行为分属各个特定的类别。"② 事件取样法注重的是行为事件的特点、性质，时间只是说明事件持续性特点的一个因素。评价者事先应明确观察目的，选择所要观察的行为，确立观察的时间、地点，确立记录的项目并设计出方便应用的记录表格。

【案例7—1】

幼儿"问题言语"发生记录表

幼儿姓名	年龄	性别	问题言语持续时间	开始原因	过程	结果	背景情况

观察目的：幼儿"问题言语"的发生。观察内容：幼儿在教学游戏过程中，从问题言语发生开始，记录时间，在记录表上填写相应的情况。

---

① ［美］沃伦·R. 本特森：《观察儿童——儿童行为观察记录指南》，于开莲、王银玲译，人民教育出版社2009年版，第106页。

② ［美］沃伦·R. 本特森：《观察儿童——儿童行为观察记录指南》，于开莲、王银玲译，第109页。

事件抽样兼具叙述性描述和时间抽样的优点。事件抽样与叙述性描述一样，能够丰富、详细地描述行为及其情境。事件抽样很实用，它非常适用于频繁发生的行为。同时，事件抽样可以结合叙述性描述和编码系统来进行，因此它同时具备即时编码的高效性以及叙述性描述的完整性。事件是事先确定好的行为模式，所以可以运用编码符号比如检核表来记录预计可能与事件有关的情境特征。赖特指出：事件抽样"将观察现场组织成一些自然的行为单元和情景单元"。这些"自然的单元"让你可以研究行为与其所处情境的关系。叙述性描述虽然也可以做到这一点，但它要捕捉行为流中的每一个行为。在运用事件抽样时，你必须从大量的信息中抽取一些特定的行为片段，一些自然的行为单元。不过，尽管事件抽样研究的是自然的行为单元，但它打破了行为的连续体，因此具有一定的局限性。不能保留大片段的行为流，这一点也被人认为是事件抽样的一个缺点。[1]

以上几种观察幼儿活动的方法，可以使评价者从不同的角度、不同的观察内容、所提供的多种信息，去系统评价幼儿园的各种教学活动，以及教育活动的目标、内容、手段和方法。评价幼儿身体、认知、社会、情感和态度等多方面的发展，以改进教育教学。观察法的优点是简便易行，资料较为客观、可靠。研究者能够从事物的现场获得鲜活的第一手资料，了解现实自然情景中事物的发展进程。通过观察，能够了解事物发生的背景，发现平时容易忽略的事物和参与者在访谈中不愿意谈论的事情等，进行一定的推理。由于观察中经常会出现无法预测的"偶然"情况，因此，观察结果具有一定的新颖性。[2] 但观察法也有其自身的局限性和不足。例如，对一些因素缺乏控制，观察法难以得出具有因果关系的结论；对同一事物的观察，往往带有各自的主观性，难以做到绝对客观化，所得到的观察材料有一定的主观性。在自然状态下的观察由于缺乏控制，因变量混杂在无关变量中，没有纯化和凸显，从而有时会使观察结果缺乏科学性。

---

[1] ［美］沃伦·R. 本特森：《观察儿童——儿童行为观察记录指南》，于开莲、王银玲译，人民教育出版社2009年版，第111页。

[2] 刘晶波主编：《学前教育研究方法》，人民教育出版社2021年版，第147页。

科学运用观察法需要注意以下几点：第一，目的要明确。评价者要明确自己关注的对象是什么，观察目的是什么，并且详细记录所要观察的具体行为。观察的时间、顺序、过程、对象、仪器、记录方式和记录表格等都应事先安排好。第二，教师以外的观察者最好事先用一些时间与儿童一起活动，以消除儿童的陌生感。在教学活动时观察者的位置应与儿童有一定的距离，尽可能防止干扰儿童活动的情况发生。第三，观察者要明确观察的内容，并能准确记录。有区分客观事实和主观解释的能力，不能将之混淆起来。

【案例 7—2】

观察记录情况表

活动生成的背景	实施依据	活动成效	原因分析	建议
在"印小鸡脚印"的这个活动中，有幼儿提议用水来印小鸡脚印，但是有小朋友反对，认为小鸡不会游泳，这个方法不好。还有幼儿觉得小鸭子比小鸡能干，因为它会游泳。所以老师决定带几只小鸭子到幼儿园来，让幼儿探究	小鸡不会游泳是一个科学常识，幼儿对这个问题有一定的经验基础，由已有的结论推出原因，能让幼儿学会发现问题	幼儿在活动中自己发现、比较了小鸡小鸭脚的不同，学会分析、交流，并对自己的这一发现感到兴奋	由幼儿通过自己亲手做实验来获取问题的答案，幼儿会记得更牢，也会对观察本身产生浓厚的兴趣，从而更加愿意加入到活动中来	将这一活动的情况让家长了解，在家与孩子聊这个话题

除了用描述的形式来进行记录以外，把一定的评价项目用表格来进行分类，然后做出相应的记录也是一种很好的办法。表格的形式有助于评价者做记录，从而简单地把握活动的情况。

【案例 7—3】

幼儿教师指导幼儿活动评价表（略有修改）

1. 指导的计划性、目的性

等级：
①随意指导；②有一定的计划性，仅限于教学活动或者有组织的活动；③对教学、生活、自由游戏均有明确的目的要求

2. 对整个教学过程的控制

等级：
①不善于组织幼儿，无法使教学活动顺利进行；②能组织大多数幼儿，一般可以控制教学过程；③善于控制教学过程，各环节要求明确、活动组织有条理

3. 教学机智、灵活性

等级：
①较单板、方法单调、模糊化；②一般能考虑运用多种方法，但缺乏应变性；③较灵活，能抓住教学时机，因势利导

4. 在照顾大多数幼儿的同时，能注意个性化教学，使每个幼儿均有表现的机会并因材施教

等级：
①较差；②一般；③较好

5. 教师在教学中的态度

等级：
①生硬、冷漠，面无表情；②较自然、亲切；③自然、亲切、在教学中有感情交流，能理解尊重幼儿

6. 在教学中注意引导幼儿主动探索，允许而非限制幼儿在课堂上提问、发表意见、建议，幼儿之间可以互相讨论

等级：
①较差；②一般；③较好

7. 在教学中关注幼儿积极性，活跃度，情绪

等级：
①压抑、紧张、不敢发表看法；②自然、轻松、稳定；③积极愉快

8. 在教学中主动为幼儿提供机会，让幼儿在教学游戏中自主选择活动材料、伙伴

等级：
①较差；②一般；③较好

资料来源：霍力岩《学前教育评价》，北京师范大学出版社2013年版，第207—209页。

三　档案袋评价法

(一)"档案袋"概述

在学前教育评价的各个领域，用档案袋搜集评价资料越来越成为一种重要的评价方式，这与学前儿童的年龄特点、学前教育教学课程的特殊性有着密切关系。档案袋一词的英文是 portfolio，有"代表作选辑""文件夹""公事包"等意思。档案袋评价法（Portfolio Assessment Method）是收集儿童在学习过程中有代表性的作品和典型表现的记录，以儿童的现实表现作为判断儿童学习质量依据的评价方法。这种评价方法把教学中儿童自己认为的那些可以代表自己爱好、水平或者能力的资料或者优秀作品放到"档案袋"里，以便于向他人展示、证明自己，方便教师以及儿童自评、互评，为接下来的教学提供进一步改进的依据。

这种方式较新鲜、真实、开放，但是也花时间。如果缺乏选择、判断，这种方法就失去了效用。

儿童成长档案系统要求教师评估自己收集的证据质量，描述这些证据如何显示儿童的发展历程。教师和家长可以使用这些信息和证据，为每名儿童制订未来的学习计划，采取支持儿童发展的干预措施。对教师来说，有一份儿童成长档案在手，对于支持儿童的学习和发展是非常珍贵的。为了使儿童成长档案系统更有价值，需考虑以下几点：① 幼教机构是否有一个清晰的工作体系来持续收集儿童学习的证据？这个体系是否符合你所追求的第三方质量认证体系的要求？教师知道收集儿童成长的哪些证据吗？证据是否和课程的学习目标相关？当教师完成档案收集后，他们是否知道接下来该怎么做？

在教学中，儿童的一些绘画作品、"建筑"作品、泥塑作品等可通过搜集原作或拍照，加上相应的注释予以保存。对于儿童的各种活动，如教学游戏活动、科学探究活动等，可用拍照或者摄像的方式加以记录和保存。对儿童的演讲、口头讲故事等，可通过录音和对录音的转录等方式加以保存，方便教学的多元主体进行评价。

在幼教实践中，"许多儿童成长档案袋里塞满了艺术作品、写写画画

---

① [美]雷切尔·罗伯森、米莉安·德莱斯勒：《质量认证背景下的幼儿园自我评价——提升幼儿园教育质量的行动经验》，刘昊、陈敏倩、张东霞译，教育科学出版社 2021 年版，第 155 页。

的纸张和其他零零碎碎的东西,但作为一个整体,这些档案并没有以有序的或有意义的方式展示儿童在发展领域内的成长或进步"[1]。因此,在利用档案袋搜集评价信息的时候,需要搜集一些与教师和儿童发展有意义和价值的信息。可通过观察、提问、对话、儿童作品搜集等方式来获得与档案相关的更多有意义的信息。

(二)档案袋评价法实施过程

档案袋评价法的实施可以归纳为三个阶段:组织和计划、选择、反思。

第一个阶段:组织和计划。组织和计划阶段是在收集档案袋作品之前的一个阶段,是档案袋评价的最初阶段,也是最重要的阶段。主要任务是明确档案袋评价的目的、确定档案袋的内容与形式,并与家长沟通,做好档案袋评价之前的准备工作。

第二阶段:选择。这个阶段主要选择能反映教学过程和反映目标实现程度的有意义的幼儿学习成果。依据建立档案袋的意图和目的,决定档案袋的内容。在对幼儿作品进行收集的时候,要为幼儿创设宽松的环境;要善于观察幼儿的表现;发挥幼儿的主观能动性。

第三个阶段:反思。通过学习日志、教学日记进行反思,并对幼儿在一段时间内的经历与他们思维过程、思维习惯等方面进行反思。"反思"是档案袋评价的关键,也是档案袋评价的精髓。反思策略是档案袋评价实施策略中不可或缺的组成部分。教师对档案袋评价进行反思,是教师以现代教育评价理念为基础,对实施档案袋评价进行理性思考、质疑,评价的过程,是教师通过不断研究、改进、优化评价行为的自我完善过程。教学评价是一项系统的复杂的工作。为有效进行幼儿教育活动评价,可结合运用多种方法,从各个角度搜集有关信息,为评价提供客观依据,以做出可靠的价值判断。

总而言之,对教学活动的评价呈现出从外部评价向内部评价、从他人评价到自我评价、从单一评价到多元评价转化的趋势,而教师自身在其中承担着日益重要的角色。对教学活动的评价与反思有助于教师深刻认识其

---

[1] [美]雷切尔·罗伯森、米莉安·德莱斯勒:《质量认证背景下的幼儿园自我评价——提升幼儿园教育质量的行动经验》,刘昊、陈敏倩、张东霞译,教育科学出版社2021年版,第155页。

专业经验的重要性，促使其成长。要对现有的教学评价方法进行更多反思，以不断丰富对教学活动的评价方法和视角。

第四节 幼儿园教学评价的内容

幼儿园教学评价的内容就是关于评价什么的问题，是对评价对象和范畴的规定。简单来说，主要包括对人、事、物的评价，也就是对教师、幼儿、教学目标、教学计划、教学内容、教学方法、教学活动、组织形式、教学过程、教学设备（教具玩具）、教学环境、场地诸多因素的评价。

一 对人的评价

首先，对人的评价最容易想到的是幼儿，接着是老师，因为幼儿的学习与发展是幼儿园教育教学的核心目标。因此，教学评价的首要对象应是幼儿的学习发展情况。比如，幼儿在教学中是否体、智、德、美、劳都得到了相应的发展，幼儿的学习品质是否得到了提高。

其次，由于幼儿身心发展需要老师的精心、细心、耐心、充满爱心的引导和激发，因此还包括对老师的评价。比如，这个老师教育教学能力怎么样？专业化水平如何？运用教学方法和课堂教学策略、对教学中幼儿突发事件的应对能力如何？教育教学风格怎么样？教师资格怎么样？教师学历如何？教学中老师与幼儿的关系怎么样？幼儿园教师群体教学水平如何？……教师与幼儿园教学相关的很多方面都应成为教学评价的对象。

最后，幼儿园的教学管理人员。例如，幼儿园园长、教学研究人员、助教等对幼儿园的教学都有一定的引领、影响作用，都有一定的责任，所以也是评价对象。

二 对事的评价

人与事是相互融合的，教师通过教学计划的制订，采用各种教学方法，进行相关的教学活动，这些教学活动就是"事"，就是评价的对象。与幼儿、老师相关的教学活动实施的情况如何？教学计划是否合理？方法是否适宜？教学的有效性怎样？教学的游戏化是否达到期待的效果？等等，都是关于事的评价。对事的评价，不仅仅包括对结果的评价，还要有对过程的评价，特别是幼儿园的教学，更要注重对过程的评价，从而总结出教学中的经验教训，为未来的教学服务。

三　对物的评价

对物的评价指的是对教学物质条件的评价。比如，幼儿园教学环境是否符合幼儿教学活动开展的需要？是否柔软干净舒适、明亮通风透气？活动空间是否充裕？教具玩具是否能满足幼儿活动的需要？等等。

四　对评价本身的评价

比如，幼儿园内部的教学评价是否合理？考察幼儿学习与发展的方式是否适宜？测验评价是否具有信效度？要对幼儿园整个教学评价系统做出评价。又比如，这种评价是否真正有利于教师的教和幼儿的学？是否真的符合教学的实际情况？在多大程度上反映了幼儿园教学质量？其教学效果到底如何？等等。同时，还要对与幼儿园教学活动相关的教学评价进行评价。这样不断评价、反思、再评价，才能真正促进幼儿园教育教学质量的不断提高。

五　对教学活动的具体评价

教学活动是一个由教师与幼儿共同参与和相互作用的过程，所以，教学活动的评价必然涉及教师的"教"和幼儿的"学"。在教学活动实施中，教学评价主要包括对教师教学活动设计与指导有效性的评价，以及对幼儿参与活动有效性的评价两大方面。

首先，要评价学习的主体——幼儿，即对幼儿参与活动有效性的评价。"学生评价是教学的重要同盟。如果没有证据显示一节课哪里是成功的，哪里是不成功的，教学对学生需要而言是不负责任的。"[1] 我国教育部颁布的《幼儿园教育指导纲要（试行）》明确提出，评价是"为了促进每一个幼儿的发展"，强调了学前教育评价的发展性目的。因此，能否促进

---

[1] ［美］林恩·埃里克森、洛伊斯·兰宁：《以概念为本的课程与教学：培养核心素养的绝佳实践》，鲁效孔译，华东师范大学出版社2021年版，第48页。

幼儿园课程与教学论纲

幼儿发展应是考察幼儿园课程实施的重要依据。从幼儿园教学评价的核心标准出发，教育的中心价值就是幼儿发展的价值，幼儿园教学评价中大量的工作就是了解幼儿的发展，了解教育设定的幼儿发展目标的实现度。[①] 高质量的幼教机构会把对幼儿学习的评估纳入自己的实践中，因为它是满足幼儿个体需求的重要环节，学习过程因此也变得更有意义。

在儿童本位教育中，所有的评价形式都应采用儿童的视角。例如，在瑞典的早期教育中，评价更多地关注儿童在早期教育阶段是否获取高质量的知识，这就意味着在获得知识过程中的组织结构、学习内容和教学法都应以促进儿童"在幼儿园里学习、发展、感到安全和获得快乐"为目的，而较少强调对儿童自身的评价。教师们使用各种形式的教学记录，以使儿童的学习与发展可见、使学习与发展的环境可见。这些记录主要用于呈现儿童之间的交流与互动、儿童的参与和影响、捕捉儿童的经验。[②] 正如有学者所言：

> 如果质量管理的目标是让顾客满意，那么管理者必须关注顾客体验该教育方案的方式。他们早晨愿意到校吗？教室里是否满是忙碌的孩子们建设性地参与各种有趣活动时发出的嗡嗡声？他们看起来干净吗，是否得到良好的休息和喂养？成人和儿童看起来彼此喜欢在一起吗？所有这些都是令顾客满意的标志，当顾客们每天在中心活动时，管理者可以对他们进行观察。[③]

具体而言，教学中对幼儿的评价内容主要包括评价幼儿学习中的主体地位，评价幼儿参与课堂教学活动的状态，评价幼儿学习过程。教师们应该经常定期检查每个幼儿，并思考他们所观察到的每个幼儿所做的事情。

关注幼儿的学习方式，即评价幼儿学习方式是否转变，这里的学习方

[①] 虞永平、张辉娟、钱雨、蔡红梅：《幼儿园课程评价》，江苏教育出版社 2009 年版，第 35 页。

[②] [澳] 朱莉·M. 戴维斯主编：《幼儿与环境：致力于可持续发展的早期教育》，孙璐等译，南京师范大学出版社 2018 年版，第 261 页。

[③] [美] 帕特丽夏·F. 荷尔瑞恩、弗娜·希尔德布兰德：《幼儿园管理》，严冷、赵东辉、高维华、李淑芳译，华东师范大学出版社 2016 年版，第 333—334 页。

式是指人获取知识的方法。所谓学习方式并非指学习什么，而是指如何学习。对幼儿"如何学"的评价包括幼儿活动的情感态度；幼儿对活动的参与度；幼儿活动中的互动程度；幼儿活动中的能力；幼儿的学习方式；幼儿的学习习惯；幼儿面临的挑战等。现代教育教学评价已经从评价教师"如何教"变成了注重幼儿"如何学"，是评价幼儿学习方式的转变。但不可否认的是，幼儿学习方式上的转变是通过教师组织教学活动中的教学目标、教学内容、教学方法、教学过程、教学组织形式、教学手段、环境创设、资源利用等方面得以具体体现的。

【知识衔接】

与评价学习和发展情况相关的内容*

教育理念
☐幼教机构对于"儿童是如何学习的"有清晰明确的认识。
☐教育理念是课程设计的基础。
☐教育理念涉及儿童各方面的发展，包括身体、认知、社会性、情感和学习品质。
☐和家长分享交流教育理念。
☐把教育理念培训作为教师培训不可或缺的一个内容。

明确评估过程和方案
☐幼教机构对于评估过程有明确清晰的书面方案。
☐幼教机构有用来记录儿童进步变化的评价工具。
☐评价工具是根据儿童不同发展阶段的教育目标而研制的。
☐评估包括非正式评估和正式评估两种。

课堂实践
☐评估包括了教师在自然情景中观察儿童。
☐教师持续用轶事记录的方式记录对儿童的观察情况。

---

* ［美］雷切尔·罗伯森、米莉安·德莱斯勒：《质量认证背景下的幼儿园自我评价——提升幼儿园教育质量的行动经验》，刘昊、陈敏倩、张东霞译，教育科学出版社2021年版，第150—152页。

□教师持续不断地收集反映儿童进步变化的各种证据。

□教师经常和家长交流儿童的进步情况和发展需求。

□教师解读和分析观察记录与评估结果，制定满足每名儿童学习需要的个性化学习方案。

□教师解读和分析观察记录，收集儿童学习证据，将其用于完善测评内容。

教师培训

□教师从入职开始就持续地接受以下培训。

· 学习观察和记录的方法。

· 收集反映儿童发展进步的、有价值的证据。

· 使用书面评估工具。

· 与家长沟通评估结果。

· 根据评估结果制定个性化的学习方案。

留存记录并整理资料（档案）

□幼教机构要将儿童的评估报告作为档案资料留存。

□幼教机构要将与家长沟通的儿童评估结果和发展需要作为档案资料留存。

□如果幼教机构邀请了外部测评专家做咨询，那么需要把评估结果放到儿童成长档案中。

□如果幼教机构向家庭推荐外部测评专家服务，那么应提前让家长签署书面同意书。

□幼教机构应该有一整套资料整理的工作流程，以支持儿童的成长和发展。

家长参与和沟通

□家长经常有机会和教师交流儿童的需要和进步情况。

□教师和家长经常有机会讨论儿童的进步情况。

□家长定期得到一份反映自己孩子进步的书面记录。

□评估不是聚焦于"是否通过"，而是关注个体的发展。

□教师和家长依据儿童发展评估的结果，合作制订计划，支持儿童进一步学习。

其次，评价教学的主体——教师"有效的教"，主要包括教学策略、教师讲解与教师评价的适宜性；评价教师对幼儿的态度和关注程度；教学活动的组织形式；教学活动环节安排；教学细节的考虑与即时处理；教学手段、教学资源的运用等方面。

在一个教学活动中进行教学评价时具体应考虑以下内容：

第一，对教学目标的评价，包括目标的表述统一性；内容整合性；指向针对性；目标的年龄适宜性；可落实性；和谐性；目标实际的达成度。

第二，对教学内容的评价标准，包括内容与目标的一致性；科学性；生活性、经验性；年龄的适宜性、针对性；挑战性、开放性；整合性、自然性；情趣性、合理性；相关环境材料的适宜性；内容实际的完成情况等。

第三，在教学过程中对教师教学方法运用情况进行的评价，主要包括：

（1）评价教学方法的选择与灵活运用。"教无定法"，教师要注意根据学习内容，采取适合不同年龄和不同学科特点的教学方法，强调适宜性、有效性。有效的教学方法能使教学内容的重点、难点在教学过程中得以充分体现和解决，自然呈现，较好地完成教学目标。具体来说，就是看教学方法是否符合幼儿心理特征、认知特点、学习特点；是否符合学科性质和教学情境；是否落实、完成了教学目标；是否使教学内容自然呈现与整合等方面。

（2）评价教师提升幼儿经验的方法。经验就是经历、体验。泛指由实践得来的知识或技能。经验还包括情感、认知、交往、合作、能力、学习方法等方面。在教学中，首先，要评价教师是否准确地找到提升的新经验。其次，要评价教师采用何种方法来提升幼儿的新经验。教师提升幼儿经验的方法有示范演示法、儿歌提炼法、归纳总结法、歌唱表演法、观赏讨论法、操作体验法、录像拓展法等。评价教师提升幼儿经验的方法，关注教师提升的方法是否多样、灵活、适宜。

（3）评价教师的教学提问。在幼儿园教学过程中教师的提问存在很多问题，比如，无效提问多，启发性提问少；封闭性提问多，开放性提问少；个别性提问多，全体性提问少；立刻（即时）回答多、思考回答少，等等。

对提问的评价主要看提问是否有变化、有价值，对教师教学提问的评价要注意：第一，是否丰富、恰当，解决教学重、难点。第二，能否为幼儿新旧知识的联系提供线索，帮助幼儿进行"联系"与"思考"。第三，能否激活幼儿思维、引发师生讨论与交流，实现多边互动。

总之，评价幼儿园教学活动主要包括以下几个方面的内容：幼儿的表达表现：学习主动，乐于挑战，习惯良好。活动目标的确立：适宜性、针对性、整合性、达成性。活动内容的选择：经验适宜性、挑战适度性、自然整合性。活动过程的展开：情景性、操作性、互动性、推进性。活动结构的设计：合理性、流畅性、有序性、开放性。组织形式的选择：灵活性、多样性、实效性。教学方法的选择：符合年龄特点，转变了幼儿的学习方式。教学手段的运用：为目标、内容服务，有效地支持幼儿学习。教师的教学思想：体现正确的教育观、儿童观、教学观。

【案例 7—4】

幼儿园集体教学活动评价内容指标

评价的内容
一　活动内容
活动内容要生活化，符合幼儿兴趣，来源于幼儿生活，应该是幼儿生活中真实的事和物，或者是通过媒体等渠道，幼儿能感知到的事和物。

活动内容要健康、正确，要符合幼儿年龄水平，活动内容可结合幼儿园的实际来选取。

二　活动目标
活动目标是指活动中师幼预期达到的结果和标准，它是教师组织活动的方向，其实现程度是判断活动效果的直接依据。

评价的指标
科学性：符合幼儿的年龄特征，充分挖掘了活动主题的教育价值。
整合性：一次教学活动中有机渗透多个领域的目标。
差异性：能根据本班实际，提出高、中、低三级分层目标。
准确性：重点突出，难点定位准确。
明确性：活动目的应具体、明确。

三　活动准备

物质准备：教具准备充分，恰当；采用身边的材料；创设有效的教育环境；合理使用多媒体教学手段。

教师自身的准备：教师要熟练掌握活动内容，活动内容需要背诵的，如故事、儿歌、歌词等应背诵熟练；需要操作的，如小实验、电化教学设备、小制作等要操作熟练；需要示范的，如动作、绘画、板书等要准确、到位，动作要注意正面示范；体育、音乐等活动要注意准备合适的运动服饰和舞蹈服饰，使服饰与所教内容和谐统一。

为使各教学环节衔接自然，要准备好环节间的过渡性语言，使各环节转换不露痕迹，活动具有整体感。

教师还要了解所教内容的相关知识，以避免被幼儿提出的一些意想不到的问题问倒，出现难堪的局面。

活动准备要求：

充分挖掘已有的教育资源，不宜每次都由教师制作或购买。

教具与学具应准备充分，如在数学领域中，应让每一位幼儿有一套相关学具。

在挑选教具时，应体现以幼儿为中心，贯彻新纲要的精神，教师不宜给幼儿制定学具。

四　活动过程

活动是为了促进幼儿全面发展，使不同水平的幼儿共同提高。幼儿是活动的主体，在教师的主导下，激发起幼儿的兴趣，调动起幼儿的积极主动性，启发幼儿动手、动脑、动口，多种感官共同参与活动，使幼儿真正成为学习的主人。活动目标的最终实现需要通过活动过程的实施才能达到。

评价的指标：教师、幼儿、师幼互动。

1. 教师

教师在教育活动中应该是幼儿的支持者、帮助者、引导者、促进者。

评价的指标：教态自然亲切、语言规范、能以丰富的身体动作、表情、语调来进行教学，有较强的教育机智，能灵活、正确地处理偶发事件，在其中寻找教育契机，使幼儿获得有益的经验，能公正对待每一个幼儿，关心、信任每一位孩子，相信所有的幼儿都能学习、都能学好。

教师要给每一位幼儿提供相同的学习机会，尤其是对那些能力发展迟缓的幼儿，更要关怀备至，多为他们创造成功的机会，使他们都有成功的体验，都能得到较充分的发展。

对幼儿的提问都能给予有效的、积极的回应。教师要善于分析幼儿的需要、经验、发展水平，善于寻找幼儿发展的可能性，尽量针对每个幼儿进行指导。

教育方法得当：

游戏化——以游戏为基本活动。

在集体教学活动中，强调以幼儿发现学习为主，并不是不要教师的指导，只是教师的作用由直接指导变为间接指导。教师的主导作用还是非常重要的。教师的间接指导作用主要表现为：为幼儿创设发现学习的环境，敏锐地感知幼儿学习中所遇到的困难，启发幼儿寻找克服困难的方法，等等。因此，集体教学方式应以引导发现为主要方式。

要善于观察幼儿。善于发现和捕捉幼儿的兴趣，通过幼儿直接感兴趣的内容或间接激发的兴趣，引导幼儿主动学习、操作。

各环节要求明确、活动组织有条理。活动各环节的安排应该是清晰的、连贯的；教师对活动时间的控制是弹性的，即教师根据幼儿的愿望、实际状态而设计安排，灵活把握活动时各环节的时间。

教师有效地提问。设置多个开放性的问题，引导幼儿通过操作、体验、思索、交谈、大胆猜想、合作学习获得有益的经验。

依据教学中的关键点设计问题。根据不同层次的幼儿，设计不同层次的问题。提问的语言必须具有科学性、准确性，以免造成幼儿误解。

坚持正面教育。

2. 幼儿

在进行评价时，应关注幼儿在活动中的表现。活动的效果直接显现在幼儿身上。具体可从以下几方面进行评价：

幼儿的兴趣。幼儿对活动的兴趣、态度和参与程度是评价活动效果的第一要素。

幼儿自主活动的开展。幼儿在活动中主动学习、思考、探索、操作的程度。

幼儿能主动提出问题。没有问题，就不会有解释问题和解决问题的思路和方法，问题是产生新思想、新方法、新知识的种子。因此，教师要在活动中使幼儿敢于大胆质疑，鼓励幼儿多角度、全方位地思考问题，发展他们的类比、联想等发散思维能力，使幼儿不只是停留在所学内容的表层理解上，而是要利用所学的知识去探究和创造。

幼儿在活动中基础知识、基本技能的掌握程度。

幼儿主动与教师、同伴交往、合作的深入程度。

3. 师幼互动

师幼配合较多。教师能依照幼儿的需要，调整教学。能根据幼儿的情绪、态度、行为表现，随时反思、调整、改进活动的内容及进程。

师幼关系融洽。教师应该创设一个良好的师幼互动环境：教师要以平等、关怀、接纳、鼓励的态度与幼儿交往，成为幼儿的榜样，促进幼儿在同伴群体中积极模仿、观察、交谈、纠正、合作，营造一种平等、宽松，利于理解、激励的氛围。

第八章　中外幼儿园课程与教学改革

国外的早期教育课程模式与教学方案，例如，蒙台梭利的早期教育方案、瑞吉欧项目活动课程模式、海斯科普课程模式、华德福幼教课程模式、银行街早期教育方案，具有不同的理论基础和实践经验。尽管不同的课程模式和早期教育方案所产生的社会背景不同，但其独特的儿童观、知识观、教育观与实践运行系统在不断完善和优化，使得这些课程模式得以持续发展并成为当代学前教育工作者和研究者学习和借鉴的典范。

第一节　国外幼儿园课程与教学改革

一　国外早期教育课程模式与教学方案

（一）蒙台梭利的早期教育方案

蒙台梭利是欧洲"新教育"运动的重要代表人物，是继福禄培尔后的一位杰出的儿童教育家，出生在意大利安科那省希亚拉伐拉镇。蒙台梭利深受卢梭、斐斯泰洛齐等人的自然教育和自由教育观点的影响。她根据自己的实际情况和实验研究，结合生物学、遗传学、生理学、心理学和生命哲学的理论，形成了独特的儿童教育理论。[1]

1. 儿童观及教育目的

蒙台梭利很重视早期教育，认为儿童心理的发展具有节律性、阶段性、规律性。她强调生命力的冲动是儿童心理发展的原动力。

---

[1] 侯莉敏主编：《幼儿园课程与教学理论》，高等教育出版社2019年版，第233页。

第八章 中外幼儿园课程与教学改革

人之所以有学习的欲望是其内心有股"自然朝外发展的内在潜力"或称为"生命的冲动"影响所产生的。当儿童反复做一个动作时,儿童即与所接触的事物产生生命上的交流活动(此即为学习)。儿童在反复的动作中,其心智活动方式亦不断地变化、成长,直到反复动作的结果令儿童满意时,儿童内心会有种成就感、满足感,这种感觉会促动他不断地探索,不断地产生自发性的学习行为。①

同时,蒙氏又强调儿童心理的正常发展必须依靠环境和教育的及时、合理的安排。蒙台梭利在以遗传(天性)为中心的前提下,把遗传与环境、教育这些影响儿童发展的因素统一起来。从她的有关论述中我们感觉到一种强烈的要求,即为了正确对待和教育儿童,必须研究、掌握、尊重儿童的心理特点和个性差异。这正是当时席卷欧美的新教育思潮的体现,也是一百多年前卢梭所开创的新的儿童教育事业的继续。蒙氏儿童观的上述特点在她的其他教育观点中得到了深入具体的阐述、发挥及运用。②

蒙台梭利指出:"我们的教育目的,一般地说是双重的,即生物的和社会的。从生物学角度来讲,我们希望帮助个人自然地发展,从社会学角度来讲,我们的目的是使个体对环境做好准备。"③ 蒙氏强调儿童有内在主动学习的动力与潜力;同时,她又指出其发展是为了成长:"儿童不断地、努力地创造'未来的他'——成人。教育是为了进入世界而做准备。"④ 而教育的基本任务是使二者结合,"使每个儿童的潜能在一个有准备的环境中都能得到自我发展的自由"⑤。

因此,在蒙氏的教育体系中,教师的职责是要尽量激发幼儿的潜能,在幼儿自己动手能做的范围内给予帮助。教师的存在是以辅导者的角色出现的。她直接把"教师"的名称改为"指导者",认为当好一个指导者并不容易,她指出:教育工作中如果缺乏一个受过良好训练的教师的指导,那么环境再好也无用。具体而言,教师的责任包括:第一,准备环境。教师应为儿

---

① 简楚瑛:《学前教育课程模式》,华东师范大学出版社 2005 年版,第 9 页。
② 杨汉麟:《外国幼儿教育史》,人民教育出版社 2011 年版,第 412 页。
③ 张斌贤、褚宏启等:《西方教育思想史》,四川教育出版社 1994 年版,第 578 页。
④ 简楚瑛:《学前教育课程模式》,第 15 页。
⑤ 杨汉麟:《外国幼儿教育史》,第 412 页。

童提供一个适合他、能协助他成长的环境。这个环境应包括他自己的准备，教室、教具的准备等。第二，观察。蒙氏教育内容、方法、教具的产生都是从观察儿童日常生活发展出来的。教学的进度、协助以及评量等问题，均以教师敏锐的观察力为基础，进而提供协助的依据。第三，监督。教师必须监督班上活动的情形，防止及管理可能发生意外或粗鲁的行为，亦即"班级经营"的工作。第四，示范提示。提供儿童操作教具之适切技巧。①

2. 儿童心理发展观

蒙台梭利认为，儿童的生命力"是一种难以捉摸的东西"，正像一个"生殖细胞"一样，确定了个体发展的准则。她说："儿童的生长是由于内在的生命潜力的发展，使生命力显现出来，儿童的生命就是根据遗传确定的生物学的规律发展起来的。"② 针对时弊，蒙台梭利指出，人们面临的一个重要问题就是"他们没有意识到生命有自己的发展规律，儿童具有一个积极的精神生命"，因而会"有意无意地压制"儿童，在教育上采取一系列错误措施。由于大力推崇内发论，因此她在谈到环境的作用时声称："环境无疑在生命的现象中是第二位的因素，它能改变，包括助长和抑制，它从来不能创造。"但这只是一个方面。另一方面，长期的教育经验又使她坚信，环境对人的智力、心理的发展是举足轻重的，决不可忽视。因此有时又说："把头等重要性归因于环境问题，这形成了我们教育方法的特点……以致达成了我们整个体系的中心。"③

3. 儿童心理发展的具体特点

蒙台梭利认为，儿童具有独特的心理胚胎期。她认为，人类有两个"胚胎"期：一个是在母体内生长发育的过程，可称之为"生理的胚胎期"；另一个则是人类特有的"心理的（或称精神的）胚胎期"，具体表现在从出生到3岁的婴幼儿阶段，她认为，这个时期是儿童心理的形成时期。④

蒙台梭利主张儿童的成长受内部潜能的驱使，因而反对外铄论。她认为，婴幼儿具有一种下意识的、不自觉的感受能力与特殊的鉴别力，简称"吸收心理"，即能通过与周围环境（人和事物）的密切接触和情感的联

---

① 简楚瑛：《学前教育课程模式》，人民教育出版社2011年版，第33页。
② 杨汉麟：《外国幼儿教育史》，人民教育出版社2011年版，第407页。
③ 杨汉麟：《外国幼儿教育史》，第407—408页。
④ 杨汉麟：《外国幼儿教育史》，第408—409页。

系，获得各种印象和文化。所有儿童天生具有一种"吸收"文化的能力，他们在其"内在教师"的引导下积极主动地工作着。"教育并非教师教的过程，而是人的本能发展的一种自然过程。"① "儿童也是一个劳动者，其工作的目的是创造人""儿童是在塑造人类本身——不仅仅是一个种族、一个社会阶层或一个社会集团，而是整个人类"②。儿童"利用他周围的一切塑造了自己"，从而形成心理、个性和一定的行为模式。蒙氏认为，幼儿这种自然吸取和创造性的功能是成人所没有的，儿童在幼年期所获取的一切将保持下去，甚至影响一生。她要求教育者和教育机构必须为儿童提供尽可能丰富的精神食粮，供儿童吸收，认为这种需要如同生理胚胎期的儿童需要母乳这样一种特殊的营养和保护环境一样重要。③

　　蒙台梭利受荷兰生物学家德弗里的影响，认为生物界存在一个事实，即各类生物对于特殊的环境刺激都有一定的敏感期及关键期的理论，认为儿童如果在敏感期中遭遇障碍，心理的损害则将难以弥补。这种敏感期与生长现象密切相关，并和一定的生长阶段相适应。"蒙氏相信在敏感期时，儿童具有特别的感受性，让他特别注意环境中的某些现象，而忽视其他的。当敏感期达到高潮时，心智就像一盏探照灯一样，照亮了环境中的某些部分，而其他部分则相对地模糊了。"④ 她认为，幼儿正处在各种感觉的敏感期，这时加强相应的教育，可以不失时机地使感官得到最充分的发展。她还试图对儿童的敏感期加以区分。例如，她认为，儿童2—4岁是视觉、听觉和触觉的敏感期，2—6岁是良好行为规范的敏感期，应该在这些敏感期内加强训练，以取得良好的教育效果，达到事半功倍的目的。⑤ "如果儿童在成长过程中，漏掉了几个敏感期，他依然会长大成人，但这位成人和他原本可能或应该有的成就比起来，可能就会逊色许多。"⑥ 蒙台梭利相信儿童在每个特定时期都有一种特殊的感受能力，这种感受力促使他对环境中的某些事物甚为敏感，对有关事物注意力很集中，而对其他事物则

---

① 蒙台梭利：《蒙台梭利幼儿教育科学方法》，任代文主译校，人民教育出版社2001年版，第326—327页。
② 蒙台梭利：《蒙台梭利幼儿教育科学方法》，任代文主译校，第335页。
③ 杨汉麟：《外国幼儿教育史》，人民教育出版社2011年版，第409页。
④ 简楚瑛：《学前教育课程模式》，华东师范大学出版社2005年版，第12页。
⑤ 唐淑主编：《学前教育思想史》，人民教育出版社2019年版，第362页。
⑥ 简楚瑛：《学前教育课程模式》，第12页。

置若罔闻。她认为，这种注意不是出于单纯的好奇，而是在特定的时期由于本能与特定的外部特征之间的密切联系而产生的一种兴趣，是从无意识深处产生出来的一种热情；又由于"满足了需要而得到快乐，增强了自己的力量"。

蒙台梭利认为，通过各个敏感期及不同活动的交替进行，儿童"在一种稳定的节奏中，在一个不停地燃烧着的火焰中进行着人的精神世界的创造工作，逐渐形成自己的个性特征"①。敏感期是在一定的外界环境中出现的，环境提供了心理发展的必要条件。当环境与儿童的内部需要协调一致时，一切都会顺乎自然地实现。如果儿童不能在敏感期从事协调的活动，或者说，如果缺乏适宜的环境，儿童就将失去并永远失去这个自然取胜的机会。正因为敏感期是有时间性、会转移的，所以成人必须善于识别，并努力创造条件最大限度地予以利用。

与敏感期理论紧密联系，蒙台梭利认为，儿童发展是有阶段性的，在发展中的每个阶段，儿童均有其特定的身心特点，而前一阶段的发展又为下一阶段奠定基础。她将儿童心理的发展分为三个阶段，即0—6岁、6—12岁、12—18岁。② 以下主要对儿童心理发展的第一阶段的特点进行分析。

蒙台梭利认为，0—6岁是儿童个性形成的最重要的时期。其中又可分为心理的胚胎期（0—3岁）及个性的形成期（3—7岁）。"在心理的胚胎期，儿童主要借助有吸收力的心理来适应生活。他们能依靠感性，无意识地感受周围环境中各种事物的特征，以获得大量的印象。此时期儿童身心的联合十分重要，因为婴儿由于神经系统发育不完全，动作很难协调，只有用听、看和动作等形式引起儿童的动机，然后任其自由反应，才能使智力和动作得以发展。"③ 在0—3岁这一时期，儿童毫不费力地在周遭环境中摄取成长所需之资讯，在此时期，"儿童的心智虽也是不断地从周遭环境中吸取影像、印象，但是这种学习的过程是在无意识状况下进行的。初生儿是空白的，透过'从无到有'创造经验的累积，然后才逐渐建构自己

---

① M. Montessori, *Secret of Childhood*, New York: Ballantine Books, 1966: 49.
② 杨汉麟：《外国幼儿教育史》，人民教育出版社2011年版，第410页。
③ 杨汉麟：《外国幼儿教育史》，第410—411页。

的意识生活"①。蒙氏认为,儿童在胚胎期各种能力都是独立发展的,"正如身体的各器官最初也是独自发展,彼此无关一样"②,个性的统一只有在部分发展完成的时候才能出现。③

3—7岁个性形成期的心理发展包括通过作用于环境的活动发展意识及充实、完善已形成的能力两个方面。蒙氏认为,这个时期的儿童虽然继续从周围环境中吸取印象,但已不仅依赖感觉,也依赖手这个"能直接接触到的心理器官"④,他们已能有意识地利用环境,将无意识获得的东西,予以有意识地加工和充实。他们的动作虽仍带有模仿性,却是有选择的。他们不是靠成人的直接帮助,而是通过参加活动,为自己加入成人的世界做准备。同时,儿童也通过各种活动,进一步发展了自己的心理,直至获得记忆、理解力和思维能力。"由于儿童思维能力的提高和各种愿望的产生,他们对成人、环境的影响更为敏感,在成人的帮助下,能更好地集中注意力,并对社会和文化学习发生兴趣,于是,儿童的个性就在其内在生命力的推动和敏感性的引导下,通过与环境的相互作用而逐渐得以形成。"⑤

4. 论自由、纪律与工作

蒙台梭利提出,真正的科学的教育学的基本原则是给儿童以自由,即允许儿童按其本性个别地、自发地表现。对儿童的自由活动采取何种态度,是区分教育优劣的分水岭。她还指出,如果说新的科学的教育学是起于对个体的研究,则此研究必须专心于对自由儿童的观察。并认为,如果要以最简略的言语来概括她的方法,那么它就是建立于"有准备的环境中的自由"的教学法。"蒙氏认为她的教育方法是以自由为基础的教学法。蒙氏强调儿童应有权利选择自己要做什么和决定自己工作要做到什么程度,但是实际观察教学时会发现,蒙氏会要求儿童依一定的程序来使用工具。"⑥ 为了有利于儿童的自由活动,蒙台梭利在"儿童之家"按照前述所

---

① 简楚瑛:《学前教育课程模式》,华东师范大学出版社2005年版,第10页。
② M. Montessori, *Education for a New World*, Oxford: ABC-Clio Ltd., 1989, p. 62.
③ 杨汉麟:《外国幼儿教育史》,人民教育出版社2011年版,第410页。
④ M. Montessori, *The Absorbent Mind*, Oxford: Clio Press, 1988: 166 – 167.
⑤ 杨汉麟:《外国幼儿教育史》,第411页。
⑥ 简楚瑛:《学前教育课程模式》,第13页。

谓有准备的环境①，精心布置了一个给儿童以充分自由、便利的活动场所。蒙台梭利强调："必须注意为儿童期设置一个适当的世界和一个适当的环境，这是一个绝对迫切的需要。"她接着又说："让我们努力准备一个环境，在这个环境中，我们将尽量不用我们的监督和教学去干扰儿童。我们必须相信，这个环境愈适合儿童的需要，教师的活动就愈为有限。"② 在这种环境中，打破了成人强加给儿童的观念：好动就是坏，不动就是好。蒙台梭利认为，允许儿童自由活动，这是实施新教育的第一步。在自由活动中，儿童体验到自己的力量，这正是激励他们发展的最大动力。③

在要不要纪律的问题上，蒙台梭利坚定地回答："儿童之家"是要纪律的，而且在"儿童之家"里，儿童也是守纪律的。但是这种纪律是怎样形成的呢？她指出："纪律不可能通过命令、说教或任何一般的维持秩序的手段而获得。"④ 一切想直接达到纪律的目的都是不能实现的，真正的纪律对于儿童来说必须是主动的，只能建立在自由活动的基础上。因此，她大声疾呼："活动，活动，我请你把这个思想当作关键和指南：作为关键，它给你揭示了儿童发展的秘密；作为指南，它给你指出了应该遵循的道路。"⑤

但是，蒙台梭利所谓纪律赖以建立的自由活动不是指随心所欲的胡乱蛮干或胡思乱想，而是指一种手脑结合、身心协调的作业。在蒙氏的词汇中，通常把这种活动或作业称为"工作"。蒙台梭利认为，儿童喜欢操作教具，并从教具中得到满足与乐趣，毫无厌恶与疲倦的表情。她说，儿童的"工作欲"象征着一种"生命的本能"，在顺利的环境下，工作这种本能会自然地从内在冲动中流露出来。儿童的工作有以下特征：遵循自然法则，服从内在的引导本能；无外在目标，以"建构为人"或称自我实现、

---

① 蒙台梭利根据"儿童之家"的经验，对"有准备的环境"提出了六个方面的标准和要求：（1）必须是有规律、有秩序的生活环境；（2）能提供美观、实用，对儿童有吸引力的生活设备和用具；（3）能丰富儿童的生活印象；（4）能为儿童提供感官训练的教材或教具，促进儿童的智力发展；（5）能让儿童独立地活动，自然地表现，并意识到自己的力量；（6）能引导儿童形成一定的行为规范（参见唐淑主编《学前教育思想史》，人民教育出版社 2019 年版，第 360 页）。
② 王承绪、赵祥麟编译：《西方现代教育论著选》，人民教育出版社 2001 年版，第 95 页。
③ 杨汉麟：《外国幼儿教育史》，人民教育出版社 2011 年版，第 415 页。
④ M. Montessori, *The Discovery of the Child*, Fides Publishers Inc., 1967, p. 304.
⑤ E. M. Standing, *Maria Montessori, Her Life and Work*, New York; Penguin Books, 1957, p. 230.

第八章　中外幼儿园课程与教学改革

自我完美为内在目标；是一种创造性、活动性与建构性的工作；须独立完成，无人可替代或帮助完成；以环境为媒介改进自己，形成自己与塑造自己的人格；依自己的方式、速度进行，因自己的内在需求而重复。[①]

在工作与纪律的关系上，蒙台梭利认为："自由与纪律是同一事物不可分离的部分，就像一枚铜币的两面一样。"[②] 在蒙台梭利看来，自由和纪律并不是完全对立的，她认为，"自由"不是放纵，纪律应该是一种主动的纪律，不是强迫形成的。工作之所以能促进纪律形成的根本原因是由工作的性质、特点决定的。由于工作欲是儿童的一种内在冲动，工作是儿童身心发展的必经之路，因此只要引导得法，就可导致非压迫的纪律的建立。"真正的纪律是通过工作第一次显现出来的。到了某一时刻，儿童对一项工作有了强烈的兴趣，我们从他脸上的表情和长时间全神贯注于一项活动，就可以看出，这个儿童已走上了纪律之路。"[③] 在形成纪律的过程中，蒙台梭利和卢梭一样，完全排斥了"说理"的作用。她认为，幼儿仍处于从无意识向有意识的过渡阶段，成人的说教不会奏效。此外，采取强制命令、规范去束缚儿童将压抑儿童的个性，这是违反自由原则的。她主张通过自由活动的方式让儿童自觉地形成纪律，她明确指出："纪律必须通过自由而来。"[④]

通过工作这样一种在相当程度上是身心结合的自由活动去建立（或形成）良好纪律的思想，是蒙台梭利在自由与纪律问题上基本与独特的观点。这一主张的实质即"纪律必然通过自由而来"[⑤]。她认为，通过"工作"，儿童就可以"入其彀中矣"，即使放手给他们以自由行动的权利，也不会有越轨行为。这一主张在她的幼儿教育实践中取得了一定的成功。但作为一个有着丰富幼儿教育实践经验的教育家，她也认识到，这一做法并不是在任何情况下（尤其是在开始阶段）都能充分奏效的。因此，作为一种补充，她又提出，在儿童之家，一切悉听尊便，但有两件事情例外：首

---

① 许惠欣：《蒙特（台）梭利与幼儿教育》，人光出版社1980年版，第106页。
② 张斌贤、褚宏启等：《西方教育思想史》，四川教育出版社1994年版，第587页。
③ M. Montessori, *The Discovery of the Child*, Fides Publishers Inc., 1967, p. 304。
④ ［意］蒙台梭利：《蒙台梭利幼儿教育科学方法》，任代文主译校，人民教育出版社2001年版，第112页。
⑤ M. Montessori, *The Montessori Method*, New York: Schocken Books, 1964, p. 86。

先，不能冒犯和打扰人；其次，必须正确使用教具。①

5. 感官教育

蒙台梭利非常重视幼儿的感官训练和智力培养，这是"儿童之家"的重要特色，也是蒙台梭利教学法的一大特点。蒙氏认为，通过感觉教育可达到两个基本目的：从生物学角度，感觉教育的目的在于帮助幼儿各种感觉的发展，因为感觉教育是培养儿童心智发展所需之能力；从社会学角度来看，儿童为了适应实际生活和未来的时代，必须对环境有敏锐的观察力，必须养成观察时所必需的能力与方法，感觉教育即训练每位儿童成为一个观察家。② 蒙台梭利的感官教育主要包括视觉、听觉、嗅觉、味觉及触觉的训练，其中以触觉练习为主。"感觉教具基本上由16种所构成，但感觉教具并不完全是16种，因为广义地说，所有的蒙特梭利教具（数学教具、语言教具、文化教具）皆含有感觉教具的元素。"③

为了使儿童的感官得到最充分地发展，她在"儿童之家"里对儿童进行了各种感官训练。她设计了一套"感官练习材料"（亦称"蒙台梭利练习材料"），让儿童通过操作教具，达到训练感官的目的。这套"感官练习材料"包括训练听觉、视觉、嗅觉、触觉等感觉能力的材料，其中以触觉为主。她认为，儿童常以触觉代替视觉和听觉，即常以触觉来认识事物，因此要重视触觉的训练。在"儿童之家"里，训练触觉的材料很丰富，有滑度触觉、温度触觉、重量触觉、实体触觉等方面的训练材料，即把触觉训练具体分为对冷热的感知、对轻重的感知和对厚薄大小的感知等。④ 其中，"自我教育"是体现蒙台梭利方法的一个十分重要的原则。她一再强调："人之所以成人，不是因为教师的教，而是因为他自己的做。"⑤ 在实施感官教育时，蒙台梭利还强调应遵守循序渐进的原则。⑥ 因为感官教育

---

① 杨汉麟：《外国幼儿教育史》，人民教育出版社2011年版，第417页。
② 简楚瑛：《学前教育课程模式》，华东师范大学出版社2005年版，第17页。
③ 简楚瑛：《学前教育课程模式》，第18页。
④ 蒙台梭利的这套感觉练习材料有以下几个特点：（1）按照用途分为不同的种类，每一类分别训练某一种感觉；（2）在使用各种材料时，要求尽可能地排除其他感官的干扰，以使感官所得到的印象尽可能地纯正、清晰；（3）教具有控制、纠正错误的功能。蒙台梭利一再强调这些感官训练的教具是提供给儿童自己做的，可以通过幼儿自己操作、尝试错误，而达到"自我教育"的目的。（参见唐淑主编《学前教育思想史》，人民教育出版社2019年版，第363页。）
⑤ M. Montessori, The Montessori Method, New York: Schocken Books, 1964, p.172.
⑥ 杨汉麟：《外国幼儿教育史》，第421页。

主要针对儿童的敏感期而拟订，而敏感期的出现是服从个体发展节律的，故应根据这种发展节律设计并循序渐进地进行感官教育。在感官训练上可采用分解的办法，把复杂的整体分解为简易的几部分进行练习。蒙氏认为，感官教育的循序渐进还具有实践意义，即可以使感官教育同读写算的教学联系起来。她说："一旦感官教学走上正途并唤起兴趣，我们就可以开始真正的教学。"①

但是，蒙台梭利的感官教育也有其不足之处，主要有两点：其一，她的感觉训练是孤立地进行的，她孤立地训练儿童的各种感官，某个活动只用来专门练习某种特定的感觉，割裂了各种感觉之间的内在联系。其二，感官教育采取的方法有机械、呆板、枯燥乏味倾向，长期利用感官教具进行训练，儿童容易受到操作顺序的束缚，不利于儿童想象力和创造力的培养。②

继福禄培尔之后，蒙台梭利的教育思想和教育活动，进一步发展了学前教育的理论和实践，具有世界性的影响。她的教育思想反映了新教育的要求，对20世纪初兴起的新教育运动起了推进作用。③ 然而，蒙台梭利的学说从问世到当代，一直存在着争议。例如，有学者认为，她的做法机械、呆板、烦琐、枯燥，所用教具脱离生活实际；蒙台梭利教学法限制了儿童的想象力、创造力，以及情感和语言的发展，等等。但蒙台梭利对幼儿教育的贡献及重要性已成为一个不可否认的事实。她被人们赞扬为"儿童世纪的代表""在幼儿教育上，是自福禄培尔以来影响最大的一个人"，并对"英语国家的教育影响尤大"④。亨特在1964年出版《蒙台梭利方法》的序言中指出：蒙台梭利方法重视儿童早期经验，主张通过感知运动的协调促进智力发展等思想符合当今的儿童心理学的见解，成为它目前在美国流行的主要原因。1958年，美国第一所新蒙台梭利学校在康涅狄格州格林尼治城创立。1972年，美国蒙台梭利学校即达762所；1980年则达到两千多所。据最新的统计，目前美国蒙台梭利协会认可的高质量的会属学校超

---

① Rita Kramer, *Maria Montessori*, *A Biorra*, New York: Putnal and Sons, 1976, p.76.
② 唐淑主编：《学前教育思想史》，人民教育出版社2019年版，第363页。
③ 唐淑主编：《学前教育思想史》，第364页。
④ W. F. Connel, *A History of Education in the Twentieth Century World*, New York: Columbia University Press, 1980, p.138.

过1100所，遍布全美各州。积极投入蒙氏思想宣传及研究的该会会员有12000人。① 在蒙氏幼儿学校中，以她的重视"工作"价值及环境的哲学取代了无法控制的及非引导的游戏的地位。②

1969年，蒙台梭利思想的推崇者在纽约成立了"进步的蒙台梭利国际会"，自称"代表进步的蒙台梭利教育思想"，并提出了一套有组织的教育方案，要求按照蒙台梭利的教育原则，应用现代教学技术进行新的改革。1979年，蒙台梭利的另一批信徒又在华盛顿成立了"国际蒙台梭利学会"，目的是向全世界传播蒙台梭利的新教育主张，力图使她的"通过教育改革社会，进而实现世界和平"的理想得以实现。与此同时，1929年，在荷兰成立的国际蒙台梭利协会也仍在积极活动。蒙台梭利逝世后，该组织由她的孙子马里奥·蒙台梭利领导，在欧洲较有影响。除美国外，世界其他各国，包括英国、加拿大、澳大利亚、韩国、南非等国，近些年来都成立了以蒙氏名字命名的国际性的或地区性的蒙氏教育协会或研究机构，有声有色地开展着各类幼儿教育活动。③

（二）瑞吉欧项目活动课程模式

瑞吉欧—艾米利亚（Reggio Emilia）简称瑞吉欧，是坐落在意大利东北部的一个小镇。瑞吉欧虽小，文化底蕴却颇为深厚，文艺复兴曾在这里创造了灿烂的文化。在瑞吉欧各地都可见到文化艺术珍品，如各种雕塑、绘画和典雅独特的建筑。这里还具有悠久的追求政治解放、民族独立以及互助合作的传统。瑞吉欧的现代工业相当发达，失业率较低；多数家庭生活富庶，经济状况良好。人们崇尚自由、民主，非常热爱和关心儿童的教育。④ 20世纪60年代以来，瑞吉欧的幼教体系逐渐形成。在马拉古兹的领导下，20世纪80年代以后，瑞吉欧的项目活动课程模式逐渐变成了继蒙台梭利教育模式之后世界范围内颇具影响力的课程模式之一。因其在学前教育领域的杰出贡献，马拉古兹于1992年获得丹麦的教育工作贡献奖，1993年获得美国芝加哥科尔教育基金会奖，他甚至还被加德纳认为是与福

---

① "AMS Member Schools," http：// www. amshq. org / schools. htm /2008 - 09 - 04.
② 杨汉麟：《外国幼儿教育史》，人民教育出版社2011年版，第435页。
③ 杨汉麟：《外国幼儿教育史》，第436页。
④ Norma Morrison, "The Reggio Approach：An Inspiratior for Inclusion of Children with 'Special Rights'," http：//www. milligan. edu/Profeducation/dkgreggio200. htm. - 440.

禄培尔、蒙台梭利、杜威和皮亚杰齐名的伟大教育家。

1. 教育理念

瑞吉欧的教育理念主要体现在儿童观和教育观上：首先，在儿童观上，瑞吉欧教育体系强调：第一，儿童是社会的一分子，是社会与文化的参与者，他们是共同历史的演出者，也是他们自己文化的创造者，他们有权利发表自己的看法，与成人一样，是拥有独特权利的个体。第二，儿童是主动的学习者，他们在入学之前就已拥有了一定的知识、经验。他们有自己独特的学习方式。第三，儿童具有巨大的潜能，他们并非只有单纯的需求，他们富有好奇心、创造性，具有可塑性。他们有着强烈的学习、探索和了解周围世界的愿望，他们是在与外部世界的相互作用中主动地建构自己的知识与经验，主动地寻求对这个复杂世界的理解的。第四，儿童是坚强的，他们有能力担当自我成长过程的主角，儿童之间尽管有着一定的差异，但他们都试图通过与别人的对话、互动与协议来找到自己的定位，找到与别人的共同点与不同点。第五，儿童天生都是艺术家，他们能够广泛运用各种不同的象征语言和其他媒介来表达自己对世界的认识。[1]

在教育观上，瑞吉欧教育模式认为：（1）教育的目标是要创造一个和谐的环境，使在这个环境中的每一位幼儿、教师都感到自在、愉悦，生活得幸福。教育更多地要注重内在的品质，发展幼儿的创造力，使幼儿形成完满的人格。（2）在教学方法上，反对传统的单向灌输，反对把语言文字作为获取知识的捷径，认为教育是要为幼儿带来更多的可能性去创新和发现，教育在于给儿童创设学习的情境，帮助儿童在与情境中的人、事、物相互作用的过程中主动建构知识。（3）教育应以儿童为中心，应从儿童的兴趣、需要及经验出发。（4）在"教"与"学"两者之间，更应尊重后者，所以瑞吉欧人一向是以学定教的。（5）在儿童的探索活动中，教师应掌握正确的时机，找到正确的方法，适当地介入，协助儿童发现问题，帮助儿童提出问题。（6）幼儿学校是社会生态大系统中的一个组成部分，是一个整合的生命有机体，是一个幼儿与大人可以彼此分享生活与关系的地方。（7）环境是重要的教育因素。在瑞吉欧的教育取向中也把环境作为教

---

[1] 屠美如主编：《向瑞吉欧学什么：〈儿童的一百种语言〉解读》，教育科学出版社2002年版，第26—27页。

育的一个重要因子。① 用瑞吉欧人形象的说法即环境是第三位老师,他们把环境看得与教师一样重要,把环境也作为教育的"内容",包含着丰富的教育信息和资源,对幼儿的学习起着促进、激发的作用。"我们重视环境,因为环境有能力去组织、提升不同年龄者之间的愉悦关系,创造出美好的环境,提供变化,让选择和活动能更臻完善,而且环境的潜能可以激发社会、情意和认知方面的种种学习,这些皆对幼儿的福祉及安全感有所助益。我们也认为环境必须是一个水族箱,可以映照出想法、价值、态度以及身处其中的人们的文化。"② 但是,为了胜任幼儿的教师一职,环境必须具有弹性,"它必须让幼儿与教师不断地进行修正,以便维持符合时代的潮流,并回应幼儿与教师们的需要,让他们能成为建构自己知识的主角;而且所有学校里的事物以及所使用的物品、材料以及器材不应被视为是被动的物质,相反地,是靠幼儿与成人积极主导而成的有意义的情境"③。

2. 教师角色

瑞吉欧教育模式的师幼关系是建立在对幼儿真诚的关心和彼此互动的基础上的,其对教师角色的定位主要包括以下几个方面:

第一,教师是儿童的伙伴和倾听者。瑞吉欧人认为,教师的重要角色就是儿童的倾听者。"关注儿童并以行动来倾听他们的声音,是教师角色的核心。"④

倾听儿童就是尊重儿童,就是对儿童的关注。"'倾听'的意义代表着对幼儿全心全意的关注,同时,也负责录音和记录所观察到的事物,作为和幼儿与家长共同做决定时的参考依据。'倾听'所富含的意义也是尝试着跟随并进入主动性学习。"⑤ 通过倾听,教师能更加了解儿童,根据儿童

---

① 屠美如主编:《向瑞吉欧学什么:〈儿童的一百种语言〉解读》,教育科学出版社2002年版,第27—28页。

② [美]爱德华兹、甘第尼、福尔曼编著:《儿童的一百种语言》,罗雅芬、连英式、金乃琪译,南京师范大学出版社2011年版,第173页。

③ [美]爱德华兹、甘第尼、福尔曼编著:《儿童的一百种语言》,罗雅芬、连英式、金乃琪译,第172页。

④ 屠美如主编:《向瑞吉欧学什么:〈儿童的一百种语言〉解读》,教育科学出版社2002年版,第29页。

⑤ [美]爱德华兹、甘第尼、福尔曼编著:《儿童的一百种语言》,罗雅芬、连英式、金乃琪译,第177页。

生活中的兴趣点为儿童提供学习的情境，为儿童提供更多的创造机会。"教师的职责中心在于通过一种警觉性、启示性的倾听，以及从与幼儿对谈中共同行动、共同建构知识得到启发，去引起发现的机会。"①

费利皮尼（T. Filippini）在论述瑞吉欧教育体系中教师的作用时，曾将"聆听"作为瑞吉欧教师角色的中心。聆听指的是对儿童全心全意的关注，指的是将所观察的事实作为与儿童和家长沟通的依据，聆听的真正含义是能导致儿童主动地学习。在瑞吉欧，教师是"时机的分配者"，是儿童学习活动的"资源提供者"。教师以一种尊重的精神对待儿童的学习，满腔热忱地"接住儿童扔给教师的球"。②

第二，教师是儿童的支持者和引导者。瑞吉欧教育模式中的探索活动主要是由儿童自主发起的，教师在活动中更多的是以参与者的身份出现的，与儿童一起活动。"教师的角色也就是去帮助幼儿找到他们自己的问题，届时，教师不提供现成的解决方式，反而协助孩子集中注意力在问题及困难上，进而形成假设。教师的目的不是让学习变得顺利或容易进行，而是借由更复杂的、更深入、更凸显的问题去刺激学习的进行。"③ 但是，教师要在适当的时候或扮演某个角色，或设置某个情境，给予儿童直接与间接地指导，以维持儿童高度的探索动机，与儿童一起建构知识。④

第三，教师是儿童行为的记录者与研究者。为了帮助儿童把他们对世界的认识表现出来，教师需要通过照片、文字、图像、幻灯、录像等手段来记录儿童探索世界的过程。⑤ 但是，记录不是一份总结报告，不是一份文件汇编，不是一份帮助我们回忆、评估和存档的卷宗。"它是一套程序，可以把教育行为（教学）融入教师与正在学习的儿童进行的对话中。记录，具有将成人和儿童的行动及时地交织在一起的力量，并让他们的行为变得可见。记录，提高了沟通和互动的质量。记录，是一个互惠式的学习过程。记录，让教师拥有了持续支持儿童学习的可能，同时，教师也在儿

---

① ［美］爱德华兹、甘第尼、福尔曼编著：《儿童的一百种语言》，罗雅芬、连英式、金乃琪译，南京师范大学出版社2011年版，第179页。

② 朱家雄：《幼儿园课程的理论与实践》，华东师范大学出版社2010年版，第196页。

③ ［美］爱德华兹、甘第尼、福尔曼编著：《儿童的一百种语言》，罗雅芬、连英式、金乃琪译，第182页。

④ 唐淑主编：《学前教育思想史》，人民教育出版社2019年版，第474页。

⑤ 唐淑主编：《学前教育思想史》，第475页。

童建构知识的过程中学习（学习如何教学）。"① 在具体实施上，主要是通过项目研究的形式开展，"通过项目，教师的功能就像是团体的'记忆'，与幼儿讨论记录的结果。这种做法有系统地让孩子重新检视他们自己以及其他人的感觉、论点、观察以及感想，然后更深入地再次建构、诠释他们的想法。通过照片以及录音重现当时的情景，孩子们再度肯定他们所付出的努力，并协助他们记得对这些年幼的孩子来说具有关键性的记忆。"②

第四，教师是一个实践的反思者。在方案主题活动中，教师必须参与到反思的实践当中。

> 每个教师都在自觉或不自觉地建构他自己有关幼儿学习与发展的理论，自然，他也要向书本学习。但他更多的是把他与幼儿互动中的信息作为建构的基础。所以他更多的是通过参与幼儿的活动，通过记录幼儿的活动，通过分析幼儿学习的活动、建构知识的过程，通过与教师之间的讨论来不断思考自己实践的每一步骤，一起反省，建立共识，从而不断地成长，不断地获得教学相长的经验。③

记录，给教师提供了一个独特的机会，让她可以对自己作为共同主角所参与的事件及其过程进行重新倾听，重新发现和重新审视，这些行动可以单独进行，也可以与他人一起进行。这个重新审视的过程给了教师阐释多个文件的机会，让教师及其同事一起赋予某个事件以意义，从而形成大家共享的认知和价值观。④

3. 注重优质的空间设计

瑞吉欧人认为："优质的教育需要有理想的学习空间，所以在空间的设计上，不论是对装潢设备的品质，空间的规划还是对建筑物本身都考虑

---

① [意] 卡丽娜·里纳尔迪：《对话瑞吉欧·艾米利亚：倾听、研究与学习》，周菁译，南京师范大学出版社2014年版，第34页。
② [美] 爱德华兹、甘第尼、福尔曼编著：《儿童的一百种语言》，罗雅芬、连英式、金乃琪译，南京师范大学出版社2011年版，第181页。
③ 屠美如主编：《向瑞吉欧学什么——〈儿童的一百种语言〉解读》，教育科学出版社2002年版，第30页。
④ [意] 卡丽娜·里纳尔迪：《对话瑞吉欧·艾米利亚：倾听、研究与学习》，周菁译，第36页。

颇多。"① 在瑞吉欧学校，儿童的活动空间很大，既可以在教室、艺术工作室、长廊、校园、操场等地活动学习，也可以根据方案教学的需要到校外去探究。"空间以及硬体环境的配置是考虑幼儿自己的需求和步调而建立的，接着，在如此谨慎规划的空间里，时间的分配依照孩童的步调，供幼儿们利用与欢乐。"② 而且，"空间必须确保幼儿拥有幸福感及团体的归属感，同时空间也应该促进教师、职员、家长以及幼儿们之间的关系与互动"③。

瑞吉欧学校不是任何地方都能完全复制出来的模式。因为那里的每所学校的环境都是根据幼儿、家长、教师的需要创设的，都是经过他们共同研究、共同创造、共同论证的。"每一所建筑物，不论是完全更新重建或只是就现有的建筑结构体加以整修，教学统筹人员、教师和家长一起与建筑师商议，所有即将长时间在一起工作和生活的人应该共同参与每一个决定。"④ 瑞吉欧优质的空间设计"让幼儿能以自己喜欢的形式一起与小伙伴表达、反思方案探索活动中的想法与问题，一起重温自己的经验，从而使他们找到其中所蕴涵的意义与秩序"⑤。

4. 瑞吉欧的方案教学

方案教学是瑞吉欧教育活动的灵魂与核心，瑞吉欧课程与教学主要是以"方案教学"的方式展开。"方案教学既不是一种预定的教学模式，也不是一般的教学计划，而是师生共建的弹性计划与探索性教学。它的基本要素有：一是解决真实生活中的问题；二是以小组为单位共同进行较长期深入的主题探索；三是成人与幼儿共同建构、共同表达、共同成长的学习过程。"⑥ 方案教学不只是教学法、学习法，也包含了教什么、学什么的问题。

---

① 屠美如主编：《向瑞吉欧学什么——〈儿童的一百种语言〉解读》，教育科学出版社2002年版，第32页。
② [美] 爱德华兹、甘第尼、福尔曼编著：《儿童的一百种语言》，罗雅芬、连英式、金乃琪译，南京师范大学出版社2011年版，第166页。
③ [美] 爱德华兹、甘第尼、福尔曼编著：《儿童的一百种语言》，罗雅芬、连英式、金乃琪译，第167页。
④ [美] 爱德华兹、甘第尼、福尔曼编著：《儿童的一百种语言》，罗雅芬、连英式、金乃琪译，第160页。
⑤ 屠美如主编：《向瑞吉欧学什么——〈儿童的一百种语言〉解读》，第33页。
⑥ 唐淑主编：《学前教育思想史》，人民教育出版社2019年版，第477页。

就教的角度而言，方案教学强调要以合乎人性的方式，积极鼓励儿童与环境中的人、事、物产生有意义的互动；从学的观点来看，方案教学强调儿童主动参与他们的研究方案，以取得第一手资料。而方案的内容或主题，通常要取自儿童所熟悉的生活世界。因此，设计方案教学就是要将儿童的学习从学科的明确界限中解放出来，而且，儿童的年龄越小，方案教学的统整性越高。①

瑞吉欧的方案教学与一般意义上的方案教学是有区别的，主要表现在以下三个方面：第一，一般意义上的方案教学是以目标为导向的教学方式，强调的是目标，儿童解决问题能力的提高是方案教学的最终目的。而瑞吉欧的方案教学强调的是互动，强调儿童在主题探索活动中与教师、同伴的互动，强调学校与家庭、社区间的互动，强调儿童在主题探索活动中多种多样的对世界的表达方式，尤其是视觉语言的表现方式。第二，一般意义上的方案教学强调的是教师个体的学习，而瑞吉欧的方案教学则强调教师集体协作的学习，强调以集体的力量进行工作。第三，一般意义上的方案教学强调"做"的要素，强调"过程"与"步骤"，而瑞吉欧的方案教学则强调意义的分享，经验的分享。②

【知识衔接】

瑞吉欧方案教学的主要构成[*]

1. 生成课程

从课程设计上看，方案教学是一种生成课程，即教师预先设定总的教育目标，但不为每个子项目或活动设定特定的目标，而是在对儿童了解的基础上，预计某个项目发展的所有可能情况，考虑儿童可能的想法、

---

① 屠美如主编：《向瑞吉欧学什么——〈儿童的一百种语言〉解读》，教育科学出版社2002年版，第9页。

② 屠美如主编：《向瑞吉欧学什么——〈儿童的一百种语言〉解读》，第13页。

[*] 唐淑主编：《学前教育思想史》，人民教育出版社2019年版，第477—480页。

假设和选择，并设计与之相适应的、灵活的、适合儿童需要和兴趣的目标。

课程主题的选择是非预设的，是在教育活动过程中自然生成的，它来源于周围的环境，来源于儿童的需要和兴趣，而不是教师强加给儿童的。课程主题大多与儿童现实生活、社区环境、当地的自然环境和身边的自然现象有着千丝万缕的联系。当然，主题也可以是新奇的、不能预知或确定价值的，如"太阳系和太空旅行"，这也属于师生共同探索的对象之一，但也必须是自然生成的。在选择主题时，教师必须给儿童足够的时间去思考，然后师生进行个体讨论，及时作出选择。决定主题的原则是：合乎儿童生活经验，是儿童感兴趣的；容易取得所需材料和设备，可以运用学校和社区资源的；儿童能实际操作的，有助于增进儿童的知识和技能；有利于儿童之间的互动，可以促进儿童与家长的交流；等等。

整个方案教学活动的计划是儿童在教师的帮助下制订的，活动过程由儿童决定并实施。在这个过程中，儿童就像科学工作者一样对要探索的主题展开实地、深入研究，课堂也并不限定在教室和幼儿园里。儿童以一种兴致勃勃却又是严肃认真的态度对待研究的主题。这种游戏、教学一体化的探索活动给了儿童深入了解某个主题的智力活动方法和早期经验，为他们今后形成良好的学习习惯、研究态度，掌握学习和研究方法奠定了基础。

2. 小组工作模式

瑞吉欧的方案教学一般采取小组工作的方式，小组一般有3—5人，有时只有两个人。小组工作模式更为看重的是儿童在共同活动中彼此的调整与适应，一方面，借助教师的帮助，一个或几个孩子的问题或观察可以引发其他孩子探索其从未接触过甚至从未怀疑过的领域；另一方面，孩子们在合作探索、交流的过程中获得自我认同或发现矛盾、冲突，进而重新评价或改变自己的认识，这就是瑞吉欧教育体系所说的儿童间真正的"合作活动"。

这种同伴合作，为每个孩子提供了机会，使他们意识到自己的观点与其他人的观点是不同的，从而意识到自己的独特想法，产生自我认同感；同时在与同伴的交流、切磋中，也使孩子们发现了其他人的不同观点，意识到世界的多样性。

> 3. 形成性评估
>
> 瑞吉欧方案教学的评估主要是根据方案发展的不同阶段来进行的，不同阶段的评估内容如下。
>
> （1）第一阶段——最初的构想和设计阶段
>
> 可以评估"它对于孩子的学习提供了哪些可能性？""它需要哪些资源？""孩子关于工作的概念有多明确？""这些计划对孩子的能力适合程度如何？"
>
> （2）第二阶段——方案的发展阶段
>
> 可以评估"工作如何进展？""哪些问题被提出？""孩子在工作中，如何应用基本的理论技巧？"
>
> （3）第三阶段——结束阶段
>
> 可以评估"最后的成果如何反映出最初的计划？""这些富有想象力与独创性的想法如何具体表现在作品中？""最后的成果如何反映孩子思考的成长？"
>
> 总之，评估是在真实的情景下、在活动的过程中开展的，是动态的、形成性的，而不是诊断性的，它不是要对儿童进行比较，或者给儿童贴标签，不是着眼于儿童的缺陷和不足，它关注的是儿童能够独立完成的事情以及在外界帮助下、在不同情境下能够达到的水平。

瑞吉欧人对幼儿的潜能怀有信心，对幼儿的认知特点有新的认识，马拉古兹首创形象的"百种语言"说。在瑞吉欧幼儿教育中，幼儿发展方向没有被限定，幼儿可以使自己的潜能自由地发展。瑞吉欧人设想，儿童可以运用自己与生俱来的"百种语言"自由地表达并且反映各自独特的想法，突破了传统及成人中心论者对儿童的偏见。但需要指出的是，"瑞吉欧的教育者们反对其他国家将他们的教育模式当作一种固定的模式进行简单复制，他们根本就没有发展那些可以现成被移植到另一文化背景中的教育模式，因此我们在学习和借鉴瑞吉欧教育模式时，必须从本国的实际情况出发，不能机械照搬"[①]。

[①] 唐淑主编：《学前教育思想史》，人民教育出版社2019年版，第477—480页。

瑞吉欧教育在广受好评的同时，也存在若干不足之处①：第一，在教学中，瑞吉欧幼儿教育法没有具体统一的教育目标，虽然有利于发挥教师和儿童的积极性，但在缺乏具体统一要求的情况下，教学容易受到主客观等多种因素的制约，影响效果。第二，该教育法主要适应小班教学，对教师素质要求较高，还需要教师、家长等的密切配合，在实施时要求具备各种条件，有时在操作中有些因素不易把握。第三，在项目活动中更多地强调的是儿童的发现学习与自由探索，固然有助于儿童主体性的发挥，但儿童获得的知识经验多是"天真理论"，系统性和科学性不够。② 第四，瑞吉欧教育虽有马拉古兹作为其代表人物，但一般认为这种教育法是集体智慧的结晶。由于缺乏诸如杜威、蒙台梭利之类大师级人物作为代表，也在一定程度上制约了其推广及宣传效果。

（三）海斯科普课程模式

海斯科普课程又被译为高级视野课程、高瞻远瞩课程。该课程模式由大卫·韦卡特（David P. Weikart）及其同事在20世纪60年代提出，在海斯科普沛利幼儿学校得到实施运用。③ 它是美国"开端计划"中第一批通过的帮助处境不利的学龄前儿童摆脱贫苦生活的学前教育方案。进入20世纪90年代以后，海斯科普课程的应用已遍及世界上许多国家，成为当代主要的学前儿童课程模式之一。

1. 理论基础

海斯科普课程的理论基础是皮亚杰的儿童发展理论，将儿童看成是主动的学习者，并且"追求提供广泛的、真实的教育经验给儿童。其中的课程适合于儿童当前的发展阶段，以此来促进学习的自发发生与认知结构发展，并且拓展儿童不断出现的智力和社会技能"④。儿童认知能力的发展依赖于儿童作用于外界环境的主体活动。因此，儿童的学习是一个主动的过程，是儿童与成人间有意义的、相互作用的社会经验，并且是发生在真实的生活情景中的。儿童只有自己具体地和自发地参与各种活动，才能获得

---

① 杨汉麟：《外国幼儿教育史》，人民教育出版社2011年版，第468—469页。
② 李红主编：《幼儿心理学》，人民教育出版社2007年版，第456页。
③ 周采主编：《比较学前教育》，人民教育出版社2020年版，第290页。
④ ［美］莫里森：《当代美国儿童早期教育》，王志全等译，北京大学出版社2004年版，第147页。

真实的知识，才能形成自己的假设。①

2. 课程内容

海斯科普课程是一种颇具特色的幼儿认知发展课程，采用开放教育的做法，即围绕关键经验设计各个兴趣区或活动区。常设的活动区有积木区、角色扮演区、美工区、读写区、音乐与运动区、木工区、沙水区、玩具区、户外活动区等。② 海斯科普课程的具体内容主要包括八个领域：第一，学习品质；第二，社会性和情感发展；第三，身体发展和健康；第四，语言、读写和交流；第五，数学；第六，创造性艺术；第七，科学和技术；第八，社会学习。美国国家教育目标委员会强调这八个领域是相互依赖的，而且在每个年龄段都需要同时兼顾这八个领域。③ 教师提供多样的经验，促使每名幼儿在这八个领域都有所发展。教师不仅承认不同的幼儿发展有别，而且承认同一名幼儿在不同领域的发展也有所不同。在这八个课程内容领域，海斯科普课程模式确定了58条关键发展指标。关键发展指标是幼儿发展各阶段中思维和推理的基石，是入学和成年后成功的基础，其内容不仅包括知识，还包括知识在思维中的应用。④

关键经验本身不是活动，但可以引发很多的活动。"幼儿要学习关键发展指标中包含的内容，仅靠成人的传授是不够的。幼儿必须亲自体验世界。当幼儿的内在思维和知识向新的阶段发展时，成人要能够鹰架（支持并适当扩展）他们的思考和理解。"⑤ 教师以关键经验作为指导，制定教育方案，为幼儿创造学习环境和条件。"教师运用关键发展指标来指导课程的各个方面。他们布置教室，计划每日活动，观察幼儿并拓展他们的思维，还要根据主动学习的一般原则和关键发展指标的具体内容来评价幼儿的进步。"⑥ 教师有意识地将关键经验物化为各个活动区的活动材料，并设计相关

---

① 周采主编：《比较学前教育》，人民教育出版社2020年版，第291页。
② 周采主编：《比较学前教育》，第292页。
③ [美]安·S. 爱泼斯坦：《高瞻课程的理论与实践：学前教育中的主动学习精要——认识高瞻课程模式》，霍力岩等译，教育科学出版社2021年版，第14页。
④ [美]安·S. 爱泼斯坦：《高瞻课程的理论与实践：学前教育中的主动学习精要——认识高瞻课程模式》，霍力岩等译，第14—15页。
⑤ [美]安·S. 爱泼斯坦：《高瞻课程的理论与实践：学前教育中的主动学习精要——认识高瞻课程模式》，霍力岩等译，第15页。
⑥ [美]安·S. 爱泼斯坦：《高瞻课程的理论与实践：学前教育中的主动学习精要——认识高瞻课程模式》，霍力岩等译，第18页。

的活动情景，引发幼儿与环境相互作用，让幼儿在各活动区充分地与材料、环境、他人进行互动，从而促进儿童发展，为幼儿上小学奠定认知基础。①

【知识衔接】

高瞻教育内容——关键发展指标*

A. **学习品质**

1. 主动性：幼儿在探索世界时表现出主动性。
2. 计划性：幼儿根据自己的意图制订计划并付诸实施。
3. 专注性：幼儿专注于感兴趣的活动。
4. 问题解决：幼儿解决在游戏中遇到的问题。
5. 资源利用：幼儿收集信息并形成对周围世界的看法。
6. 反思：幼儿对自己的经验进行反思。

B. **社会性和情感发展**

7. 自我认同：幼儿具有积极的自我认知。
8. 胜任感：幼儿感觉自己是有能力的。
9. 情感：幼儿识别、标记和调节自己的情感。
10. 同理心：幼儿对他人表现出同理心。
11. 集体：幼儿参与班集体。
12. 建立关系：幼儿与其他幼儿和成人建立关系。
13. 合作游戏：幼儿参与合作游戏。
14. 道德发展：幼儿发展出内在是非感。
15. 冲突解决：幼儿解决社会性冲突。

C. **身体发展和健康**

16. 大肌肉运动技能：幼儿在运用大肌肉群时表现出力量、灵活性、

---

① 周采主编：《比较学前教育》，人民教育出版社2020年版，第292页。
* [美] 安·S. 爱泼斯坦：《高瞻课程的理论与实践：学前教育中的主动学习精要——认识高瞻课程模式》，霍力岩等译，教育科学出版社2021年版，第16—17页。

平衡感和对时机的把握。

17. 小肌肉群运动技能：幼儿在运用小肌肉群时表现出灵活性和手眼协调能力。

18. 身体意识：幼儿了解自己身体的各个部位，并知道如何在空间中驾驭它们。

19. 自我照顾：幼儿自行完成自我照顾的常规活动。

20. 健康行为：幼儿进行有益健康的实践活动。

D. 语言、读写和交流

21. 理解：幼儿理解语言。

22. 表达：幼儿使用语言进行表达。

23. 词汇：幼儿理解并使用不同的单词和短语。

24. 语音意识：幼儿能识别口语的不同发音。

25. 字母知识：幼儿辨别字母名称及发音。

26. 阅读：幼儿为获得乐趣和信息而阅读。

27. 印刷品概念：幼儿具有关于周围环境中印刷品的知识。

28. 图书知识：幼儿具有关于图书的知识。

29. 书写：幼儿为了不同目的而书写。

30. 英语语言学习：（在适用的情况下）幼儿使用英语和母语（包括手语）。

E. 数学

31. 数词和符号：幼儿识别并使用数词和符号。

32. 点数：幼儿点数物品。

33. 部分—整体关系：幼儿组合与分解物品的数量。

34. 形状：幼儿识别、命名和描述形状。

35. 空间意识：幼儿识别人与物之间的空间关系。

36. 测量：幼儿通过测量对事物进行描述、比较和排序。

37. 单位：幼儿理解并使用单位概念。

38. 模式：幼儿识别、描述、复制、补全及创造模式。

39. 数据分析：幼儿使用数量信息得出结论、做出决策和解决问题。

F. 创造性艺术

40. 视觉艺术：幼儿通过二维和三维艺术表达与表征自己的观察、思考、想象和感受。

41. 音乐：幼儿通过音乐表达与表征自己的观察、思考、想象和感受。

42. 律动：幼儿通过律动表达与表征自己的观察、思考、想象和感受。

43. 假装游戏：幼儿通过假装游戏表达与表征自己的观察、思考、想象和感受。

44. 艺术欣赏：幼儿欣赏创造性艺术作品。

G. 科学和技术

45. 观察：幼儿观察周围环境中的材料及变化过程。

46. 分类：幼儿对材料、行为、人物和事件进行分类。

47. 实验：幼儿通过实验检验自己的想法。

48. 预测：幼儿对将要发生的事进行预测。

49. 得出结论：幼儿基于经验和观察得出结论。

50. 交流想法：幼儿交流关于事物特性及运行方式的看法。

51. 自然和物质世界：幼儿积累关于自然和物质世界的知识。

52. 工具和技术：幼儿探索并使用工具和技术。

H. 社会学习

53. 多样性：幼儿理解人们有不同的特征、兴趣和能力。

54. 社会角色：幼儿了解人们在社会中具有不同角色和作用。

55. 做出决策：幼儿参与做出班级决策。

56. 地理：幼儿识别和解释周围环境的特征与地理位置。

57. 历史：幼儿理解过去、现在和未来。

58. 生态：幼儿理解保护周围环境的重要性。

3. 课程的实施

"海斯科普课程模式没有特殊的教学方法，但有固定的结构。通过固定的结构促进学生主动学习,同时让教师了解学生的发展。"① 海斯科普课程模式一日常规的核心是计划—工作—回顾过程,我们将这三个环节分别称为计划时间、工作时间和回顾时间。幼儿在此过程中决定做哪些事情,然后实施他们的想法,并和成人、同伴一起回顾他们的活动。通过参与计划—工作—回顾,幼儿获得作为思考者、问题解决者以及决策者的信心。幼儿有目的的行动并对自己行为的结果进行反思。海斯科普课程的这三个环节是课程实施中十分重要的部分,目的在于发展幼儿的兴趣、能力,尤其是解决问题的能力。通过这些环节,儿童可以有机会充分表达自己参与活动的打算,也能使教师密切地参与到整个活动过程之中。

第一,计划时间。计划包括认知和社会性两部分。在认知上,为了制订计划,幼儿在头脑中必须对自己想要做的事形成一个心理表象。但是,幼儿想象或形成心理表象的能力并不与其运用语言的能力同时发展。从社会性的发展上看,幼儿对于他们想要做的事情有很多想法。当他们能够成功实施这些想法时,其主动性就得到了发展。因此,为鼓励幼儿的主动性、探索精神以及独立解决问题的能力,教师给予幼儿社会性和情感支持,以帮助他们成为有能力且自信的计划者。② 教师给予儿童表达自己想法和打算的机会,通过让儿童做他们自己决定做的事,使儿童体验独立工作的感受以及与成人和同伴一起工作的快乐。简单来说,就是教师和幼儿一起决定每天可以做些什么活动。

第二,工作时间。当幼儿开始实施他们的计划(工作)时,他们是有目的的而且是游戏性的。海斯科普幼儿园的工作时间与其他幼儿园说的自由选择时间不同,因为在海斯科普幼儿园中,幼儿的游戏是有目的的。由于海斯科普幼儿园中的幼儿实施的是自己制订的计划,游戏是完成对他们十分重要的任务的一种途径。此外,由于成人会根据幼儿的兴趣与他们共同游戏或交流,幼儿的语言得以逐渐提升。③ 工作在日常活动中的时间最长,在这一过程中,幼儿主要进行自主游戏活动,教师的身份主要是观察

---

① 周采主编:《比较学前教育》,人民教育出版社2020年版,第292页。
② [美] 安·S. 爱泼斯坦:《高瞻课程的理论与实践:学前教育中的主动学习精要——认识高瞻课程模式》,霍力岩等译,教育科学出版社2021年版,第27页。
③ [美] 安·S. 爱泼斯坦:《高瞻课程的理论与实践:学前教育中的主动学习精要——认识高瞻课程模式》,霍力岩等译,第27—28页。

者、指导者、参与者与支持者。

第三,回顾时间。回顾时间是"幼儿理解自己有目的的游戏的时间,不只是简单地记住他们计划了什么或者做了什么。回顾让幼儿有机会反思自身的行动,以及与材料和人互动时学到的经验。在回顾时间里,幼儿自然地建构、记忆,形成心理表象,并依据他们目前的思维方式进行解释"。在回顾时间段中,幼儿通过多种多样适应身心发展的方式来描述他们的学习活动经验。可以通过讲述活动的过程,重温儿童在活动中所遇到的问题,可以通过绘画表现在活动中所做过的事情。

【知识衔接】

海斯科普课程实施中的活动[*]

活动包括兴趣区活动、小组活动、集体活动、户外活动等形式。

兴趣区活动:海斯科普模式强调通过提供能够支持幼儿主动学习的环境来促进儿童的主动学习。因此,它强调为学生提供选择环境内的学习材料的机会。

兴趣区的划分要鲜明,以鼓励幼儿参与不同类型的游戏。兴趣区要能随着幼儿兴趣的转变而发生变动。可贮存柜的设计要能让幼儿自由取用材料,而且用完后能自动放回。材料要具有操作性、多样性且数量足够。

兴趣区活动是幼儿自主活动的过程,包括计划—工作—回顾三个环节。

首先,每天每位幼儿都要思考一下当天想做的事,并与教师讨论。教师与幼儿一起讨论计划,帮助幼儿澄清自己的观点和思考如何去执行计划,让幼儿有比较清晰、具体的目标。然后,开始执行计划或与同伴共同工作,探究学习材料,学习新的技能。教师主要是进行观察,并在适当的时候支持和帮助幼儿。在工作45—55分钟后,幼儿需要收拾工作场所,将工具材料放回原处。最后,幼儿聚集在一起,以不同的方式如

[*] 周采主编:《比较学前教育》,人民教育出版社2020年版,第292—293页。

> 画图画、做模型、展示等一起分享和讨论他们当天开展的活动。
> 　　小组活动：是教师为了特定的目的而预先设计好的，目的是让幼儿通过实物操作以解决问题。通常是5—10位幼儿一起活动，由一位教师负责指导。
> 　　集体活动：全班幼儿在同一时间里从事同样的活动，如唱歌、律动、讲故事、演戏等，目的是培养幼儿的集体归属感。
> 　　户外活动：每天安排1—2次户外活动，每次30—40分钟，目的是让幼儿有机会做大肌肉活动，有机会与同伴玩耍。

4. 教师的作用

海斯科普课程模式围绕主动学习这一指导思想进行，为幼儿提供一个心理安全的环境，以使幼儿主动学习。教师"精心准备适宜的材料，计划活动，并与幼儿交谈，这既支持又挑战了幼儿的观察和思考能力。活动既是由幼儿发起的——建立在幼儿自发的好奇心之上，又是具有发展适宜性的（即与幼儿当下发展的能力相适应）"[1]。因此，在海斯科普课程模式中，教师的作用主要是为幼儿主动学习提供适宜的材料和情境，制订计划，与幼儿一起对活动进行回顾，与每一个幼儿进行交流并且认真仔细地观察每一个幼儿，引导小组与集体开展积极的学习活动，以此来支持幼儿的主动学习。[2] 具体来说，教师可以通过以下方法鼓励儿童主动地解决问题：一是提供丰富的材料和活动，使儿童能对材料和活动进行选择；二是明确要求儿童运用某种方式决定计划和制定目标，并在完成目标的过程中找到和评判不同的解决问题的办法；三是通过提问、建议和环境设计，为儿童创造与其思维发展、语言发展和社会性发展有关的关键经验的活动情景。[3]

海斯科普学前教育课程模式的指导原则在学习轮（见图8-1）中有所体现。主动学习位于中心位置，强调主动性的重要性以及海斯科普对相关教育内容的全面重视。在支持性学习环境中，"教师和幼儿在一天的任何时间里都是合作者。学习本身就是一种奖励，并且，幼儿知道教师就在那

---

[1] ［美］安·S.爱泼斯坦：《高瞻课程的理论与实践：学前教育中的主动学习精要——认识高瞻课程模式》，霍力岩等译，教育科学出版社2021年版，第11—12页。
[2] 周采主编：《比较学前教育》，人民教育出版社2020年版，第293页。
[3] 朱家雄：《幼儿园课程的理论与实践》，华东师范大学出版社2010年版，第143页。

里，鼓励他们主动探索。当冲突发生时，教师会认为幼儿并不是故意使坏或淘气。相反，教师知道幼儿需要学习怎样恰当地处理他们的情绪。因此，社会性冲突被视为社会性学习和认知学习的另一种机会。"[1] 图 8-1 中的四个扇形代表教师在与幼儿互动过程中的四项职责：与幼儿互动；创设有挑战性的学习环境；建立稳定的一日常规；开展持续性评价以制订教学计划，满足幼儿的教育需求。[2] 主动参与式学习包括五个要素：（1）材料。课程提供充足的、多样化的、适宜的操作材料。材料能够吸引幼儿多感官地参与，而且是开放中式的，有助于扩展幼儿的经验，激发其思考。（2）操作。幼儿摆弄、探究、组合和转化材料并形成自己的观点。他们通过操作而有所发现。（3）选择。幼儿选择材料、玩伴，改变或形成自己的想法，并根据其兴趣和需要计划活动。（4）幼儿的语言和思维。幼儿描述他们所做和所理解的。当他们思考其活动，并修正想法、计划进行新的学习时，他们用语言或非语言的形式进行交流。（5）成人鹰架。鹰架意味着成人支持和适当拓展幼儿当前的思维和理解水平。通过这种方式，成人帮助幼儿获得知识，发展创造性地解决问题的技能。[3] 海斯科普课程模式的主要目标是创造一种幼儿能在其中丝毫不感到恐惧、焦虑、厌烦的学习和游戏环境。在海斯科普课程模式环境中，"教师重视并理解幼儿，努力创造一种支持性的氛围。在这一氛围中，教师提供幼儿发展所需的认知挑战，学习是一种积极的、快乐的和自然的体验"[4]。

（四）华德福幼教课程模式

1919 年，第一所华德福学校创立于德国的斯图加特。这是一所由奥地利教育家鲁道夫·斯坦纳根据人智学的理念为一个叫 Waldorf 的香烟厂的工人子弟办的学校，开命名其为自由华德福学校。华德福教育是提高传统教育水平的一个具有吸引力的选择，也是一个充满启发性的模式，在全球

---

[1] [美] 安·S. 爱泼斯坦：《高瞻课程的理论与实践：学前教育中的主动学习精要——认识高瞻课程模式》，霍力岩等译，教育科学出版社 2021 年版，第 41 页。

[2] [美] 安·S. 爱泼斯坦：《高瞻课程的理论与实践：学前教育中的主动学习精要——认识高瞻课程模式》，霍力岩等译，第 12 页。

[3] [美] 安·S. 爱泼斯坦：《高瞻课程的理论与实践：学前教育中的主动学习精要——认识高瞻课程模式》，霍力岩等译，第 12—13 页。

[4] [美] 安·S. 爱泼斯坦：《高瞻课程的理论与实践：学前教育中的主动学习精要——认识高瞻课程模式》，霍力岩等译，第 41 页。

图 8-1　高瞻学前教育课程模式学习轮

范围内得到了不断推广。"华德福模式与早期教育相关，它为儿童寻求一个健康、有条不紊、不断发展且适宜的学习环境。华德福早期教育理念已经被应用到各种服务机构，包括居家式儿童看护和儿童保育中心、父母和儿童组织、父母支持项目、幼儿园以及三至七岁儿童混龄课程。"[1]

1. 哲学基础

华德福幼教课程模式的理论基础是人智学。"人智学"就是"结合精神来探索人性。人智学的目的就是带来真理或新知识，而不牵连任何使其成为一个正统学说的信条或教条。其核心就是寻求精神的真理。"[2] 人智学的两个重要组成部分是"与世界合一"和"寻找自我"。"与世界合一"所包含的观点就是："每个事物都是内在联系的，从月亮和行星包括地球的循环，到四季的循环，再到人类生命和死亡的循环。我们做出的每个抉

---

[1]　[美] 贾珀尔·L. 鲁普纳林、詹姆斯·E. 约翰逊主编：《学前教育课程》，赵俊婷译，华东师范大学出版社 2014 年版，第 450 页。

[2]　[美] 贾珀尔·L. 鲁普纳林、詹姆斯·E. 约翰逊主编：《学前教育课程》，赵俊婷译，第 450 页。

择都会以一种我们或许无法预测的方式来影响他人。"① 寻找自我，强调个人培养自己多方面的天赋以获得"完满"。通过对智力课程、艺术创造、工艺和技术劳动以及精神冥思的学习和探索，人就能强化其精神和自我意识。斯坦纳认为，通过人智学的哲学原理，就能够为一生的不断学习和成长做好身体、头脑和精神上的准备。② 对斯坦纳来说，历史和自然是由精神塑造的，每个人都是单一宇宙过程中的一部分。斯坦纳展现了一个和平而友善的世界观。

> 人智学作为指导华德福教育的世界观或者哲学理论，并不是宗教。人智学主张所有人都有一个精神核心。它主张的精神核心与世界上很多宗教和哲学和谐，然而同时又避免使用宗教信条。人智学本身并不属于华德福教育的教学范围，但是它对于华德福教育的课程和节假日设置的影响却一目了然。③

正如有学者所言："华德福想要传达的是友爱，富于同情心，虔敬，有礼貌，充实，宽容，爱好和平，喜悦，有耐心，优秀，正直，有智慧，安定，与宇宙、自然和人道主义和谐共处的人类形象。没有任何宗教或道德标准能够擅自将这些根本的、普世的价值观占为己有。"④

2. 教育目标

华德福教育以学校为纽带，使学校建设参与者、志愿者、教师、家长和孩子一起形成有着共同理念的生活文化社区，成为一个共同学习，开放交流、互相帮助和不断完善自我的平台。通过华德福教育，帮助成人和孩子的身、心、灵健康和平衡地成长，在学习科学知识和生活技能的同时，丰富心灵情感，不断探索人生以提升人文精神，成为精神意义上独立和自

---

① ［美］贾珀尔·L. 鲁普纳林、詹姆斯·E. 约翰逊主编：《学前教育课程》，赵俊婷译，华东师范大学出版社2014年版，第450页。
② ［美］贾珀尔·L. 鲁普纳林、詹姆斯·E. 约翰逊主编：《学前教育课程》，赵俊婷译，第451页。
③ ［美］贾珀尔·L. 鲁普纳林、詹姆斯·E. 约翰逊主编：《学前教育课程》，赵俊婷译，第463页。
④ ［美］贾珀尔·L. 鲁普纳林、詹姆斯·E. 约翰逊主编：《学前教育课程》，赵俊婷译，第463页。

由的人。"华德福儿童早期课程中最首要的目标就是帮助儿童培养一种责任和自律意识。斯坦纳在他的演讲和著作中对该主题给予了很大关注。这就是为什么儿童不被迫参与活动,而是自由选择他们自己的活动的一个原因。通过做决定,儿童就可以开始训练他们的自我控制力。"①

3. 教学环境

斯坦纳很重视环境在教育教学中的作用,认为儿童对环境非常敏感,要注重室内环境的创设。

> 斯坦纳的理论从环境开始,包括教室的摆设和设计以及儿童专属的户外环境。由于环境将为未来的学习做准备,因此环境是一个重要的开端。房间的美学在学习空间的整体感觉上起到一个关键作用,因为这些要适应儿童的发展需要和兴趣。华德福的早期教育环境培养儿童对美和秩序的感知。②

斯坦纳认为,儿童通过五种感官获取信息,并用全身来感受。因此,斯坦纳特别强调诸如墙的颜色、教室的材料以及家具等问题。他建议早期儿童教室应该是朴素的淡色,没有图案设计。"华德福课堂的天然材料——浅色的墙、柔软的游戏布、丰富的水彩颜色、烤面包的气味以及响铃时间的拍手声——都提供了感官刺激,而没有给感官造成负担。由于儿童对环境以及环境中事物的脆弱性,华德福教育者在提供有益的感官体验上肩负巨大责任。"③ 华德福努力保护儿童不受快节奏、寻求刺激的社会中的图片、气味、声音、味道和触感所冲击。

4. 教学内容

华德福教育绝不追求乌托邦,绝不过度理想化,绝不为理想社会预备儿童,而是按照实际生活、生命本质与真实社会朝向的目标预备儿童。④

---

① [美] 贾珀尔·L. 鲁普纳林、詹姆斯·E. 约翰逊主编:《学前教育课程》,赵俊婷译,华东师范大学出版社2014年版,第459页。
② [美] 贾珀尔·L. 鲁普纳林、詹姆斯·E. 约翰逊主编:《学前教育课程》,赵俊婷译,第455页。
③ [美] 贾珀尔·L. 鲁普纳林、詹姆斯·E. 约翰逊主编:《学前教育课程》,赵俊婷译,第458页。
④ J. Salter, *The Incarnating Child*, U. K.: Hawthorn Press, 1987, p. 101.

在学前教育阶段,华德福教育不提供正规的课程,重点在于回应幼儿身、心、灵的发展与需要,帮助他们开展和谐的情感、创造的意志及自由思想的能力。华德福教育的内容和形式也比较固定,将儿童对于色彩的感知限定在三原色水彩颜料上,作画内容限定在流畅的线条上。每次每个布偶戏都有千篇一律的开头方式和基本一致的场景布置,教师表演布偶戏的言语和动作表情也无一例外的是平淡。此外,每日饭前必做祷告和感恩;再有,教育手段比较单调,每日的教学活动主要可以分为三类:第一类是身体运动;第二类可以归纳为文学艺术活动,如布偶戏、故事、水彩画、手工(制作布娃娃)、蜂蜡造型、唱歌等;第三类可以归纳为创意游戏。

华德福教育在教学内容上体现了多学科相互融合的特点。"华德福教育课程中包括游戏、模仿、艺术和童话故事,通过这些教学内容儿童能积累不同学科的经验。现在,有很多学校在发展整合课程的步伐上艰难前行,其教师通常只教授某一门学科。而华德福教师一直是将数学、科学、文学、艺术等作为一个有组织的整体的一部分来教授。"[1]

华德福的幼儿每天至少各有一次户外、室内自由创意游戏活动,每次游戏时间约45分钟。游戏提供时间与空间,让幼儿体验生活最细致深入的地方。幼儿将生命经验转变成游戏,在游戏中抒发情感,自由运用创意,重新建构新的经验。七岁之前的幼儿游戏可以分为三个阶段:身体的游戏、想象模仿的游戏及有目的的假装游戏。[2] 比如,三岁左右的幼儿,精力充沛,除了借助动作的表达外,还需要借助模仿想象的游戏来释放。幼儿将一个玩具幻想成另一个他想要的东西,他把一块木头想象成一匹马,过一会儿,同一块木头可能会变成汽车……这是幼儿运用高级创意想象的开始。[3] 同时,"游戏对锻炼社会交往提供了'安全'的机会。儿童可以尝试不同的角色,解决冲突,尝试多种交流方式,都需要通过游戏来进行。就社会发展而言,游戏是儿童锻炼社会技能、学习如何在群体中发挥作用

---

[1] [美]贾珀尔·L.鲁普纳林、詹姆斯·E.约翰逊主编:《学前教育课程》,赵俊婷译,华东师范大学出版社2014年版,第462页。
[2] R. B. Dancy, *You Are Your Child's First Teacher*, California: Celestial Arts, 1989, p. 145.
[3] R. B. Dancy, *You Are Your Child's First Teacher*, California: Celestial Arts, 1989, p. 145.

的一个机会。"①

在世界各地的华德福幼儿园里,教师讲故事也是重要的学习内容。教师依据儿童年龄及需求,选择适宜的故事,制定故事叙述的时间和遍数。典型的童话故事一方面引导幼儿走入人类的发展中,使他们看见生命的挑战、害怕和惊恐;一方面鼓舞他们勇敢地挑战困难,启发孩子们善良、怜悯之心,帮助他们跨越困难、跨越生命的战场,获得成长的力量。透过童话故事中各个角色的生命经历以及其间隐喻的教训,教育的力量自然地与儿童的生命交融流动。童话故事从根本上讲是儿童教育中最直接、最合适、最能满足儿童的教育形式。另外,艺术活动也是华德福幼儿园教育内容的重要组成部分,主要包括色彩的学习、绘画活动、蜂蜜蜡捏塑、手工制作、歌曲欢唱。"华德福幼儿园被设计成家的延伸。没有正式的学业指导。教室里几乎找不到教育类玩具甚至找不到书:这是以斯坦纳的理论为直接基础的,即学业指导在第一个发展阶段是不适合的。一个丰富而具有激励性的环境需要教师通过故事、诗歌和歌曲来传授语言、读写体验。通过烹饪和想象游戏可以自然地体验数学。艺术、音乐、戏剧和科学体验也会有所涉及。"②

5. 课程实施

华德福幼儿园中孩子的生活和活动都以节奏性、规律性和重复性为原则。因为重复和秩序能给孩子带来稳定感和安全感,培养儿童的意志力,是健康身体发展的基础。

教师以建立每日、每周、每季度、每年重复的常规为己任。每天都有一个规律,即"吸入"和"呼出"的时间平衡。这些时间为儿童提供了自我表达和共同分享的体验。每周也有一个规律,周一是"烤面包日",周二是"蔬菜汤日",每周的每一天都有自己的特点,让儿童学会认知和信赖。正是这种可预测性消除了儿童的焦虑,建立了他们对社会和教师的信任感。儿童在他们的课堂群体中感到安全和有保

---

① [美] 贾珀尔·L. 鲁普纳林、詹姆斯·E. 约翰逊主编:《学前教育课程》,赵俊婷译,华东师范大学出版社2014年版,第456页。
② [美] 贾珀尔·L. 鲁普纳林、詹姆斯·E. 约翰逊主编:《学前教育课程》,赵俊婷译,第452页。

障——他们知道他们可以信任在那里发现的一切。①

在一日、一周甚至一年的生活中，教师交替使用收和放的策略来安排儿童的活动。收就是教师安排的、有组织的、以静为主的活动；放就是儿童自选的、自己开展的、以动为主的活动。通常，周一老师会使用收的手段，周二至周四会使用放的手段，而周五又会使用收的手段来管理幼儿的生活。春天教师多会放，而夏天老师又多会收，秋天则又改为放，冬天又变为收。依据季节特点，交替使用收、放手段，使幼儿的生活富有节奏和韵律。把幼儿看作大自然的成分之一，使其充分地与自然和谐一致。斯坦纳认为，每个儿童都有潜力，"我们需要做的只是给每个儿童创造一个良好的培养环境，让他们能够自由地按照自己的节奏成长。这才是对童年的尊重。华德福教师展现出园丁般的耐心，用长远的眼光对待教育。他们相信当学习的种子被播撒在一片肥沃的土地上时，嫩嫩的小芽就会冒出头来，在生长的季节里最后都会结出果实，就自然会收获累累硕果。"②

华德福教育认为，七岁之前，儿童学习的主要方式是模仿，儿童会模仿物和人。

> 华德福教师认为给儿童一些有价值的东西来模仿十分重要。因此，他们会做一些家庭或教室的工作，例如修理教室器材、准备小吃、擦亮桌子，洗地板以及照料装饰窗台的植物。这些工作来源于每日必做的有意义的工作。儿童从不会被迫和教师一起做这些工作，但他们总是被欢迎模仿教师的动作。通过这一自发的模仿，儿童学到不仅为班级群体做出他们的部分努力，而且也要依靠他人。③

因此，要把最美好的自然环境和材料呈现给儿童，成人还要向儿童表

---

① ［美］贾珀尔·L. 鲁普纳林、詹姆斯·E. 约翰逊主编：《学前教育课程》，赵俊婷译，华东师范大学出版社2014年版，第457页。
② ［美］贾珀尔·L. 鲁普纳林、詹姆斯·E. 约翰逊主编：《学前教育课程》，赵俊婷译，第465页。
③ ［美］贾珀尔·L. 鲁普纳林、詹姆斯·E. 约翰逊主编：《学前教育课程》，赵俊婷译，第456页。

现出高尚的情操。华德福教育培养真善美的终极目标在幼儿期以善良和感恩为核心。

华德福教育来源于德国,现已被成功地应用于其他众多的文化中,例如欧洲其他国家、非洲国家、中东国家、日本和澳大利亚。这些文化中的华德福学校都宣扬和德国设立的第一所华德福学校有着同样的原始观点、概念和哲学。尽管被引入各个特定国家的文学和文化中的华德福教育经过了修改,但是课程在主题和内容上依旧相似。由于人智学与基督教的联系,华德福教育大多存在于认可基督教的国家,虽然华德福并不要求学生有何特定的信仰。由于课程和管理是不固定的,留有创新的余地,因此每所学校都是不同的。华德福课程很容易加以调整以适应多元文化观点,而无损其基本的哲学原理。①

(五)银行街早期教育方案

银行街学院创建于1916年,原名教育实验局。这个名称反映了教育实践应该植根于研究儿童,更好地懂得儿童发展这样一种理念。银行街学院的创始人米切尔(L. Mitchell)坚信,教育的力量能影响和改造社会。银行街学院早期教育方案并不局限于一个教育机构,它经历了一个由理论到实践的长期实验过程,对美国和其他国家的幼儿教育产生了重要影响。

1. 理论基础

银行街早期教育方案模式是建立在多元化的理论基础上的,这与20世纪60年代出现的其他以单一理论为基础的各种课程方案有着很大的不同。银行街早期教育方案模式的理念至少来源于三个方面:一是弗洛伊德及其追随者的心理动力学理论,特别是诸如安娜·弗洛伊德、埃里克森等一些将儿童发展放置于社会背景中的学者的理论,强调情绪、动机以及自主性等方面的发展。二是皮亚杰、温纳(H. Werner)等一些注重儿童认知发展的发展心理学家的理论,这些心理学家对教育并不特别关注。但是,银行街早期教育方案模式一方面利用这一学派来应对当时盛行的行为主义学派。另一方面,这一课程模式又十分重视用环境的创设来引发儿童的自由活动。皮亚杰理论对主体与客观环境相互作用的强调,与其基本主张不谋

---

① [美]贾珀尔·L. 鲁普纳林、詹姆斯·E. 约翰逊主编:《学前教育课程》,赵俊婷译,第454—455页。

而合，并为其开创了一个看待环境创设问题的新角度。① 三是以杜威的进步主义为基石，然后，约翰逊（H. Johnson，银行街早期教育方案创建主任）、艾萨克斯（S. Isaacs）和米切尔等一些教育理论和实践工作者以杜威理论为基础，开始建构银行街教育模式的奠基工作。这一课程模式也借用了莱温（Kart Lewm）、维高斯基等人的理论，后来比伯（Biber）长期参与，协助他们将心理学与教育学理论相结合，并将理论与实际相结合。

2. 教育原则

银行街早期教育方案模式所蕴含的教育原则主要包括以下六个方面：第一，发展不是量的变化，而是质的转变，而且发展阶段十分关键。第二，个人的发展不是固定在发展线上的某一点，而是在一个可能的范围内进行变化，上一个阶段的成长是下一个阶段的基石。第三，发展过程中包括了稳定性和不稳定性。教育人员的责任就在发现协助幼儿强化新的理解，以及提供能促成幼儿成长与挑战间的平衡点。第四，幼儿随着生理的成长，其与外界环境互动的动机也愈强烈，形式也愈多；幼儿随着年龄的增长，愈会善用自己的身体去探究环境，在探索的过程中，他的操弄技巧也就愈来愈精熟、完美。第五，幼儿的自我概念来自于他与别人或别的事物互动后之经验。第六，成长过程中充满着冲突，自我的冲突与他人间的冲突，这些均是发展过程中所必需的，解决冲突的方法深受文化和他身边重要人物的影响。②

3. 课程目标

银行街早期教育方案的基本理念是：儿童认知发展和个性发展与其社会化过程是不可分离的，托幼机构是社会的一部分，它与家庭和社会其他机构分担对儿童教育的职责，它不应被看作"学课"的地方。因此，教育的目标应依据发展的过程，而不是特定的学业成就。③

银行街早期教育方案的教育目标首先是培养儿童有效地作用于环境的能力，包括各方面的能力以及运用这些能力的动机。其次是促进儿童自主性和个性的发展，包括自我认同、自主行动、自行抉择、承担责任和接受

---

① 孙贺群：《嬗变与走向：美国学前课程发展变革的历史研究》，博士学位论文，东北师范大学，2011年，第94页。
② 简楚瑛：《学前教育课程模式》，华东师范大学出版社2005年版，第60—61页。
③ 朱家雄：《幼儿园课程的理论与实践》，华东师范大学出版社2010年版，第133页。

帮助的能力。再次是培养儿童的社会性，包括关心他人、成为集体的一员、友爱同伴等。最后是鼓励儿童的创造性。这些目标都很宽泛，应根据儿童发展的阶段和文化背景的适合性加以思考和具体化。[1]

　　拜巴等人将以上宽泛的教育目标细化为八条具体的目标，运用于对3—5岁的儿童实施的教育方案中：（1）让幼儿透过与环境的直接接触与操作去满足他的需要，包括对物理世界的探索和提供建构、操作性的活动。（2）透过认知策略去创造体验不同经验的机会。内容包括拓展资讯的接收与反应机会；扩展表征的模式，如姿态表征，用铅笔、蜡笔表现出两个向度的概念等；语言的发展；刺激将经验与资讯用0与1概念的方式予以组织，如将过去与现在予以整合，强调在不同经验情境中分类、顺序、关系和转换等概念的意义与应用。（3）提升幼儿有关周边设备的知识。包括观察学校里的环境，如厨房、电梯、冷气等；观察学校外的环境，如交通规则、盖房子、参观警察局、消防队等；说故事，如故事中提到的职业的分工、大自然等；讨论幼儿听到的当时社会上正发生的重大事件，如战争、示威、游行、地震等事件。（4）支持能提供各种不同经验的游戏，包括提供幼儿想象游戏时所需的道具与舞台设备；让幼儿有超出现实的自由与再现和预演经验的机会。（5）帮助幼儿将冲动之控制予以内化。其方式包括沟通，设定一组不具威胁性的限制，如规则；建立功能性的成人权威角色。（6）符合幼儿在其发展阶段中回应问题的需求。当幼儿与熟悉之环境或事物分离时，应予以安慰，使其情绪缓和；协助改善从家里带到学校会起冲突的特质。例如引导独子与其他幼儿分享事物；要能接受幼儿在独立与依赖之间的冲突。如要能接受幼儿——当他在压力下，其行为会退化到依赖上。（7）协助幼儿发展出自己是一个独立、有能力的人之自我形象。要增加幼儿有关自我的知识；更进一步统整自己，如在表征游戏中，透过再次表达去进一步确认自己。（8）帮助幼儿建立互动过程中相互支持的模式。建立成人与幼儿、幼儿与幼儿间非正式的、口语与非口语的沟通管道；为幼儿提供合作和团体活动的机会，如讨论时间、共同完成一项工作；提供支持的成人角色；建立人际价值观点交流的

---

[1] 朱家雄：《幼儿园课程的理论与实践》，华东师范大学出版社2010年版，第134页。

模式。①

4. 课程内容

银行街早期教育方案模式强调儿童关于现实生活的经验和兴趣，并倾向于发展儿童实践活动的能力和经验。具体来看，其课程的核心内容主要是围绕"社会学习"而组织起来的整合式课程。"社会学习主要学习有关人与人之间以及人与环境、我们与我们所生活的世界之间的关系。它关注离我们近的和远的事物、过去和现在的事物。这一方法的基本原理在于学校为孩子提供持续的机会来体验民主生活。"②社会学习的内容主要包括：人类与自然环境；人与家庭、社区以及更广阔的外部世界的关系；代际联系与沟通；通过神话、宗教、科学、艺术了解生命的意义；受某种价值观支配的个体和集体的行为；将变化视为生活的常态；学会如何解决问题。③ 社会学习的内容整合了美术、音乐、数学、科学、阅读、书写等各种不同的经验，以促进儿童在社会性、情感和认知等方面的共同发展。

5. 课程实施

在实施中，银行街课程教学原则主要体现在下述方面：重视幼儿的经验；重视活动和游戏；课程内容要反映起源和方法；课程回归生活；课程组织与实施要有弹性；学习材料的准备；学习的顺序性；强调主动学习和探究性学习。

银行街的教室环境是动态的，他们主张各种形式的表达与交流。"课堂上有实心积木和空心积木、黏土、绘画、水、沙子、纸、蜡笔、木头以及鼓励活动、实验、想象力和改装的没有结构的材料。还有一些有结构的材料，如拼图、操作材料、古氏积木、迪士尼积木、教师制作的材料、书写的笔和纸以及各种各样的书。还包含一些活动，例如烹饪、种植植物、除草、初级计算机使用。"④ 为了让幼儿有秩序的感觉，每天作息时间的安

---

① 简楚瑛：《学前教育课程模式》，华东师范大学出版社2005年版，第64—65页。

② [美] 贾珀尔·L. 鲁普纳林、詹姆斯·E. 约翰逊主编：《学前教育课程》，赵俊婷译，华东师范大学出版社2014年版，第314页。

③ M. C. Day & R. K. Parker (Eds.), *The Preschool in Action: Exploring early Childhood Programs* (2nd Edition), Boston: Allyn & Bacon, 1972, p.432.

④ [美] 贾珀尔·L. 鲁普纳林、詹姆斯·E. 约翰逊主编：《学前教育课程》，赵俊婷译，第316页。

排是有一定顺序的。

【案例 8—1】

银行街教育学院实验学校一周作息时间表*

	星期一	星期二	星期三	星期四	星期五
8：00—9：00	抵达	抵达	抵达	抵达	抵达
9：00—9：30	游乐场	游乐场	游乐场	游乐场	游乐场
9：30—9：45					
9：45—10：00					
10：00—10：15	讨论	讨论	讨论	讨论	讨论
10：15—10：30	点心	点心	点心	点心	点心
10：30—10：45	工作	体能	美劳	角落	角落
10：45—11：00					
11：00—11：15					
11：15—11：30		△	1/2 组音乐 1/2 组角落		
11：30—11：45					
11：45—12：00	1/2 组图书馆 1/2 组角落	音乐	1/2 组律动 1/2 组角落	1/2 组音乐 1/2 组图书馆	
12：00—12：15					
12：15—12：30	午餐	午餐	午餐	午餐	午餐 分享讨论
12：30—12：45					
12：45—1：00	休息	休息	休息	休息	Goodbye
1：00—1：30					

---

* 简楚瑛：《学前教育课程模式》，华东师范大学出版社 2005 年版，第 67 页。

续表

	星期一	星期二	星期三	星期四	星期五
1：30—1：45	西班牙语	角落/户外	1/2 组律动	角落/户外	
1：45—2：00					
2：00—2：15	Δ		角落		
2：15—2：30					
2：30—2：45	故事	故事	故事	故事	
2：45—3：00	Good Bye Meeting				

说明：Δ 表示由老师弹性利用。

银行街早期教育方案强调空间的安排要兼顾个人活动与团体的需求；有接触各种不同活动的可能性，幼儿有选择活动的机会。

> 在分配空间时要提供足够的空间用于戏剧游戏、积木建构和小组会议以及个人活动或小组活动。时间安排的灵活性为孩子提供了时间来积极地探索材料、游玩，接触更广泛的兴趣和思想，共同合作。在其他类似的日常活动时间段，如用点心、吃午餐、讲故事、休息、进行特定活动和户外活动，也可以采用灵活性策略。"①

整个环境所提供的就是一个快乐的、学习的、生产式的社会环境。典型的银行街模式的教学是界限清楚、功能分明的活动区域的规划。教材强调提供给学生的材料应该是能让幼儿自发探索、实验和表征的素材。非结构性的材料，如积木、黏土和水等，是让幼儿自由运作的最佳材料。教材应放置在开放式的架子上，让幼儿可以自由取用。

在银行街早期教育方案中，主题网和课程轮是课程设计和实施中常常运用的工具。课程轮的中央是主题，轮辐间的空间可由教师设计各个活动区或活动种类的内容，允许教师根据需要加以更改、增加或删除。课程的实施常分为七个步骤：选择主题；确定目标；教师学习与主题有关的内

---

① [美] 贾珀尔·L. 鲁普纳林、詹姆斯·E. 约翰逊主编：《学前教育课程》，赵俊婷译，华东师范大学出版社2014年版，第316页。

容，并收集资料；开展活动；家庭参与；高潮活动；观察和评价。①

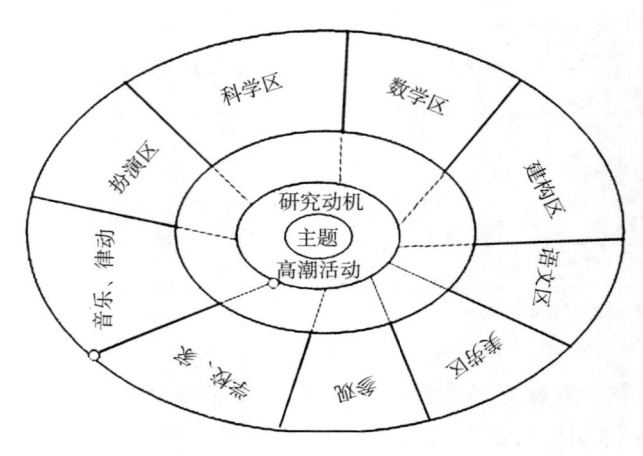

图8-2 课程轮模型

6. 教师的作用

银行街早期教育方案强调让儿童进行有意义的学习，使他们感受到自己的能力。

> 教学是一个复杂的工作，需要知识、技巧和性情。教师不但要有扎实的有关儿童发展的知识基础，还要了解每个孩子的个性，深刻理解课程内容。教师的任务是思考、分析以及将日常课堂生活中的"什么"、"怎样"、"什么时候"、"在哪"有意义地结合起来。教师必须掌握社会学习的内容，不是为了给孩子信息，而是指导他们提出有意义的问题；为他们的体验（旅行、书、活动）创造机会；了解可利用的资源；评估社会学习的发展。②

由于银行街早期教育方案深受心理动力理论的影响，特别是埃里克森和沙利文等人的影响。在儿童社会情感发展方面，教师的作用主要体现在

---

① 朱家雄：《幼儿园课程的理论与实践》，华东师范大学出版社2010年版，第135页。
② [美] 贾珀尔·L. 鲁普纳林、詹姆斯·E. 约翰逊：《学前教育课程》，黄瑾、裴小倩等译，华东师范大学出版社2005年版，第315页。

两个方面：第一，教师和学校是儿童的家庭世界与儿童的同伴世界及其更大的外部世界之间的协调者。教师能给儿童安全感，使儿童克服焦虑，解决离开父母所面临的心理冲突，从而较好地适应社会。"教师是幼儿可以信赖的一个重要人物，一旦幼儿离开家庭，接触到一位可信任的教师时，他就会有安全感，较能接受别人或事物，这将有助于幼儿克服分离焦虑以及离开家庭走入另一个社会时所面临的冲突。"① 第二，教师和学校的作用是培养儿童自我的发展和心理健康。教师应当具备称职的母亲和心理治疗师所拥有的许多特点。② 在儿童认知发展方面，教师的作用主要体现在四个方面：③ 一是评量幼儿的思考，然后在控制下引导幼儿概念精熟的程度或加大内容的范围；二是对幼儿的反应、困惑或建议予以口语上的回应、澄清、重述和纠正；三是培养幼儿直觉的和联结性的思考；四是提出问题以提升幼儿归纳性的思考。

银行街早期教育方案强调儿童理解对他们成长而言是最为重要的事情，而不是与学业成绩有关的东西。这一方案以儿童为中心，关注儿童兴趣和需要的满足，鼓励儿童主动地参加活动。虽然银行街早期教育方案可以追溯到进步主义教育运动，但是该方案主要依据儿童发展理论从儿童发展的一般规律上思考和发展课程，而较少顾及儿童生活所处的文化背景。这种教育方案所指向的教育改革为的是让儿童在早期实现社会化，以清除家庭和社会经验中的不良因素。这样做，儿童不得不放弃自己的语言和文化，去获得所谓主流文化的东西。有人批评这种思维方式是试图建立一种白人中产阶级的能力标准，并以此衡量和评价具有不同文化、不同经济水平背景的儿童。④

二 国外幼儿园课程与教学改革的走向

（一）基于文化多样性构建适宜的幼儿园课程与教学体系

近年来，由于全球化的发展趋势日渐凸显，培养具有兼容并包和国际视野的"世界人"成为学前教育的重要目标。"西方很多国家的早期教育

---

① 简楚瑛：《学前教育课程模式》，华东师范大学出版社2005年版，第68页。
② 简楚瑛：《学前教育课程模式》，第68页。
③ 朱家雄：《幼儿园课程的理论与实践》，华东师范大学出版社2010年版，第136页。
④ 朱家雄：《幼儿园课程的理论与实践》，第137—138页。

幼儿园课程与教学论纲

课程都慎重地考虑文化多样和文化平等的观念，强调尊重不同国家和地区的文化多样性，并将多元文化理念注入和渗透到课程内容及课程活动中。"① 美国倡导来自不同文化背景的儿童要相互尊重，力图建立一种公平的多元文化教育。教师通过在课堂上讨论不同国家、民族、肤色的差异性和平等等方面的问题为儿童提供多元文化方面的课程。② 窦曼—斯巴克等人对美国教育史上各个时期针对美国早期教育课程向多元文化发展的回应与教育取向做了整理与回顾，归纳出五种观点。这些观点体现了不同发展时期人们对教育多元文化的看法，其中"对少数民族儿童进行双语和二元文化的教育，鼓励各个民族群体培植自己的文化，并成为懂两种文化的人，从而建立文化民主"，以及"教育所有儿童在与人交往时尊重来自不同文化背景的人，鼓励儿童对文化偏见、歧视，以及对不公平的社会、经济、政治结构提出挑战"③。这两种教育取向正是当下以及未来学前教育课程发展所追寻的价值理念。澳大利亚大力倡导多元文化教育，不仅要求儿童能了解本国的文化，而且要了解别国儿童的文化，意识到尽管每个儿童的文化背景有别，但都是平等的，使儿童学会理解和尊重各国儿童的独特性。④ 瑞典通过对教师进行双语培训，在学前教育机构为儿童提供接受多种语言教育的机会等方式，对来自不同文化背景、讲不同语言的儿童给予适当的教育。⑤ 法国的教育家也把发展多元化课程作为未来学前教育的努力方向。⑥ 随着国际文化交流的日益频繁，文化的多样性已成为世界各国不可回避的现实问题，在文化融合的过程中尊重其他文化并善待差异，是保证文化平等和文化多元的前提。多样性的文化元素丰富了幼儿园课程的内容，为更多儿童的学习与发展提供了条件。⑦

---

① 何茜：《国外幼儿园课程改革的基本经验与发展趋势》，《比较教育研究》2012年第5期，第1—5页。
② 严仲连、陈时见：《美国幼儿园课程的改革及启示》，《学前教育研究》2000年第6期，第66—68页。
③ 朱家雄：《幼儿园课程》，华东师范大学出版社2011年版，第244页。
④ 李生兰：《比较学前教育》，华东师范大学出版社2000年版，第219页。
⑤ 李生兰：《比较学前教育》，第125页。
⑥ 陈时见、严仲连：《当代国外幼儿园课程的发展特点》，《外国教育研究》2002年第1期，第40—43页。
⑦ 何茜：《国外幼儿园课程改革的基本经验与发展趋势》，《比较教育研究》2012年第5期，第1—5页。

(二) 注重幼儿园课程与教学内容编制的综合性

随着社会的迅速发展与进步，科技化与信息化社会所带来的知识并不是单一的，而是具有复杂性与综合性，这必然导致时代对人才的要求逐步从精通单一学科的专才，扩大到精通多门学科的通才和全才，这种人才需要具备综合化的素质与能力。[①] 因此，幼儿园的课程与教学开始利用学科交叉、知识渗透、问题解决等方式来实施综合教育。课程内容的综合化成为世界各国幼儿园课程改革的重要趋势，这主要源于以下几方面的原因：其一，面对日益复杂的社会情境，要获得个性的全面发展，提高解决问题和做出正确抉择的能力，就必须打破分科所带来的限制；其二，构建综合化和整体化的课程内容便于儿童在较短时间内学习更多的相关知识；其三，新的知识论认为，知识是社会建构的、与情境关联的，这就要求树立综合化的知识观，对课程内容加以整合；其四，日趋激烈的国际竞争对人才培养提出新的标准，创新型人才不仅要精通本学科的知识，还要具有能够从多种视角进行思考的综合素质，甚至要具备进行跨学科研究的能力。[②]

全美幼儿教育协会（NAEYC）坚持将综合教育看作学前教育"重要的发展趋势之一"，并努力尝试将数学、健康、美术、音乐、社会、体育和语言等科目的国家标准转换成适合儿童发展的综合性教育方案。英国的幼儿园课程特别强调综合化，一方面强调各个学习领域的紧密联系、相互融合、相互促进，并以主题网络的形式把各学习领域融入其中；另一方面强调对室外环境的创设，以整合环境的方式促进幼儿园课程的整合。在澳大利亚的幼儿园课程，规定了十大综合能力标准和三大跨学科主题，以此来加强课程的综合性。[③] 课程综合化意味着打破传统的分科、分领域教学，将课程内容整合起来，以促进各科学习内容之间的相互联系。早期教育课程综合化是社会发展的必然结果，是国际学前教育课程发展的重要趋势。[④]

(三) 重视幼儿园课程与教学实践的本土化

本土化发展趋势是相对于文化多元化来讲的，由于多元文化的全球化

[①] 侯莉敏主编：《幼儿园课程与教学理论》，高等教育出版社2019年版，第253页。
[②] 陈时见、何茜主编：《幼儿园课程的国际比较：侧重幼儿园课程设置的经验、案例与趋势研究》，西南师范大学出版社2011年版，第270页。
[③] 陈时见、何茜主编：《幼儿园课程的国际比较：侧重幼儿园课程设置的经验、案例与趋势研究》，西南师范大学出版社2011年版，第270页。
[④] 侯莉敏主编：《幼儿园课程与教学理论》，第253页。

幼儿园课程与教学论纲

发展趋势，以至于出现了"强势文化对弱势文化的侵袭"现象。"如何保护和发挥本国民族与文化的优势，加强课程本土化的研究，以保持课程文化的多样性成为课程研究的重点。"[1] 国外的学前教育非常重视传统文化教育，以保持本民族文化的基因与特色。瑞吉欧方案教学曾一度成为风靡世界的幼儿园教育课程模式，但美国学者基于美国的本土文化特点，对学习瑞吉欧课程理念的有限性进行了理性分析。[2]

在瑞典，最负盛名的"森林幼儿园模式"，就是充分利用本土丰富的森林资源而开发的幼儿园课程模式，并对此模式的活动原则进行了明确规定。课程本土化研究对激发教师的教育智慧，培养幼儿的文化根基有着十分重大的意义。在全球化背景下，各国之间的文化交融日益增多，新的理论和思想层出不穷，在此背景下，各国应重视立足本土实际，继承和发扬具有本国传统和优势的幼儿教育模式。[3] 各国应重视传统文化、民族文化等内容在幼儿园课程与教学中的价值，并通过不同形式引导幼儿形成并保留向外弘扬、传播传统文化的意识。

（四）体现幼儿园课程与教学实施途径的现代化

近年来，随着信息技术在整个教育领域和生活领域的广泛应用，幼儿园课程、教学与信息技术之间的联系日益频繁，信息化成为国外幼儿园课程与教学改革中的又一显著特征。研究证明，儿童能够通过运用现代科技手段为自身发展带来有益的经验，"对于儿童而言，所谓'具体'就是给儿童富有意义的和可操作的事情去做，而不只是某事物具有些什么物理特征"[4]。在意大利瑞吉欧课程当中，可以看到电脑、投影仪、打印机、照相机等现代电子设备，都成为儿童工作的重要工具。[5] 在美国，计算机现已成为幼儿园教育中的重要课程内容与手段，所有的幼儿园基本普及了电脑，在专职电脑教师的辅导下，3—4岁的孩子就在键盘和鼠标前"触摸未来"。芝加哥实验学校幼儿园专门开设了"计算机科学"课程，儿童能够

---

[1] 何茜：《国外幼儿园课程改革的基本经验与发展趋势》，《比较教育研究》2012年第5期，第1—5页。
[2] 朱家雄主编：《国际视野下的学前教育》，华东师范大学出版社2007年版，第139页。
[3] 何茜：《国外幼儿园课程改革的基本经验与发展趋势》，《比较教育研究》2012年第5期，第1—5页。
[4] 朱家雄：《幼儿园课程》，华东师范大学出版社2011年版，第244页。
[5] 侯莉敏主编：《幼儿园课程与教学理论》，高等教育出版社2019年版，第254页。

学习各种计算机基本技能，同时还可以在教师的引导下利用计算机进行交流或解决实际问题。① 英国的幼儿园为了使儿童学得轻松愉快，取得好的教育效果，注意运用信息技术辅助教学，做到图文并茂，有些班级还备有计算机，儿童可任意使用，玩教育游戏，认识字母、数字、几何图形，等等。② 世界上其他国家，如加拿大、芬兰、法国、澳大利亚、瑞典、日本等都很重视现代信息技术在幼儿园课程与教学中的应用与融合。正如有学者所言，未来的"学前儿童生活在计算机时代，他们不仅必须从计算机中学习，而且需要学习计算机"③。

第二节　我国幼儿园课程与教学改革

一　国内幼儿园课程与教学改革的历史沿革

关于我国幼儿园课程与教学改革的历程，由于时间划分维度的差异，不同学者对发展阶段的划分也有不同。本书主要参照的是黄人颂等人对我国幼儿园课程与教学改革发展阶段的划分维度。④

（一）我国幼儿园始建期的课程与教学（1903—1920年）

关于我国幼儿园课程与教学与编制的研究始于清朝末期。1904年，张之洞等人在制定《奏定学堂章程》（以下简称《章程》）时，专为学前教育制定了《奏定蒙养院章程及家庭教育法章》，这是我国第一个学前教育法规。《章程》对幼儿园的教育目标、课程、教学科目、内容及教育、教学方法等进行了明确规定，体现了重视儿童年龄特点、重视游戏，强调体、智、德、美教育，培养能力等特征。例如，《章程》明确指出："蒙养通乎圣功，实为国民教育的第一基址。"招收"3岁以上至7岁之儿童"。

---

① 陈时见、何茜主编：《幼儿园课程的国际比较：侧重幼儿园课程设置的经验、案例与趋势研究》，西南师范大学出版社2011年版，第41页。
② 陈时见、严仲连：《当代国外幼儿园课程的发展特点》，《外国教育研究》2002年第1期，第40—43页。
③ B. Spodek, & N. S. Saracho, "New Directions in Curriculum Development," In N. S. Saracho, & B. Spodek (eds.), *Contemporary Perspectives on Early Childhood Curriculum*, Information Age Publishing, 2002, p. 271.
④ 黄人颂主编：《学前教育学》，人民教育出版社2012年版，第244—250页。

《章程》规定了保育教导的要旨："保育教导儿童，专在发育其身体，渐启其心知，使之远于浇薄之恶风，习于善良之规范。"指出保育之法，应以"儿童最通晓之事情，最所喜好之事物，渐次启发涵养之。"

具体设立的保育条目有"游戏、歌谣、谈话、手技（手工制作）"等，并要求游戏结合运动。唱歌、朗诵小诗要使儿童"心情和悦，涵养其德性"；在做手工时，要使儿童手眼协调，并发展操作能力；在谈话时，"宜选择儿童"了解及有益趣之事实和寓言，"以期养性情、兴致"；认识常见事物（天然物、人工物等），要培养观察力，启发思路等。

在清政府颁布《章程》之前，两湖总督张之洞在湖北提倡兴办新式学堂。1903 年，湖北巡抚瑞方在武昌建立了我国第一所学前教育机构——湖北幼稚园（后改名为武昌蒙养院），拟订了开办章程，聘请了三个日本保姆经办。1905 年在湖南建立了蒙养院，此后不少大城市都先后建立了蒙养院、幼稚园，无论是公立的还是私立的，所设置的课程与教学方法，大致相似。

（二）20 世纪 20—50 年代幼稚园发展期的课程和教学

20 世纪 20 年代，随着社会的进步和变革，世界各国教育学、心理学的发展，由美国起源的进步主义哲学和教育思想传入我国，使我国幼稚园的课程和教学出现了第一次改革。我国著名学前教育家陈鹤琴于 1923 年在南京创建了鼓楼幼稚园作为学前教育科学实验基地，借鉴杜威的教育理论，结合我国实际，对幼稚园课程和教学进行了一系列实验研究。经过三个阶段的实验研究，终于设计出适合我国国情和儿童身心特点的"中心制课程"和"单元教学"，为我国的幼稚园课程和教学的发展做出了重大的贡献。

1929 年，根据南京鼓楼幼稚园的课程和教学的实验成果所拟订的《幼稚园课程暂行标准》，经教育部中小学课程标准起草委员会审查通过，1932 年由教育部颁布实施，1936 年加以修订。这是我国第一个在实验研究基础上产生的具有中国特色的全国性的《幼稚园课程标准》。从此，陈鹤琴的教育、课程、教学思想在全国产生了深远的影响。甚至远在陕甘宁边区的儿童院也使用了陈鹤琴的"中心课程"和"单元教学"。

20 世纪 20 年代后期，我国另一位学前教育家张雪门先生，于 1917 年在他的家乡宁波创办星荫幼稚园，1928 年在北京开办了艺文幼稚园。张雪门先生几十年从事幼儿教育实践与理论研究，尤其重视课程研究，形成了"行为课程"理论体系。他认为，生活即教育，五六岁的孩子在幼稚园生活的实践，就是行为课程。即完全根据生活，从生活而来，从生活而展开，也从生活而结果，不像一般完全限于教材的活动。他还指出了幼稚园教育的性质和理想："它不是文化的点缀品，也不是文化的橱窗。在有组织、有计划地实行和检讨中，求快乐圆满的境界，才是幼教的最高理想。"张雪门早期的教育思想包括幼稚园课程与教学的思想对当时我国北方各省的学前教育产生了很大影响，为我国幼稚园课程的发展做出了贡献。

（三）20世纪50年代以后转折期的幼儿园课程和教学

1949年新中国成立，我国教育在全面学习苏联的学前教育理论和经验的基础上，对幼儿园教育进行了全面改革。中央人民政府于1949年12月召开了第一次全国教育工作会议，会上明确指出了教育工作的指导方针："以老解放区新教育经验为基础，吸收旧教育有用经验，借助苏联经验，建设新民主主义教育。"[①] 在这样的指导方针下，学前教育课程与教学面临着全面的改革。1952年3月，教育部颁布了由苏联专家戈林娜等人指导，经过部分地区试验和修改而制定的《幼儿园暂行规程草案》（以下简称《规程草案》）和同年7月颁布的《幼儿园暂行教学纲要》（以下简称《教学纲要》，在全国试行。《规程草案》要求幼儿园应对儿童进行初步的全面发展的教养工作，规定幼儿园招收3—7岁的幼儿，目的在于培养儿童基本的卫生习惯，注意其营养，锻炼其体格，保证儿童身体的正常发育和健康；培养儿童正确运用感官和语言的基本能力，增进其对于环境的认识，以发展儿童的智力；培养儿童爱国思想、国民公德和诚实、勇敢、团结、友爱、守纪律、有礼貌等优良品质和习惯；培养儿童爱美的观念和兴趣，增进其想象力和创造力。活动项目主要包括体育、语言、认识环境、音乐、计算、画图手工，还规定教学中要强调教师的主导作用，并将教育贯穿于幼儿的一日生活中。

但是，由于受苏联心理学界的影响，这一时期的课程与教学改革提出了教学对儿童发展的重要性，在教学上常用的方法有讲解与讲述、示范与

[①] 《中国教育年鉴》编辑部编：《中国教育年鉴（1949—1981）》，中国大百科全书出版社1984年版，第684页。

示例、提问与谈话、练习与游戏等。《规程草案》和《教学纲要》两个教育文件的发布和试行,明确了幼儿园使幼儿获得健全发展、减轻家庭特别是母亲就业的后顾之忧的双重任务和教养并重的任务,强调了学前教育的目的性、计划性,确立了幼儿园实行学科课程和系统分科教学的思想。"在模仿和借鉴苏联学前教学体系的基础上,我国学前教育初步确立了幼儿园教育教学的目标和内容体系,形成了统一的教学大纲"[①],这为全面改革旧课程、建立社会主义课程新体系奠定了基础。

苏联在学前教育理论中没有明确提出"课程"一词,我国幼教界将其"作业教学"称为"学科课程"或"分科课程"。这样的课程可使教师很容易掌握教育的目的、内容,也可帮助儿童系统地学习。但是限于当时的条件和认识水平,许多幼儿园都采取上课的方式来进行教学,教师们也偏重于教那些容易见成效的各科的知识技能,忽略了儿童的游戏、儿童的自主学习活动和各学科之间的联系。虽然教育专家们都要求各科应当互相联系以保证儿童的全面发展,但是在教育实践中,因为分科教学,出现了教师分别教某几门"学科"或专攻某门学科的现象,导致了各科的分割。教学中存在着教师控制过严,儿童主动性不能很好发挥的问题。虽然不少幼教工作者在理论和实践研究上作了努力,对一些学科和游戏进行了深入的研究。由于全国使用单一课程模式,缺乏多视角、多维度的探讨和思考,对于幼儿园课程和教学的发展是有局限性的。

(四) 20 世纪 80 年代以来的幼儿园课程与教学

20 世纪 80 年代以来,随着政治、经济、社会文化的变革,学前教育工作者也以幼儿园的课程改革为突破口,展开了大规模的幼儿教育改革运动。这一时期,包括蒙台梭利、杜威以及皮亚杰等人的思想开始更为广泛地传播。近现代国内著名教育家的思想也再次受到重视,特别是陈鹤琴先生的教育思想,这些都为 80 年代以来的幼儿教育改革提供了背景和条件。

1981 年 10 月,我国教育部颁布了《幼儿园教育纲要(试行草案)》(以下简称 1981 年《纲要》)。1981 年《纲要》将"教学"纲要改为"教

[①] 虞永平、张帅:《从模仿借鉴到规范创新——新中国成立 70 年来幼儿园课程的发展》,《南京师大学报》(社会科学版) 2019 年第 6 期,第 34—48 页。

育"纲要,以扭转课程理论与实践中以"教学"代替"教育",从而窄化"教育"内涵的现象。[①] 但是将"作业"改为"上课"却无形中加重了"上课"的倾向。[②] 1981年《纲要》提出了3—6岁的学前教育是社会主义教育的组成部分。根据我国的教育方针和总的培养目标应向儿童进行体、智、德、美全面发展教育,使其身心健康、活泼地成长,为入小学打好基础,为造就一代新人打好基础。幼儿园的教育任务、内容与要求是通过游戏、体育活动、上课、观察、劳动、娱乐和日常生活等各种活动完成的,不可偏废。幼儿园设置的各门课程,各有其不同的教学目的和作用,也有它们共同的作用。但它们又互相联系,构成一个统一的整体,共同实现幼儿园教育任务。因此,必须同等重视各科教学,不能任意削弱或取消某门课程。由此,全国幼儿园都根据1981年的《纲要》的规定,进行以全面发展教育为总目标,以游戏、生活活动和学科教学的学前教育。

自1983年起,在国外教育、心理、课程、教学理论的影响下,幼儿园课程和教学改革有了新的发展。从分科课程研究到综合课程研究,突破了长期以来全国幼儿园的单一课程模式。诸如,1983年,由南京师范大学教育系与南京市实验幼儿园合作,进行"幼儿园综合教育结构的探讨"实验;1984年,中央教育科学研究所与北京崇文区第五幼儿园合作开展"幼儿综合教育课程";1985年,上海长宁区与愚园路第一幼儿园合作进行"幼儿综合性主题教育的实验";由学前教育家陈鹤琴先生研制的"中心制课程"单元教学,在阔别30年后,再度被南京鼓楼幼儿园采行。另外,南京师范大学幼儿园仍继续着学科课程研究,还出现了"综合艺术教育""STS科学、技术与社会"以及"特色课程"等,呈现了课程多元化的繁荣景象。20世纪80年代是幼儿园课程改革的起步阶段,这些幼儿园课程实验在理念上表现出非常高的一致性:在课程目标上,追求个性的全面发展和自我实现,强调能力的发展,注重幼儿情感性、操作性和创造性能力的培养;在课程内容上强调儿童的兴趣、经验;在课程实施过程上,强调教师与儿童合作以及活动形式;在课程组织结构上,强调整

---

① 田景正:《改革开放40年我国学前教育课程改革的考察》,《教育科学研究》2019年第5期,第60—65页。
② 虞永平、张帅:《从模仿借鉴到规范创新——新中国成立70年来幼儿园课程的发展》,《南京师大学报》(社会科学版)2019年第6期,第34—48页。

体性、综合性等。①"幼儿园课程冲破了分科课程模式,开始向综合化、整体化、多元化方向迈进。"②

20世纪90年代主要以原国家教委1989年颁布的《幼儿园工作规程(试行)》[以下简称《规程(试行)》]为标志,国家力量开始介入并主导幼儿园整体教育改革。《规程(试行)》是以传统教育观念的转变为核心的纲领性文件,充分体现了对儿童的理解和尊重,首次把"引导幼儿个性健康发展"提高到教育工作原则的高度上,并提出了"幼儿园教育活动"的概念,强调它是"有目的、有计划地引导幼儿主动活动的,多种形式的教育过程";首次规定幼儿园要"以游戏为基本活动""合理地综合组织各方面的教育内容,并渗透于幼儿一日生活的各项活动中,充分发挥各种教育手段的交互作用"③。《规程(试行)》的主要改革精神体现在以下方面:注重幼儿的身心全面发展;强调德、智、体、美各方面的相互渗透和有机结合;强调幼儿的主动活动,为幼儿发展提供充分的活动机会;强调游戏在幼儿教育中的重要作用;强调教育要注重幼儿的个体"发展适宜性",注意"因人施教";强调寓教育于幼儿园一日活动和环境中;强调幼儿园活动的过程。《规程(试行)》所倡导的课程和教学是一种包括幼儿园环境、一日生活的各种活动在内的"活动性课程",其主要成就是在观念层面上成功地将现代学前教育的基本理念植入了成千上万的幼儿教育实践者的头脑中。国家教委于1996年正式颁发《幼儿园工作规程》(以下简称《规程》),将上述《规程(试行)》的十章60条增至十章62条,④《规程》

---

① 刘小红:《中国百年幼儿园课程的价值审思:基于课程文本的分析》,西南师范大学出版社2015年版,第136页。

② 蒋雅俊:《新中国成立70年幼儿园课程的历史变迁》,《课程·教材·教法》2019年第6期,第48—55页。

③ 中国学前教育研究会:《中华人民共和国幼儿教育重要文献汇编》,北京师范大学出版社1999年版,第291页。

④ 具体修改之处有:第一,改变了试行版中"幼儿园是学校教育的预备阶段"的提法,明确"幼儿园是基础教育的有机组成部分,是学校教育制度的基础阶段",更强调其基础教育的属性。第二,将论述幼儿园双重任务的提法改为"为家长参加工作、学习提供便利条件"。第三,在总则中增加"尊重、爱护幼儿,严禁虐待、歧视、体罚和变相体罚、侮辱幼儿人格等损害幼儿身心健康的行为"。第四,在培养目标中增加培养"求知欲望";将"不怕困难"改为"克服困难";并将萌发幼儿初步的感受美和表现美的"情趣"改为"能力",使之更符合培育幼儿的需求。第五,将第八章"幼儿园与幼儿家庭"改为"幼儿园、家庭和社区",其中新增一条与社区相联系的内容,形成三方共育的环境。(参见何晓夏主编《简明中国学前教育史》,北京师范大学出版社2015年版,第366页。)

更加凸显了幼儿园的教育主体属性，确定了幼儿园在国民教育中的基础性地位；同时，不再使用"上课"等字眼，取而代之的是"活动""引导"，体现了课程观的转变。①

20世纪90年代末，我国逐渐形成综合课程、活动课程、游戏课程、发展能力课程、领域课程等多种课程模式②，幼儿园课程改革更具有广泛性和自觉性，广大教育理论研究者、幼儿教师、教研员、教育行政人员都积极参与到幼儿园课程改革和园本课程研究中来，形成了教育理论工作者和一线教师共同进行幼儿园课程研究的热潮。③

进入21世纪，为了进一步深化幼儿园教育改革，全面落实《规程》的要求，教育部于2001年颁发了《幼儿园教育指导纲要（试行）》（以下简称《纲要》）。《纲要》指出：

> 幼儿园是我国学校教育与终身教育的奠基阶段，城乡各类幼儿园应从实际出发，实施素质教育，为儿童一生发展打好基础。幼儿园应综合利用家庭、社区的各种教育资源，为儿童提供健康、丰富的生活和活动环境，使儿童在生活中获得有益于身心发展的经验。幼儿园教育应尊重儿童的人格和权利，尊重儿童身心发展的规律和学习特点，以游戏为基本活动，保教并重，关注个别差异，促进每个儿童富有个性的发展。

《纲要》在国家层面上对包括幼儿园课程与教学在内的幼儿园教育进行了指导，并突出强调：幼儿园教育应"以幼儿发展为本""尊重幼儿的人格和权利，尊重幼儿身心发展的规律和学习特点，以游戏为基本活动，保教并重，关注个别差异，促进每个幼儿富有个性的发展"；要以建构的过程来促进幼儿的学习与发展；幼儿园的课程要为幼儿提供整合的、情景

---

① 虞永平、张帅：《从模仿借鉴到规范创新——新中国成立70年来幼儿园课程的发展》，《南京师大学报》（社会科学版）2019年第6期，第34—48页。
② 蒋雅俊：《新中国成立70年幼儿园课程的历史变迁》，《课程·教材·教法》2019年第6期，第48—55页。
③ 庞丽娟主编：《中国教育改革30年·学前教育卷》，北京师范大学出版社2009年版，第132页。

化的、生活化的经验。

  《纲要》的颁布"充分体现了儿童本位的教育观念,即儿童的发展是幼儿教育的目的,幼儿教育应尊重儿童,满足儿童的发展需要,促进儿童身心可持续健康发展。"[1] 这为我国学前教育的深化改革提供了宏观上的指导,为幼儿园的课程和教学改革及发展指出了明确的方向,进一步激发了幼教工作者研究、开发课程的热情。各地以《纲要》精神为指针,开发了很多新课程和教材,诸如,幼儿园活动体验课程、幼儿园建构式课程、幼儿园综合教育课程主题活动、幼儿园行为课程,等等,推动了幼儿园课程和教学改革的进一步发展。《纲要》是《规程》的发展和深化,是《规程》实施十多年的成果结晶,它的实施"标志着中国大陆学前教育改革进入了一个新的阶段"。[2]

  2010 年以来,我国学前教育事业进入快速发展期,幼儿园课程改革迎来了新的历史契机。[3]《国家中长期教育改革和发展规划纲要(2010—2020年)》(以下简称《教育规划纲要》)明确提出要积极发展学前教育,促进学前教育事业的科学发展。《国务院关于当前发展学前教育的若干意见》(以下简称《若干意见》)明确规定,学前教育要"遵循幼儿身心发展规律,面向全体幼儿,关注个体差异,坚持以游戏为基本活动,保教结合,寓教于乐,促进幼儿健康成长"。为深入贯彻《教育规划纲要》,落实《若干意见》,帮助广大幼儿园教师和家长了解 3—6 岁幼儿学习与发展的基本规律和特点,全面提高科学保教水平,教育部于 2012 年颁布了《3—6 岁儿童学习与发展指南》(以下简称《指南》),在贯彻"终身教育"和"儿童是自主建构者"理念的同时,围绕儿童发展提出了细致的教育建议。[4]《指南》提出了新的"学习与发展"观,指出学习受发展的制约,同时学习又推动着发展;游戏是幼儿极有意义的学习过程和学习方式,幼儿生活

---

[1] 蒋雅俊:《新中国成立 70 年幼儿园课程的历史变迁》,《课程·教材·教法》2019 年第 6 期,第 48—55 页。
[2] 朱家雄主编:《中国视野下的学前教育》,华东师范大学出版社 2007 年版,第 24 页。
[3] 杜继纲等:《从编制到理解:我国幼儿园课程改革 40 年回顾与展望》,《学前教育研究》2019 年第 3 期,第 21—30 页。
[4] 杜继纲等:《从编制到理解:我国幼儿园课程改革 40 年回顾与展望》,《学前教育研究》2019 年第 3 期,第 21—30 页。

是其重要的学习途径；强调培养幼儿学习品质的重要性。[1]《指南》的颁布在我国学前教育领域具有里程碑式的意义。《指南》能最大限度地促进3—6岁儿童的学习与发展，为儿童进入小学做好准备，为儿童一生的可持续发展奠定基础，提高幼儿园教育质量，提升幼儿教师发展的专业素质和能力，引导全社会正确认识幼儿的学习与发展等。[2]

为了加强幼儿园的科学管理，规范办园行为，提高保育和教育质量，促进幼儿身心健康，教育部于2016年在颁布的新修订的《幼儿园工作规程》中，对幼儿园的任务、幼儿园保育与教育的主要目标、幼儿园教育的原则与要求等都进行了明确规定："让课程具有除'上课'以外的更多丰富内涵，体现了教是为了学，真正突破了教学以教师课堂和教材为中心的传统教学论体系，回归以儿童发展为中心。"[3] 为促进学前教育高质量发展，根据中共中央、国务院《关于学前教育深化改革规范发展的若干意见》和《深化新时代教育评价改革总体方案》的精神，教育部于2022年印发了《幼儿园保育教育质量评估指南》，提出要"坚持儿童为本。尊重幼儿年龄特点和成长规律，注重幼儿发展的整体性和连续性，坚持保教结合，以游戏为基本活动，有效促进幼儿身心健康发展"。

近四十年来，幼儿园课程和教学的研究和改革，使幼儿园的课程和教材产生了较大的变化：出现了从单一的课程模式向多元化课程模式发展的趋向；确立了以社会需要和以儿童发展为本，促进儿童身体、认知、社会、情感、技能协调发展的理念；改变了教师灌输式的教学方式，建立了以儿童为主体、教师为指导的教与学的关系，儿童成了主动的学习者；实现了以儿童活动为主要方法的教学原则和方法；意识到创设良好的环境与儿童相互作用，教师与儿童互动，儿童与同伴互动，在帮助儿童获得知识和社会性经验上的重要性。

---

[1] 田景正：《改革开放40年我国学前教育课程改革的考察》，《教育科学研究》2019年第5期，第60—65页。
[2] 李季湄、冯晓霞主编：《〈3—6岁儿童学习与发展指南〉解读》，人民教育出版社2013年版，第13—15页。
[3] 杜继纲等：《从编制到理解：我国幼儿园课程改革40年回顾与展望》，《学前教育研究》2019年第3期，第21—30页。

二　当代国内幼儿园课程与教学改革的关注点

自 20 世纪 80 年代开始的课程与教学改革还远未结束，进入 21 世纪，时代对于未来人才的要求，是当前我国学前教育面临的不可避免的挑战。在新时代，我国幼儿园课程与教学改革的关注点也有相应的变化，主要体现在以下几个方面。①

（一）幼儿园课程与教学中的学习与成长取向

目前，我国的学前教育仍然是学习取向的，而以卢梭为代表的近现代学前教育的立场却是支持成长取向的，因而中国学前教育需要革命性变革。所谓"学习取向"就是将学前教育还原为学前学习，"一旦把学前教育还原为学前学习，那么学前教育便会以'行为改变或改变的潜能'（即学前学习）为主要宗旨和指归，学前儿童的身心方面由'遗传、成熟所产生的行为变化'便会在教育过程中受到忽视"②。学前教育学习取向的宗旨是"改变"和塑造，"在学习取向里，学前教育往往会以牺牲儿童的成长和生活为代价。"③ 虽然学习是学前教育的主要任务之一，但并非学前教育首要的、最重要的、最迫切的任务。学前儿童正处于身心的发育成长过程中，处于整个儿童期的初始阶段，因而身心发育是学前期最重要的任务。正如卢梭所言："大自然希望儿童在长大以前就要像儿童的样子。如果我们打乱了这个次序，我们就会造成一些早熟的果实，它们长得既不丰满，也不甜美，而且很快就会腐烂，我们将造成一些年纪轻轻的博士和老态龙钟的儿童。"④ 学前教育的重心应当是保护和培植，培养儿童身体以及各种精神官能的发育成长，其最主要的目的应当是让儿童自然地生活和从容地学习，以便健康地成长。

因此，学前教育的重心应该是成长取向的，即学前教育要"以儿童的生活为教育的主要载体，以儿童的成长作为教育的主要目的和主要任务，学前学习仍然存在于生活取向的学前教育中，但是其地位和比重将取决于

---

① 邵小佩主编：《幼儿园课程与教学》，北京师范大学出版社 2015 年版，第 320—325 页。
② 刘晓东：《儿童文化与儿童教育》，教育科学出版社 2010 年版，第 268 页。
③ 刘晓东：《儿童文化与儿童教育》，第 270 页。
④ ［法］卢梭：《爱弥儿》，李平沤译，商务印书馆 1978 年版，第 91 页。

它对学前儿童的成长所发挥作用的程度和范围"①。"学前教育应当珍视儿童的世界、儿童的生活,学前教育的目的和任务应当是生活取向的、成长取向的,而不是学习取向的,学前教育应当是生活本位、成长本位的而不是学习本位的。"②但是,需要注意的是,学前教育是成长取向的,并不是说学前儿童就不能够或不可以学习,学前儿童是可以学习,而且应当学习,但学前教育的主要任务不应当以学习为主导方向,学前教育应当为学前儿童全方位表现自己的生活提供社会的和文化的条件。"学前教育的生活取向或成长取向不是完全抛弃学习取向的所有内容,而是对其加以'扬弃'。生活取向或成长取向并不反对学习,但反对学习取向,反对把学前教育的任务单纯看作学习或看作以学习为主。"③

(二) 幼儿园课程与教学的整合

自从 20 世纪末我国提出"改革课程体系和评价制度",尤其是《国务院关于基础教育改革全面推进素质教育的决定》提出"统整课程体系、结构、内容,建立新的基础教育课程体系"以来,课程整合已成为课程改革关注的主题。课程整合是一种课程设计理论,其本义是让学生经历整体连贯、有机联系的学习经验而更好地成"人"。课程整合既要把课程内容、教师结合起来,也要打破传统课程和教学习惯,沟通设计课程,拟订教学内容和目标,然后依照教师专长分配教学时间,师生合作学习,开展协同教学。④ 课程整合的首要价值在于"让学生进行有意义的深度学习,以建构主义为课程开发和设计的理论基础,通过将割裂的、碎片化的知识的整合,强调学生的真实的生活体验,建立知识与生活的联结,引导学生自主建构知识,形成有生命力的、个性化的'活化'知识,增进学生自主学习和活用知识的能力"⑤。

在 20 世纪 80 年代进行的课程与教学改革中,学前教育的理论工作者试图使幼儿园课程实现综合化,从而改变传统的分科课程的弊端,使幼儿园课程更加接近儿童的生活经验。但由于思想深处并未改变重结果的传

---

① 刘晓东:《儿童文化与儿童教育》,教育科学出版社 2010 年版,第 270 页。
② 刘晓东:《儿童文化与儿童教育》,第 266—267 页。
③ 刘晓东:《儿童文化与儿童教育》,第 267 页。
④ 李学书:《指向核心素养的课程整合》,福建教育出版社 2021 年版,第 51—52 页。
⑤ 李学书:《指向核心素养的课程整合》,第 48 页。

统，课程的设置仍然强调特定的目标，使所谓的综合课程变成了各学科的"大拼盘"，而以幼儿的经验来设计课程就成为一句口号。幼儿园整合性课程有利于通过综合化的形式实施幼儿园不同领域的课程，"有助于教师打破学科局限，在合作开发和设计课程过程中领略其他学科'风景'，增加合作意识，大大增加交流机会，实现课程创生，提高学生合作学习意识和能力，开拓专业视野，强化综合学习和终身学习"[1]。

与之相反的是，如若在将课程的各因素进行综合的过程中仍囿于考虑让大部分幼儿在同一时间达成某些预定目标，那么，即使课程整合得再好，也不可能达到真正关注每个幼儿的差距，注重教育的过程的目的。因为每个儿童都是独一无二的个体，很难有一种课程会使每个儿童在同一时间达到同一目标，同时又能满足每个幼儿的兴趣和需要。

（三）幼儿园课程与教学内容的来源

从幼儿园课程与教学内容的来源上看，主要包括"预设"和"生成"两类。"预设"，一般是指在教育教学活动前教师对幼儿可能经历的过程和自己所要达到的活动目标的预测或者假定。预设课程重视预先设计的方案或计划，其"最本质的特征是儿童的学习成为教师有特定意图的、指导的、控制的结果"[2]。而"生成"则是指在执行预设过程中的"变数"，通常是教师与幼儿在活动过程中因师生互动而随机产生的新的活动信息，从而根据新信息调整以前的预设。"传统知识取向的课程观下，幼儿园课程目标的设计基本上是预设的，缺乏生成性。不是目标去引领人的发展，而是人去努力迎合目标的达成。"[3] 那么，在日常教学过程中，二者孰轻孰重呢？生活课程强调在师生互动过程中，通过教师对幼儿的需要和感兴趣的事物的价值判断来调整课程，以促进幼儿更加有效地学习，课程的内容呈现出随机性、灵活性和生成性的特征。教师依据幼儿在活动中所表现出来的兴趣、问题和困惑，支持、帮助和引导他们研究、探索，是一个动态的师生共同学习、共同建构的过程。这样既能满足儿童当前的兴趣和需要，

---

[1] 李学书：《指向核心素养的课程整合》，福建教育出版社2021年版，第49页。
[2] 吴荔红：《幼儿园预设课程和生成课程的关系及其处理》，《教育评论》2003年第4期，第72—74页。
[3] 张娜：《生命价值取向下幼儿园课程目标的重构》，《教育研究与实验》2018年第1期，第78—82页。

也能促进儿童的长远发展。生活课程强调课程和活动的生成性，但绝非否定预设课程，而是要根据实际情况，将二者有机结合起来。"强调目标的过程取向及其生成性，并不是完全舍弃预设目标，而是要实现两者的辩证统一。"[1] 教育过程就是一个生成目标的过程。

未来幼儿教育改革的趋势是关怀幼儿的生命成长，尊重幼儿的体验和理解，提倡把学习的主动权"还"给幼儿。这一时代精神要求幼儿教育工作者必须用动态生成的观念重新认识教学，力争做到将个体发展的主动权"还"给幼儿，以求每位幼儿主动、充分、协调且富有个性化地发展。当然，教师在日常教学过程中，必然应当有预成性的活动、课程。但当儿童临时产生某种兴趣，遇到"不速之客"时，教师要尽力去指导，有时甚至可以把全部预定的设计改变，而不是要求幼儿调整自己以适应某一特定课程。只有这样，才能最大限度地激发幼儿的潜能，促进幼儿的发展。

（四）幼儿园课程与教学中的游戏

游戏对幼儿发展的价值不言而喻，"任何形式的心理活动最初总是在游戏中进行的"[2]。游戏是幼儿生活与身心发展的需要，是幼儿园课程与中小学课程的主要区别，游戏本就是幼儿探索学习的过程，应从游戏的视角出发整合幼儿园课程。[3] 20 世纪 80 年代以来，我国的幼儿园课程与教学改革比以往任何时候都更加注重游戏在课程与教学中的地位。在教育理念上，学前教育工作者意识到了游戏对幼儿教育的重要作用，在教育实践中也将游戏作为幼儿园的"基本"活动，这对于改变传统的以赫尔巴特为代表的教学观是有益的。但是应当看到，不少学前教育工作者由于对游戏理论认知的缺乏，造成了游戏的泛化甚至异化，游戏与课程还处于"分离平行"的状态，广大幼儿教师在思想深处仍然恪守着"重视教学活动（上课）的发展价值，轻视或忽视游戏学习发展价值"的倾向。[4] 霍弗尔兹（Hofferth）和桑德伯格（Sandberg）研究发现，1981 年至 1997 年，儿童自

---

[1] 张娜：《生命价值取向下幼儿园课程目标的重构》，《教育研究与实验》2018 年第 1 期，第 78—82 页。
[2] ［瑞士］皮亚杰：《儿童的心理发展》，傅统先译，山东教育出版社 1982 年版，第 92 页。
[3] 王春燕、陈倩巧：《游戏整合幼儿园课程的可能性与策略》，《学前教育研究》2008 年第 7 期，第 45—48 页。
[4] 王春燕、陈倩巧：《游戏整合幼儿园课程的可能性与策略》，《学前教育研究》2008 年第 7 期，第 45—48 页。

由游戏的时间减少了25%，结构性游戏和成人指导性活动时间的增长与此有因果联系。斯卡尔（Skar）和克罗赫（Krogh）的担忧更甚，他们指出，在竞争日益激烈的物质世界中，游戏通常被认为是不务正业的行为，是一种对时间的浪费。克莱门茨（Clements）的研究显示，与上一代相比，这一代儿童日常户外游戏的频率下降了39%。英国2—11岁儿童在教育情境中进行户外游戏的频率也下降得很明显。①

从性质上看，游戏与教学是两种不同的活动，它们对儿童的发展和教育具有不同的价值。但是在幼儿园教育实践中，游戏与教学又以极为复杂的方式结合在一起，往往难以区分。游戏和教学的概念常常被混淆，教学原本应承担的任务悄悄地被游戏所替代②，导致出现"会教的教师不会教了，不会教的教师更逍遥了"等局面。③ 游戏虽然与课程、教学以及儿童本身存在关联，但也并非没有界限。④ 对游戏概念的泛化不仅会带来思想上的混乱，而且会影响教育实践的开展，游戏与教学既有内在联系又各自独立，游戏与教学是学前教育中两种不同的活动，承担着不同的责任。⑤ 因此，为"游戏"正名，其目的是避免将游戏和教学混为一谈，并在课程与教学改革中正确处理好二者之间的关系。

事实上，游戏本身就是课程，而不仅仅是课程实施的手段或者途径，但对游戏作为课程存在方式的研究还远远不够⑥，游戏作为教育工具的价值尚未被所有文化接受。⑦ 承认幼儿基于游戏的学习是"以人为本"的教育和高品质学习的主动选择。游戏是属于幼儿的，幼儿是游戏的真正主人。⑧"游戏的儿童视角意味着倾听、理解并尊重儿童的想法，根据儿童的

---

① ［澳］朱莉·M. 戴维斯主编：《幼儿与环境：致力于可持续发展的早期教育》，孙璐等译，南京师范大学出版社2018年版，第42页。
② 朱家雄：《幼儿园课程》，华东师范大学出版社2012年版，第56页。
③ 朱家雄：《幼儿园课程的一个基本问题：游戏与教学的关系：玩与教的两难》（一），《幼儿教育》（教育科学）2014年第Z1期，第4—5页。
④ 黎勇：《幼儿园课程的游戏转向及其实践限度》，《教育理论与实践》2020年第23期，第42—45页。
⑤ 侯莉敏、罗兰兰：《从"立场彰显"向"科学发展"迈进：我国幼儿园课程实践的十年变迁》，《学前教育研究》2022年第1期，第1—9页。
⑥ 彭茜：《幼儿园游戏课程存在方式的生态学分析》，《教育研究》2021年第12期，第71—80页。
⑦ 珍妮特·莫伊蕾斯等：《游戏的卓越性》，北京师范大学出版社2010年版，第29页。
⑧ 钱琴：《幼儿游戏新变革》，《人民教育》2021年第12期，第77—78页。

需要帮助儿童掌控游戏的过程,提高其行使游戏权利的能力,实现师生游戏权利的共享与平衡。"① 幼儿园应保证幼儿充分的游戏时间,合理选择并提供充足、多样化的游戏材料,创设儿童充分活动的游戏环境,确认教师在游戏中的角色,将游戏与幼儿园课程与教学进行深度融合。

(五)幼儿园课程与教学活动中的师幼关系

师幼关系是一种相对稳定持久的关系状态,不仅对幼儿当前的社会适应和身心发展具有明显的直接影响②,而且作为中介调节着其他因素对幼儿的影响③,还会持续影响幼儿进入小学后的学校适应与学业表现。④ "优秀的教学只有在教师与学生建立起良好的教育学关系的情境下才能发生。"⑤ 国际研究证实,教育过程质量是幼儿园保教质量的关键因素,而师幼互动质量又在很大程度上决定着保教过程质量⑥,师幼互动质量是幼儿园教育质量的核心。但从现有研究者的调查结果来看,师幼关系并不乐观,疏离型是当前师幼关系的主要表现类型,教师的冷漠与教育不作为,正广泛、消极地影响着幼儿的发展⑦;我国的师幼互动中存在着关怀缺失和关怀错位的问题⑧,师幼互动质量整体水平偏低,均未达到良好水平⑨;教师对幼儿的积极情感支持不足,"社交对话"缺乏⑩;控制—服从型是主

---

① 彭茜:《幼儿园游戏化课程的理论与实践》,广东高等教育出版社2018年版,第28—29页。
② L. Laura, T. Brock, W. Curby, "Emotional Support Consistency and Teacher-child Relationships Forecast Social Competence and Problem Behaviors in Prekindergarten and Kindergarten," *Early Education and Development*, 2014 (25): 661–680.
③ F. Tiago, et al., "Preschool Children's Prosocial Behavior: The Role of Mother-child, Father-child and Teacher-child Relationships," *Journal of Child and Family Studies*, 2016 (25): 1829–1839.
④ R. C. Pianta, M. S. Steinberg, K. B. Rollins, "The First Two Years of School: Teacher-child Relationships and Reflections in Children's Classroom Adjustment," *Development and Psychopathology*, 1995 (7): 295–312.
⑤ [加]马克斯·范梅南:《教育的情调》,李树英译,教育科学出版社2022年版,第158页。
⑥ 刘占兰:《〈幼儿园保育教育质量评估指南〉引领学前教育踏上质量提升新征程》,《上海托幼》2022年第4期,第10—12页。
⑦ 冯婉桢、蒋杭柯、洪潇楠:《师幼关系类型及其影响因素分析》,《学前教育研究》2018年第9期,第50—60页。
⑧ 陈蓉晖、于小青、夏晶伊:《幼儿园教师关怀的现实样态与发展策略》,《学前教育研究》2015年第4期,第52—57页。
⑨ 秦金亮等:《不同办园体制幼儿园的师幼互动质量分析》,《教育研究与实验》2017年第1期,第25—29页。
⑩ 韩春红:《上海市二级幼儿园师幼互动质量研究》,博士学位论文,华东师范大学,2015年,第147页。

导的师幼互动类型,教师在师幼互动中表现出高度的控制性。①

近年来,随着幼儿园课程的改革与发展,教学领域发生了很大改变,教学从儿童被动的接受观向主动发现观转变。但由于长期受苏联及传统教学观念的影响,我国幼儿园课程与教学活动更多的还是一种师生授受活动。而师幼之间只有形成了一种很好的互动及对话关系,这样的课程教学才是完整意义上的教学,是师幼之间心灵的交流,才能使教学真正具有教育意义。幼儿教育的特点尤其是它的教育对象——幼儿——的特点,决定了幼儿教育过程中幼儿与教师的关系有其自身的特点。幼儿的身心发展水平和身心发展的特殊需要,决定了教师要满足幼儿生理的需要、安全的需要、爱的需要等。教师在幼教机构中应当成为父母的替代者,应当与幼儿建立起一种高质量的依恋关系,一种类亲子关系。②"幼师在教育活动中,必须重新审视自己和幼儿的关系,坚决抛弃主客体的'我—它'关系,树立互为主体的'我—你'关系,回归幼儿在教育中的主体角色,突出幼儿教育的人性和人为性,体现幼儿教育的人文精神和人本意识。"③教师需充分认识到高质量的师幼关系对幼儿发展的重要意义,增加师幼互动的比例,建立多向的师幼相互作用模式④,将形成积极的师幼关系作为幼儿园管理的核心工作,给教师以正确的理念引领、必要的制度约束和有效的行为指导,进一步减少师幼冲突,增加师幼亲密度,切实有效地帮助教师改善师幼关系,全面提升幼儿园师幼关系质量。⑤

三 国内幼儿园课程方案

（一）陈鹤琴的"五指活动"课程

陈鹤琴1892年出生于浙江省上虞县百官镇,早年毕业于清华大学,后

---

① 黄娟娟:《师幼互动类型及成因的社会学分析研究——基于上海50所幼儿园活动中师幼互动的观察分析》,《教育研究》2009年第7期,第81—86页。
② 刘晓东:《儿童教育新论》,江苏教育出版社2008年版,第132页。
③ 王彦峰、王瑶筠:《幼儿园教师的师幼观:新时代的三个转向》,《湖南师范大学教育科学学报》2019年第4期,第59—64页。
④ 黄娟娟:《师幼互动类型及成因的社会学分析研究——基于上海50所幼儿园活动中师幼互动的观察分析》,《教育研究》2009年第7期,第81—86页。
⑤ 冯婉桢、蒋杭柯、洪潇楠:《师幼关系类型及其影响因素分析》,《学前教育研究》2018年第9期,第50—60页。

赴美留学五年，1919年获得哥伦比亚大学硕士学位。五四运动期间回国后，最初任南京高等师范学校教授。在东南大学成立后，任教授兼教务主任。在此期间，他致力于研究儿童心理学、家庭教育学和幼儿教育学。1923年，他在南京创办了鼓楼幼儿园，作为理论研究的实验基地。陈鹤琴自1940年在江西办幼师时开始提出"活教育"思想。经过几年的教育实践，直到1947年他在上海逐步整理出"活教育"的思想体系，包括三大纲领，即目的论、课程论、方法论。

1. 课程目标

陈鹤琴认为，课程是为目的服务的，而确定目的，首先要确立儿童是主体的思想。教育者应先了解儿童，才能明确对他们的进步程度抱有何种期望。他提出，儿童、教师和教材是教育的三大要素，并将幼稚园教育的目标归结为做人、身体、智力、情绪四个方面。在引导儿童做人方面，他强调要培养儿童具有合作服务的精神和同情心，以及诚实、礼貌等其他品质。在身体方面，他认为主要是训练儿童养成各种培养强健体格的习惯，培养儿童一定程度的运动技能。在智力方面，他主张应以丰富儿童的直接经验为主，让儿童充分接触自然和社会，引导儿童对日常事物产生好奇心并做穷究。在情绪方面，陈鹤琴指出，除了要让儿童养成乐于欣赏、快乐等积极情绪外，还要帮助儿童克服发脾气、撒娇、惧怕等不良性格。[1]

2. 课程内容

陈鹤琴在其"活教育"思想体系中，提出了"大自然、大社会，是我们的活教材"。他认为，只有大自然、大社会，才是知识的真正来源，是儿童学习的活教材。"活教育"就是要把儿童培养成"现代中国人"。因此，"必须以儿童现有的生活经验为依据，扩大和丰富儿童对自然和社会的认识和理解，而大自然、大社会提供给儿童的知识是最为生动的、直观的和鲜明的，没有人为的扭曲，切合儿童的生活实际，能激发儿童的兴趣，容易被儿童所接受和理解"[2]。

陈鹤琴一贯倡导"活教材"的观点，打破了按学科编制幼稚园课程的传统方式，以大自然、大社会为中心选择和组织课程的内容，并要求课程

---

[1] 朱家雄：《幼儿园课程的理论与实践》，华东师范大学出版社2010年版，第220页。

[2] 朱家雄：《幼儿园课程的理论与实践》，第220页。

的内容要与幼儿的实际生活相结合，形成他的"五指活动"课程。"五指活动"的五个方面指的是：第一，健康活动，包括饮食、睡眠、早操、游戏、户外活动、散步等。第二，社会活动，包括朝夕会、周会、纪念日集会、每天的谈话及政治常识等。第三，科学活动，包括栽培植物、饲养动物、研究自然、认识环境等。第四，艺术活动，包括音乐（唱歌、节奏、欣赏）、图画、手工等。第五，语文活动，包括故事、儿歌、谜语、读法等。陈鹤琴指出："幼稚园的课程全部包括在五指活动中，并采用单元制，各项活动都围绕着单元进行教学。"[①]

陈鹤琴认为，虽然这五种活动是分离的，但是它们就像人的五个手指一样，构成了具有整体功能的手掌，幼稚园课程的全部内容都被包括在这五种活动之中。五个方面的课程相互联系、相互影响，而又各具特色，在独立中蕴含着整体性。因为儿童的生活是整个的，因此，课程内容互相连接为整体，而不是分裂的。

3. 课程应实施"整个教学法"

陈鹤琴不主张幼儿园分科教学，认为分科教学是模仿大学的。大学生学习程度高、知识深，非分科不可，而幼稚园的分科教学是四分五裂、杂乱无章的，是违反儿童的生活和心理的。他提倡的"整个教学法，就是把儿童所应该学的东西整个地、有系统地去教儿童学"[②]，因为儿童生活是整个的，教材也必然是整个的，是互相连接的，是不能四分五裂的。他主张最好由一位教师去教，以体现整体性，而不致割裂。[③]

4. 课程的实施方法

在课程的实施方面，陈鹤琴强调"做中教、做中学"的基本方法，为的是确立儿童在教学活动中的主体地位。陈鹤琴说："凡是儿童自己能够做的，就应该让儿童自己做。""凡是儿童自己能够想的，应该让儿童自己想。""你要儿童怎样做，就应当教儿童怎样学。"陈鹤琴强调"做"，为

---

① 北京市教育科学研究所编：《陈鹤琴全集》（第 2 卷），江苏教育出版社 1989 年版，第 613 页。
② 北京市教育科学研究所编：《陈鹤琴全集》（第 3 卷），江苏教育出版社 1989 年版，第 224 页。
③ 唐淑主编：《学前教育史》，人民教育出版社 2009 年版，第 175—176 页。

的是强调儿童的直接经验。①

5. 课程应当有考查儿童成绩的标准

陈鹤琴认为，要回答幼稚园应当教什么，幼稚生应当做什么，应当做到什么地步，程度怎样的问题，非得有种种标准不可。他说："考查品行，应当有品行的标准；甄别习惯，应当有习惯标准；检验技能，应当有技能标准；测验知识，应当有知识标准。"②知道了幼稚生的成绩，就可以施行相对的教育，扬长补短，促进儿童的发展。为此，陈鹤琴等编制了《幼稚生应有的习惯和技能表》，计185项，开创了我国幼稚园教育的评估工作。③

陈鹤琴是中国现代著名教育家，是中国化、科学化的奠基人。他的"五指活动"课程是在对西方进步主义教育思想批判继承的基础之上，根据中国当时的具体国情提出来的。这是他在深入理解科学、儿童与教育、中国社会与文化的基础上，为当时的中国幼稚园创编的课程。陈鹤琴的课程设计有明确的目标、生动的教育内容、整体的组织结构、多样的活动方式和方法，并有一定的评估测验标准，具有具体性、综合性和活动性。这种以儿童的生活、经验、活动为中心的课程，基本上属于活动课程模式。④陈鹤琴的思想、观点和方法，对我国20世纪50年代以来甚至现阶段的幼儿园课程的编制和改革有着重要的借鉴和指导意义。当然，"五指活动"课程在实践上仍然比较注重教材，而对幼儿重视程度不够的做法，也是我们在借鉴时应当注意的。

（二）张雪门的"行为课程"

张雪门，浙江人，我国著名的学前教育专家。其幼年时在私塾熟读《四书》《五经》，后毕业于浙江省第四中学（现宁波中学）。1912年担任私立星萌小学校长，1918年，他与几个朋友创立了星萌幼稚园，这是宁波第一所由中国人自办的幼稚园，他任校长。自此，开启了其一生专注于幼稚教育的研究历程，并于20世纪30年代同陈鹤琴一起被称为教育界的

---

① 朱家雄：《幼儿园课程的理论与实践》，华东师范大学出版社2010年版，第220页。
② 北京市教育科学研究所编：《陈鹤琴全集》（第3卷），江苏教育出版社1989年版，第124页。
③ 唐淑主编：《学前教育史》，人民教育出版社2009年版，第176页。
④ 唐淑主编：《学前教育史》，第176—177页。

"南陈北张"。

张雪门的课程论思想主要集中体现在他的"行为课程"理论当中。张雪门明确提出"行为课程"的概念是在1966年出版的《增订幼稚园行为课程》一书中。该书指出:"生活就是教育,五六岁的孩子们在幼稚园生活的实践,就是行为课程。"① 他认为,这种课程"完全根据于生活,它从生活而来,从生活而开展,也从生活而结束,不像一般的完全限于教材的活动"②。它首先应注意的是实际行为,凡扫地、抹桌、熬糖、吃爆米花以及养鸡、养蚕、种玉蜀黍和各种小花等,能够让幼儿实际行动的,都应该让他们去做。因为"从行动中所得的知识,才是真实的知识;从行动中所发生的困难,才是真实的问题;从行动中所获得的胜利,才是真实的制驭环境的能力"③。同时,幼儿只有通过这种实际行为,才能使个体与环境接触,从而产生直接经验,这种经验也可以说是人生的基本经验。他还特别说明:"幼童一定先有了直接经验,然后才可以补充想象。"④

1. 课程的目标

张雪门提出:"幼稚园课程的目的,孩子们的旧观念,以引起其新观念,更谋其旧经验的打破,新经验的建设。"⑤ 他认为,课程固然要注意到社会生活的意义,但绝不可凭成人的主观意见。"儿童所反映的是他们自己环境里的社会,但绝不是成人的社会。"⑥ 因此,幼儿时期满足个体的需要更重于满足社会的需要。幼稚园课程的目标就是满足儿童身心的需求,养成儿童扩充经验的方法与习惯,培养其生活的能力和意识,从而使幼儿的身心获得全面的发展。

2. 课程的内容

课程内容的选择与组织,是课程编制过程中的一项基本工作。张雪门将其行为课程的内容表述为"教材",但从其实质来看,与传统的教材概念大相径庭。他反对把教材当作科目,认为手工、言语、文学、音乐、算

---

① 张雪门:《增订幼稚园行为课程》,台湾书店1966年版,第1页。
② 张雪门:《增订幼稚园行为课程》,第1页。
③ 何晓夏主编:《简明中国教育史》,北京师范大学出版社1990年版,第252页。
④ 何晓夏主编:《简明中国教育史》,第252页。
⑤ 戴自俺主编:《张雪门幼儿教育文集》(上卷),北京少年儿童出版社1994年版,第128页。
⑥ 戴自俺主编:《张雪门幼儿教育文集》(上卷),第128页。

术只是教材的种类，是成人为研究的便利而划分的，它们只是儿童的反应动作在幼稚园课程上的名称。针对一些幼稚园课程以教材为中心的情况，他指出：

> 教材不论是现成的，不论是创造的，其唯一的目的，实为充实儿童的生活，绝非灌注儿童的熟料。因教材的目的在充实儿童的生活，所以对儿童是活动而非知识。虽然活动里面未始不含有知识，但决不是特殊地抽出来的死知识，且教材在儿童生活上的功能，是一种开始，而不是结果，若将教材当一种生活的结果，那儿童便可看作一种空的东西待容纳了教材才能显出生活的功能；这一种生活即使实现，也不过是机械的反应罢了，在人身上有什么价值！又生活是流动的，所以教材的本体更应是现在，不是因袭！①

基于这种认识，张雪门提出了自己的观点："幼稚园教材是一般在幼稚园的时候儿童生活的经验。"②"教材的范围很大，并不限于一首歌，一件手工，凡儿童从家到校，从校到家，在家庭、道路、幼稚园所受到的刺激，能够引起儿童生活的要求，扩充儿童生活的经验，潜移儿童生活的意识的都是"③。张雪门认为，这种生活经验一是从个体本身发展而得；二是和自然环境相接触而得；三是从社会环境交际而得。根据这一认识，他将课程内容具体分为三个方面：第一，"儿童自发的诸般活动"，即儿童自身发展中所进行的一些活动，如呼吸、攀登运动等。第二，"儿童的自然环境"，包括儿童周围生活中的一切有关自然界的事物与知识，如园中的小动物、植物、旅行，儿童对各种自然现象的认识。第三，"儿童的社会环境"，即与儿童现在的生活和未来生活相关的社会生活知识，如家庭、临近的地方、各种活动等。④

对于选择合适的教材，张雪门又提出了以下五条标准：第一，"应合

---

① 戴自俺主编：《张雪门幼儿教育文集》（上卷），北京少年儿童出版社1994年版，第394—395页。
② 戴自俺主编：《张雪门幼儿教育文集》（上卷），第404页。
③ 戴自俺主编：《张雪门幼儿教育文集》（上卷），第391页。
④ 唐淑主编：《学前教育史》，人民教育出版社2009年版，第130—131页。

于儿童的需要"。张雪门从对儿童生理、心理特点的研究出发，指出幼稚园阶段的儿童有很强的模仿心、好奇心和游戏心，喜欢模仿成人所做的事情。动植物的生长、天气的变化都易引起他们寻求新经验的欲望，所以，把这些材料编入课程，一定能满足儿童的兴趣。第二"应顾到社会生活的意义"。张雪门认为，社会上有许多生活必需的东西，不是一个人生来就具备的，要想适应社会生活，就不能不认识。譬如，文字和数的观点、穿衣的技能、饮食风俗等，都应是课程内容的一部分。第三，"应在儿童自己的环境里搜集材料"。张雪门反对当时抄袭外国或单凭成人的主观意见编制课程内容的做法，认为"儿童所能反应的，是他自己环境里的社会"①。要求从儿童周围的家庭、社会、自然环境中搜集合乎我国的材料。第四，"应顾到社会生活的需要"。张雪门从教育的长远发展考虑，要求课程内容的选择既要注重现实的环境，同时又能有利于社会的发展。第五，"上面所述还没有道及的一切冲动、习惯、态度"。张雪门指出，儿童在日常生活中所产生的兴趣、感情和动作的冲动，虽然是暂时的，但如果有利于儿童的发展，并能适应环境的需要，教师就应抓住这种动机，选择相应的内容，使儿童有满足练习的机会。②

3. 课程的编制

张雪门认为，幼稚园课程应密切联系幼儿生活经验，适合儿童的发展。据此，张雪门确定了以下一些幼稚园课程编制的原则：一是整体性原则。张雪门认为，幼稚园课程应打破学科界限，让各种科目都变成幼儿整体生活的一面，构成一种具体的整个活动。二是偏重直接经验原则。张雪门认为，直接经验具有生动、切实的特点，与间接经验相比，显得零碎和低层次。中小学课程多偏重于间接经验的传递，而幼儿园课程应以直接经验为主。三是偏重个体发展原则。张雪门认为，教育既要适合儿童身心发展的需要，也要培养儿童成为符合社会需要的人，而在幼稚园阶段，教育则应偏重个体发展。③

4. 课程的实施方法

课程实施是把课程计划付诸实践的过程，是达到预期的课程目标的基

---

① 戴自俺主编：《张雪门幼儿教育文集》（上卷），北京少年儿童出版社1994年版，第127页。
② 唐淑主编：《学前教育史》，人民教育出版社2009年版，第131—132页。
③ 朱家雄：《幼儿园课程的理论与实践》，华东师范大学出版社2010年版，第223页。

本途径。张雪门主张"将自然生长的原则应用到课程的实行上""课程如何实行只需看人类是如何生长"。为此,他提出了实施行为课程的重要原则:第一,课程固由于自然的行为,却须经过人工的精选;第二,课程固由于劳动的行为,却须得在劳动上劳心;第三,课程固由于儿童生活中取材,但须有远大的客观标准。

为了保证课程实施的效果,张雪门借鉴了美国设计教学法的基本思想。他指出:"行为课程和设计教学原本是两回事……因为行为有好坏的区别……但在学校里所谓的教育,只许好不许坏。因之,我就不能不替行为课程找一个有价值的教学法当作过程,我就找了设计教学法。……于是,谈行为便得谈设计,谈设计也便得连带了行为,再也不能分离,也不许再分离。"张雪门经过多年的实验,在不断改进后,确定运用设计教学法来拟订周详的行为课程计划,其中包括单元计划和教学活动计划,并认为它们是保证学习效果,实施行为课程最重要的工作。单元计划的内容包括下列五项。①

第一,动机。张雪门认为,在课程的实施中应把激发儿童的学习动机放在首位。他指出,动机不外乎两种:第一种是由于内心的需求;第二种是由于外界的刺激。例如,由春季旅行引起移种野花,由移种野花而引起开辟花园,由垦地发现小虫(如蚯蚓)而引起研究昆虫的兴趣。张雪门认为,这一串链子,一环跟着一环地不断套下去,在完整的活动中使儿童获得完整的生活经验。在动机引起之后,张雪门要求在决定目的之前应该"有一种环境的估量",它包括两个方面:主观上应估量教师自己的技术,客观上应估量学生的多少、普遍的能力、时令的情况、经济的可能。如果环境的缺点太多,而且无法补救,虽然有了动机,也只能放弃,不能作为活动的中心。②

第二,目的。所谓目的,在张雪门看来,主要是指教师企图使幼儿在这行为中所获得的教学效果,而不是幼儿自己学习的目的。从目的的内容来看,涉及所获得的知识、技能、态度与习惯等价值方面的要求。他认为,教师只有确定了教学的目的后,才能按一定的标准和步骤有效地指导

---

① 唐淑主编:《学前教育史》,人民教育出版社2009年版,第132—133页。
② 唐淑主编:《学前教育史》,第133页。

幼儿园课程与教学论纲

幼儿在课程中的实践行为。①

第三,活动。为了达到教学的目的,张雪门认为,必须认真地设计活动的要领、参加的人数、活动的时间及地点等。诸如人数地点和时间如何分配,整个活动从横面上估计,应分多少部;若从纵面上估计,更应该有多少段。这些部和段,他称之为动作的要点,行为课程的组织有了这些要点,才不会松散。②

第四,活动过程。张雪门指出:"活动如何开始?如何展开?如何结束?在组织课程时,是一种极重要的估量。"③ 在上面我们提到纵面上的段,在张雪门看来,只是行动的要点,而缺乏具体的内容,所以必须拟订具体的活动过程,作为教师指导的依据。他将行为课程分为工作、游戏、音乐、故事、常识、算术等科目。他要求根据所拟的学习单元选取相应的各科教材进行设计,并适当配合幼儿实际行为能力的发展,自然地融合在幼儿生活中。张雪门指出:"行为课程可以包括各科设计过程,但各科设计过程决不能包括行为的整个课程。"④ 在《幼稚园教材教法》一书中,他对各科目的性质、教学目标、内容类别、选择标准、指导方法等进行了详细的论述,以保证各科教学设计的顺利展开。⑤

第五,工具及材料。张雪门认为,行为不是机械的,所以根据固有的各种科目拟订的工具和材料应是可变的,而且仅仅用来辅助单元的学习活动。他强调准备的材料和工具要充分,使幼儿行为的展开遵循一定的线索,同时在线索的范围内,力求满足幼儿动作上的需求。⑥

在张雪门的行为课程中,"行为"与"做""活动"是同一意思,张雪门强调的是让儿童"在做中学"。在行为课程中,教师要对儿童围绕的主题活动进行适当的帮助和指导,将儿童的活动纳入计划的轨道中来。其中,教师的指导包括计划的指导:根据儿童活动的具体情况适当调整预定计划;知识的指导:针对儿童在活动中表现出来的薄弱知识环节进行指

---

① 唐淑主编:《学前教育史》,人民教育出版社2009年版,第133页。
② 唐淑主编:《学前教育史》,人民教育出版社2009年版,第133—134页。
③ 戴自俺主编:《张雪门幼儿教育文集》(下卷),北京少年儿童出版社1994年版,第1095页。
④ 戴自俺主编:《张雪门幼儿教育文集》(下卷),第1095页。
⑤ 唐淑主编:《学前教育史》,第134页。
⑥ 唐淑主编:《学前教育史》,第134页。

导；技能指导：运用暗示、鼓励和示范的方式对儿童进行技能的指导；兴趣指导：帮助激励儿童的兴趣，能够遇到的困难，使其体会到成功的喜悦；习惯的指导：采取正面引导及榜样的作用规范儿童的行为习惯；态度的指导：帮助儿童养成正确对待自己缺点与别人优点的态度，等等。①

作为我国现代著名幼儿教育专家，张雪门对幼儿教育的影响遍及北方各省，行为课程是其一生实践与智慧的结晶，行为课程的基本思想就是"生活即教育""行为即课程"，这是对当时幼稚教育普遍存在的教育与儿童的实际生活相脱节现象的批判与反思，充分体现了教育生活化，生活教育化的思想。行为课程开创了当时幼稚园教育的新模式，对目前我国幼儿园课程与教学改革同样具有一定的启示和借鉴意义。

四　国内幼儿园课程与教学改革的走向

20世纪80年代开始的课程与教学改革正方兴未艾，进入21世纪，时代对于未来人才的要求，是当前我国学前教育面临的不可避免的挑战。在新时代，我国幼儿园课程与教学改革的步伐还将继续前行，在此背景下，我国幼儿园课程与教学改革的走向主要体现在以下几个方面。②

（一）课程与教学管理的多元化与自主化

我国幼儿园课程与教学的管理已经并且将会继续朝着多元化和自主化的方向发展，这种趋势主要基于以下几方面的原因：第一，全球化的趋势和教育的多元化发展方向，影响着面向未来、面向世界、面向现代化的幼儿园课程与教学在管理层面上走向多元化和自主化的方向。第二，中国地域广袤，经济和文化发展不平衡等现实情况决定了教育资源的不均匀，要实施全国范围内课程的统一性和标准化不切实际。第三，国家课程改革的基本导向强调儿童的兴趣和需要，让每一个幼儿都获得相应的发展，只有多元化和自主化课程与教学才能保证这一目标的实现。我国教育部在2001年颁布的《幼儿园教育指导纲要（试行）》中就规定了各地方幼儿园要在遵循总体的教育目标、教育内容和实施原则的基础上，根据自己的实际情况确定课程与教学内容。

---

① 朱家雄：《幼儿园课程的理论与实践》，华东师范大学出版社2010年版，第223页。
② 邵小佩主编：《幼儿园课程与教学》，北京师范大学出版社2015年版，第325—326页。

（二）课程与教学改革的立足点更多地放在儿童身上

在充分考虑我国当前社会文化背景和知识特点的前提下，我国幼儿园课程与教学不仅在理念上，而且实践中也越来越关注儿童自身的发展特点与需要，尊重儿童活动的权益，关注儿童活动的过程，关注每一个儿童在原有水平上的发展。

人是教育的出发点，也是教育的归宿。学前教育的本真是如何呵护儿童、发展儿童、完善儿童，其出发点和落脚点是学前儿童，其根本宗旨和终极关怀是让儿童成"人"[1]。儿童有着"儿童大纲"，儿童具有独立的不同于成人的生活与世界。[2] 教育的成功与否，取决于"教师大纲"与"儿童大纲"的适应程度。[3] 但当前我国幼儿园课程改革面临着困难，表现为"教师对'教师大纲'过分依赖，偏离了'儿童大纲'。将幼儿园课程片面理解为教师单方面的行为，将注意力放在课程预设方案的设计与实施的流程以及预设方案是否真实执行方案，忽视了儿童内在的兴趣和需要"[4]。"将立足点更多地放在儿童身上"不能仅仅停留在理念层面，在实践中也需渐渐地发生根本性变化。教育工作者要逐渐将注意力转向处理好儿童生成的任务和教师预定的任务之间的关系。"教师理应关注儿童动态发展的过程，创设鲜活的、儿童感兴趣的情境，支持儿童在师幼互动的深度学习中实现个体经验的意义建构。"[5] 注意识别和充分满足幼儿智能发展不均衡所导致的个体差异。注意灵活运用幼儿自身发展的纵向指标而非仅仅依据幼儿之间的横向评价指标来给出判断……在此基础之上，一些能适合中国社会文化背景又有利于儿童发展的课程以及教学方案必然会不断涌现。

---

[1] 王彦峰：《区域学前教育均衡发展：概念释义、问题归因与实现路径》，《湖南师范大学教育科学学报》2015 年第 6 期，第 91—96 页。

[2] 刘晓东：《儿童是什么——儿童"所是"之多维描述》，《湖南师范大学教育科学学报》2020 年第 4 期，第 20—34 页。

[3] A. Stetsenko, *The Transformative Mind*: Expanding Vygotsky's Approach to Development and Education, New York: Cambridge University Press, 2016, p. 87.

[4] 杨莉君、曾晓：《幼儿园课程的逻辑：从"教师大纲"向"儿童大纲"转向》，《教师教育研究》2020 年第 5 期，第 104—109 页。

[5] 杨莉君、曾晓：《幼儿园课程的逻辑：从"教师大纲"向"儿童大纲"转向》，《教师教育研究》2020 年第 5 期，第 104—109 页。

(三）婴幼儿课程与教学的一体化发展

婴幼儿课程与教学的一体化既是对"学前教育"本义的回归，又是对当代学前教育发展趋势的回应。就学前教育的本义来看，它不仅包含对3—6 岁儿童的幼儿教育，还包含对 0—3 岁的婴儿教育。当前，世界上很多国家对 0—6 岁婴幼儿早期教育都比较重视，并通过颁布法律法规的形式对其予以明确保障。韩国政府把婴幼儿教育作为国家公益事业，其早期教育在世界上处于领先地位。1952 年，韩国政府在颁发的《后生设施纲要》中指出："托儿所是受孩子家长委托，保护需要参加工作的父母之子女，对其进行临时或特定时间保育的福祉设施。"1961 年的《儿童福利法》正式规定托儿所为儿童福利设施之一。1981 年对《儿童福利法》进行全面修改并改名为《儿童福祉法》，扩大了保育的范围，改革了教育内容。韩国国会于 1991 年 1 月讨论并通过了《婴幼儿保育法案》，并于 8 月颁布实施令及实施准则。韩国的每所幼儿园都必须设有婴儿班及课后辅导班。[①] 2009 年，爱尔兰课程与评价委员会制定了专门适用于 0—6 岁幼儿的《Aistear：学前儿童课程框架》，旨在帮助养育者设计和提供有趣且富有挑战性的学习经验，使所有儿童都可以在与他人的亲密关系中成长为有能力、有自信的学习者。[②]

0—6 岁是人生的初始阶段，对幼儿的认识、社会性、人格等方面的发展有着十分重要的影响。随着新的生育政策的实施以及人们对学前教育高质量发展的美好期待，我国对 0—6 岁婴幼儿教育日益重视，并相继颁布了部分政策文件，助推婴幼儿早期教育的发展。例如，2019 年，为促进婴幼儿照护服务发展，国务院办公厅出台了《国务院办公厅关于促进 3 岁以下婴幼儿照护服务发展的指导意见》。

2020 年《中共中央关于制定国民经济和社会发展第十四个五年规划和二〇三五年远景目标的建议》提出了发展普惠托育服务体系的目标，2021 年国家卫生健康委制定、印发《托育机构保育指导大纲（试行）》，以指导托育机构为 3 岁以下婴幼儿提供科学、规范的照护服务，促进婴幼儿健康

---

① 张晶：《韩国 0—6 岁婴幼儿早期教育及其启示》，《中国教育学刊》2014 年第 1 期，第 86—88 页。

② 蔡雨珂、张军：《爱尔兰 0—6 岁婴幼儿学前教育课程框架对比分析及启示》，《黑龙江教师发展学院学报》2020 年第 6 期，第 93—96 页。

成长。但从整体上看，当前我国0—6岁婴幼儿教育一体化发展还比较滞后，0—3岁和3—6岁两个年龄阶段的幼儿教育未能形成有效衔接、共同发展的格局。因此，为推进我国学前教育的整体可持续发展，政府有必要将0—3岁婴幼儿早期教育和3—6岁幼儿教育一体化，实施一体化管理，共同立法。加强政府专项经费投入，建立适应0—6岁婴幼儿早期教育的督导机构及稳定的早期教育工作督导机制，构建相应的激励机制，重视婴幼儿课程与教学的一体化发展与建设，提高学前教育质量。

（四）家庭和社区更多地参与幼儿园的课程与教学

"作为一种出于爱而生的责任，作为一种源于希望与期待的人类文明传承，教育在本质上应当是一种家庭和社会共有的基本义务与责任。"[①] 家长和社区的参与在幼儿园课程建设中起着至关重要的作用。世界学前教育组织和国际儿童教育协会于1999年制定的《全球幼儿教育大纲》中明确强调了家庭和社区在幼儿教育中的重要作用。该大纲在"幼儿的成长与家庭和社区的关系"中要求幼儿工作者，应该"与家庭进行交流"；应该"提供机会让家长和社区代表观察幼儿园活动"；应该"和家庭及社区代表合作制订课程计划、管理及评估等"；应该"提供机会让志愿者进入教室帮忙开展教学工作"[②]。

自20世纪80年代以来，我国的学前教育不再仅仅局限于幼儿园，家庭和社区的参与越来越受到重视。幼儿园—家庭—社区的合作，顺应了现代教育思想，这种合作开始寻求教育的连贯性，并积极寻求影响幼儿发展的各种教育因素的密切配合，从而使幼儿园课程和教学摆脱局限于幼儿园的孤立状态，以更直接的方式服务于儿童。时至今日，开展并促进幼儿园—家庭—社区的合作，已经成为当下及未来我国幼儿园课程与教学发展的趋势。

（五）重视幼儿园教师专业素养的提升

教师是最重要的课程资源，课程改革能否取得效益，教师是最关键的因素；课程改革能否达成预期的目标，主要取决于教师的专业素养。[③] 所

---

① 赵南：《儿童教育发生学》，中央编译出版社2016年版，第94页。
② 曹能秀：《学前比较教育》，华东师范大学出版社2009年版，第121页。
③ 侯莉敏、罗兰兰：《从"立场彰显"向"科学发展"迈进：我国幼儿园课程实践的十年变迁》，《学前教育研究》2022年第1期，第1—9页。

谓素养是指"在特定情境中，通过使用和调动心理社会资源（包括技能和态度），以满足复杂需求的能力，而不只是知识与技能"[1]。素养"决定一个人的人生高度和深度，决定一个人的生活品质和品位。素养让人活得有尊严、有意义、有价值、有境界。对个人如此，对社会也是一样。一个社会的文明，取决于这个社会所有成员的素养"[2]。我国学前教育课程与教学改革在实践中所面临的种种问题，与教师的素养和水平有着密切关系，幼儿园教师的专业素养在很大程度上决定着未来幼儿园课程与教学改革的成败。2022年教育部等八部门在《新时代基础教育强师计划》中明确提出："着力推动教师教育振兴发展，努力造就新时代高素质专业化创新型中小学（含幼儿园、特殊教育）教师队伍，为加快实现基础教育现代化提供强有力的师资保障。"幼儿园课程与教学改革的目标最终只有通过教师的教育行为才能变成现实。因此，提高幼儿教师的专业素养已成为政府、学术机构和教育机构十分关注的问题之一。随着时间的推移，坚信未来中国的幼儿园课程与教学改革一定会伴随着幼儿园教师专业素养的提升而发生期望中的改观。

---

[1] OECD, *The Definition and Selection of Key Competencies*: *Executive Summary*, Paris: OECD, 2005.

[2] 余文森：《核心素养导向的课堂教学》，上海教育出版社2020年版，第11页。

参考文献

（一）中文类

《中国教育年鉴》编辑部编：《中国教育年鉴（1949—1981）》，中国大百科全书出版社1984年版。

北京市教育科学研究所编：《陈鹤琴全集》（第1、2、3卷），江苏教育出版社1989年版。

曹能秀：《学前比较教育》，华东师范大学出版社2009年版。

长沙师范学校编写：《幼儿教师实用手册》，湖南教育出版社1984年版。

陈时见：《课堂管理论》，广西师范大学出版社2002年版。

陈时见、何茜主编：《幼儿园课程的国际比较：侧重幼儿园课程设置的经验、案例与趋势研究》，西南师范大学出版社2011年版。

陈文华主编：《幼儿园课程论》，科学出版社2011年版。

陈侠：《课程论》，人民教育出版社1989年版。

陈玉琨：《教育评价学》，人民教育出版社1999年版。

迟艳杰主编：《教学论》，高等教育出版社2009年版。

辞海编写组：《辞海·教育心理分册》，上海辞书出版社1980年版。

丛立新：《课程论问题》，教育科学出版社2000年版。

崔录、李玢编著：《现代教育思想精粹》，光明日报出版社1987年版。

戴自俺主编：《张雪门幼儿教育文集》（上、下卷），北京少年儿童出版社1994年版。

单文经编著：《教学引论》，上海科技教育出版社2003年版。

冯建军：《当代主体教育论》，江苏教育出版社2001年版。

冯契主编：《哲学大辞典》，上海辞书出版社1992年版。

冯晓霞主编：《幼儿园课程》，北京师范大学出版社2000年版。

顾明远主编：《教育大辞典》（增订合编本·上），上海教育出版社1998年版。

顾荣芳、薛菁华：《幼儿园健康教育》，人民教育出版社2007年版。

郭元祥：《生活与教育——回归生活世界的基础教育论纲》，华中师范大学出版社2005年版。

何晓夏主编：《简明中国教育史》，北京师范大学出版社1990年版。

何晓夏主编：《简明中国学前教育史》，北京师范大学出版社2015年版。

侯莉敏主编：《幼儿园课程与教学理论》，高等教育出版社2019年版。

欢喜隆司：《教学方法：理解与运用》，智慧女神书房1989年版。

黄甫全、王本陆主编：《现代教学论学程》（修订版），教育科学出版社2003年版。

黄甫全主编：《现代课程与教学论学程》，人民教育出版社2006年版。

黄光雄、蔡清田：《核心素养：课程发展与设计新论》，华东师范大学出版社2021年版。

黄济：《教育哲学通论》，山西教育出版社2006年版。

黄瑾主编：《幼儿园教育活动设计与指导》，华东师范大学出版社2021年版。

黄人颂主编：《学前教育参考资料》，人民教育出版社1991年版。

黄人颂主编：《学前教育学》，人民教育出版社2012年版。

霍力岩：《学前教育评价》，北京师范大学出版社2013年版。

简楚瑛：《学前教育课程模式》，华东师范大学出版社2005年版。

蒋雅俊：《课程哲学：儿童、经验与课程》，人民教育出版社2015年版。

教育部基础教育司组织编写：《〈幼儿园教育指导纲要（试行）〉解读》，江苏凤凰教育出版社2020年版。

教育部教育管理信息中心组编：《全国优秀幼儿健康教育活动课例评析》，西南师范大学出版社2011年版。

靳玉乐：《现代课程论》，西南师范大学出版社1995年版。

李秉德主编：《教学论》（修订版），人民教育出版社2001年版。

李定仁主编：《教学思想发展史略》，青海人民出版社1993年版。

李红主编：《幼儿心理学》，人民教育出版社2007年版。

李季湄、冯晓霞主编：《〈3—6岁儿童学习与发展指南〉解读》，人民教育出版社 2013 年版。

李生兰等：《幼儿园课程新论》，北京大学出版社 2018 年版。

李学书：《指向核心素养的课程整合》，福建教育出版社 2021 年版。

李子建、杨晓萍、殷洁：《幼儿园园本课程开发的理论与实践》，人民教育出版社 2009 年版。

联合国教科文组织编：《一起重新构想我们的未来：为教育打造新的社会契约》，教育科学出版社 2022 年版。

廖哲勋、田慧生主编：《课程论新论》，教育科学出版社 2003 年版。

刘晶波主编：《学前教育研究方法》，人民教育出版社 2021 年版。

刘克兰主编：《现代教学论》，西南师范大学出版社 1993 年版。

刘铁芳：《追求生命的整全——个体成人的教育哲学阐释》，高等教育出版社 2017 年版。

刘小红：《中国百年幼儿园课程的价值审思：基于课程文本的分析》，西南师范大学出版社 2015 年版。

刘晓东：《儿童教育新论》，江苏教育出版社 2008 年版。

刘晓东：《儿童精神哲学》，南京师范大学出版社 2011 年版。

刘晓东：《儿童文化与儿童教育》，教育科学出版社 2010 年版。

刘晓东：《发现伟大儿童：从童年哲学到儿童主义》，生活·读书·新知三联书店 2021 年版。

刘晓东、卢乐珍等：《学前教育学》，江苏教育出版社 2011 年版。

刘欣、孙泽文、严权：《课程与教学新论》，中国人民大学出版社 2016 年版。

刘焱：《儿童游戏通论》，北京师范大学出版社 2013 年版。

刘焱：《幼儿园游戏教学论》，中国社会出版社 2006 年版。

刘燕主编：《根深方叶茂——幼儿养成教育经验集萃》，北京师范大学出版社 2009 年版。

卢乐山：《蒙台梭利的幼儿教育》，北京师范大学出版社 1985 年版。

罗明基主编：《教学论教程》，黑龙江人民出版社 1987 年版。

马云鹏主编：《课程与教学论》，中央广播电视大学出版社 2003 年版。

梅纳新主编：《新编幼儿园教育活动设计与指导》，复旦大学出版社 2021 年版。

蒙台梭利：《蒙台梭利幼儿教育科学方法》，任代文主译校，人民教育出版社 2001 年版。

孟宪承等编：《中国古代教育史资料》，人民教育出版社 1961 年版。

庞丽娟主编：《中国教育改革 30 年·学前教育卷》，北京师范大学出版社 2009 年版。

彭茜：《幼儿园游戏化课程的理论与实践》，广东高等教育出版社 2018 年版。

齐振海主编：《管理哲学》，中国社会科学出版社 1988 年版。

日本产业能率短期大学：《管理者》，企业管理出版社 1984 年版。

阮元校刻：《十三经注疏》，中华书局 1980 年版。

芮明杰主编：《管理学：现代的观点》，上海人民出版社 2021 年版。

上海市教委教研室编：《幼儿园课程园本化理论与实践的研究》，上海教育出版社 2004 年版。

尚凤详：《现代教学价值体系论》，教育科学出版社 1996 年版。

邵小佩主编：《幼儿园课程与教学》，北京师范大学出版社 2015 年版。

沈灌群：《中国古代教育和教育思想》，湖北人民出版社 1956 年版。

沈益洪编：《杜威谈中国》，浙江文艺出版社 2001 年版。

施良方：《课程理论：课程的基础、原理与问题》，教育科学出版社 1996 年版。

施良方、崔永漷主编：《教学理论：课堂教学的原理、策略与研究》，华东师范大学出版社 1999 年版。

宋元人注：《四书五经》（中册·诗经卷五），中国书店 1987 年版。

孙绵涛、康翠萍：《教育管理学——理论与范畴》，人民教育出版社 2021 年版。

汤志民：《幼儿学习环境设计》，台北：五南图书出版公司 2001 年版。

唐淑主编：《学前教育史》，人民教育出版社 2009 年版。

唐淑主编：《学前教育思想史》，人民教育出版社 2019 年版。

唐淑主编：《幼儿园课程实施指导》，南京师范大学出版社 1997 年版。

田燕：《德性课程管理论——基于教师专业发展的幼儿园课程管理研究》，中山大学出版社 2016 年版。

屠美如主编：《向瑞吉欧学什么——〈儿童的一百种语言〉解读》，教育科学出版社 2002 年版。

王策三：《教学论稿》，人民教育出版社 1985 年版。

王承绪、赵祥麟编译：《西方现代教育论著选》，人民教育出版社 2001 年版。

王春燕主编：《给幼儿教师的 101 条建议》，南京师范大学出版社 2009 年版。

王春燕主编：《幼儿园课程概论》，高等教育出版社 2007 年版。

王道俊、王汉澜主编：《教育学》，人民教育出版社 1989 年版。

王嘉毅主编：《课程与教学设计》，高等教育出版社 2007 年版。

王坚红主编：《学前教育评价》，人民教育出版社 2010 年版。

王静珠：《幼稚教育》，台北：五南出版社 1991 年版。

王天一等编著：《外国教育史》（下册），北京师范大学出版社 1993 年版。

吴立岗：《教学的原理、模式和活动》，广西教育出版社 1998 年版。

吴也显主编：《教学论新编》，教育科学出版社 1991 年版。

夏征农主编：《辞海·教育学（心理学分册）》，上海辞书出版社 1987 年版。

徐英俊、曲艺：《教学设计：原理与技术》，教育科学出版社 2019 年版。

许惠欣：《蒙特（台）梭利与幼儿教育》，台北：人光出版社 1980 年版。

许卓娅主编：《幼儿园课程理论与实践》，南京师范大学出版社 2008 年版。

杨汉麟：《外国幼儿教育史》，人民教育出版社 2011 年版。

叶澜：《教育概论》，人民教育出版社 2005 年版。

叶平枝等：《幼儿深度学习课程设计与实施》，教育科学出版社 2022 年版。

余文森：《核心素养导向的课堂教学》，上海教育出版社 2020 年版。

虞永平：《学前课程价值论》，江苏教育出版社 2002 年版。

虞永平：《学前课程与幸福童年》，教育科学出版社 2012 年版。

虞永平、张辉娟、钱雨、蔡红梅：《幼儿园课程评价》，江苏教育出版社 2009 年版。

虞永平主编：《学前教育学》，苏州大学出版社 2001 年版。

虞永平主编：《幼儿教育观新论》，人民教育出版社 2009 年版。

袁宗金：《回归与拯救——儿童提问与早期教育》，高等教育出版社 2008 年版。

张斌贤、褚宏启等：《西方教育思想史》，四川教育出版社 1994 年版。

张沪编：《张宗麟幼儿教育论集》，湖南教育出版社1985年版。
张华著：《课程与教学论》，上海教育出版社2000年版。
张琳主编：《幼儿园教育活动设计与实践》，高等教育出版社2005年版。
张明红编著：《学前儿童语言教育》，华东师范大学出版社2007年版。
张雪门：《增订幼稚园行为课程》，台湾书店1966年版。
张燕：《学前教育管理学》，北京师范大学出版社2021年版。
赵南：《儿童教育发生学》，中央编译出版社2016年版。
赵祥麟、王承绪编译：《杜威教育论著选》，华东师范大学出版社1981年版。
郑健成主编：《学前教育学》，复旦大学出版社2011年版。
中国学前教育研究会：《中华人民共和国幼儿教育重要文献汇编》，北京师范大学出版社1999年版。
中国大百科全书出版社编辑部编：《中国大百科全书·教育》，中国大百科全书出版社1985年版。
中国社会科学院语言研究所词典编辑室：《现代汉语词典》，商务印书馆2012年版。
钟启泉编著：《现代课程论》，上海教育出版社1989年版。
周采主编：《比较学前教育》，人民教育出版社2020年版。
朱家雄：《幼儿园教育活动设计与实施》，高等教育出版社2008年版。
朱家雄：《幼儿园课程》，华东师范大学出版社2012年版。
朱家雄：《幼儿园课程的理论与实践》，华东师范大学出版社2010年版。
朱家雄主编：《国际视野下的学前教育》，华东师范大学出版社2007年版。
朱家雄主编：《中国视野下的学前教育》，华东师范大学出版社2007年版。

蔡铁权、姜旭英：《我国课程与教学概念的演化及两者关系的转变》，《教育科学研究》2008年第5期。
陈琦、张建伟：《建构主义学习观要义评析》，《华东师范大学学报》（教育科学版）1998年第1期。
陈蓉晖、于小青、夏晶伊：《幼儿园教师关怀的现实样态与发展策略》，《学前教育研究》2015年第4期。
陈时见、严仲连：《当代国外幼儿园课程的发展特点》，《外国教育研究》

2002年第1期。

陈时见、严仲连：《论幼儿园的园本课程开发》，《学前教育研究》2001年第2期。

陈颖清：《幼儿园"童乐游戏"课程的建构与管理》，《学前教育研究》2021年第4期。

戴璐、王春燕：《幼儿园一日生活管理现状分析——以杭州G区幼儿园为例》，《学前教育研究》2013年第11期。

单黎丽：《优化教学内容提高教学质量》，《上海托幼》2006年第5期。

杜继纲等：《从编制到理解：我国幼儿园课程改革40年回顾与展望》，《学前教育研究》2019年第3期。

冯婉桢、蒋杭柯、洪潇楠：《师幼关系类型及其影响因素分析》，《学前教育研究》2018年第9期。

冯晓霞：《以活动理论为基础建构幼儿园课程》，《学前教育研究》1997年第4期。

高天明：《二十世纪我国教学方法变革研究》，博士学位论文，西北师范大学，2001年。

高翔、黄莉：《基于儿童核心素养的园本课程建设》，《教育科学论坛》2016年第8期。

韩春红：《上海市二级幼儿园师幼互动质量研究》，博士学位论文，华东师范大学，2015年。

郝德永：《关于课程本质内涵的探讨》，《课程·教材·教法》1997年第8期。

何品三：《幼儿钢琴教学方法的探讨》，《学前教育研究》2000年第3期。

何茜：《国外幼儿园课程改革的基本经验与发展趋势》，《比较教育研究》2012年第5期。

侯莉敏、罗兰兰：《从"立场彰显"向"科学发展"迈进：我国幼儿园课程实践的十年变迁》，《学前教育研究》2022年第1期。

滑红霞：《教学风格与教学方法探微》，《教育理论与实践》2000年第5期。

滑红霞：《幼儿教师教学活动的目标设置与达成策略》，《教育理论与实践》2013年第30期。

黄甫全：《大课程论初探——兼论课程（论）与教学（论）的关系》，《课程·教材·教法》2000年第5期。

黄娟娟：《师幼互动类型及成因的社会学分析研究——基于上海50所幼儿园活动中师幼互动的观察分析》，《教育研究》2009年第7期。

蒋雅俊：《新中国成立70年幼儿园课程的历史变迁》，《课程·教材·教法》2019年第6期。

黎勇：《幼儿园课程的游戏转向及其实践限度》，《教育理论与实践》2020年第23期。

李季湄：《关于幼儿园课程的几个问题——幼儿园教育目标、课程目标及其课程模式》，《学前教育研究》2001年第1期。

李季湄：《面向新世纪的世界幼儿教育》，《学前教育研究》1999年第5期。

刘健智：《科学素养：学前科学教育的课程目标》，《学前教育研究》2006年第9期。

刘晓东：《儿童是什么：儿童"所是"之多维描述》，《湖南师范大学教育科学学报》2020年第4期。

刘占兰：《〈幼儿园保育教育质量评估指南〉引领学前教育踏上质量提升新征程》，《上海托幼》2022年第4期。

鹿海云：《幼儿园课程开发中预成与生成的价值和关系》，《学前教育研究》2008年第12期。

路娟、王鉴：《论幼儿园教学的本质》，《当代教育与文化》2017年第5期。

孟瑾：《促进幼儿园园本化课程建设的管理策略》，《学前教育研究》2011年第8期。

彭茜：《幼儿园游戏课程存在方式的生态学分析》，《教育研究》2021年第12期。

钱琴：《幼儿游戏新变革》，《人民教育》2021年第12期。

秦光兰：《幼儿园教师进行课程开发的意义与途径》，《课程·教材·教法》2004年第9期。

秦金亮等：《不同办园体制幼儿园的师幼互动质量分析》，《教育研究与实验》2017年第1期。

孙贺群：《嬗变与走向：美国学前课程发展变革的历史研究》，博士学位论文，东北师范大学，2011 年。

孙蔷蔷：《幼儿园保教质量自我评估：为什么做及如何做》，《福建教育》2022 年第 20 期。

田景正：《改革开放 40 年我国学前教育课程改革的考察》，《教育科学研究》2019 年第 5 期。

田燕：《"自我接受性"管理——幼儿园课程管理的新理念》，《学前教育研究》2003 年第 6 期。

王春燕、陈倩巧：《游戏整合幼儿园课程的可能性与策略》，《学前教育研究》2008 年第 7 期。

王丽荣、刘晓明：《幼儿园课程目标的结构模式浅论》，《学前教育研究》2000 年第 6 期。

王彦峰：《区域学前教育均衡发展：概念释义、问题归因与实现路径》，《湖南师范大学教育科学学报》2015 年第 6 期。

王彦峰、王瑶筠：《幼儿园教师的师幼观：新时代的三个转向》，《湖南师范大学教育科学学报》2019 年第 4 期。

吴丽珍：《论管理者课程领导力的发挥》，《教育评论》2014 年第 12 期。

吴荔红：《幼儿园预设课程和生成课程的关系及其处理》，《教育评论》2003 年第 4 期。

辛吉娅·威斯顿、P. A. 格兰顿：《教学方法的分类及各类方法的特征》，陈晓瑞译，《外国教育研究》1993 年第 3 期。

熊和平：《课程与教学的关系：七十年的回顾与展望》，《高等教育研究》2019 年第 6 期。

严仲连、陈时见：《美国幼儿园课程的改革及启示》，《学前教育研究》2000 年第 6 期。

杨莉君、曾晓：《幼儿园课程的逻辑：从"教师大纲"向"儿童大纲"转向》，《教师教育研究》2020 年第 5 期。

叶澜：《重建课堂教学过程观——"新基础教育"课堂教学改革的理论与实践探究之二》，《教育研究》2002 年第 10 期。

虞永平：《在课程管理实践中提升幼儿园课程建设的质量——厦门市思明区幼儿园课程建设的启示》，《学前教育研究》2005 年第 10 期。

虞永平、张帅：《从模仿借鉴到规范创新——新中国成立 70 年来幼儿园课程的发展》，《南京师大学报》（社会科学版）2019 年第 6 期。

张晶：《韩国 0—6 岁婴幼儿早期教育及其启示》，《中国教育学刊》2014 年第 1 期。

张莉、袁爱玲：《农村幼儿园园长课程管理观念现状及其改善建议》，《学前教育研究》2015 年第 2 期。

张娜：《生命价值取向下幼儿园课程目标的重构》，《教育研究与实验》2018 年第 1 期。

钟启泉：《教学方法：概念的诠释》，《教育研究》2017 年第 1 期。

周海银：《幼儿园课程管理的泛政治化及其批判》，《学前教育研究》2010 年第 11 期。

周浩波：《从教学概念的分析谈教学论》，《教育研究与实验》1990 年第 1 期。

朱家雄：《一个必须面对和解决的问题——对我国幼儿园课程改革的反思之九》，《幼儿教育》（教师版）2007 年第 19 期。

朱家雄：《幼儿园课程的一个基本问题：游戏与教学的关系：玩与教的两难》（一），《幼儿教育》（教育科学）2014 年第 Z1 期。

朱家雄：《幼儿园课程管理转型过程中存在问题辨析》，《幼儿教育》2002 年第 11 期。

左瑞勇：《园本课程开发：流行背后的追问与反思》，《学前教育研究》2007 年第 12 期。

［澳］朱莉·M. 戴维斯主编：《幼儿与环境：致力于可持续发展的早期教育》，孙璐等译，南京师范大学出版社 2018 年版。

［德］福禄倍尔：《人的教育》，孙祖复译，人民教育出版社 2001 年版。

［法］卢梭：《爱弥儿》，李平沤译，商务印书馆 1978 年版。

［加］马克斯·范梅南：《教育的情调》，李树英译，教育科学出版社 2022 年版。

［美］George S. Morrieon：《当代美国儿童早期教育》，王志全等译，北京大学出版社 2004 年版。

［美］艾斯纳：《儿童的知觉与视觉的发展》，孙宏等译，湖南美术出版社 1994 年版。

［美］爱德华兹、甘第尼、福尔曼编著：《儿童的一百种语言》，罗雅芬、连英式、金乃琪译，南京师范大学出版社 2011 年版。

［美］安·S. 爱泼斯坦：《高瞻课程的理论与实践：学前教育中的主动学习精要——认识高瞻课程模式》，霍力岩等译，教育科学出版社 2021 年版。

［美］奥恩斯坦、汉金斯：《课程：基础、原理和问题》，柯森主译，江苏教育出版社 2002 年版。

［美］德布·柯蒂斯、玛吉·卡特：《关注儿童的生活：以儿童为中心的反思性课程设计》，郑福明、张博译，教育科学出版社 2015 年版。

［美］杜威：《民主主义与教育》，王承绪译，人民教育出版社 2001 年版。

［美］杜威：《学校与社会·明日之学校》，赵祥麟、任钟印、吴志宏译，人民教育出版社 1994 年版。

［美］杜威：《哲学的改造》，许崇清译，商务印书馆 1997 年版。

［美］多尔：《后现代课程观》，王红宇译，教育科学出版社 2000 年版。

［美］贾珀尔·L. 鲁普纳林、詹姆斯·E. 约翰逊：《学前教育课程》，黄瑾、裴小倩等译，华东师范大学出版社 2005 年版。

［美］贾珀尔·L. 鲁普纳林、詹姆斯·E. 约翰逊主编：《学前教育课程》，赵俊婷译，华东师范大学出版社 2014 年版。

［美］拉尔夫·泰勒：《课程与教学的基本原理》，施良方译，人民教育出版社 1994 年版。

［美］雷切尔·罗伯森、米莉安·德莱斯勒：《质量认证背景下的幼儿园自我评价——提升幼儿园教育质量的行动经验》，刘昊、陈敏倩、张东霞译，教育科学出版社 2021 年版。

［美］林恩·埃里克森、洛伊斯·兰宁：《以概念为本的课程与教学：培养核心素养的绝佳实践》，鲁效孔译，华东师范大学出版社 2021 年版。

［美］洛林·W. 安德森等编著：《布卢姆教育目标分类学：分类学视野下的学与教及其测评》，蒋小平、张琴美、罗晶晶译，外语教学与研究出版社 2021 年版。

［美］帕特丽夏·F. 荷尔瑞恩、弗娜·希尔德布兰德：《幼儿园管理》，严冷、赵东辉、高维华、李淑芳译，华东师范大学出版社 2016 年版。

［美］斯特弗、盖尔主编：《教育中的建构主义》，徐斌燕、程可拉等译，

华东师范大学出版社 2002 年版。

［美］泰勒：《课程与教学的基本原理》，施良方译，人民教育出版社 1994 年版。

［美］威廉·赫德·克伯屈：《教学方法原理》，王建新译，人民教育出版社 2018 年版。

［美］沃伦·R. 本特森：《观察儿童——儿童行为观察记录指南》，于开莲、王银玲译，人民教育出版社 2009 年版。

［美］约翰·杜威：《学校与社会·明日之学校》，赵祥麟、任钟印、吴志宏译，人民教育出版社 1994 年版。

［日］佐藤学：《教育方法学》，于莉莉译，教育科学出版社 2021 年版。

［日］佐藤正夫：《教学原理》，钟启泉译，教育科学出版社 2001 年版。

［瑞士］皮亚杰：《儿童的心理发展》，傅统先译，山东教育出版社 1982 年版。

［瑞士］让·皮亚杰：《皮亚杰教育论著选》，卢濬选译，人民教育出版社 1990 年版。

［苏］巴班斯基主编：《中学教学方法的选择》，张定璋、高文译，教育科学出版社 1985 年版。

［苏］维果茨基：《维果茨基教育论著选》，余震球选译，人民教育出版社 1994 年版。

［苏］亚德什科、索欣主编：《学前教育学》，北京师范大学外国教育研究所译，人民教育出版社 1981 年版。

［苏］尤·克·巴班斯基：《教学过程最优化》，吴文侃译，教育科学出版社 1986 年版。

［意］卡丽娜·里纳尔迪：《对话瑞吉欧·艾米利亚：倾听、研究与学习》，周菁译，南京师范大学出版社 2014 年版。

［意］蒙台梭利：《蒙台梭利幼儿教育科学方法》，任代文主译校，人民教育出版社 2001 年版。

［英］Alison Clark：《倾听幼儿——马赛克方法》，刘宇译，中国轻工业出版社 2022 年版。

［英］珍妮特·莫伊蕾斯主编：《游戏的卓越性》，刘峰峰、宋芳译，北京师范大学出版社 2010 年版。

（二）英文类

Arieh Lewy. *The International Encyclopedia of Curriculum.* Oxford，New York：Pergamon Press，1991：15.

Dancy，R. B. *You Are Your Child's First Teacher.* California：Celestial Arts，1989：145.

E. M. Standing. *Maria Montessori：Her Lifeand Work.* New York；Penguin Books，1957：230.

Laural，Brocktw，Curby. "Emotional Support Consistency and Teacher-child Relationships Forecast Social Competence and Problem Behaviorism Prekindergarten and Kindergarten" *Early Education and Development*，2014（25）：661－680.

M. C. Day & R. K. Parker（Eds.）. *The Preschool in Action：Exploring early Childhood Programs*（2nd Edition）. Boston：Allyn & Bacon. 1972：432.

M. Montessori，*Education for a New World.* Oxford：ABC-ClioLtd，1989：62.

M. Montessori，*Secret of Childhood.* New York：Ballantine Books，1966：49.

M. Montessori. *The Absorbent Mind.* Oxford；Clio Press，1988：166－167.

M. Montessori. *The Discovery of the Child.* Fides Publishers Inc.，1967：304.

M. Montessori. *The Montessori Method.* New York；Schocken Books，1964：172.

Norma Morrison，"The Reggio Approach：An Inspiration for Inclusion of Children with 'Special Rights'"，http：//www. milligan. edu/Profeducation/dkgreggio200. htm. －440.

OECD. *The Definition and Selection of Key Competencies：Executive Summary.* Paris：OECD，2005.

Oliva，P. F. *The Secondary School Today.* New York：Harper and Row，1972：81.

Piantarc，Steinbergms，Rollinskb. "The first Two Years of School：Teacher-Child Relationships and Reflections in Children's Classroom Adjustment." Development and Psychopathology，1995（7）：295－312.

R. Barrowand，G. Milburn（1986）. A Critical Dictionary of Educational Concepts，Wheatsheaf，Books Ltd.，Brighton，p. 70.

Rita Kramer. *Maria Montessori. A Biorra.* New York: Putnal and Sons, 1976: 76.

Salter, J. The Incarnating Child. U. K.: Hawthorn Press, 1987: 101.

Spodek, B. & Saracho, N. S. New Directions in Curriculum Development, In Saracho, N. S. & Spodek, B. (ed.). *Contemporary Perspectives on Early Childhood Curriculum.* Information Age Publishing, 2002: 271.

Stetsenko, A. *The Transformative Mind: A Expanding Vygotsky's Approach to Development and Education.* New York: Cambridge University Press, 2016: 87.

T. Husenand, N. Postlethwaite (eds.) (1985). The International Encyclopedia of Education, Vol. 8. Pergamon Press, Oxford and New York, p. 1151.

Taba, H. Curriculum Development: Theory and Practice. New York: Harcourt, Brace, Jovano Vich, 1962: 10 – 11.

Tiagof, et al. Preschool Children's Presocial Behavior: therole of Mother-child, Father-child and Teacher-child Relationships. *Journal of Child and Family Studies*, 2016 (25): 1829 – 1839.

W. F. Connel. A History of Education in the Twentieth Century World. New York: Columbia University Press, 1980: 138.